suhrkamp taschenbuch
wissenschaft 1199

Die Diskussion über den Wissenschaftsstatus der Psychoanalyse und ihre Grundlagentheorie verlief bislang recht unergiebig, weil die Kritik an Freud gewöhnlich das Tentative und Vorläufige seines Theorieentwurfs übersieht, und weil die konstruktiv gemeinten Interpretationen allzu schnell nicht-analytische Theorien applizieren, die Freuds Entdeckungen äußerlich bleiben.
Ein Fortschritt bietet hier der Interpretationsansatz, daß Freuds Entdekkung des »unbewußten Sinns« von Träumen, Fehlleistungen und neurotischen Symptomen implizit voraussetzt, daß dieser Sinn mit der Verzerrung von Wissensstrukturen des Handelns zusammenhängt; und daß das 1. wie das 2. Modell des psychischen Apparates (wenn auch in unterschiedlichen Termini) eine systematische Brechung des inneren Strukturzusammenhangs des Handelns voraussetzen und diese Brechung als für das Subjekt charakteristisch verallgemeinern.
Mit Freuds assoziationspsychologischem Konzept von Denken und Sprache und der Bestimmung des Handelns als Motorik ist dieser Zusammenhang nicht zu erklären. Aber ein psychoanalytisch relevanter Handlungsbegriff, der aus klinischer Erfahrung und Freuds eigenen konkreten Fallanalysen entwickelt werden kann, verdeutlicht die Handlungsbezüge des von ihm entdeckten unbewußten Seelenlebens, indem die dafür zentralen Konzeptualisierungsversuche – die Abwehrlehre, die Lehre von der Bedeutung der Sexualität und das Konzept der Übertragung – in wichtigen Aspekten teils präzisiert, teils produktiv umgewandelt werden können.
Ein handlungstheoretischer Sprachbegriff bietet auch die Chance, besser zu verstehen, warum im therapeutischen Prozeß der Bewußtmachung des Unbewußten Sprache eine so wichtige Rolle spielt.
Dieter Flader, geb. 1944; Studium der Linguistik, Germanistik, Philosophie und Psychoanalyse an der Universität Hamburg. Promotion 1974; Zusammenarbeit mit dem Psychoanalytiker W.-D. Grodzicki; Habilitation 1979; venia legendi für Kommunikationswissenschaft und Linguistik; von 1980-1984 Leiter des Forschungsprojekts »Psychoanalytischer Diskurs« (DFG); seit 1985 Privatdozent an der Freien Universität Berlin. Gastprofessuren/Lehrstuhlvertretungen an den Universitäten Stuttgart, Tübingen, München, Salzburg und Göttingen.
Wichtigste Buchveröffentlichung: *Strategien der Werbung*, Kronberg/Ts. 1974; Herausgeber: *Verbale Interaktion*, Stuttgart 1991; Mitherausgeber: *Therapeutische Kommunikation*, Kronberg/Ts. 1979; *Psychoanalyse als Gespräch*, 1982 (stw 377).

Dieter Flader
Psychoanalyse im Fokus von Handeln und Sprache

Vorschläge für eine handlungstheoretische Revision und Weiterentwicklung von Theoriemodellen Freuds

Suhrkamp

Die Deutsche Bibliothek – CIP-Einheitsaufnahme
Flader, Dieter:
Psychoanalyse in Fokus von Handeln und Sprache :
Vorschläge für eine handlungstheoretische Revision
und Weiterentwicklung
von Theoriemodellen Freuds /
Dieter Flader.
– 1. Aufl. –
Frankfurt am Main : Suhrkamp, 1995
(Suhrkamp-Taschenbuch Wissenschaft ; 1199)
ISBN 3-518-28799-0
NE: GT

suhrkamp taschenbuch wissenschaft 1199
Erste Auflage 1995

Satz und Druck: Wagner GmbH, Nördlingen
Printed in Germany
Umschlag nach Entwürfen von
Willy Fleckhaus und Rolf Staudt

1 2 3 4 5 6 – 00 99 98 97 96 95

Inhalt

Vorwort

Dieses Buch ist entstanden aus einer langjährigen Zusammenarbeit mit dem Psychoanalytiker Wolf-Dietrich Grodzicki. Ich habe versucht, die daraus gewonnenen Anregungen und die gemeinsamen Überlegungen theoretisch weiterzuentwickeln.
Das stärkste Motiv dieser Arbeit war meine Überzeugung, daß Freud im Zusammenhang von Handeln und Sprache Entdeckungen gemacht hat, die zwar ursprünglich an die psychoanalytische Behandlung seiner Patienten gebunden waren, die aber in ihrer Tragweite darüber hinausgehen, weil sie für die Alltagskommunikation verallgemeinerbar sind. *Wie* diese Entdeckungen verallgemeinert werden können, ist die zentrale Frage dieses Buches.
Zeitgenössische Wissenschaften neigen dazu, der Psychoanalyse einen Platz unter den Spezialgebieten zuzuweisen – Fachgebiet: Klinische Psychologie. Der Frage der Verallgemeinerbarkeit der Entdeckungen Freuds stehen sie daher skeptisch gegenüber.
Auf die (innerhalb der Klinischen Psychologie unternommenen) Versuche, das Paradigma psychologischer Forschung auf die Psychoanalyse anzuwenden, bin ich nicht weiter eingegangen; ich kann den wissenschaftlichen Gewinn dieser Versuche nicht erkennen. Ich habe aber, wo es mir wichtig erschien, Bezug genommen auf einige Thesen, die in der aktuellen philosophischen Diskussion der Metapsychologie eine Rolle spielen.
Der stärkste Eindruck, den ich in der Beschäftigung mit den theoretischen Überlegungen Freuds gewonnen habe, war deren Charakter des Vorläufigen und Unfertigen. Er betont dies gelegentlich auch selbst. Um so bemerkenswerter ist, daß in Kritiken, die von philosophischer, soziologischer oder linguistischer Seite an ihnen vorgebracht worden sind, von dem daran Unfertigen und Vorläufigen oft abgesehen wird. Sie werden nicht als Konzeptualisierungsversuche behandelt, sondern wie Bausteine eines fertigen Theoriegebäudes. Von dessen schlechter Konstruktion wird dann darauf geschlossen, daß auch der Gehalt der Entdeckungen recht fragwürdig sei.
Eine konstruktive Kritik arbeitet an den Theoriemodellen Freuds deren Schwächen heraus, um dann nach Möglichkeiten zu suchen, mit tragfähigeren Konzepten diese Schwächen zu überwinden

und den darin angedeuteten, umschriebenen oder gar verborgenen Erkenntnisgehalt zu verdeutlichen. Das Strukturmodell der Metapsychologie und Freuds Sinn-Begriff bieten hierfür besonders interessante Ansatzpunkte. Meine Arbeit hat auch deshalb hier ihren Schwerpunkt, weil vor diesem theoretischen Hintergrund deutlich wird, daß bestimmte Sprachphänomene, die Freud entdeckt hat, mit verzerrten Strukturen des Handelns zusammenhängen.

Der Untertitel des Buches: »Vorschläge für eine handlungstheoretische Revision und Weiterentwicklung ...« ist etwas mißverständlich. Es ist nichts damit gewonnen, eine schon vorhandene Handlungstheorie der Psychoanalyse einfach zu applizieren. Natürlich kommt es darauf an, die in Freuds Fallanalysen und Konzeptualisierungen enthaltenen Handlungsbezüge herauszuarbeiten, die geeigneten Kategorien einer Handlungsanalyse möglichst an den Phänomenen zu entwickeln, die Freud selbst untersucht hat. Wie weit ich dieser schwierigen Aufgabe gerecht werden konnte, möge der Leser entscheiden. Ich hoffe aber, daß es mir gelungen ist, trotz aller Schwierigkeit in der Sache, das Faszinierende dieses Forschungsgebiets zu vermitteln. Vielleicht trägt dieses Buch ja dazu bei, daß die bislang kleine Zahl derer, die sich intensiv mit diesem Gebiet befassen, in Zukunft wächst.

Kollegen, die das Werk Lacans besser kennen als ich, haben mich darauf aufmerksam gemacht, daß sich meine Überlegungen in bestimmten Aspekten mit Lacans Theorie treffen. Ich bin diesen Hinweisen, so neugierig sie mich auch machten, nicht systematisch nachgegangen, da die Auseinandersetzung mit dieser komplexen Theorie doch ein zweites Buch erforderlich gemacht hätte.

Im Fortgang meiner Arbeit habe ich in Diskussionen mit Dieter Geulen und Thilo von Trotha Gelegenheit gefunden, manche meiner Gedanken zu klären. Angelika Redder und Martin Löw-Beer verdanke ich wichtige Kommentare zu einzelnen Kapiteln des Buches. Heinz Zipprian hat zu meiner Kritik an Freuds Fehlleistungstheorie einige fruchtbare Anmerkungen gemacht, die ich gerne aufgenommen habe.

Ohne die Bereitschaft von Wolf-Dietrich Grodzicki und seinem Patienten, einige Behandlungsstunden auf Band aufzeichnen zu lassen, hätte ich nicht das Datenmaterial gewinnen können, das ich in diesem Buch in Ausschnitten untersuche. Ihnen sei ebenso gedankt wie Corinna Wernz und Gabriele Mirbach; sie haben mir, neben den Kommentaren von Wolf-Dietrich Grodzicki, bei der Klärung bestimmter therapeutischer Aspekte meiner Untersuchungen geholfen. Meiner Lebenspartnerin Daniela Stocks danke ich vor allem für ihre geduldige Aufnahme und kritische Auseinandersetzung mit einzelnen Phasen dieser Arbeit.

Berlin, im August 1994 D. F.

1. Die Explikation des Problems: In welcher Beziehung stehen das Handeln und die Sprache zu dem von Freud entdeckten unbewußten Seelenleben?

Freud hat Sinnzusammenhänge, Konfliktstrukturen und Entwicklungsprinzipien menschlicher Subjektivität entdeckt, die vor ihm von der Wissenschaft entweder verleugnet oder als bloß irrational und einer wissenschaftlichen Erforschung als unzugänglich abgetan wurden.
Freud war sich im klaren darüber, daß seine Bemühungen, das von ihm Entdeckte theoretisch zu erhellen, auf nichts aufbauen konnten. Er selbst mußte versuchen, geeignete Theoriemodelle zu entwickeln. Und diese Theoriemodelle halfen ihm, die Entdekkungen, die er in der therapeutischen Praxis gemacht hatte, zu konzeptualisieren. Aber seinen Versuch, die theoretischen Voraussetzungen psychoanalytischer Erkenntnis in der Form einer »Metapsychologie« zu systematisieren, hat er in der Spätphase seiner Forschungsarbeit selbst eher skeptisch beurteilt. Er schreibt in seiner »Selbstdarstellung« über den Versuch einer Metapsychologie:

»Ich nannte so eine Weise der Betrachtung, in der jeder seelische Vorgang nach den drei Koordinaten der Dynamik, Topik und Ökonomie gewürdigt wird, und sah in ihr das äußerste Ziel, das der Psychologie erreichbar ist. Der Versuch blieb ein Torso, ich brach nach wenigen Abhandlungen (Triebe und Triebschicksale – Verdrängung – Das Unbewußte – Trauer und Melancholie usw.) ab und tat gewiß wohl daran, denn die Zeit für solche theoretische Festlegung war noch nicht gekommen. In meinen letzten spekulativen Arbeiten habe ich es unternommen, unseren seelischen Apparat auf Grund analytischer Verwertung der pathologischen Tatsachen zu gliedern und habe ihn in ein Ich, ein Es und ein Über-Ich zerlegt. (»Das Ich und das Es«, 1922) »Das Über-Ich ist der Erbe des Ödipuskomplexes und der Vertreter der ethischen Anforderungen des Menschen.« (Freud, G. W., Bd. XIV, S. 85)

An diesem Strukturmodell, das in Freuds metapsychologischem Versuch das Modell der Topik ersetzt, fällt u. a. auf, daß darin das Ich gar nicht sozial handelt. Der Bezug zum Handeln besteht allein darin, daß das Ich »Muskelaktionen« beherrscht. Freud schreibt hierzu:

»Als Grenzwesen will das Ich zwischen der Welt und dem Es vermitteln, das Es der Welt gefügig machen und die Welt mittels seiner Muskelaktionen dem Es-Wunsch gerecht machen.« (Freud, »Das Ich und das Es«, G. W., Bd. XIII, S. 286)

Aber viele der von Freud entdeckten Sinn-Phänomene stehen in einem engen Zusammenhang mit dem sozialen Handeln. Und Freud selbst deutet dies auch an. So bezeichnet er in seiner Untersuchung der Fehlleistungen des Alltags bestimmte Fehlleistungen als Fehlhandlungen; und eine bestimmte Gruppe dieser Fehlleistungen nennt er »Symptomhandlungen«. Auch in seinen Untersuchungen zum verborgenen Sinn psychoneurotischer Symptome wird oft deutlich, daß diese Symptome etwas mit dem Handeln zu tun haben.

Im Zusammenhang zwangsneurotischer Symptome spricht Freud selbst von Zwangshandlungen. Und in seinen Darstellungen klinischer Fälle und deren psychoanalytischer Behandlung kommen in irgendeiner Weise immer auch Handlungsweisen des betreffenden Patienten zur Sprache, die als eigentümlich oder rätselhaft erscheinen – so z. B. das dem »Wolfsmann« selbst als rätselhaft erscheinende Benehmen in den Besprechungen über Geldangelegenheiten mit seiner Mutter (»Aus der Geschichte einer infantilen Neurose«, G. W., Bd. XII, S. 105).

Aber wenn nach dem Freudschen Modell Handeln als Teil der Motorik aufzufassen ist, dann kann der verborgene Sinn eines neurotischen Symptoms mit den besonderen Eigenschaften des Handelns keinen Zusammenhang haben. Als bloß körperliche Aktion verstanden, verliert das Handeln jeglichen direkten Bezug zu den Sinn-Phänomenen, die Freud entdeckt hat. Und so hat Freud – in der Konsequenz seines Handlungsbegriffs – den verborgenen Sinn einer Fehlhandlung oder eines neurotischen Symptoms denn auch nicht im Zusammenhang der jeweiligen Handlung analysiert.

Es ist nicht erstaunlich, daß das Strukturmodell die soziale Dimension des Handelns ausblendet. Als Naturalist war Freud der Überzeugung, daß alles psychische Geschehen letztlich auf Naturtatsachen zurückführbar ist; und bekanntlich hielt er stets daran fest, daß die Psychoanalyse eine Naturwissenschaft ist. So sah er im Handeln (der Motorik) vor allem einen Vorgang, durch den Affekterregung bzw. psychische Energie abgeführt wird (vgl. Rapaport, 1959).

Es fragt sich aber, wie das Ich die oben erwähnte Aufgabe bewältigen kann, zwischen dem Es und der Welt zu vermitteln, wenn ihm dafür nur »Muskelaktionen« zur Verfügung stehen. Diese Welt, von der Freud spricht, ist eine soziale Welt, in der andere Handelnde ihrerseits Wünsche und Erwartungen haben. Wenn Handeln nur ein Teil der Motorik ist, kann weder geklärt werden, wie auf diese Wünsche und Erwartungen anderer Bezug genommen wird, noch auch, wie sie verfehlt werden können. Und es bleibt dabei außerdem offen, ob das Ich sich hinsichtlich dieser Vermittlung nicht auch täuschen kann.

Kritiker der Metapsychologie haben auf die Problematik ihrer physikalistischen Grundlage wiederholt hingewiesen. Wenn man Freuds Entdeckung bestimmter Sinn-Phänomene ernst nimmt, fragt es sich doch, wie ein anderer Handlungsbegriff gewonnen werden kann, der dieser Entdeckung besser gerecht wird. Aber ein tragfähiger Ansatz, den von Freud entdeckten Sinn von Fehlleistungen und neurotischen Symptomen im Zusammenhang sozialen Handelns theoretisch zu bestimmen, wurde bislang nicht entwickelt.

Auch andere – und in ihren Konsequenzen weiter reichende – Entdeckungen, deren theoretische Verarbeitungen für Freud die drei Pfeiler waren, auf denen die Psychoanalyse ruht – die Lehre von der Verdrängung, von der Bedeutung der Sexualtriebe und von der Übertragung (»Psycho-Analysis«, G. W., Bd. XIV, S. 303) –, wurden von ihm so konzeptualisiert, daß der Zusammenhang mit dem Handeln unklar bleibt.

Aber das Triebgeschehen ist als ein Handlungsprozeß rekonstruierbar. An dessen Anfang ist eine Situation vorhanden, in der Unlust erlebt wird. Und durch geeignete Maßnahmen kann diese Unlust beseitigt werden, so daß ein Gefühl der Befriedigung eintritt. Die von Freud betonte Hilflosigkeit des Kindes, das in diesem Bereich des Erlebens lange Zeit in seiner Entwicklung auf das Handeln der relevanten Bezugsperson angewiesen ist, ändert nichts an dem Handlungs-Charakter dieses Ablaufs. Das Handeln des Kindes ist hier vielmehr dadurch charakterisiert, das es auf das Handeln der Bezugsperson angewiesen ist. Deren Handeln ist im Handeln des Kindes immer gegenwärtig.

Wenn das Kind »Triebziele« lange Zeit nicht durch eigenes Handeln erreichen kann, entsteht ein Spannungsverhältnis zwischen dem Triebanspruch, der zum Handeln drängt, und dem Angewiesen-Sein auf das Handeln der Bezugsperson und deren Anerkennung des jeweiligen Wunsches. Dieses Spannungsverhältnis, das immer wieder Konflikte aus sich heraus erzeugt, scheint von grundlegender Bedeutung zu sein für die psychische Strukturbildung des Kindes. Chasseguet-Smirgel (1984, dt. 1986) hat dies in bezug auf den Inzestwunsch des Kindes so formuliert: »Es ist die Unvereinbarkeit, ihn zu befriedigen, die der kindlichen Sexualität, der Prägenitalität, dem Phantasieleben, der Symbolbildung und kindlichen Sexualtheorien ihre Bedeutung gibt«. Und sie stellt allgemeiner fest: »Wir können hier eine Metapher benutzen: Die Totalität des menschlichen sexuellen Potentials wäre von Geburt an wie auf einem aufgerollten Band vorhanden, von dem Entwicklung und Reifung immer weiter abgespult werden. Wegen der menschlichen Hilflosigkeit verwandelt sich Sexualität in Psychosexualität (...).« (A.a.O., S. 80f)
Daß von Funktionsmustern körperlicher Organe in der Entwicklung der kindlichen Sexualität Formen der Befriedigung abgeleitet werden, hat Freud entdeckt. Aber da ihm ein geeigneter Handlungsbegriff nicht zur Verfügung stand, konnte er theoretisch nicht dem Rechnung tragen, daß in dieser Entwicklung auch die Grundlage entsteht für die Entwicklung von Formen des sozialen Handelns, und daß diese Formen wesentlich bestimmt sind durch das genannte Spannungsverhältnis und Konfliktpotential.
Ein psychoanalytisch relevanter Handlungsbegriff könnte diesen Zusammenhang erhellen. Aber ein solcher Begriff liegt bislang in einer systematisch entwickelten Weise nicht vor.[1]
Wenn es Formen des Handelns sind, die mit der Triebentwicklung des Kindes sich entwickeln, dann reicht ein psychoanalytischer Handlungsbegriff nicht aus, um diesen Prozeß zu rekonstruieren.

1 Allerdings konnten einige Aspekte eines solchen Begriffs zusammen mit Grodzicki in früheren Arbeiten schon skizziert werden (Flader/Grodzicki, 1982a; 1982b; 1987). An dem Vorschlag von Schafer (1976, dt. 1982), die Metapsychologie durch eine Handlungssprache zu ersetzen, kann ich keine hier weiterführenden theoretischen Überlegungen erkennen. Ich werde daher auch nicht näher auf diesen Vorschlag eingehen, zumal inzwischen einschlägige Kritiken daran vorliegen (Ehlert, 1985; Löhr, 1985).

Freuds Lehre von der Bedeutung der Sexualtriebe ist dann auch auf eine Theorie der Genese von Formen des sozialen Handelns angewiesen. Eine solche Theorie liegt aber ebenfalls nicht vor.
Für die psychoanalytische Therapie ist der Prozeß der Übertragung von zentraler Bedeutung. Er hängt offenbar mit der interaktiven Dimension des Handelns zusammen. Für diese Dimension ist die innere Repräsentation des anderen grundlegend. Freud hat sich über diesen Prozeß, aber auch hinsichtlich der weiter reichenden Frage, wie Triebansprüche psychisch wirksam werden können, mit Hilfe des Begriffs der Repräsentanz Klarheit zu verschaffen versucht. Aber auch dieser Begriff ist bei ihm so gefaßt, daß der Bezug zum Handeln ausgeblendet wird. Ich gehe weiter unten noch näher darauf ein.
Auch in der Abwehrlehre hat die Abwehrmaßnahme der Verdrängung keinen Bezug zum sozialen Handeln. Ihr Wesen – so Freud in der Schrift »Die Verdrängung« – besteht allein in der Abweisung und Fernhaltung verpönter Wünsche und Vorstellungen vom Bewußtsein (Freud, G. W., Bd. x, S. 250).
Es fragt sich aber, ob hier nicht ein Effekt dieser Abwehrmaßnahme verwechselt wird mit der Maßnahme selbst, ob das Wesen der Verdrängung nicht in etwas anderem besteht als nur in der Abweisung vom Bewußtsein. Die dynamische Vorstellung von dieser Abwehrform, die schon in ihrer Bezeichnung zum Ausdruck kommt, sagt jedenfalls nichts darüber aus, in welcher Beziehung sie zu dem Strukturzusammenhang des Handelns steht.
Den Bezug zur Sprache hat Freud sich mit einem Sprachbegriff klar zu machen versucht, den er schon früh entwickelt hatte und der assoziationspsychologisch gefaßt ist (vgl. Stephan, 1989). Sprache war für ihn ein komplizierter Assoziationsapparat, der Wortbedeutungen in der Weise zustandebringt, daß Wortvorstellungen (die nur subjektiv realisierbar sind) assoziativ mit Objektvorstellungen verbunden werden. Die Abwehrmaßnahme der Verdrängung hat er in diesem Zusammenhang so konzeptualisiert, daß eine schon vorhandene assoziative Verbindung wieder aufgelöst wird, so daß im Unbewußten ausschließlich Sachvorstellungen vorhanden sind. Bewußtseinsfähig (vorbewußt) werden sie durch die Verbindung mit den ihnen entsprechenden Wortvorstellungen (Freud, »Das Ich und das Es«, G. W., Bd. xiii, S. 247f).
Auf die Problematik dieses Sprachbegriffs haben Kritiker Freuds

zu Recht oft hingewiesen. Ich werde auch darauf noch ausführlicher eingehen. Hier sei nur daran erinnert, daß die Assoziationspsychologie, die zu Freuds Zeit eine weitgehend anerkannte und vorherrschende Lehrmeinung war, auch seinem Bedeutungsbegiff und der Theorie der Symbolik zugrundeliegt. Dies ist deshalb von Belang, weil dieser Bedeutungsbegriff es Freud nahelegte, den unbewußten Sinn von neurotischen Symptomen und Fehlhandlungen nicht auf den Zusammenhang des Handelns zu beziehen, sondern das Handeln als ein Medium für die Darstellung eines unbewußten Gedankens aufzufassen. Denn er erklärte sich diese Sinn-Phänomene als das Ergebnis einer Art von Übersetzung eines (von der inneren Zensur für den sprachlichen Ausdruck nicht zugelassenen) Gedankens in eine nicht-verbale Darstellungsweise.

Für Freud war der Weg, das Handeln als einen sozialen Prozeß mit eigenen strukturellen Kennzeichen zu analysieren, also in doppelter Weise versperrt: durch die Sichtweise vom Handeln als einer motorischen Abfuhr von Erregung; und durch den assoziationspsychologischen Bedeutungsbegriff. Begründet war dies letztlich in seiner Auffassung, empirisches Objekt der Psychoanalyse sei das Verhalten, an dem die »Tatsachen des Seelenlebens« beobachtet, die psychischen Gesetze gleichsam abgelesen werden können.

Wir finden jedoch in seinen konkreten Untersuchungen bestimmter Fehlleistungen und psychoneurotischer Symptome Anhaltspunkte dafür, daß seine Untersuchungsmethode dieser Auffassung gar nicht entspricht. Freuds Methode setzt, wie ich zeigen werde, implizit ein strukturiertes Handeln und nicht ein beobachtbares Verhalten voraus. Er hat hier verborgene Strukturzusammenhänge aufgedeckt, die er nicht durch Beobachtung ermittelt haben konnte, da sie nicht beobachtbar sind.

Mit seiner genialen Intuition hat Freud Entdeckungen gemacht, die offenbar etwas mit dem Handeln und der Sprache zu tun haben. Aber er konnte diesen Zusammenhang theoretisch nicht befriedigend erhellen. Und er konnte die Untersuchungsmethode, die er entwickelt hatte, und für die der Begriff des unbewußten Sinns zentral ist, nicht angemessen charakterisieren.

Da wir heute verschiedene Handlungstheorien zur Verfügung haben, scheint es naheliegend, mit ihrer Hilfe Freuds Entdeckungen zu interpretieren, um dieses Erkenntnispotential der Psychoanalyse auszuschöpfen. Ein solcher Versuch wird aber mit der Tatsache konfrontiert, daß die Handlungstheorien in der Philosophie, der Soziologie, der Psychologie und der Linguistik nicht einfach auf die Psychoanalyse angewendet werden können. Sie sind alle, da sie Handeln als ein Prozeß des Problemlösens auffassen, einseitig kognitiv orientiert. Sie haben alle einen kognitiven »bias« (vgl. Geulen, 1977).

Was für die Sinn-Phänomene, die Freud entdeckt hat, psychoanalytisch gerade das Wesentliche ist – die Eigengesetzmäßigkeit kindlicher Wünsche und Denkformen und deren Fortbestehen auch unter den Bedingungen des Erwachsenenlebens –, muß mit diesen Theorien, werden sie umstandslos auf die Psychoanalyse angewendet, verfehlt werden. Freud drückt diesen Gehalt seiner Entdeckungen lapidar so aus: »Im Traum und in der Neurose finden wir das Kind wieder mit den Eigentümlichkeiten seiner Denkweisen und seines Affektlebens.« (Freud, G. W., Bd. VIII, S. 320) Die verfügbaren Handlungstheorien sind alle unter anderen Fragestellungen entwickelt worden als denen, die sich im Zusammenhang der Entdeckungen Freuds stellen. Das schließt nicht aus, daß ihnen einige Grundkategorien entnommen werden können, um sie psychoanalytisch fruchtbar zu machen. Aber es wäre dann jeweils zu klären, ob diese Kategorien tatsächlich einen Beitrag dazu leisten, die Eigengesetzmäßigkeiten und Strukturen des Unbewußten zu erhellen.

Eine handlungstheoretische Interpretation muß an Freuds Entdeckungen selbst ansetzen, an seinen Untersuchungen und Fall-Analysen, um daran geeignete Kategorien zu entwickeln und so seine Theoriemodelle und Konzepte immanent, an ihrem eigenen Anspruch kritisieren, um diese, wenn möglich, durch tragfähigere ersetzen zu können.[2] Dabei ist auch zu fragen, von welchem Handlungsbegriff zunächst auszugehen ist und in welcher Beziehung er zu Freuds Strukturmodell steht.

Eine wichtige Ergänzung und empirische Stütze findet ein solcher Versuch, wenn Analytiker von Therapiesitzungen Aufzeichnun-

2 Heim (1993) schlägt vor, von dem Konzept der »kommunikativen Rationalität«, das Habermas entwickelt hat, den »normativen Maßstab« für Gegenstand und Methode der Psychoanalyse abzuleiten. Es ist aber zweifelhaft, ob für die psychoanalytische Erkenntnis die Orientierung an einem solchen Maßstab überhaupt von Belang ist; vgl. meine Kritik im Anhang.

gen bzw. Mitschriften gemacht haben und diese einer Untersuchung zur Verfügung stellen. Dieses Material kann einen Aufschluß über den psychoanalytischen Prozeß geben, und damit auch über die Konzepte – z. B. das der psychischen Abwehr –, von denen Psychoanalytiker in der therapeutischen Praxis Gebrauch machen.

Auf diese psychoanalytische Praxis konzentriert sich der Vorschlag Lorenzers, die Psychoanalyse grundlagentheoretisch als eine Tiefenhermeneutik zu begründen. Ich halte diesen Vorschlag aus verschiedenen Gründen für problematisch. Bevor ich den Handlungsbegriff, von dem ich selbst ausgehe, und meine Interpretation des Strukturmodells erläutere, möchte ich kurz meine wichtigsten Einwände gegen Lorenzers Vorschlag darlegen.

1.1. Interaktionstheorie und Tiefenhermeneutik – Lorenzers verkürzte Perspektive einer Grundlagentheorie der Psychoanalyse

Lorenzer hat in mehreren Arbeiten seinen Versuch begründet, die Psychoanalyse als eine hermeneutische Wissenschaft zu rekonstruieren. Er weist darin immer wieder auf die zentrale Rolle hin, welche der Sprache in der psychoanalytischen Therapie zukommt. Und in der Tat ist ja eines der Kennzeichen von Psychoanalyse (im Sinne eines Untersuchungsverfahrens), daß sie sowohl in Diagnostik wie in Therapie nahezu völlig als ein Prozeß sprachlicher Verständigung abläuft (Lorenzer, 1973 a).

Den Gegenstand der Psychoanalyse, den sie im Medium sprachlicher Äußerungen sucht, bestimmt Lorenzer als die Interaktionsformen, die einen Patienten in seiner Subjektivität charakterisieren. Mit dem Begriff der Interaktionsform soll der immer schon von Analytikern gemeinte Gegenstand ihres Untersuchungsverfahrens verdeutlicht werden, der nach ihrem Selbstverständnis im Mittelpunkt ihrer therapeutischen Arbeit steht – : die problematischen Muster zwischenmenschlicher Beziehungen, die ein Patient immer wieder (und wie unter Zwang) zu realisieren versucht, und die einen Sinn haben, der in seiner Lebensgeschichte begründet ist (Lorenzer, 1973 b).

Gestört sind (Lorenzer zufolge) die Interaktionsformen, die die subjektive Problematik eines Patienten ausmachen, als unmittelbare Folge davon, daß die zu ihnen gehörenden Sprachsymbole aus der Sprache verstoßen und somit diese Interaktionsformen »desymbolisiert« wurden. Der sprachlichen Verständigung und dem Bewußtsein entzogen, rückgebildet zu Formen eines vorsprachlichen Entwicklungsniveaus, werden sie irreversibel und bleiben bestimmten Situationen verhaftet. Sie werden zu »Klischees« (Lorenzer, 1973 a, S. 108 f).

Die Lücke, die als Folge der Desymbolisierung im individuellen Sprachgebrauch des Betreffenden entstanden ist, wird notdürftig durch pseudokommunikative Mittel wieder geschlossen. Sprachliche Äußerungen haben an dieser Stelle ein »privates Bedeutungsgefüge«, das verdeckt hinter der allgemeinsprachlichen Bedeutung der Ausdrucksmittel eines Patienten vorhanden ist.

Den Kern dieses Bedeutungsgefüges sieht Lorenzer in den jeweiligen unbewußten Interaktionsformen, denen der Betreffende verhaftet geblieben ist. Prozesse ihrer Realisierung – im alltäglichen Handeln oder in Vorstellungen, die ein Patient im Verlauf des psychoanalytischen Gesprächs gegenüber dem Analytiker entwickelt – nennt er »Szenen«. Auf die Erfassung dieser Szenen ist die Interpretationsmethode des Analytikers gerichtet, die Lorenzer »szenisches Verstehen« nennt. Wir können diese Interpretationsmethode als eine Interaktionshermeneutik charakterisieren.

Welches problematische Muster einer interpersonellen Beziehung ein Patient anderen immer wieder anträgt und darin selbst lebensgeschichtlich verstrickt ist, kann der Analytiker anfänglich nicht erkennen. Da Verstehen des anderen immer auch ein Selbst-Verstehen ist, schließt dieser interpretative Prozeß ihn auch selbst mit ein. Er gebraucht sein eigenes emotionales Wissen über Muster interpersoneller Beziehungen, um herauszufinden, welche Wünsche, Erwartungen, Ängste usw. der Patient anderen immer wieder anträgt. Er setzt probeweise ein solches Beziehungsmuster in der Kommunikation mit dem Patienten ein, um sich das für den Patienten charakteristische Muster und dessen individuelle Ausgestaltung sinnfällig zu machen.

Diese Interpretationsmethode wendet er sowohl auf Mitteilungen des Patienten an, die Auskunft über dessen alltägliche Interaktionen geben, als auch auf Äußerungen, mit deren Bedeutung der Patient verdeckt auch ihm gegenüber ein bestimmtes interaktives

Muster entwirft (also verdeckt den Prozeß entwickelt, den Freud »Übertragung« nannte). In diesem Sinn sieht Lorenzer das szenische Verstehen an Sprache gebunden, an »Interaktionssymbole« (Lorenzer, 1973 b, S. 149).

Der Psychoanalytiker geht außerdem davon aus, daß szenische Komplexe »Verarbeitungsprodukte der frühkindlichen Auseinandersetzung« sind (Lorenzer, 1973 a, S. 99), und daß mit ihnen aufgrund des Wiederholungszwangs infantile Beziehungsmuster reproduziert werden. Er sucht daher nach Entsprechungen zwischen den Szenen der Kindheit, die aus den Berichten des Patienten erschlossen werden können, und den Szenen, die in seinen Interaktionen der Gegenwart zu erkennen sind. Er versucht, die ursprünglich vorhandene Konfliktsituation der Kindheit und die mit ihr verbundene gestörte Interaktionsform zu rekonstruieren und verfährt hierbei wiederum hermeneutisch. Er setzt seine eigenen Interaktionsformen (Beziehungsmuster) als »lebenspraktische Vorannahmen« ein, geleitet von Vorstellungen über deren Typik (typisch für den Einzelfall, für eine bestimmte Phase in der frühkindlichen Entwicklung, für eine soziale Gruppe etc.) (Lorenzer, 1974, S. 161 f).

Eine notwendige Absicherung erfährt diese Interpretationsmethode in der Gegenübertragung. Der Analytiker antwortet mit seinem Unbewußten auf das Unbewußte des Patienten, er nimmt unmittelbar teil an den gestörten Interaktionsformen des Patienten »auf der Ebene der bewußtlos einsozialisierten Praxisregeln« (Lorenzer, 1974, S. 139).

Beides konstituiert also die psychoanalytische Interpretationsmethode als eine Tiefenhermeneutik – : das auf Sprache angewiesene szenische Verstehen und diese unmittelbare Teilhabe des Analytikers in den Übertragungen und Gegenübertragungen. Eindringlich wird dessen hermeneutische Anstrengung beschrieben:

»Nur wenn Fremdverständnis und Selbstverständnis punktuell zusammenfallen in der Kooperation von Zweien, von denen der eine – der Analytiker – ›unmittelbarer Teilnehmer‹ der Verstrickungen des anderen wird, kann mittels eines Interpretationsprozesses die gemeinsame Verstrickung bestimmt und begriffen werden.« (Lorenzer, a. a. O., S. 286)

Lorenzer sieht, wie gesagt, die Störung der Interaktionsformen, die »Verstümmelung der Interaktionsstruktur des Individuums« (Lorenzer, 1973 a, S. 101) vor allem darin, daß die Interaktionsformen aus der Sprache ausgeschlossen wurden. Daher besteht für ihn das hauptsächliche Ziel der psychoanalytischen Therapie darin, die Desymbolisierung rückgängig zu machen, die unterbrochene Selbstverständigung wiederherzustellen. Die Tiefenhermeneutik ist hierfür grundlegend, weil nur mit ihr der Analytiker den lebensgeschichtlichen Konfliktpunkt finden und wieder aufnehmen kann, an dem der Einbezug der jeweiligen Interaktionsform in die Sprache einst gestört wurde.

»Der Analytiker hebt in Interaktion mit dem Patienten den Deformationsakt der Desymbolisierung auf, indem er den Gang der Einführung in Sprache an diesem Punkt wiederholt.« (Lorenzer, 1974, S. 151)

Dem liegt die Überlegung zugrunde, daß die Interaktionsformen, die in der frühen Mutter-Kind-Beziehung herausgebildet werden, deshalb von dem Kind zunehmend auch verstanden und reflektiert werden können, weil die Mutter sie benennt, ihnen einen Namen gibt. Wenn im Verlauf der Therapie der »Originalvorfall« formuliert werden kann, werden auch die entsprechenden Interaktionsformen, die desymbolisiert waren, wieder in Sprache aufgenommen. Sie verlieren dann ihre Rigidität und Situationsgebundenheit; die privatistische Sprache und die Selbsttäuschung, die mit ihnen verbunden waren, können aufgehoben werden.

Die Metapsychologie Freuds kennzeichnet Lorenzer als ein System »begriffener« lebenspraktischer Vorannahmen. Ihre Funktion sieht er darin, daß der Analytiker mittels ihres physikalistischen Begriffsrepertoires die Äußerungen und Interaktionen des Patienten »vermißt« (Lorenzer, a. a. O., S. 177). Die Metapsychologie stellt dem Analytiker Deutungskategorien zur Verfügung, die ihm helfen, die Perspektive auf die Äußerungen und Interaktionen des Patienten in den Dimensionen zu sichern, die für die Tiefenhermeneutik wesentlich sind. So verweist z. B. der dynamische Gesichtspunkt der Metapsychologie darauf, daß »Natur in Interaktionsformen eingegangen ist« (Lorenzer, a. a. O., S. 178); der strukturelle Gesichtspunkt betont, daß die Einheit des subjektiven Sinnzusammenhangs ein Gefüge von »symbolischen Interaktionsformen, Klischees und Zeichen (...)« ist, das in der Sozialisation hergestellt wurde (Lorenzer, a. a. O., S. 182).

Lorenzer gibt also den Anspruch auf, den Freud noch mit seinem Versuch einer Metapsychologie erhoben hatte. Diese ist nicht mehr eine allgemeine, über die psychoanalytische Behandlungssi-

tuation hinausgehende Theorie des unbewußten Seelenlebens; sie ist lediglich eine Theorie der Praxis des Psychoanalytikers.
Da die Tiefenhermeneutik darauf ausgerichtet ist, die »Stellen« zu finden (und gemeinsam mit dem Patienten wiederaufzunehmen), an denen im Verlauf seiner frühkindlichen Entwicklung Interaktionsformen desymbolisiert wurden, müssen sich die Interpretationen des Analytikers daran bewähren, ob sie diese Stellen treffen oder verfehlen. Wenn eine entsprechende Konstruktion des Analytikers den kindlichen »Originalvorfall« formuliert, wird dieser für den Patienten zum ersten Male begreifbar und für die sprachliche Kommunikation zugänglich gemacht. Die damit verbundene praktische Veränderung der bisherigen Verhaltens- und Kommunikationsweisen, die der Analytiker am Patienten konstatiert, bestätigt die Richtigkeit der Interpretationen. In diesem Sinne stellt Lorenzer fest, daß die psychoanalytische Erkenntnis nur über eine praktische Veränderung des Erkenntnisgegenstandes – der desymbolisierten Interaktionsformen – möglich ist (Lorenzer, a. a. O., S. 191). Die Wahrheit psychoanalytischer Erkenntnis ist daher für ihn allein durch die gelingende Verständigung zwischen Analytiker und Patient und (als kritisches Korrektiv) durch die Verständigung innerhalb der Berufsgruppe der Analytiker verbürgt.
Dieser Versuch, die Psychoanalyse als eine hermeneutische Wissenschaft zu rekonstruieren, geht von zwei Voraussetzungen aus, die Lorenzer selbst nicht problematisiert. Die erste Voraussetzung ist, daß der Erkenntnisgegenstand auf die gestörten Interaktionsformen des Patienten eingegrenzt wird; die zweite Voraussetzung, daß die psychoanalytische Interpretationsmethode mit dem psychoanalytischen Erkenntnisprozeß zusammenfällt und nicht nur ein Teil davon ist.
Beide Voraussetzungen sind problematisch. Ich werde zunächst die zweite Voraussetzung diskutieren.
Lorenzer stellt die psychoanalytische Interpretationsmethode (und das mit ihr verbundene Behandlungsverfahren) vor allem deshalb mit dem psychoanalytischen Erkenntnisprozeß gleich, weil er in der Frage: »Was für eine Wissenschaft ist Psychoanalyse?« (Lorenzer, 1973 b) nur eine Alternative sieht: die zwischen der nomologischen und der hermeneutischen Wissenschaft. Eine dritte Möglichkeit, die diese Alternative in Frage stellt, sieht er nicht – : die einer rekonstruktiv verfahrenden Wissenschaft.

Obwohl er mehrfach davon spricht, daß der Analytiker infantile Szenen bzw. den »Originalvorfall« rekonstruiert, sieht er in diesem Vorgehen nicht eine Rekonstruktion von Wirklichkeit im Sinne realer Vorgänge oder real abgelaufener Entwicklungsprozesse. Die Rekonstruktionen, die Analytiker vornehmen, sind für Lorenzer ausschließlich Interpretationsleistungen. Sie sind für ihn Bestandteil der Tiefenhermeneutik.

Da die Methoden und der Theorietyp der Naturwissenschaften auf die Psychoanalyse nicht fruchtbar angewendet werden können, sieht Lorenzer nur die Möglichkeit, Psychoanalyse als eine hermeneutische Wissenschaft zu begründen. Vor dem Hintergrund dieser Alternative stellt er, um den hermeneutischen Charakter der psychoanalytischen Untersuchungsmethode zu betonen, immer wieder das Sinnhafte dem bloß Faktischen, die Vorstellungen und Interaktionsphantasien des Subjekts den realen Abläufen im Subjekt gegenüber. Auf die realen Abläufe konzentriere sich das psychologische Verstehen, wohingegen das szenische Verstehen gerade dadurch gekennzeichnet sei, daß es sich auf Phantasien, auf imaginierte Objektbeziehungen als Sinnstrukturen richte (Lorenzer, 1973 b, S. 142 f).

Aber die Prozesse und Objekte der psychischen Realität sind doch ebenfalls real. Die psychische Realität ist eine strukturierte Realität. In ihr sind individuelle Bildungen, die nur aus der Lebensgeschichte des Subjekts verständlich sind, ebenso vorhanden wie überindividuelle Strukturzusammenhänge und Mechanismen. Die psychische Realität steht in einem komplexen Zusammenhang mit Prozessen des sozialen Handelns, mit der Sprache und mit der äußeren Wirklichkeit.

In der Weise, wie Lorenzer die Methode des szenischen Verstehens charakterisiert, wird deutlich, daß diese Methode diese komplexen Strukturverhältnisse auch voraussetzt – und auch voraussetzen muß. Aber sie bleiben nur angedeutet.

So bemerkt er, daß die Psychoanalyse als Untersuchungsmethode damit rechnet, daß Sprache und Interaktionsformen sich in Beziehung setzen lassen (Lorenzer, 1973 a, S. 97). Aber wir erfahren nichts Genaueres darüber, wie diese Beziehung strukturell beschaffen ist, von welcher Sprachleistung der Analytiker hier Gebrauch macht, wie die »Interaktionssymbole« aufgebaut sind, auf die das szenische Verstehen sich bezieht. Wie verfährt der Analytiker, wenn er die »Sprachfiguren der Mitteilung des Patienten und die Handlungsfiguren seiner Gestik als Interaktionsfiguren« (Lorenzer, 1974, S. 111) begreift? Lorenzer geht nicht der Frage nach, wie es möglich ist, daß in Sprachbedeutungen interaktive Muster entworfen werden, mit denen ein Patient sich in der Phantasie in ein bestimmtes Verhältnis zum Analytiker setzt. Lorenzer setzt dieses Phänomen als gegeben voraus, macht es aber nicht zum Gegenstand eines Rekonstruktionsversuchs.

Auch bleibt offen, welcher Mechanismus dem »Wiederholungszwang« zugrunde liegt, also dem Zwang, dem ein Patient unterworfen ist, »in immer gleicher Weise szenisch zu agieren« (Lorenzer, 1973 b, S. 200), infantile Beziehungsmuster immer wieder zu reproduzieren. Obwohl betont wird, daß dieser Zwang die Voraussetzung ist »für die Sicherheit des szenischen Verstehens und für die therapeutische Wirksamkeit der darauf gegründeten Deutungsarbeit« (Lorenzer, a. a. O., S. 201), wird nicht weiter geklärt, wie dieser Zwang zustandekommt. Die vorsprachlich einsozialisierten »Regeln« der Interaktion, die hier wirksam sein sollen, werden nicht beschrieben.

Ebenso vage bleibt der Realitätsbezug des Konzepts der Desymbolisierung. Damit soll ja die Wirkung der seelischen Abwehrmaßnahme bezeichnet sein, die Freud die Verdrängung genannt hat. Wenn wir uns die Kindheitssituationen vergegenwärtigen, die anhand von psychoanalytischen Fallstudien rekonstruierbar sind, und in denen das Kind typischerweise zu dieser Abwehrmaßnahme greift (z. B. Freuds Fallstudie über den kleinen Hans), dann ist es fraglich, ob Lorenzers Konzept hier wirklich zutreffend ist. Desymbolisierung setzt voraus, daß zuvor schon eine Symbolisierung stattgefunden hat. Aber das Kind wird in bestimmten Situationen, in denen es auf eine Ablehnung eigener Wünsche seitens seiner Bezugsperson trifft, oft auch nicht die sprachlichen Mittel, die geeigneten Ausdrücke zur Bezeichnung der gewünschten Interaktion vorfinden. Zu fragen wäre vielmehr, was die wiederholte Ablehnung dieser Wünsche mit der Abwehrmaßnahme der Verdrängung zu tun hat, und wie sich diese Abwehrmaßnahme auf weitere Handlungsversuche des Kindes auswirkt.

Schließlich wird auch die Entwicklung frühkindlicher Interaktionsformen, der Prozeß ihrer strukturellen Ausdifferenzierung, nicht als eine Aufgabe wissenschaftlicher Rekonstruktion gesehen. Es sind allein typische Vorannahmen über Verlaufsphasen der frühkindlichen Entwicklung, die in die Interpretationsmethode eingehen, geleitet von der Unterscheidung, ob Interaktionsformen symbolisiert oder desymbolisiert wurden (Lorenzer, 1974, S. 162).

Die Rekonstruktionsvereinfachungen und Abkürzungen, die ich hier angeführt habe, entwerten keineswegs die psychoanalytische Interpretationsmethode, die Lorenzer beschreibt. Im Gegenteil. Diese Abkürzungen und Vereinfachungen haben in ihr einen praktischen Sinn. Denn ohne sie wäre diese Methode gar nicht anwendbar. Der Analytiker kann im therapeutischen Prozeß nicht beides zugleich tun: Er kann nicht die Äußerungen des Patienten interpretieren (und dabei die Empathie-Beziehung zu ihm aufrechterhalten), und zugleich die genannten strukturellen Zusammenhänge umfassend rekonstruieren. Er kann nicht seine eigene emotionale Verstrickung in die jeweilige Störung des Patienten reflektieren und zugleich die Mechanismen umfassend analysieren, die der Verstrickung zugrundeliegen. Er muß aus praktischen Gründen die Rekonstruktionen vereinfachen und abkürzen.

Zwar ist die psychoanalytisch-therapeutische Praxis der Ort, an dem die psychoanalytische Theorie entstanden ist und an dem sie sich weiterentwickelt hat. Aber die innere Logik dieser Theoriebildung läßt sich nicht hinreichend aus der therapeutischen Interpretations- und Behandlungsmethode heraus begründen.

Die psychoanalytische Interpretationsmethode, die Lorenzer so detailliert und eindringlich beschreibt, setzt komplexe Entwicklungsprozesse, Mechanismen und Strukturzusammenhänge voraus, deren Rekonstruktion in ihr selbst nur ansatzweise und verkürzt enthalten ist. Lorenzer wiederholt diese praktischen Verkürzungen auf theoretischer Ebene, anstatt sie zu reflektieren und einen Ansatz zu ihrer Ausdifferenzierung zu suchen.[3] Da er sie

3 In diesem Punkt stimmt meine Kritik überein mit der, die Oevermann (1993) gegenüber Lorenzers Tiefenhermeneutik vorbringt. Die anderen von Oevermann formulierten Einwände gegen die Tiefenhermeneutik sind so sehr an die Theorie der »Objektiven Hermeneutik« gebunden, daß eine Diskussion dieser Einwände auch eine Auseinandersetzung mit dieser Theorie erforderlich machen würde. Diese Auseinandersetzung will ich an dieser Stelle nicht führen. Ich möchte aber anmerken, daß es mir aus verschiedenen Gründen – einige dieser Gründe sind in den kritischen Ausführungen von Hahn (1994) enthalten – nicht plausi-

(vor dem Hintergrund der falschen Alternative: Naturwissenschaft oder Hermeneutik) nicht als solche bemerkt, muß sich ihm der Schluß aufdrängen, daß die psychoanalytischen Erkenntnisprozesse im wesentlichen in dieser Interpretationsmethode aufgehen.

Dies hat Konsequenzen für die Bestimmung des Erkenntnisgegenstandes der Psychoanalyse und für die theoretischen Vorstellungen Lorenzers, von welchen Mitteln des Verstehen der Analytiker Gebrauch macht.

Die Interpretationsmethode des szenischen Verstehens richtet sich (wie oben erläutert) auf Versuche des Patienten, anderen im Alltag (und dem Analytiker in der Therapie) bestimmte und nur aus der Lebensgeschichte verständliche problematische Muster einer interpersonellen Beziehung zwanghaft immer wieder anzutragen. Solche Realisierungsversuche nennt Lorenzer »Szenen«, diese Beziehungsmuster »desymbolisierte Interaktionsformen«. Und er betont mehrfach, daß es gerade die Vorstellungen und Phantasien des Patienten sind, durch die sich diese Beziehungsmuster realisieren.

Einen strukturellen Zusammenhang mit realen Interaktionen haben diese phantasiegebundenen, imaginären Interaktionen Lorenzer zufolge nicht. Wie schon erwähnt, geht er davon aus, daß das szenische Verstehen strikt trennt zwischen dem subjektiven Sinn und dem Faktischen. Er sieht darin gerade die »ungewöhnliche Eigenart« der psychoanalytischen Interpretationsmethode, daß »das, was im alltäglichen Verstehen die Aufmerksamkeit vordringlich auf sich zieht, nämlich das faktisch Vorhandene« (Lorenzer, 1973 b, S. 87), vom Analytiker vernachlässigt wird.

Lorenzer verkürzt das alltägliche Verstehen, wenn er meint, daß dieses sich überwiegend auf die bloße Konstatierung des Faktischen konzentriert. Zum alltäglichen Verstehen gehört auch das Interpretieren emotionaler Beziehungen, das (praktische) Rekonstruieren von Erwartungen des anderen, von Handlungssituationen usw. Das alltägliche Verstehen konkreter Handlungen bzw. Interaktionen erarbeitet sich ebenfalls Sinn-Zusammenhänge und stützt sich dabei auf ein entsprechendes Wissen.

bel erscheint, daß die Theorie der »Objektiven Hermeneutik« den Gehalt der Entdeckungen Freuds im Zusammenhang von Sprache, Wissen und Handeln präzisieren kann.

Von diesem Wissen wird auch ein Analytiker Gebrauch machen, wenn er – um ein Beispiel Lorenzers heranzuziehen – Mitteilungen des Patienten über eine Auseinandersetzung mit dem Vorgesetzten szenisch interpretiert. Der Analytiker wendet sein kollektives Wissen über diese Form des interaktiven Handelns an, um z. B. an den Mitteilungen den besonderen, für den Patienten charakteristischen Ablauf seiner Handlung rekonstruieren zu können, die Erwartung, die er dem anderen anträgt, das Ziel, das er im Handeln verfolgt. Das kollektive Wissen liefert so gleichsam eine Hintergrundfolie, um daran die Besonderheiten im Handeln des Patienten zu erkennen, die dessen Individualität charakterisieren. Auf dieser Grundlage wird der Analytiker dann weitere theoriegeleitete Schlüsse ziehen.

Innerhalb der Interpretationsmethode, die an den »Szenen« des Patienten die darin wiederholten infantilen Beziehungsmuster aufzufinden sucht, reicht es praktisch aus, solche Szenen als »Ausdruck« gestörter Interaktionsformen aufzufassen (Lorenzer, 1974, S. 131). Der psychoanalytische Interpret kann individuelle Handlungsweisen so »lesen«, als wären sie Dokumente zugrundeliegender kindlicher Beziehungsmuster. Aber in dieser Sicht muß offenbleiben, welche Prozeßmechanismen faktisch ablaufen, wenn ein solches Beziehungsmuster im alltäglichen Handeln sich zu verwirklichen sucht.

Daß neurotische Symptome, die im Alltag als Verhaltensstörungen auffallen können, einen subjektiven Sinn haben, war eine der Entdeckungen Freuds. Auf diesen Sinn bezieht sich der für Lorenzers Argumentation zentrale Begriff der Interaktionsform. Aber dieser Begriff bleibt in seinem Bezug zum Konkreten relativ unbestimmt. Lorenzer kann weder (in systematischer Sicht) verdeutlichen, wie der subjektive Sinn mit dem interaktiven Handeln und der Sprache zusammenhängt; noch kann er (in genetischer Sicht) die Eigenschaften und Entwicklungsschritte kindlicher Interaktionen näher bestimmen.

Im allgemeinen sozialwissenschaftlichen Verständnis sind Interaktionen wechselseitige Erwartungen, durch die Handelnde aufeinander bezogen sind. Diesen Erwartungen liegen die inneren Repräsentationen zugrunde, die der Handelnde von sich (als ego) und dem anderen (als alter) ausgebildet hat. Interaktionen sind in diesem Sinne sozial-kognitive Prozesse – so auch bei G. H. Mead (1934, dt. 1968), an dem sich Lorenzers Begriff der symbolischen

Interaktion orientiert. Mit dieser begrifflichen Anleihe ist aber für das bessere Verständnis der emotionalen Beziehungsmuster, die ein Patient anderen (und dem Analytiker) anträgt, theoretisch nicht viel gewonnen. Wenn sie als desymbolisierte Interaktionsformen charakterisiert werden, besagt das nur, daß mit dem Verlust der Verbindung zu signifikanten Symbolen auch die Möglichkeit verlorengegangen ist, sich ihre soziale Bedeutung bewußt zu machen; beeinträchtigt ist damit auch die sozial-kognitive Leistung, die Perspektive des anderen zu übernehmen und aus seiner Perspektive eigene Äußerungen oder Handlungen einzuschätzen. Denn diese Leistung sah Mead vor allem in den signifikanten Symbolen begründet, weil deren soziale Bedeutung bewußt ist (vgl. Krappmann, 1985).

Der Begriff der desymbolisierten Interaktion ist also nur eine Negativ-Bestimmung. Er drückt nur aus, daß diese Beziehungsmuster nicht bewußt sind, und daß die Perspektive des anderen in ihnen nicht berücksichtigt wird. Ihre Bezeichnung als Klischees macht ihre Wirkungsweise in der sozialen Interaktion sehr anschaulich; aber sie erklärt diese nicht. Es wäre aber interessant zu wissen, wie diese kindlichen Beziehungsmuster prä-reflexiv organisiert sind, und wie sie als Klischees »verhaltensbestimmend« sein können (Lorenzer, 1974, S. 283). Die Interaktionsform wird zwar als »Grundelement des Denkens und Handelns« bestimmt (Lorenzer, a.a.O., S. 130), aber weder in ihrem Bezug auf das Denken noch auf das Handeln analysiert.

In der Beschreibung der Methode des szenischen Verstehens wird der Interaktionsbegriff umfassend und damit auch vage. In diesen Begriff nimmt Lorenzer ganz verschiedene psychische Strukturbildungen auf, die Freud noch unterschieden hat.

»Weder Ich-Strukturen noch Es-Impulse können für die Bedürfnisse der Psychoanalyse anders erfaßt werden denn als ›Vorstellungen‹, d.h. als Sinnzusammenhänge, die als Interaktion verstanden werden.« (Lorenzer, 1973b, S. 143)

In der psychoanalytisch-therapeutischen Perspektive, die Lorenzer strikt beibehält, ist die Konzentration auf die Vorstellungen und das Erleben des Patienten sinnvoll. Aber dabei dürfen, wenn der wissenschaftliche Status der Psychoanalyse geklärt werden soll, die Untersuchungsbedingungen der psychoanalytischen Interpretationsmethode nicht unter der Hand zum Kennzeichen des

Erkenntnisgegenstandes gemacht werden. Es ist ja das psychoanalytische »setting«, das die interaktive Dimension des Handelns künstlich trennt von dem alltäglichen Prozeß der Ausführung von Handlungen. Dabei mag es in der therapeutischen Perspektive so erscheinen, als würden »reale« Handlungen in der psychoanalytischen Therapie keine Rolle spielen. Aber die Prozesse, die seitens des Patienten ablaufen, gehören ja auch zur mentalen Sphäre des Handelns. Sie haben einen strukturellen Bezug zu Handlungsprozessen, auch wenn dieser in der Therapie nicht unmittelbar in Erscheinung tritt. Dieser strukturelle Bezug wird durch Lorenzers Interaktionsbegriff verdeckt.
Es fragt sich aber, ob der Erkenntnisgegenstand der Psychoanalyse nicht umfassender zu bestimmen ist, ob gestörte Interaktionsformen nicht nur ein, wenn auch das therapeutisch wesentliche, Element des Erkenntnisgegenstandes ausmachen. Es wäre zu untersuchen, ob bei einem neurotischen Symptom nicht nur Interaktionsformen, sondern der gesamte innere Strukturzusammenhang des Handelns gestört ist. Und es fragt sich, ob in Freuds Entdeckungen nicht entsprechende Einsichten über den inneren Strukturzusammenhang und die Genese sozialen Handelns und ihre Verbindung mit der Sprache enthalten sind – Einsichten, die über die psychoanalytisch-therapeutische Situation hinaus verallgemeinert werden können.
Freuds Untersuchungen zum Mechanismus des Witzes, der Fehlleistungen des Alltags und der Funktion von Angst weisen ebenfalls darauf hin, daß er in diesem Zusammenhang Entdeckungen gemacht hat, deren Bedeutung weit über die von ihm entwickelte Therapiemethode hinausgeht. Er selbst hat die Verallgemeinerbarkeit seiner Erkenntnisse so formuliert:

»Ich sagte Ihnen, die Psychoanalyse begann als Therapie, aber nicht als Therapie wollte ich sie Ihrem Interesse empfehlen, sondern wegen ihres Wahrheitsgehalts, wegen der Aufschlüsse, die sie uns gibt über das, was dem Menschen am nächsten geht, sein eigenes Wesen, und wegen der Zusammenhänge, die sie zwischen den verschiedensten seiner Betätigungen aufdeckt. Als Therapie ist sie eine unter vielen, freilich eine prima inter pares.« (Freud, G. W., Bd. xv, S. 168)

Die Aufschlüsse, von denen Freud spricht, betreffen auch die Struktureigenschaften des interaktiven Handelns und deren konflikthafte Genese. Eine systematische Klärung dieser Aufschlüsse wäre auch zugleich eine Klärung der Bedingungen der psychoanalytischen Interpretationsmethode, der kommunikativen Bedingungen der psychoanalytischen Therapie.

Dies setzt die Entwicklung eines geeigneten Handlungsbegriffs voraus, der auch das Verhältnis von Sprache und Handeln erhellt. Lorenzer geht zwar von der Einsicht aus, es gehe »in der Psychoanalyse stets um eine Sprachtheorie, die zugleich Handlungstheorie« ist (Lorenzer, 1973 a, S. 113). Aber für seine zentralen Kategorien – die symbolisierte und die desymbolisierte Interaktionsform – bleibt diese Einsicht folgenlos. Es sind ja, seiner Argumentation zufolge, einfach Wörter, mit denen in der Kindheit Interaktionsformen benannt und damit der Reflexion zugänglich gemacht werden; der Abwehrvorgang der Verdrängung besteht nur darin, daß eine solche Benennung verhindert wird. Implizit setzt sich damit doch wieder die traditionelle zeichentheoretische Auffassung durch, die Sprache sei ein System von Sätzen und Wörtern.

Lorenzers Vorschlag, diese Abwehrmaßnahme als Desymbolisierung von Interaktionsformen zu begreifen, bezieht diese Abwehrmaßnahme nur scheinbar auf den Prozeß des Handelns. Tatsächlich wird Freuds Vorstellung, daß dabei »Sachvorstellungen« die Verknüpfung mit den ihnen entsprechenden »Wortvorstellungen« verwehrt wird, im Wesentlichen beibehalten und in eine modernere Terminologie umformuliert.[4]

Auch das dualistische Denken Freuds, das besonders Lichtman (1986, dt. 1990) kritisch kommentiert, bleibt in der Weise bewahrt, wie Lorenzer das Verhältnis von symbolisierten und desymbolisierten Interaktionsformen bestimmt. Analog zum Verhältnis von »Ich« und »Es« im Strukturmodell Freuds stellt er das Verdrängte (die Klischees) als Teil des Es den symbolischen Interaktionsformen gegenüber (Lorenzer, 1974, S. 286). Zwar wird das klischeebestimmte Verhalten als ständig verbunden gesehen mit dem symbolvermittelten Verhalten, das es überformt (Lorenzer, 1973 b, S. 125); aber die Polarität von reflektierbar – nicht-reflektierbar ist das für diese Beziehung Kennzeichnende.

Lorenzers Arbeiten zeigen, daß die psychoanalytische Therapie

4 Dies trifft auch auf spätere Arbeiten von Lorenzer zu, in denen er Wittgensteins Begriff des Sprachspiels für seine Überlegungen heranzieht; ich gehe auf diese Arbeiten hier nicht weiter ein.

auf das hermeneutische Verfahren angewiesen ist. Und er deutet immer wieder an, daß viele der Entdeckungen Freuds zentral auf das Handeln und die Sprache bezogen sind. Aber er läßt offen: wie.

Wenn wir die Abwehrmaßnahme der Verdrängung so verstehen, daß sie in das Handeln bzw. in Handlungsversuche des Kindes eingreift, dann ist die Verhinderung der Versprachlichung nur von sekundärer Bedeutung. Wir gelangen aber so zu einer Sichtweise, die theoretisch weiterführt.

Die Auseinandersetzung zwischen den Triebwünschen des Kindes und den Erwartungen der Bezugsperson betrifft dann primär den Prozeß der Ausbildung von Formen des Handelns. An die Stelle der Handlungen, die, weil abgewehrt, nicht möglich sind, treten dann oft auch solche Formen des Handelns, die die Abwehrmaßnahme sichern sollen. Verzerrt ist dann nicht allein der Gebrauch von Sprache, sondern der Gebrauch der so gebildeten Form des Handelns. An ihr bleiben die Spuren des unerledigten Konflikts bewahrt, zu dessen Bewältigung diese Form herausgebildet wurde.

Das »Ich« ist zwar dann dadurch bestimmbar, daß es über Formen des Handelns verfügt. Aber insoweit es selbst auch das Ergebnis dieser Genese ist, kann es nicht durchschauen, in welchen der verfügbaren Formen des interaktiven Handelns der kindliche Prozeß der Auseinandersetzung unbemerkt fortgesetzt wird.

Das (dynamisch) Unbewußte ist im Handeln immer latent gegenwärtig, weil die konflikthafte Entstehungsgeschichte der interaktiven Handlungsformen in der Struktur der individuellen Subjektivität überdauert.

1.2. Das Strukturmodell Freuds als Modell gebrochener Handlungsstrukturen des Subjekts

Ich will zunächst den Handlungsbegriff erläutern, der den nachfolgenden Überlegungen zugrundeliegt. Handeln ist ein strukturierter Prozeß. Handeln ist aus Elementen zusammengesetzt, die es strukturieren. Da Handeln auf ein Ziel ausgerichtet ist, werden diese Strukturelemente wesentlich durch das jeweilige Ziel bestimmt. Die allgemeinste Charakterisierung des Ziels von Handlungen ist, daß diese in die Wirklichkeit eingreifen, um sie zu verändern.

Die inneren Strukturelemente des Handelns machen dessen subjektive Dimensionen aus. Sie sind psychoanalytisch von besonderem Interesse. Die interaktive Seite des Handelns, der innere Repräsentationen des Handelnden von sich selbst und von dem anderen zugrundeliegen, ist nur eine dieser Dimensionen. Weitere sind: der Wunsch (das Motiv), die Wirklichkeitskonzepte, die innere moralische Bewertung und die Zweck-Mittel-Relation des Handelns. Diese Elemente bilden den inneren Strukturzusammenhang des Handelns, der jeweilige Formen des Handelns konstituiert.

In der kindlichen Entwicklung wird diese innere Struktur des Handelns erst allmählich herausgebildet. Anfänglich sind die Elemente noch gar nicht oder nur rudimentär vorhanden. Sie differenzieren sich erst im Verlauf der kindlichen Entwicklung.

In Freuds Theorie der sexuellen Entwicklung ist die Erkenntnis enthalten, daß in dieser Entwicklung die Bildung von Formen des interaktiven Handelns involviert ist. Diese Bildung ist zentriert um Funktionsmuster körperlicher Organe. Die Funktionsmuster werden als grundlegend angesehen für die Kernstruktur des Ablaufs der Triebbefriedigung.

Die Hilflosigkeit des Kindes, die Freud betont hat, bezieht sich darauf, daß das Kind lange Zeit Unlust nicht durch eigenes Handeln beseitigen kann; es ist dazu auf das Handeln der Bezugsperson angewiesen. Das Handeln des Kindes verläuft in dem Bereich der Triebbefriedigung nur durch das Handeln der Bezugsperson. Diese ist in den entsprechenden Handlungsversuchen, Wünschen und Phantasien des Kindes immer gegenwärtig – und damit auch in dem Prozeß der Ausbildung der inneren Struktur seines Handelns.

Wie das Kind diese elterliche Teilnahme erlebt, hängt vor allem davon ab, wie weit es in seinen Handlungsversuchen und Wünschen anerkannt wird, wie weit es eigene Möglichkeiten entwikkeln kann, auf den anderen einzuwirken und zu erleben, daß es so wie es ist, eine positive Bedeutung für den anderen hat. Auf die Tragweite, die diese Anerkennung für die Subjektbildung hat, weist Grodzicki hin, wenn er betont,

»(...) daß es äußerst wichtig ist, das Kind seine Einwirkungsmöglichkeiten auf und seine Bedeutung für die Erwachsenen erleben zu lassen, d. h. daß das Kind klar erleben kann, daß es für sein Gegenüber von ebensolcher Bedeutung ist wie umgekehrt, daß es ein wechselseitiges aufeinander Einwirken und einander Benötigen gibt. Aus dieser spezifischen Weise des Miteinanders erwächst das Gefühl, lieben zu können und geliebt zu werden. Die früheste Grundlage für die Entwicklung eines solchen Erlebens liegt in dem ersten Miteinandersein von Mutter und Kind, dem wechselseitigen Aufeinander-bezogen-Sein. Ist jene frühe Phase gestört, wird es auch das spätere Erleben sein. Es entwickelt sich hier das, was wir mit Beziehungsfähigkeit meinen, die ihren Kern eben in der Wechselseitigkeit hat, sich und dem anderen Möglichkeiten zur Entwicklung und Entfaltung zu bieten. Unter einem anderen Aspekt gesehen, geht es hier um die gleichgewichtige Verteilung von narzißtischer und Objektlibido. In dem Maße, wie das Kind geliebt wird und erlebt, wie wichtig es dem anderen ist in seinem eigenen So-Sein, erfährt es eine narzißtische Zufuhr. In dem Maße, wie das Kind erlebt, daß es dem anderen das gleiche oder ein ähnliches Erleben vermitteln kann, besetzt es sein Bild von diesem mit Objektlibido.«[5]

Ich gehe davon aus, daß für die Entwicklung von Formen des Handelns der Wunsch des Kindes grundlegend ist, daß sein Bedürfnis, befriedigt zu werden, komplementär sei zu dem Bedürfnis der Bezugsperson, dieses zu befriedigen. Stellt sich eine solche Komplementarität her, entsteht ein vollkommenes Interaktionsmuster, eine wechselseitig befriedigende Form des Handelns.
Die Einzelvorgänge die in dem wiederholten Ablauf dieses Geschehens enthalten sind, werden im Gedächtnis bewahrt; wenn die Entwicklung der Sprache einsetzt und das Kind mit Sprache Sinn-Zusammenhänge herstellt, werden die Einzelvorgänge zu Erfahrungen des Kindes, die sich als Wissen verfestigen: die Wahrnehmung des eigenen Bedürfnisses; Wünsche, diese Bedürfnisse zu befriedigen; Antworten der Umgebung auf das Befriedigungsbedürfnis; das daraus resultierende Ergebnis, das das Befriedigungserlebnis mit entsprechenden Selbst- und Objektwahrnehmungen verbindet. Das Kind eignet sich das entsprechende praktische Wissen an, weil es ihm Wege zum Triebobjekt und zur Befriedigung weist.
Das vollkommene Befriedigungsmuster der frühen Mutter-Kind-Beziehung bildet die Matrix für die Entwicklung aller Formen interaktiven Handelns. Diese Entwicklung verläuft selten kon-

5 Grodzicki, W.-D. (1994): Psychoanalyse und Religion; unv. Ms.

fliktfrei. Typischerweise haben die herausgebildeten Formen des Handelns einen Kompromiß-Charakter, d.h. ihnen liegt ein Grundkonflikt des Kindes zugrunde, der in ihnen selten gelöst und häufiger in bestimmter Weise bearbeitet wird: der Konflikt zwischen den Triebwünschen des Kindes und seinem Bedürfnis, die Verbundenheit mit der primären Bezugsperson und damit das Selbstwertgefühl zu erhalten.

Es kommt immer wieder dazu, daß die Wunschvorstellungen des Kindes nicht den Erwartungen und Bedürfnissen der Bezugsperson entsprechen, wenn diese nicht das Kind und seine Entfaltungsmöglichkeiten anerkennen, sondern ihr eigenes Bild davon, wie dieses Kind sein sollte, durchzusetzen versuchen. Seine Wunschvorstellungen muß das Kind dann, wenn der Konflikt nicht anders bewältigt werden kann, modifizieren oder ganz abwehren. Die psychische Abwehr, vor allem die Maßnahme der Verdrängung, richtet sich auf die Verhinderung von Handlungen. Sie verhindert damit auch, daß Wunschvorstellungen zu Strukturelementen des Handelns werden.

Die abgewehrten Wunschvorstellungen sind Wunschkonstellationen, die – im Rückgriff auf das Gedächtnis oder auf teilweise schon vorhandenes Wissen – für das Objekt ein bestimmtes Verhalten entwerfen und ein Befriedigungsmuster imaginieren. Die Ablehnung der Umgebung und die Abwehrmaßnahme der Verdrängung machen sie handlungspraktisch unmöglich; verbunden mit der Angst, die in der Konfliktsituation entstanden ist, wird die Wunschkonstellation von der inneren Struktur des Handelns, vom praktischen Handlungswissen abgespalten und erhält eine Eigendynamik.

Die Handlungsformen, die statt dessen entwickelt werden, bleiben mit dem Abgewehrten verbunden, wenn sie als Ersatz für das Abgewehrte die Abwehr sichern sollen. Der Bruch, den die Abwehr durch Abspaltung der Wunschvorstellungen herbeigeführt hat, verläuft dann in der gesamten inneren Struktur des Handelns. Alle Strukturelemente sind davon betroffen.

Das zerrissene, »durch Widerstände zerklüftete Seelenleben«, von dem Freud sagt, daß der neurotisch Kranke es dem Analytiker entgegenbringt (Freud, G. W., Bd. XII, S. 186), ist dann unter dem Gesichtspunkt des Handelns als Verzerrung der inneren Struktur des Handelns analysierbar. Das Strukturmodell der Metapsychologie kann so interpretiert werden, daß es von einer systema-

tischen Brechung von Handlungsstrukturen ausgeht und sie als für das Subjekt charakteristisch verallgemeinert.
Den Formen der Abspaltung und Verdinglichung, die Freud – ohne sie als solche erkennen zu können – an der inneren Struktur des Handelns gefunden hat, entspricht ein subjektives Erleben, das ihn zur Konstruktion der psychischen Instanzen veranlaßt hat – dem Erleben fremder, unheimlicher Triebkräfte des Es; übermächtiger moralischer Bewertungen eines Über-Ichs, das an innere Elternbilder geknüpft ist; und eines relativ hilflosen Ichs, dessen Bewußtseinsfunktion nicht ausreicht, diese Zusammenhänge zu durchschauen.
Die Fehlbildungen frühkindlicher Entwicklung stellt das Strukturmodell als Fehlbildungen in der inneren Struktur des Handelns dar.
Aber Freud hat die psychischen Instanzen nicht als Niederschlag einer Bildungsgeschichte gesehen, die aufgrund der Konflikte mit der Bezugsperson, die nicht bewältigt werden konnten, systematisch gebrochen verlaufen ist. Er hat das Subjekt, das das Strukturmodell implizit voraussetzt, nicht als ein Handlungssubjekt konzipiert. Dennoch können wir das Modell so interpretieren, daß es die Erfahrung verallgemeinert, daß Handlungssubjekte im Bereich emotionaler Erfahrungen und in Prozessen interaktiven Handelns nur eingeschränkt auch Subjekte ihrer Handlungen sind.
Das Strukturmodell stellt den Zusammenhang von Wissen und Handeln als einen systematisch verzerrten dar. Aber in dieser Hinsicht ist es strukturell unvollständig. Es berücksichtigt nicht die interaktive Dimension des Handelns, d. h. die Herausbildung von Selbst und innerem Objekt (wie sie z. B. nach Freud E. Jacobson, 1964, dt. 1973, beschrieben hat); die Wirklichkeitskonzepte (die eng mit Erlebnissen von Triebbefriedigung verbunden sind), und die Ausbildung von Handlungsmitteln des Kindes, für die besonders die Sprache von Bedeutung ist.
Die für die Bildungsgeschichte des Subjekts wichtigste »Instanz«, die primäre Bezugsperson, ist im Strukturmodell allein durch das Über-Ich vertreten. Sie wird jedoch an der Entwicklung bzw. Verzerrung auch der anderen Strukturelemente in bestimmter Weise stets beteiligt sein.
Freud hat die genetische Entwicklung dieser Strukturelemente weitgehend getrennt voneinander untersucht; die Entwicklung

von Formen der Triebbefriedigungen des Kindes hat er z. B. weitgehend getrennt von der Entwicklung des Über-Ichs. Dies scheint deshalb möglich, weil einige der Strukturelemente gleichsam eine eigene Entwicklungslogik haben. Dennoch sind sie alle – wenngleich in unterschiedlicher Weise – auf das interaktive Handeln bezogen, bleiben im Strukturzusammenhang miteinander verbunden.

Nach meiner Interpretation liegt also Freuds Strukturmodell die Erkenntnis zugrunde, daß Formen interaktiven Handelns hintergründig mit ihrer konflikthaften Bildungsgeschichte verbunden bleiben; diese bleibt in der Struktur individueller Subjektivität, wenn auch unbewußt, bewahrt. Diese Formen sind immer das Ergebnis einer Auseinandersetzung zwischen der inneren Triebnatur und gesellschaftlichen Werten, den Wunschvorstellungen des Kindes und seiner Hilflosigkeit. Diese Konfliktstruktur ist in den gesellschaftlich vorhandenen Formen des Handelns nicht gelöst; ihre Bearbeitung setzt sich in diesen Formen fort.

In Fällen neurotisch verzerrten Handelns sind die Spuren ihrer konflikthaften Bildungsgeschichte leichter zu erkennen als beim nicht-neurotischen Handeln, wo sie verdeckt bleiben.[6] In psychoanalytischer Perspektive sind Formen interaktiven Handelns stets das Ergebnis einer konflikthaften Auseinandersetzung, die in ihnen fortgesetzt wird. In diesem Sinne interpretiere ich Freuds Feststellung, daß die Neurose keinen ihr eigentümlichen Inhalt hat, der nicht auch bei Gesunden zu finden wäre (Freud, G. W., Bd. VIII, S. 54).

Voll entwickelt in Freuds Metapsychologie ist nur das Energiemodell. Das Strukturmodell ist begrifflich unentwickelt; Strukturverhältnisse und Mechanismen des Handelns werden von Freud darin immer wieder durch die Anwendung von Kategorien der Energieverteilung verdeckt. Wir können aber Strukturzusammen-

6 Das Verdecken von Erscheinungsformen dieser ungelösten Konflikte geschieht sicher kollektiv; man kann es als eine kollektive Wahrnehmungsblockade verstehen. Lorenzer bemerkt hierzu: »Die Angelpunkte der in *dieser* Gesellschaft wirksamen neurotogenen Konstellationen sind kollektiv skotomisiert, unterliegen einem kollektiven Tabu. Eben deshalb kann die Wahrnehmungsblockade gegenüber dem psychoanalytischen Gegenstand (...) nicht ein für allemal beseitigt werden. Der Widerstand verschiebt sich entsprechend dem gesellschaftlichen, geschichtlichen Wandel.« (Lorenzer, 1974, S. 285 f)

hänge des Handelns und der Sprache nicht mit Kategorien für den Energiefluß oder für Kräfteverhältnisse analysieren.
Ich halte die Annahme einer seelischen Energie für sehr plausibel, wenn diese qualitativ (und nicht, wie Freud dies versuchte, bloß quantitativ) gefaßt wird. Dasselbe gilt für die Annahme sexueller Triebkräfte. Aber um herauszufinden, wie diese körpereigenen Prozesse sich verhalten zu den Sinn-Phänomenen, die Freud entdeckt hat, muß man letztere erst einmal in ihrer Beschaffenheit analysieren. Wenn wir wissen wollen, wie die körpereigenen Prozesse sich zu den von Freud entdeckten Sinn-Phänomenen verhalten (und ich verstehe Freuds Programm einer Metapsychologie so, daß es dieses Ziel verfolgt), müssen wir beide zunächst einmal voneinander trennen. Wir können Sinn-Strukturen nicht, wie Freud dies immer wieder versucht hat, auf Energie-Verteilungen und psychische Kräfte reduzieren.
Freud hat versucht, subjektive Bedeutungen assoziationspsychologisch zu erklären. Die Assoziationspsychologie zieht sich wie ein roter Faden durch mehrere seiner Theoriemodelle. Sie liegt der Theorie der Symbolik zugrunde; seinem Sprach- und Bedeutungsmodell; und – soweit es den Begriff der Repräsentanz betrifft – auch der Abwehrlehre und der Triebtheorie.
Die Assoziationspsychologie mag für Freud heuristisch wertvoll gewesen sein; aber für eine Erklärung seiner Entdeckungen ist sie nicht tragfähig. Ich werde im Fortgang meiner Untersuchung der Theoriemodelle Freuds diese Problematik jeweils verdeutlichen.
Es fragt sich, was wir an die Stelle der Assoziationspsychologie sinnvoll setzen können, um das Problem der subjektiven Bedeutungen zu lösen. Die Kategorie des Wissens kann hier von Nutzen sein.
Wissen bezieht sich auf die Wirklichkeit. Es ist ein mentaler Sachverhalt. Die Strukturelemente des Handelns, die ich oben genannt habe, sind Handelnden in entsprechenden Formen von Wissen verfügbar. Eine der wichtigsten Funktionen dieses Wissens ist die der Handlungsorientierung. Als ein praktisches Wissen leitet es das Handeln in direkter oder indirekter Weise.
An konkreten Handlungen können wir zwei Sphären unterscheiden: die aktionale und die mentale Sphäre der Handelnden. In der aktionalen Sphäre geschieht die Ausführung der Handlung; an der Oberfläche ist sie der unmittelbaren Wahrnehmung zugänglich. Für die Miteinander-Handelnden ist die aktionale Sphäre weitgehend identisch.

Die Prozesse bzw. mentalen Tätigkeiten, die in der mentalen Sphäre eines Handelnden ablaufen, sind nicht der unmittelbaren Wahrnehmung zugänglich. Sie sind aber, soweit ihnen kollektives Wissen über Handlungen zugrundeliegt, ebenfalls Bestandteil der Wirklichkeit. Im konkreten Gebrauch wenden Handelnde dieses Wissen zwar individuell an und modifizieren es; aber die individuelle Gestaltungsmöglichkeit hat den kollektiven Charakter dieses Wissens zur Voraussetzung. Hier laufen auch die sozialkognitiven Prozesse ab, die der Lösung von Problemen dienen, die mit Handlungen verbunden sind. Wie sie in sprachliche Handlungen involviert sind, hat u. a. Rehbein (1977) genauer untersucht.

Durch diese mentale Sphäre verläuft nun gleichsam der Riß, den die Abwehrmaßnahme der Verdrängung bewirkt. Die Prozesse, Mechanismen und Strukturbildungen des Verdrängten sind zwar ebenfalls mentale Zustände und Vorgänge; aber sie gehören zur psychischen Realität.

Nun hat Freud ja vorausgesetzt, daß das Verdrängte – als Teil des Es – Struktur hat, daß dort Mechanismen, Vorstellungen, Erinnerungen und »Symbole« vorhanden sind. Um diese Strukturverhältnisse theoretisch zu erhellen, bietet die Kategorie von Wissen gegenüber Freuds Begriff der Repräsentanz folgende Vorteile.

Freud ging davon aus, daß Erinnerungen triebmäßig so organisiert sind, daß sie alle auf einen Trieb bezogenen Befriedigungsmomente als »Repräsentanten« dieses Triebes festhalten; vor allem Sinneseindrücke und die mit ihnen assoziierten Vorstellungen, die in Beziehung stehen mit dem Ablauf erhöhter Triebspannung und anschließender Spannungsverminderung, werden so festgehalten. Die Assoziation durch die Gleichzeitigkeit von Triebablauf und den jeweils stattfindenden Sinneseindrücken soll erklären, wie diese Sinneseindrücke im Gedächtnis registriert werden.

Dieses Konzept macht plausibel, warum Befriedigungsmuster einen ganz bestimmten, aus kontingenten Wahrnehmungen der Kindheit stammenden individuellen Gehalt haben. Aber das assoziationspsychologische Konzept kann den Gehalt kindlicher Erfahrungen nicht erklären. Wenn (im 2. Lebensjahr) die Entwicklung der Sprache einsetzt, verbindet das Kind die Wahrnehmungen, die es macht, zu Sinn-Strukturen. Es bildet feste (symbolische) Repräsentationen der Objekte, auf deren Grundlage es zielgerichtet handeln kann. Welche Umwälzung es für das kleine Kind bedeutet, wenn es in die Welt der Sprache eintritt, hat Stern (1990, dt. 1991) sehr anschaulich geschildert. In dieser Welt macht es Erfahrungen, die sich als Wissen niederschlagen – und es wird möglicherweise auch von der Umgebung daran gehindert, bestimmte sexuelle Wahrnehmungen und Wünsche zu Erfahrungen (und zu Wissen) zu verarbeiten. Darüber gibt, wie ich weiter unten zeigen möchte, z. B. Freuds Fallstudie zum kleinen Hans Aufschluß.

Diesem Entwicklungsprozeß (und seiner möglichen Blockierung) wird der Repräsentanzbegriff nicht gerecht. Er kann auch nicht erklären, wie es in dem (dynamisch) Unbewußten die Strukturvielfalt von Vorstellungen geben kann, die Freud annimmt. Wenn wir aber davon ausgehen, daß eine jeweilige Wunschkonstellation, die das Kind verdrängen (also vom Handeln ausschließen) muß, auch mit einem rudimentären praktischen Wissen verbunden (weil davon abgeleitet) ist, dann wird dieses Wissen in der rudimentären Form im Unbewußten bewahrt bleiben, das es zum Zeitpunkt der Verdrängung hatte.

Wissen meint in diesem Zusammenhang nicht Kognition, Meinung, Überzeugung oder gar Bewußtsein. Gemeint ist damit eine mentale Organisation, die bestimmten Objekten, Vorgängen, Situationen usw. ganz bestimmte Bedeutungen zuordnet. Wenn das Wissen praktisch bewährt und sprachlich gefaßt ist, leistet es diese Zuordnung in konstanter Weise, indem bestimmte Elemente des Wissens mit bestimmten Elementen der äußeren Wirklichkeit in Beziehung gesetzt werden. Und die konstante, an Sprache gebundene Zordnung macht dieses Wissen als ein kollektives Wissen auch abrufbar. Es kann anderen vermittelt werden.

Wird eine Wunschkonstellation, zu der dieses Wissen gehört, verdrängt, verliert das Wissen diesen Bezug zur äußeren Wirklichkeit. Es bleibt im Zustand des (dynamisch) Unbewußten als Wissen bewahrt und ist eng mit dem Gedächtnis verbunden bzw. darin eingelassen. Aber es wird ein triebdynamisch verselbständigtes Wissen und in seinen Elementen gewissermaßen frei beweglich. So interpretiere ich Freuds Entdeckung, daß die Vorgänge der Verschiebung und Verdichtung für das unbewußte Denken charakteristisch sind. Verschoben und verdichtet wird der Bezug, den die Elemente des durch die Abwehrmaßnahme der Verdrängung unpraktisch gewordenen (bzw. unpraktisch ge-

machten) Wissens zur Wirklichkeit haben. Zu klären wäre hier, ob diese Vorgänge nicht die Funktion eines Handlungs-Substituts haben, ob sie also nicht dadurch charakterisiert sind, daß ein Wunsch sich anstelle einer Veränderung realer Wirklichkeit durch eine Veränderung psychischer Realität zu erfüllen sucht.
Die Wissensstrukturen des Verdrängten sind dann ähnlich organisiert wie bestimmte Mythen sog. primitiver Völker. Als verdrängte Erlebnisse bewahren sie einen, wenn auch gebrochenen, Bezug zu praktischen Umständen des Handelns; zugleich sind sie, weil triebdynamisch verselbständigt, zu Phantasien ausgeformt.
Wir finden die Kategorie des kollektiven Wissens bei Freud in einer theoretischen Überlegung in der Schrift »Das Unbewußte« angedeutet (Freud, G. W., Bd. x, S. 265). Er charakterisiert darin das System Vorbewußt als eine »bewußte Kenntnis«, die sich zumeist im Zustand der Latenz befindet. Diese Kenntnis hat Freud nicht auf kollektive Formen des interaktiven Handelns bezogen. Aber wir können das kollektive Wissen über diese Formen als einen Bestandteil des Systems Vorbewußt bestimmen. Es ist ein praktisches Wissen, von dem wir im Handeln gewöhnlich Gebrauch machen, ohne es zu reflektieren. Es ist aber bewußtseinsfähig, d. h. der Reflexion im Prinzip zugänglich.
Freuds Entdeckungen implizieren, daß dieses Wissen, das in der Kindheit angeeignet wird, in sich in vielfältiger Weise widersprüchlich und vom unbewußten Wissen dissoziiert ist, weil die konflikthafte individuelle Entwicklungsgeschichte der Handlungsformen in diesem Wissen bewahrt bleibt. Deshalb können sich im Handeln die nicht gelösten Konflikte der Kindheit auch immer wieder reproduzieren.
In welcher Weise die Wissensformen, die den Strukturelementen des Handelns entsprechen, jeweils in sich widersprüchlich sein können, wäre genauer zu klären. Dabei interessiert vor allem, wie wir, ohne auf die ökonomische oder dynamische Betrachtungsweise der Metapsychologie unmittelbar zurückgreifen zu müssen, erklären können, *warum* ein jeweiliges Wissen notwendig dem Bewußtsein (der Reflexion) entzogen ist.
Damit diese theoretische Interpretation den Entdeckungen Freuds nicht äußerlich bleibt, muß sie an den für diesen Zusammenhang relevanten Theoriemodellen und Konzepten Freuds ansetzen und zeigen, daß in ihnen ein Zusammenhang von Wissen und Handeln implizit vorausgesetzt oder zumindest angedeutet

wird. Wenn dieser Zusammenhang darin verkürzt oder gar ganz verdeckt ist, wäre an Phänomenen, die Freud selbst untersucht hat, zu klären, ob wir ihre innere Struktur in psychoanalytischer Perspektive mit Handlungskategorien aufschlüsseln können.

Einige Autoren, die sich eingehend mit Freuds Metapsychologie auseinandergesetzt haben, leiten deren wissenschaftliches Erklärungsdefizit daraus ab, daß Freud zwei ganz verschiedene Theorien über die psychische Strukturbildung entwickelt habe, die er zeit seines Lebens nicht miteinander verbinden konnte, weil sie tatsächlich miteinander nicht vereinbar sind: eine Theorie über Bedeutungen bzw. Bedeutungsverzerrungen, die zur klinischen Seite der Psychoanalyse gehört, und eine andere Theorie über Kräfte, die für die Metapsychologie zentral ist. Während Freuds revolutionäre Entdeckungen auf dem Gebiet der Bedeutungen liegen, habe die von ihm entwickelte Metapsychologie, die diese Entdeckungen erklären sollte, sie mit der Konstruktion eines psychischen Apparates in einen Bezugsrahmen gestellt, der ihnen unangemessen ist. Mit dessen Funktionsprinzipien sollten Phänomene erklärt werden, die in dieser Weise gar nicht erklärt werden können (vgl. Yankelovich/Barret, 1971; Lichtman, 1986, dt. 1990).

Diese Auffassung zur Metapsychologie versteht unter dem mehrdeutigen Ausdruck »Bedeutungen« mentale Phänomene wie Wünsche, Halluzinationen, Erinnerungen usw. Beispiele für »Bedeutungsverzerrungen« sind Wirkungsweisen der psychischen Abwehr (im Traum oder im Zusammenhang neurotischer Störungen), der Bezug von Phantasie-Inhalten zu Triebwünschen u. ä. m.

Nun sind die naturwissenschaftlichen Erklärungsmodelle, die Freud in seiner theoretischen Arbeit beeinflußt haben, recht gut bekannt (vgl. Rapaport, 1959). Er hat diese Modelle seinen Entdeckungen aber nicht einfach appliziert. Um der Spezifizität der von ihm entdeckten Phänomene gerecht zu werden, hat er diese Modelle z. T. modifiziert und weiter differenziert. Nicht selten wurden dabei deren Grundbegriffe durch eine metaphorische Verwendung in ihrem ursprünglichen Gehalt verändert. Daraus resultiert eine Mehrdeutigkeit und Unbestimmtheit mancher Aussagen Freuds gerade in dem Bereich, den manche Autoren als den der »Bedeutungsverzerrungen« bezeichnen. Jappe (1971) hat dies an der Entwicklungsgeschichte der Konzepte von Primär- und

Sekundärvorgang, die zur theoretischen Einordnung der Entdeckung der Denkstrukturen des Unbewußten entwickelt wurden, aufgezeigt. Yankelovich/Barret haben mehr als 18 verschiedene Bedeutungen festgestellt, die Freud mit dem Konzept des Primärprozesses verbunden hat.
Die Behauptung, die Metapsychologie sei eine Theorie der Kräfte, verkennt Freuds Ringen um eine Theoriesprache, die zur Darstellung und Erklärung der von ihm entdeckten Phänomene geeignet war. In späteren Jahren seiner Forschungsarbeit war er sich ja der Tatsache bewußt, daß psychische Vorgänge und Strukturen nicht einfach auf chemo-physische Prozesse reduziert werden können, daß also der Gegenstand einiger der naturwissenschaftlichen Modelle, die er zur Konstruktion seiner eigenen Theorie heranzog, nicht identisch war mit dem seiner Metapsychologie. Die Besonderheiten dieses Gegenstandes erzwangen vielmehr eine teilweise Modifikation dieser Modelle. Dabei hat er auch gelegentlich diese Modelle einfach verlassen und Einsichten formuliert, die darin gar nicht eingeordnet werden können. Dies betrifft auch den Zusammenhang von unbewußten psychischen Vorgängen und Handlungsprozessen. Ich werde auf diese Andeutungen – wir finden sie u. a. in seinen Ausführungen zum »Über-Ich« und in der zweiten Angsttheorie – noch zu sprechen kommen.
Die Entwicklung der Theoriesprache Freuds ist also auch von dem Versuch bestimmt, im Medium der ihm bekannten und zu seiner Zeit mit hohem Prestige behafteten Theoriesprache Einsichten zu formulieren, die über die Erklärungsmodelle, denen diese Theoriesprache entstammte, weit hinausgingen.
Lichtman konstatiert, daß Freud eine ausgearbeitete Bedeutungstheorie fehlt – »Bedeutung« verstanden in dem oben erläuterten weiteren Sinne. Das Fehlen dieser Theorie mache sich an zahlreichen Schwierigkeiten bemerkbar, z. B. an der Unklarheit des Begriffs des unbewußten Sinns von neurotischen Symptomen und an der solipsistischen Tendenz, Bewußtsein von jeglichem Bezug zur äußeren Wirklichkeit abzutrennen.
Mit einer handlungstheoretischen Interpretation des Strukturmodells finden wir einen Ansatz, die »Bedeutungs«-Phänomene, die Freud entdeckt hat, im Zusammenhang von Wissen und Handeln zu rekonstruieren. Die Kritik an Freud muß auch hier immanent verfahren (ein Weg, den weder Lichtman noch Yankelovich/Barret einschlagen). Der Sinn- bzw. Bedeutungsbegriff, den er selbst sich

entwickelt hatte, ist zunächst genauer zu bestimmen; dessen Problematik wäre dann in einer kritischen Untersuchung konkreter Analysen Freuds aufzuzeigen, in denen er diesen Begriff verwendet hat.

Für die von Freud entwickelte Analysemethode ist sein Sinn-Begriff grundlegend. Die Kritik daran trägt dazu bei, die Logik dieser Methode besser zu verstehen. In dieser Perspektive wird auch ersichtlich, daß die Abtrennung der klinischen Erfahrung (und Theorie) von der Metapsychologie, die mehrfach vorgeschlagen wurde (und gegen die sich Lichtman mit überzeugenden erkenntnistheoretischen Argumenten wendet), dem psychoanalytischen Erkenntnisprozeß nicht gerecht wird.

Das Verhältnis von Ich und Es hat Freud fast durchweg unter Aspekten der Polarität gesehen. Das praktische Wissen ist in dieser Betrachtungsweise Freuds Träger von Vernunft und Besonnenheit, das unpraktisch gewordene, gegenüber der äußeren Wirklichkeit verselbständigte Wissen repräsentiert dann Unvernunft, die mit ihm verbundenen Wünsche die »ungezähmten Leidenschaften« des Es (Freud, G. W., Bd. xv, S. 83).

Diese Polarität ist plausibel, wenn man, wie Freud, vom interaktiven Handeln abstrahiert – und damit auch von der primären Bezugsperson, die entwicklungsgeschichtlich in der Ausbildung von Handlungsformen immer involviert ist. Wenn wir in den gebrochenen Handlungsstrukturen des Subjekts und dem lebensgeschichtlich begründeten Sinn dieser Brechung den Gegenstand der Strukturmodells erkennen, stellt sich das Verhältnis von Ich und Es anders dar. Das praktisch bewährte und das verselbständigte unpraktische Wissen sind hintergründig miteinander verbunden, weil sie zur konflikthaften Bildungsgeschichte ein und derselben Handlungsform gehören. Ihre Dissoziierung ist ja ein Ergebnis des Prozesses der Auseinandersetzung mit der primären Bezugsperson; und dieser Prozeß, weil unabgeschlossen, spielt sich weiter an ihnen ab, bleibt in ihnen virulent.

So kann das praktische Wissen durchaus auch ein Mittel der Abwehr sein. Und das unpraktisch gewordene Wissen, das scheinbar unvernünftig ist, kann in der inneren Logik der Auseinandersetzung gut begründet sein.

In dieser Perspektive werde ich Freuds Entdeckung theoretisch zu klären versuchen, daß Fehlleistungen und neurotische Symptome einen unbewußten Sinn haben. Auf der Grundlage von Aufzeichnungen von Behandlungsgesprächen des Psychoanalytikers W.-D. Grodzicki, in denen sich u. a. ein neurotisches Symptom des Patienten dokumentiert, werde ich diese theoretische Perspektive noch einmal verdeutlichen.

Die Kategorie des Wissens bietet noch einen weiteren Vorteil. Sie kann helfen, das Konzept der unbewußten Symbolik zu entmystifizieren. Das Wissen des Kindes über die Wirklichkeit ist zunächst ein vorbegriffliches Wissen, das den Denkformen des Kindes entspricht. Aber es ist dennoch, mit Hilfe der Sprache, strukturiert. Es unterscheidet sich allerdings von dem begrifflichen Denken der Erwachsenen. Vor allem Wygotskys Untersuchungen (1965, dt. 1987) verdanken wir interessante Erkenntnisse über die Entwicklung von Sprache und Denken, auf die ich mich beziehen werde. Eine Reihe der Phänomene, die Freud als Ausdruck einer unbewußten Symbolik interpretiert hat, können wir plausibler als Ausdruck kindlicher Denkformen analysieren.

Auch die Mechanismen psychischer Abwehr, die Anna Freud unterschieden hat, werden in ihrer inneren Systematik deutlicher, wenn wir sie auf Handlungswissen beziehen. Wir können diese Abwehrformen, wie ich zeigen möchte, nämlich dahingehend unterscheiden, ob sie (wie die Maßnahme der Verdrängung) die Ausbildung praktischen Wissens verhindern; ob sie in vorhandenes kollektives Wissen verändernd eingreifen; oder ob sie sich dieses Wissens bedienen.

Freuds Entdeckungen haben in vielfacher Weise einen Bezug zur Sprache – im Zusammenhang des Traums, der Fehlleistungen, des Witzes, des kindlichen Spiels, der neurotischen Symptome, der Frage nach den Bedingungen von Bewußtseinsfähigkeit u. a. m. Er hegte die Hoffnung, daß zwischen der Psychoanalyse und den Geistes- und Sozialwissenschaften sich eine rege Zusammenarbeit entwickeln werde, die das Erklärungspotential der Psychoanalyse zu beiderseitigem Gewinn nutzen und ausschöpfen könnte. Er führt hierzu in der »Frage der Laienanalyse« aus:

»Wir halten es nämlich gar nicht für wünschenswert, daß die Psychoanalyse von der Medizin verschluckt werde (...). Sie verdient ein besseres Schicksal und wird es hoffentlich haben. Als ›Tiefenpsychologie‹, Lehre vom seelisch Unbewußten, kann sie all den Wissenschaften unentbehrlich werden, die sich mit der Entstehungsgeschichte der menschlichen Kultur und ihrer großen Institutionen wie Kunst, Religion und Gesellschaftsordnung beschäftigen. Ich meine, sie hat diesen Wissenschaften schon bis jetzt ansehnliche Hilfe zur Lösung ihrer Probleme geleistet, aber dies sind nur kleine Beiträge im Vergleich zu dem, was sich erreichen ließe, wenn Kulturhistoriker, Religionspsychologen, Sprachforscher usw. sich dazu verstehen werden, das ihnen zur Verfügung gestellte neue Forschungsmittel selbst zu handhaben. Der Gebrauch der Analyse zur Therapie ist nur eine ihrer Anwendungen; vielleicht wird die Zukunft zeigen, daß sie nicht die wichtigste ist.« (Freud, G. W., Bd. XIV, S. 283)

Diese Hoffnung Freuds auf eine zukünftige Zusammenarbeit mit anderen Wissenschaften hat sich nur sehr eingeschränkt erfüllt. Dies gilt auch in der Perspektive, daß die Psychoanalyse einen Gewinn aus den Erkenntnissen anderer Wissenschaften ziehen könnte – eine Möglichkeit, die Freud hier nicht erwähnt, weil er sie wohl nicht für so dringlich hielt.

Die Konzeptualisierung der Entdeckungen Freuds setzt auch einen dafür geeigneten Sprachbegriff und entsprechende Analysekategorien voraus. Ich will, ohne Anspruch auf Vollständigkeit, auf einige der Versuche eingehen, die nach Freud auf beiden Seiten unternommen wurden, um die Psychoanalyse und die Linguistik in eine fruchtbare Beziehung zu setzen. Ich möchte zeigen, daß diese Versuche – mit der grandiosen Ausnahme Lacan – keinen theoretisch befriedigenden Zugang zu den sprachlichen Zusammenhängen der Entdeckungen Freuds finden konnten.

1.3. Zum Verhältnis von Psychoanalyse und Linguistik

Wissenschaftsgeschichtlich hat die Psychoanalyse mit der modernen Linguistik, die für die von Freud erhoffte Zusammenarbeit eine ihrer wichtigsten Bezugs-Disziplinen sein könnte, Pech gehabt.

In der Folge des Theorieprogramms von de Saussure (1916, dt. 1967) hatte die moderne Linguistik die Entwicklungsrichtung einer bedeutungsfeindlichen, von der Kommunikation abstrahierenden Sprachwissenschaft eingeschlagen. Mit der Auffassung von Sprache als einem autonomen System von Zeichen (Wörtern oder Sätzen) wurde das Programm einer immanenten strukturellen Sprachbetrachtung begründet. Die strukturelle Linguistik war von vornherein als eine Wissenschaft von der Grammatik konzipiert (vgl. C. Heeschen, 1972).

Wenn Sprache als reine Form, als ein Gefüge differentieller Beziehungen zwischen Zeichen betrachtet wird, ist es schwer, einen Bezug zu den psychoanalytisch relevanten Sprachphänomenen herzustellen, die etwas mit Wortbedeutungen und Kommunikationen zu tun haben. Hält man strikt an der Position der strukturellen Linguistik fest, ergeben sich hier linguistisch kaum Anknüpfungspunkte.

Die kritische Einschätzung von Benveniste (1956), daß die Psychoanalyse zur linguistischen Erforschung der Sprache als ein Zeichensystem nichts beitragen könne, daß die Formen unbewußter Bedeutungen, mit denen sie es zu tun hat, hingegen interessante Entsprechungen in rhetorischen Figuren finden, erscheint von daher nur konsequent. Benveniste macht explizit, was stillschweigend lange Zeit (und wohl auch noch heute) das überwiegende Desinteresse der Linguistik an der Psychoanalyse motiviert hat.[7]

Mit wenigen Ausnahmen – wie der in der einschlägigen psychoanalytischen Literatur häufig zitierte R. Jakobson (1960) – gelten die Freudschen Erkenntnisse in der Linguistik als irrelevant. Wenn sie einer kritischen Überprüfung unterzogen wurden, geschah dies zumeist in der Weise, daß der psychoanalytische Gehalt der Erkenntnisse verloren ging.[8]

7 Eine Ausnahme macht hierin in der Wissenschaftsgeschichte der Linguistik die russische Sprachpsychologie. Sie hat sich zu Beginn der zwanziger Jahre zumindest in programmatischer Absicht aus dem Blickwinkel einer historisch-materialistischen Psychologie intensiv mit den Erkenntnissen Freuds auseinandergesetzt. In dem Freudschen Triebkonzept sahen russische Sprachpsychologen insofern die methodologische Entsprechung zum philosophischen Programm des historischen Materialismus, als Freud die Bedürfnisse als Quelle menschlicher Tätigkeiten anerkannt und die Entstehung psychischer Strukturen als eine unter dem Einfluß der Gesellschaft herbeigeführte Umwandlung biologischer Bedürfnisse begriff. Diese interessanten theoretischen Versuche, die Psychoanalyse als Fundament einer materialistischen Psychologie aufzunehmen und weiterzuentwickeln, sind von den an dieser Diskussion beteiligten Sprachpsychologen – wie z. B. Luria – leider nicht weiterverfolgt worden. Gegen Ende der zwanziger Jahre wurde diese Freud-Rezeption in der russischen Psychologie als Folge des politischen Verdikts über den »Freudismus« als einer reaktionären Lehre abgebrochen (vgl. Budilowa, 1972, dt. 1975).

8 Wenn die Linguistik sich mit sprachlichen Fehlleistungen befaßt hat, dann geschah dies im Rahmen der Fehler-Linguistik (vgl. Bierwisch,

Um so erstaunlicher sind die Versuche, die von psychoanalytischer Seite aus unternommen wurden, Modelle der strukturellen Linguistik aufzunehmen und für die eigene Theoriebildung nutzbar zu machen.[9] Diese Rezeption der strukturellen Linguistik beschränkt sich keineswegs auf das Werk Lacans, der den »Cours de linguistique générale« von de Saussure als »eine Publikation von höchstem Rang« (1966, dt. 1973, S. 21) einschätzte und aus diesem Theorieprogramm bekanntlich den Zeichenbegriff und das Konzept von Sprache als Gefüge von Differenzbeziehungen für seine Theorie des Unbewußten übernommen hat. Psychoanalytiker haben z. B. auch an die generative Transformationsgrammatik Chomskys hohe Erwartungen gerichtet.[10]

Bei näherer Betrachtung ist keiner dieser Versuche, die Chomsky-Grammatik für theoretische Aufgaben der Psychoanalyse nutzbar zu machen, tatsächlich realisiert worden. Es blieb (und bleibt) typischerweise bei vagen Analogie-Vermutungen.[11]

Gegenstand der Theorie von Chomsky ist universelles grammatisches Wissen. Grundlegend ist dabei die These, daß Phonologie und Syntax autonom sind gegenüber semantischen und pragmati-

1970) und in einer psycholinguistischen Forschung, die das Sich-Versprechen auf Störungen im Sprachproduktionsprozeß reduziert (vgl. Berg, 1988).

9 Es ist außerordentlich schwierig, die unterschiedlichen Versuche, die von psychoanalytischer Seite unternommen wurden, um Erkenntnisse der modernen Linguistik zu rezipieren, zu überschauen; es gibt auch keinen systematischen Forschungsüberblick über diese Versuche.

10 So erhoffte sich z. B. Smith (1978), daß diese Grammatiktheorie durch den Vergleich des psychoanalytischen Konzepts des Unbewußten mit dem Begriff des »tacit knowledge« der Chomsky-Grammatik zur Klärung epistemologischer Fragen beitragen könnte. Einen Versuch, die psychoanalytische Theorie des »Deutens« auf einer transformationsgrammatischen Grundlage zu formulieren und anhand der Interpretation eines Gedichts von Stevens auch zu konkretisieren, hat z. B. Edelson (1975) unternommen. Rosen (1969) bezieht diese Grammatiktheorie (und andere linguistische Modelle) auf das Konzept des Ich des Strukturmodells Freuds; er erwartet von ihnen wichtige Einblicke in das Grundmuster der Ich-Organisation.

11 Wenn, wie in der Arbeit von Edelson (1975), die Anwendung von Prinzipien dieser Grammatiktheorie auch durchgeführt wurde, dann in der Weise, daß diese Theorie metaphorisch verwendet und kategorial erweitert wurde.

schen Strukturzusammenhängen der Sprache. Wie diese (angenommene) universelle Grammatik in Beziehung zu den von Freud entdeckten Mechanismen und Strukturbildungen des (dynamisch) Unbewußten stehen kann, ist nicht zu sehen.

Mißverständnisse dieser Art ergeben sich leicht, wenn Analytiker, die Erkenntnisse der modernen Linguistik rezipieren wollen, dabei weitgehend auf sich selbst gestellt sind. Eine interdisziplinäre Kooperation, die fachlich korrigieren und vermitteln könnte, fand (und findet auch heute noch) nur in Ausnahmefällen statt.

Lacans Schriften demonstrieren brillant, wie produktiv die Anwendung der strukturellen Analysemethode, die einem linguistischen Theoriekontext entstammt, für die psychoanalytische Theoriebildung sein kann. Ich will an dieser Stelle keine Lacan-Interpretation entwickeln.[12] Aber soweit ich sehe, läßt sich in dieser Theorie nicht sinnvoll die Frage stellen, welche Sprachphänomene auftreten, wenn innere Strukturen des Handelns verzerrt werden. Sie konzentriert sich auf den Begriff eines Subjekts, das die Fähigkeit, sozial zu handeln, gänzlich verloren hat.

Hinsichtlich der Resultate, die in dem interdisziplinären Forschungsfeld von Psychoanalyse und Linguistik zu erwarten sind, hat Anzieu bereits den Urteilsspruch der Geschichte gefällt:

> »die Sprachwissenschaft, selbst die jüngste der generativen Grammatik, hat zur psychoanalytischen Theorie, Methode und Praxis so gut wie nichts beigetragen, wie ebenso die Psychoanalyse für die Linguisten bisher kaum von Nutzen gewesen ist. Ich kenne vereinzelte, rühmliche und ehrliche Versuche: sie haben mit ebensovielen Enttäuschungen geendet.« (Anzieu, 1977, dt. 1982, S. 18)

Anzieu setzt stillschweigend die strukturelle Linguistik mit Linguistik überhaupt gleich. Da erstere eine Wissenschaft von der Grammatik ist, kommt er zu dem Schluß, daß diese mit dem Aufgabenbereich der Psychoanalyse – dem Sprechen (und Schweigen) – eo ipso nichts zu tun habe (Anzieu, a. a. O., S. 19). Den für eine »psychoanalytische Psycholinguistik« erfolgversprechenden

12 Ich verstehe Lacans Schriften so, daß in ihrem Zentrum die Entwicklung einer Narzißmus-Theorie steht. Für mich ist evident, daß mit dieser Theorie z. B. Sprechweisen und Wahnsysteme psychotisch Erkrankter fruchtbringend analysiert werden können (vgl. Rosenbaum/Sonne, 1986).

theoretischen Ansatzpunkt sieht er statt dessen in den Arbeiten von Piaget zur semiotischen Funktion.
Wir finden aber in Freuds Werk zahlreiche Hinweise darauf, daß die Sprachphänomene, die einen Bezug zu seinen Entdeckungen haben, mit Handlungen zusammenhängen, und dies nicht nur in zahlreichen Fällen von sprachlichen Fehlleistungen. Auch für die genetische Perspektive der Theorie Freuds spielt der Handlungs-Charakter der Sprache eine große Rolle. Daraus wäre der Schluß zu ziehen, daß eine Linguistik, für die die Handlungsfunktion der Sprache und nicht die Grammatik im Mittelpunkt steht, eine wichtige Orientierung zur Entwicklung von Kategorien geben kann, die den psychoanalytischen Sprachphänomenen adäquat sind.
An der Ausbildung von Strukturelementen des Handelns ist Sprache immer in bestimmter Weise beteiligt – an dem Erwerb von moralischen Werten (Regeln) ebenso wie an der Möglichkeit des Kindes, das Handeln der Bezugsperson gezielt in Gang zu setzen. Konflikte, die hier entstehen, werden daher auch die Handlungsfunktion der Sprache betreffen, sie in bestimmter Weise beeinträchtigen.
Zwar existiert bislang keine Theorie, die die Entwicklung von Formen sprachlichen Handelns des Kindes rekonstruktiv erklären kann; aber es liegen doch Untersuchungen zu einzelnen dieser Formen vor, die auch psychoanalytisch von Interesse sind (z. B. Redder, 1987). Auch können hier Untersuchungen einen Aufschluß geben, die nach Freud von psychoanalytischer Seite durchgeführt wurden und dabei auch die Sprache einbezogen haben – wie z. B. Sandlers Untersuchungen zum Über-Ich.
Freud konnte die Handlungsfunktion der Sprache nicht konzeptualisieren. Seine assoziationspsychologische Auffassung von Sprache stand dem im Wege. Die Richtung der Sprachwissenschaft, die von dem Handlungs-Charakter der Sprache ausgeht, verspricht hier einen produktiveren Zugang zur Erklärung sprachlicher Leistungen (wie auch ihres Verlusts) im Zusammenhang der von Freud entdeckten Sinn-Phänomene. Zwar liegt eine Theorie sprachlichen Handelns bislang in einer ausgearbeiteten Form ebenfalls nicht vor. Aber es sind doch in den letzten zwei Jahrzehnten einschlägige Arbeiten dazu vorgelegt worden, die Elemente einer solchen Theorie darstellen (vgl. Flader, 1991).
Ich werde mich in meinen Untersuchungen auf diese Richtung der

Sprachwissenschaft beziehen, da ich in ihr eine Möglichkeit sehe, Freuds problematisches Sprach-Konzept durch ein tragfähigeres zu ersetzen. Ich gehe also davon aus, daß Sprache ein Kommunikationssystem ist. Sprechen ist eine Form des Handelns. Sprechen ist nicht (wie in der Perspektive einer strukturellen Linguistik) nur eine Anwendung grammatischen Wissens. Was z. B. beim Sich-Versprechen mit der Sprache geschieht, wie der Handlungs-Charakter der Sprache dabei verändert wird, ist nur mit Kategorien der Sprachpragmatik genauer zu bestimmen.

In Fortsetzung einer früheren Arbeit zur Handlungsstruktur der psychoanalytischen »Deutung« (Flader/Grodzicki, 1982 b) werde ich außerdem einen Abschnitt eines psychoanalytischen Therapiegesprächs daraufhin untersuchen, inwieweit die Untersuchung, mit der Analytiker und Patient in diesem Abschnitt befaßt sind, der Methode einer Handlungsanalyse folgt.

Wichtige theoretische Voraussetzungen für eine umfassende Klärung der Fragen, die ich hier skizziert habe, sind nicht vorhanden. Ich werde sie in dieser Arbeit auch nicht liefern können. Aber ich meine, es ist schon viel gewonnen, wenn ich einige theoretische Perspektiven aufzeigen kann, in deren weiterer Verfolgung diese komplexen Fragen vielleicht einmal befriedigend beantwortet werden können.

Freud hat verborgene Strukturverzerrungen des Handelns entdeckt, ohne sie als solche analysieren zu können. Daran hinderte ihn u. a. seine Auffassung des Handelns als Motorik und sein Begriff des Sinns. Ich möchte zunächst seine Fehlleistungstheorie unter diesem Gesichtspunkt kritisch untersuchen, und zeigen, wie sie mit einem geeigneteren Handlungs- und Sprachbegriff besser begründet werden kann.

2. Kritik der Fehlleistungstheorie Freuds

Die Arbeit »Zur Psychopathologie des Alltagslebens« (Freud, G. W., Bd. IV) zählt zu den Schriften Freuds, die eine besonders rasche und weite Verbreitung gefunden haben. Es handelt sich um eine relativ frühe Arbeit (die erste Ausgabe in deutscher Sprache erschien 1901); die darin formulierte Theorie der von Freud als »Fehlleistungen« bezeichneten Phänomene ist ebenso wie seine Erklärung im Zusammenhang der »Vorlesungen zur Einführung in die Psychoanalyse« (G. W., Bd. XI) an dem topographischen Modell des psychischen Apparates orientiert. Dieses Modell hat er im VII. Kapitel der »Traumdeutung« (G. W., Bd. II und III) dargelegt und zwanzig Jahre später durch das Modell der psychischen Instanzen (das sog. Strukturmodell) ersetzt («Das Ich und das Es«, G. W., Bd. XIII).

Von dieser theoretischen Weiterentwicklung blieb die Fehlleistungstheorie unberührt. Freud hat seinen frühen Erklärungsansatz bezüglich der Fehlleistungen später nicht mehr überarbeitet und ihn vielmehr als einen unverzichtbaren Bestandteil der Psychoanalyse angesehen (vgl. Jones, 1952-57, dt. 1960-62). Und auch nach Freud ist von psychoanalytischer Seite kein nennenswerter Versuch unternommen worden, seine Fehlleistungstheorie zu überarbeiten.

Kerngedanke dieser Theorie ist das Kompromißmodell. Der »Mechanismus« des Sich-Versprechens, den Freud in den »Vorlesungen« (Freud, G. W., Bd. XI) erläutert, ist eine Spezifizierung dieses Modells für die Fälle des Sich-Versprechens. Ich werde mich bei der Untersuchung der Fehlleistungstheorie auf diesen Mechanismus konzentrieren und möchte zeigen, daß in dem Kompromißmodell ein Konfliktmodell implizit enthalten ist, das in der Tat theoretisch fruchtbar sein kann, das Freud aber, weil seine Untersuchung der Fehlleistungen von einem problematischen Begriff von »Sinn« geleitet ist, in seinem Erklärungspotential nicht ausschöpfen konnte.

Freud ging nicht davon aus, daß die Anwendung der Abwehrform der Verdrängung eine notwendige Voraussetzung dafür ist, daß eine Fehlleistung auftritt. Deren Sinn muß nicht dynamisch unbewußt sein. In den »Vorlesungen« betont Freud die Voraussetzung,

daß bei dem Betreffenden, dem eine sprachliche Fehlleistung unterläuft, zuvor die Unterdrückung einer vorhandenen Redeabsicht stattgefunden haben muß (vgl. Freud, a.a.O., S. 60).
Wenn wir diese Voraussetzung für andere Formen von Fehlleistungen verallgemeinern – und Freuds Analysen der entsprechenden Beispiele legen dies nahe –, dann ist der unbewußte Sinn von Fehlleistungen typischerweise ein latenter Sinn.[1] Auch wenn Freud dies in den »Vorlesungen« nicht ausdrücklich sagt, gehört dieser Sinn (nach der topischen Unterscheidung verschiedener Systeme des psychischen Apparates) zu den Inhalten des Systems Vorbewußt. Er ist dann im Prinzip bewußtseinsfähig, befindet sich aber im Zustand der Unbewußtheit (vgl. Freud, G. W., Bd. x, »Das Unbewußte«, S. 265).
Aber es fragt sich, was die von Freud angenommene Unterdrükkung jeweils mit dem Prozeß zu tun hat, in dem eine Fehlleistung auftritt – also z. B. mit dem Prozeß des Sprechens –, und wie die Latenz des Sinns in diesem Zusammenhang zu erklären ist.
Freud hat diese Fragen nicht geklärt. Er hat das Modell des Kompromisses auch auf den Traum und auf die Bildung psychoneurotischer Symptome angewendet und unter diesem theoretischen Aspekt die Fehlleistungen mit neurotischen Symptomen gleichstellt (vgl. Freud, G. W., Bd. IV, S. 309). Aber es bleibt unklar, was es für das alltägliche Handeln und Sprechen bedeutet, daß mit dieser Analogie, wie Freud an dieser Stelle betont, die Grenze zwischen »nervöser Norm und Abnormität« als fließend anzuerkennen ist.
Der Beibehaltung der Fehlleistungstheorie Freuds innerhalb der Psychoanalyse steht eine Vielzahl von Untersuchungen gegenüber, die von anderen wissenschaftlichen Disziplinen unternommen wurden, um Eigenarten dieser Phänomene zu erhellen – eine bemerkenswerte Asymmetrie der Anstrengungen, eine wissenschaftlich befriedigende Erklärung dieser Phänomene zu finden. Auf einige dieser Untersuchungen, die für die jeweilige Disziplin, innerhalb deren sie entstanden, exemplarisch sind, werde ich kurz

1 Ich teile also nicht die Auffassung von Laplanche/Pontalis (1967, dt. 1973, Bd 1, S. 153), daß Freud gezeigt habe, daß die Fehlleistungen wie die neurotischen Symptome Kompromißbildungen zwischen der bewußten Intention des Subjekts und dem Verdrängten sind. Nach meiner Interpretation der Theorie Freuds ist die Verdrängung eine notwendige Voraussetzung nur für die Bildung neurotischer Symptome.

eingehen, um deutlich zu machen, daß ihr Versuch der Verwissenschaftlichung der Entdeckung Freuds deren Gehalt zumeist verfehlt.

Ich werde die Fehlleistungstheorie immanent kritisieren, d. h. von ihrem Anspruch her, das Auftreten einer Fehlleistung im psychoanalytischen Sinne erklären zu können – nämlich durch ihre Rückführung auf »unvollkommen unterdrücktes psychisches Material, das, vom Bewußtsein abgedrängt, doch nicht jeder Fähigkeit, sich zu äußern, beraubt worden ist« (Freud, a.a.O., S. 310).

Mit dieser Kritik ist der Versuch verbunden, die Fehlleistungstheorie in den Bezügen zur Sprache und zum Prozeß des Handelns zu präzisieren und weiterzuentwickeln. Für die zu erklärenden Phänomene – speziell für das Sich-Versprechen – sind diese Bezüge wesentlich. Freud konnte sie nicht hinreichend klären, weil ihm dafür geeignete Konzepte nicht zur Verfügung standen.

Obwohl viele Arten der von ihm untersuchten Fehlleistungen Handlungs- und Kommunikationsphänomene sind, hat er sie nicht als solche analysiert. Das topographische Modell des psychischen Apparates, an dem seine Fehlleistungstheorie orientiert war, bot dafür auch keine Anhaltspunkte. Da für ihn (wie er in Kap. VII der »Traumdeutung« ausführt) das Vorbild aller psychischen Leistungen der Reflexvorgang war, konstruierte er den psychischen Apparat nach dem Reflexbogenmodell. Das topographische Modell gibt den Ablauf an, den eine durch einen inneren Reiz entstandene Erregung im Idealfall nimmt; sie durchläuft die Systeme Unbewußt, Vorbewußt und Bewußt und endet in motorischer Abfuhr. Kommunikative Verbindungen zur »Außenwelt« sind für den so konzipierten psychischen Apparat nicht wesentlich.

Der Sprachassoziationsapparat, der Teil des psychischen Apparates ist, erfüllt keine kommunikativen Funktionen. Seine hauptsächliche Leistung – die Herstellung von Wortbedeutungen – hatte Freud in einer früheren Schrift (Freud, 1891) mit einem psychologischen Modell zu klären versucht, an dem er fortan festhielt. Nach diesem Modell entstehen Wortbedeutungen in der Weise, daß Worte von ihrem jeweiligen Klangbild her mit entsprechenden visuellen Objektvorstellungen assoziativ verknüpft werden. Wortbedeutungen entstehen also in ausschließlich subjektiver Weise. Der Sprachassoziationsapparat hat kein kollektives Begriffssystem, das im Wortschatz verankert ist; er hat kein gram-

matisches Wissen; und er kennt auch nicht die kategoriale Unterscheidung zwischen Ausdrucksmitteln für Gedanken und sprachlichen Mitteln, die der Realisierung von Handlungen dienen.
Den motorischen Apparat konzipierte Freud, wie schon oben (Kap. 1.) erwähnt, als »Motilitätsende« des psychischen Apparates. Er dient der Erregungsabfuhr, indem er die Außenwelt verändernd beeinflußt. Der motorische Apparat ist für sein Funktionieren nicht systematisch auf die Kooperation eines anderen Co-Aktanten angewiesen; er macht auch nicht von einem kollektiven Wissen über Handlungsformen, typische Situationen usw. Gebrauch. Wissen war für Freud allein in Erinnerungssystemen des psychischen Apparates bewahrt. Sie bilden die Grundlage der Assoziationen.
Der Wahl der Bezeichnung »Fehlleistungen« lag die theoretische Vorstellung zugrunde, daß jedes der Systeme des psychischen Apparates bestimmte Funktionen bzw. Leistungen ausübt. Was unter dem Gesichtspunkt des Systems Bewußt eine Fehlfunktion (Fehlleistung) zu sein scheint, ist nur ein Oberflächenphänomen. Die Analyse deckt einen tiefer liegenden Prozeß auf, der dieses Phänomen hervorbringt. Sie erklärt den »Anschein inkorrekter Funktion durch die eigentümliche Interferenz zweier oder mehrerer korrekter Leistungen« (Freud, G. W., Bd. IV, S. 308). Es interferieren also Leistungen verschiedener psychischer Systeme; typischerweise die der Systeme Bewußt und Vorbewußt.[2]
Freud hat, wie schon erwähnt, den psychischen Apparat und seine Teilsysteme nicht so konzipiert, daß ihre jeweiligen Leistungen auf den Gebrauch eines Wissens angewiesen sind, das einen allgemeinen Charakter hat, also ein kollektives Wissen ist. Dies gilt auch für das mit dem topographischen Modell verbundene Entropiemodell, an dem Freuds »ökonomische« Betrachtungsweise orientiert ist, derzufolge der Motivierung eines Verhaltens Vorgänge der Spannungssteigerung und Spannungsverminderung zugrunde liegen (vgl. Rapaport, 1959).
Die solipsistische Tendenz von Freuds Vorstellungen über den psychischen Apparat – nicht nur in dessen früher topographischer

2 Es ist zu vermuten, daß im Alltagsbewußtsein, wenn diese Bezeichnung gebraucht wird, deren begrifflicher Hintergrund nicht mehr präsent ist, daß der Ausdruck »Fehlleistung« nach Freud also einen Bedeutungswandel erfahren hat.

Fassung, sondern auch in der späteren Version als Strukturmodell – haben kritische Untersuchungen zu seiner Grundlagentheorie häufig konstatiert (vgl. Lichtman, 1986, dt. 1990). Aber es fragt sich, welche Konsequenzen sich daraus für die Entdeckung Freuds ergeben, daß Träume, neurotische Symptome und Fehlleistungen einen unbewußten Sinn haben. Welcher Begriff von »Sinn« wird dieser Entdeckung gerecht? Und wie ist der Sinn-Begriff, den Freud sich gebildet hatte, um seine Entdeckung theoretisch einzuordnen, zu modifizieren, wenn der Handlungszusammenhang dieser Phänomene berücksichtigt wird?
Für das Problem der Wissenschaftslogik der Psychoanalyse sind diese Fragen unmittelbar relevant. Die jeweilige Auffassung, wie dieser unbewußte bzw. latente Sinn allgemein zu charakterisieren sei, entscheidet über die Methodik (und deren Begründung), nach der er zu untersuchen ist.

2.1. Zum Begriff des Sinns von Fehlleistungen

In den »Vorlesungen« hat Freud, wenn auch nur kurz, erläutert, was er unter dem Begriff des Sinns versteht, den er bei seinen Untersuchungen der Fehlleistungen gebraucht (und den er unter bestimmten Aspekten ja auch auf den Traum und die Bildung neurotischer Symptome angewendet hat). Drei Aspekte dieses Begriffs werden von ihm klar voneinander unterschieden.
Diese Phänomene haben für ihn erstens deshalb einen Sinn, weil sie in einen ursächlichen Zusammenhang, in eine »psychische Reihe« mit anderen seelischen Zuständen und Vorgängen gebracht werden können (G. W., Bd. XI, S. 33). Dieser Aspekt legt lediglich die Bedingung fest, daß ein Phänomen psychisch und nicht organisch verursacht ist. Damit ist es als ein psychisches Phänomen bestimmt.
Wichtiger sind die beiden anderen Aspekte. Mit ihnen unterscheidet Freud zwei Arten von Sinn-Beziehung, die ich kurz erläutern will.
In den »Vorlesungen« betont er, daß in den meisten Fällen von Fehlleistungen deren Sinn eine »Absicht« oder »Tendenz« ist. Die zentrale Stellung dieses Aspekts ist einleuchtend; denn dem Kompromißmodell zufolge sind es ja verschiedene, zumeist gegensätzliche Absichten, deren Interferenz eine notwendige Bedingung

dafür sein soll, daß eine Fehlleistung auftritt (vgl. Freud, a.a.O., S. 61).

Mit diesem Sinn-Aspekt hat Freud seine theoretische Vorstellung von den psychischen Leistungen ergänzt um eine Betrachtungsweise, die bereits im topographischen Modell angelegt ist, und die nun für den Zweck der Erklärung der Fehlleistungen im Rahmen der »Vorlesungen« für ihn maßgeblich wird: die »dynamische« Betrachtungsweise.[3] Entsprechend weist er auch darauf hin, daß die Art seiner Untersuchung dieser Phänomene exemplarisch ist für die dynamische Auffassung der seelischen Erscheinungen seitens der Psychoanalyse:

»Wir wollen die Erscheinungen nicht bloß beschreiben und klassifizieren, sondern sie als Anzeichen eines Kräftespiels in der Seele begreifen, als Äußerung von zielstrebigen Tendenzen, die zusammen oder gegeneinander arbeiten.« (Freud, a.a.O., S. 62)

Diese »dynamische« Auffassung leidet unter demselben Theoriedefizit wie die Konstruktion des psychischen Apparates insgesamt. Der Bezug der angenommenen Kräfte zur Sprache und zu Prozessen des Handelns bleibt völlig unklar. Wir erfahren nichts darüber, in welchem Verhältnis die »Tendenzen« zu dem Prozeß stehen, in dem sie sich jeweils äußern. Damit bleibt auch ungeklärt, welcher Art diese »Anzeichen« sind, die auf ein vorhandenes Kräftespiel schließen lassen.

Diese Fragen müssen bei Freud notwendig offenbleiben. Denn in seinem Konzept der Sprache hat diese keine Vermittlungsleistungen, durch die z. B. eine vorhandene Absicht, etwas bestimmtes zu tun, einem anderen verständlich gemacht werden kann. Auch läßt sich mit seinem Konzept des Handelns als Motorik nicht befriedigend erklären, wie »Tendenzen« eigentlich ihre Zielorientierung erhalten, und wie sie sich insgesamt in Handlungen als sozialen Prozessen umsetzen können.

Vor allem bleibt – als Folge dieses Theoriedefizits – unklar, wie der Konflikt, den das Kompromißmodell voraussetzt, jeweils bei einer auftretenden Fehlleistung strukturiert ist. Es sind ja nicht

3 Er hatte sie aus dem Jacksonschen Modell des Nervensystems entwikkelt, indem er (vereinfacht dargestellt) die Hemmung untergeordneter Schichten durch übergeordnete als Modell für einen Begriff des Konflikts nahm, den er mit Bezug auf die dabei wirksamen und gegeneinander gerichteten Kräfte dynamisch faßte (vgl. Rapaport, 1959).

unmittelbar Kräfte, deren Gegeneinander oder Zusammenspiel diese Phänomene hervorrufen. Ist die von Freud angenommene Interferenz (Überlagerung) zweier oder mehrerer Absichten schon eine Annäherung an einen geeigneten Konfliktbegriff, oder vermittelt diese Ausdrucksweise ein falsches Bild über die Entstehung dieser Phänomene?

Ich werde anhand von konkreten Beispielen, die Freud untersucht hat, einige Kategorien der Sprachanalyse und Begriffe einer Handlungstheorie erläutern und auf diese Beispiele anwenden, um zu zeigen, daß sie einen Beitrag dazu leisten können, das genannte Theoriedefizit zu überwinden.

Freuds Anwendung des Kompromißmodells auf die Fehlleistungen hat den Anspruch, bestimmte Phänomene zu erklären, die in Fällen des Sich-Versprechens häufig auftreten: die sprachlichen Formen der Kontamination und Substitution. Er sah in diesen Formen eine Entsprechung zu der »Verdichtungsarbeit«, die seiner Traumtheorie zufolge dazu beiträgt, daß aus latenten Traumgedanken der manifeste Trauminhalt entsteht.

»Irgendeine Ähnlichkeit der Dinge oder der Wortvorstellungen zwischen zwei Elementen des unbewußten Materials wird da zum Anlaß genommen, um ein Drittes, eine Misch- oder Kompromißbildung zu schaffen, welche im Trauminhalt ihre beiden Komponenten vertritt, und die infolge dieses Ursprungs so häufig mit widersprechenden Einzelbestimmungen ausgestattet ist. Die Bildung von Substitutionen und Kontaminationen beim Versprechen ist somit ein Beginn jener Verdichtungsarbeit, die wir in eifrigster Tätigkeit am Aufbau des Traumes beteiligt finden«. (Freud, G. W., Bd. IV, S. 67)

Da er die theoretische Vorstellung von der Interferenz zweier oder mehrerer Leistungen, also den Kerngedanken des Kompromißmodells, gleichermaßen auf die Traumarbeit wie auf die Fälle des Sich-Versprechens anwendet, sieht Freud die damit verbundene Verdichtungsarbeit in beiden Bereichen am Werke.

»Die Verdichtungen und Kompromißbildungen (Kontaminationen) findet man hier wie dort; die Situation ist die nämliche, daß unbewußte Gedanken sich auf ungewöhnlichen Wegen, über äußere Assoziationen, als Modifikationen von anderen Gedanken zum Ausdruck bringen.« (Freud., a.a.O., S. 308)

Im VI. Kapitel der »Traumdeutung« erläutert er an einigen Beispielen, wie (visuelle) Objektvorstellungen, in denen mehrere

Gedanken zusammentreffen, verdichtet sind. Aber auch Worte – insbesondere Eigennamen von Personen – können im Traum von dieser Verdichtungsarbeit betroffen sein; Freud macht darauf aufmerksam, daß Worte dann wie Dinge behandelt werden. In seiner Terminologie ausgedrückt: Die Sachvorstellung, die mit einem Wort assoziiert ist, tritt zurück hinter die Wortvorstellung, und letztere wird, wie eine Dingvorstellung, in einzelne Bestandteile (vor allem »Silben«) zerlegt und mit Bestandteilen eines anderen Wortes scheinbar sinnlos kombiniert – Freud zufolge »eine wahre Silbenchemie«.

In den »Vorlesungen« wird dieses Konzept der Verdichtung in die Erläuterung dessen aufgenommen, was Freud den Mechanismus des Sich-Versprechens nennt. Er sieht die Formen von Substitution und Kontamination dadurch zustandekommen, daß der Ausdruck der zugelassenen Intention durch die zurückgedrängte Tendenz, die sich gegen den Willen des Sprechers äußert, durch diese abgeändert, ersetzt oder mit ihr vermengt wird (vgl. Freud, G. W., Bd. XI, S. 60).

Abgesehen davon, daß hier (wie oben erwähnt) unklar bleibt, was mit der »Äußerung« oder dem »Ausdruck« einer Intention genau gemeint ist, nimmt Freud an dieser Stelle eine eigentümliche Trennung vor zwischen dem Sinn (als Intention) und der Weise, in der dieser sich realisiert. Ich möchte weiter unten zeigen, daß diese Trennung, die der Interferenz-Gedanke implizit enthält, problematisch ist. Wenn wir die Entwicklungsgeschichte einer Handlung (als ihre Aktualgenese) berücksichtigen, wird deutlich, daß wir diese spezifisch gebrochene Realisierungsweise gar nicht von der in sich problematischen Entwicklungsgeschichte trennen können.

Der von Freud beschriebene Mechanismus des Sich-Versprechens gibt keine Auskunft darüber, was mit der Sprache in einem solchen Fall geschieht. Aber die Analogie, die Freud zwischen der Verdichtungsarbeit des Traumes und bestimmten Phänomenen des Sich-Versprechens herstellt, und sein Hinweis auf die dingliche Behandlung von Worten, die im Traum eine Verdichtung erfahren, können für eine Weiterentwicklung der Fehlleistungstheorie aufschlußreich sein.

Mit dem dritten Aspekt, den Freud an seinem Sinn-Begriff unterscheidet, wird Sinn als Bedeutung von Zeichen aufgefaßt. Träume, neurotische Symptome und eine bestimmte Art von Fehlleistung haben einen Sinn, insofern sie die Darstellung eines Gedankens oder Erlebnisses sind. Dieser Aspekt wird in den »Vorlesungen« (Freud, a.a.O., S. 28) kurz erwähnt. Stephan (1989) hat an den Schriften Freuds die Entwicklung dieses Sinn-Aspekts und seinen theoretischen Hintergrund rekonstruiert. Ich werde mich im folgenden darauf beziehen.

In der »Traumdeutung« (zu Beginn des VI. Kapitels) betont Freud den Erkenntnisfortschritt, den er mit der Entdeckung gewinnen konnte, daß zwischen dem Trauminhalt und den latenten Traumgedanken eine Zeichenbeziehung besteht, daß der Traum wie ein Bilderrätsel zu entschlüsseln ist. Während seine Vorgänger auf dem Gebiet der Traumdeutung den Fehler begangen hätten, die Zeichen dieses Bilderrätsels nach ihrem Bildwert (und nicht nach ihrer Zeichenbeziehung zu dem latenten Traumgedanken) zu beurteilen, habe er erkannt, daß der Trauminhalt das Ergebnis einer Übersetzung eines zuvor vorhandenen Gedankengefüges in die Darstellungsweise einer Bildersprache ist (vgl. Freud, G. W., Bd. II und III, S. 283 f).

Unter den Fehlleistungen sind es die »Symptom- und Zufallshandlungen«, die Freud unter diesem Sinn-Aspekt als bedeutungsvoll analysiert. Diese Handlungen haben für ihn eine Bedeutung, insofern in ihnen ein zuvor unterdrückter Gedanke oder eine zurückgedrängte Bestrebung einen »symbolischen« Ausdruck finden.

Wie Stephan einleuchtend herausgearbeitet hat, ist für diesen Bedeutungsaspekt des Sinns eine Hypothese wesentlich, die Freud schon in einer frühen Arbeit über Aphasien entwickelt hatte und dann auf die Traumarbeit, die Bildung neurotischer Symptome und auf die erwähnte Art von Fehlleistung übertrug. Seiner Hypothese zufolge sind diese Phänomene Resultate einer Umwandlung eines zuvor vorhandenen Gedankens in nicht-verbale Vorstellungen. Aufgrund eines psychischen Konflikts komme dieser Gedanke (oder eine Vorstellung oder Phantasie) in einer anderen als der üblichen sprachlichen Darstellungsweise zum Ausdruck.

Diese Übersetzungs-Hypothese ist eng mit Freuds assoziationspsychologischem Bedeutungsbegriff und seiner Auffassung von Sprache als einem Assoziationsapparat verbunden. Er ging davon aus, daß bei diesen Phänomenen einem Denkvorgang der sonst ungehinderte und auf der Erregung des Sprachzentrums basierende Assoziationsverlauf zu einer verbalen Darstellung der Gedanken und Vorstellungen blockiert wurde. Als Folge davon wurde der Assoziationsprozeß zu visuellen Bildern (im Traum) oder zu assoziierten motorischen Vorstellungen bzw. Reaktionen (z. B. bei der Hysterie) geführt. Die betreffenden Gedanken oder Vorstellungen wurden in eine andere Ausdrucksweise »übersetzt«, bewahren dort aber ihre assoziative Verknüpfung mit den ursprünglich vorhandenen Denkvorgängen.

Wie wenig plausibel diese Übersetzungs-Hypothese Freuds in bezug auf den Traum ist, hat u. a. Jappe (1971) mit einschlägigen Argumenten dargelegt. Auch die Analysen, die Freud an Beispielen der »Symptom- und Zufallshandlungen« durchführt, lassen, wie ich zeigen möchte, an der Brauchbarkeit dieser Hypothese zweifeln, die Entstehung dieser Phänomene erklären zu können. Und was methodologisch noch wichtiger ist: Diese Hypothese führt zu falschen Schlußfolgerungen hinsichtlich der Art und Weise, in der dieser Sinn durch einen Analytiker erschlossen wird.

Wenn wir diese Phänomene als das analysieren, was sie auch nach Freuds Auffassung sind – nämlich als Handlungen –, können wir mit Kategorien einer Handlungsanalyse, die auch Wissensstrukturen einbezieht, einleuchtender erklären, warum in diesen Fällen eine jeweilige Handlung »fehlgeht«. Die Übersetzungs-Hypothese erweist sich dann als ein inadäquater Ersatz für ein Konzept der Handlungsanalyse, das Freud nicht zur Verfügung stand.

Beide Aspekte des Sinn-Begriffs, den Freud seiner Analyse der Fehlleistungen zugrundelegt – Sinn als Tendenz oder Absicht und Sinn als Bedeutung (Zeichenrelation) –, sind nicht zu trennen von seinem problematischen assoziationspsychologischen Konzept von Sprache und Denken und seiner Vorstellung von Handlung als einem motorischen Prozeß. Dies sei an dieser Stelle noch einmal betont. Da diese theoretischen Grundannahmen wenig tragfähig sind, der Sinn-Begriff aber zentral ist für die Theorie der Fehlleistungen (sowie für weitere Theorien Freuds), bringt eine erforderliche Revision des Sinn-Begriffs (hinsichtlich der genannten zwei Aspekte) auch eine Revision der Theorien mit sich, in deren Zentrum er steht.

Geben uns neuere Versuche, die Grundlagentheorie Freuds zu rekonstruieren, einen Aufschluß darüber, wie das, was Freud den unbewußten Sinn dieser Phänomene genannt hat, besser expliziert werden kann, als dies ihm möglich war?

In der aktuellen Diskussion, wie die Grundlagentheorie Freuds zu rekonstruieren ist, stehen sich als zwei extreme Gegenpositionen Ricœur dt. 1974) und Grünbaum (1984, dt. 1988) gegenüber. Ricœur rekonstruiert die Psychoanalyse als eine hermeneutische Wissenschaft. Im scharfen Gegensatz dazu faßt Grünbaum zentrale theoretische Aussagen Freuds – insbesondere seine Verdrängungstheorie – als Hypothesen über Kausalzusammenhänge auf und unterzieht diese Hypothesen nach den Kriterien der analytischen Philosophie einer kritischen Untersuchung hinsichtlich ihrer Überprüfbarkeit und des aktuellen Stands ihrer Überprüfung.

Beide Rekonstruktionsversuche stellen Freuds Sinn-Begriff nicht in Frage; sie interpretieren ihn nur unterschiedlich, indem sie den (faktischen oder nur potentiellen) Theoriegehalt der Freudschen Modelle philosophisch verschieden bestimmen; entsprechend unterschiedlich gewichten und präzisieren sie auch die drei Aspekte dieses Sinn-Begriffs.

Ricœur knüpft an den Bedeutungsaspekt (als eine Zeichenrelation) an und konzipiert ihn als eine Sinnrelation zweiter Stufe, d. h. als die Beziehung eines durch konventionelle Zeichen konstituierten Sinns zu einem anderen Sinn. Zeichen, die bereits einen wörtlichen, manifesten Sinn haben, verweisen durch diesen vorausgesetzten ersten Sinn auf einen anderen Sinn.

Dieses Konzept von Bedeutung als zeichenhaftem Doppelsinn hängt mit Ricœurs Interpretation des Grundproblems zusammen, auf das nach seiner Auffassung Freuds Theorieanstrengungen bezogen sind. Es ist das stets gebrochene Verhältnis von Wunsch und Sprache, das die Sprache doppelsinnig macht.

Die Kluft, die zwischen dem menschlichen Wunsch und der Sprache besteht, sieht Ricœur (sehr verkürzt gesagt) durch die Theoriemodelle Freuds in verschiedenen Dimensionen thematisiert. So interpretiert er z. B. das naturwissenschaftlich orientierte Modell des psychischen Apparats, zu dem ja auch der Sinn-Aspekt der »psychischen Reihe« gehört, als einen Versuch Freuds, die Dinghaftigkeit seelischer Vorgänge darzustellen, die aus der vollständigen Abtrennung des menschlichen Wunsches von der Sprache resultiert.

Grünbaums Rekonstruktion stützt sich auf Hinweise Freuds, daß seine Grundlagentheorie (die Metapsychologie) aus klinischen Beobachtungen gewonnen wurde und den Prüfkriterien standhal-

ten muß, die in den Naturwissenschaften an Theorien angelegt werden. Indem er verdeutlicht, welche Konsequenzen sich daraus ergeben, wenn psychoanalytische Erklärungen sich auf Hypothesen über kausale Zusammenhänge stützen, gebraucht Grünbaum eine Version des Sinn-Begriffs Freuds, die den Aspekt der »psychischen Reihe« verbindet mit dem der »Tendenz«. Es sind verdrängte Motive, die (Grünbaum zufolge) als kausal notwendig dafür betrachtet werden, daß z. B. eine Fehlleistung geschieht.
Auch der Aspekt der Zeichenrelation ist für Grünbaum dem behaupteten kausalen Zusammenhang zuzuordnen. Dieser Sinn-Aspekt ist nur eine andere Ausdrucksweise für diesen Zusammenhang; sofern man nämlich ein vermeintlich verdrängtes Motiv als ursächlich für die Bildung eines neurotisches Symptoms oder einer Fehlleistung behaupte, kann das manifeste Phänomen auch als Anzeichen für das Vorhandensein eines verdrängtes Motivs gewertet werden, das als kausal relevant für die Bildung dieses Phänomens behauptet wird. Wie bei Fußabdrücken im Sand schließe man dann bei neurotischen Symptomen oder bei Fehlleistungen retrodiktiv auf ihre vermeintlichen Ursachen (vgl. Grünbaum, a.a.O., S. 112 ff).
Weil beide Rekonstruktionsversuche Freuds Sinn-Begriff eine gegensätzliche Version geben, gelangen sie auch zu zwei gegensätzlichen Auffassungen darüber, welche wissenschaftliche Methode zur Erfassung dieses Sinns allein angemessen sei – die der Kausalanalyse (Grünbaum) oder die der hermeneutischen Aufschlüsselung eines Doppelsinns (Ricœur).
Allerdings ist es problematisch, aus den Ergebnissen solcher grundlagentheoretischer Rekonstruktionen auch Schlüsse zu ziehen hinsichtlich der Wissenschaftslogik der Psychoanalyse. Der Gegenstand solcher Untersuchungen erhält allzu leicht einen Status von Klarheit und Definitheit, den er tatsächlich nicht hatte. Freuds Theoriemodelle sind eher als Bemühungen zu begreifen, in einem neuen Kontinent, den Freud entdeckt hatte, sich mit Hilfe von Modellen zu orientieren, die für diesen Kontinent gar nicht entwickelt worden waren. Der Gehalt der Entdeckungen Freuds ist zwar nicht ablösbar von den Modellen, mit denen er ihre theoretische Bedeutung zu formulieren versuchte; aber er wird doch wegen der naturwissenschaftlichen Herkunft dieser Modelle durch sie mehr gebrochen bzw. metaphorisch angedeutet, denn deutlich repräsentiert.

Beide Rekonstruktionsversuche – der von Grünbaum und der von Ricœur – geben keine Anhaltspunkte dafür, wie Freuds Sinn-Begriff immanent so weiterentwickelt bzw. revidiert werden muß, daß der Strukturzusammenhang einer Fehlleistung, der damit angedeutet wird, auch klar erfaßt ist.
Schließlich ist es auch durchaus fraglich, ob das Muster der Erklärung, das in Freuds Fehlleistungstheorie angedeutet ist, überhaupt mit einer dieser beiden Positionen übereinstimmt. In der aktuellen Diskussion über den Wissenschaftsstatus der Psychoanalyse wird diese Alternative – hermeneutische Wissenschaft oder die Bildung empirisch zu überprüfender Kausalitäts-Hypothesen –, oft gestellt. In meiner Kritik an dem Theorieentwurf Lorenzers habe ich schon einige Argumente für meine Auffassung entwickelt, daß unter dem Blickwinkel der rekonstruktiven Dimension der psychoanalytischen Forschungsmethode diese Alternative gar nicht sinnvoll ist.

2.2. Das Kompromißmodell

In Freuds Erklärung, wie ein Sich-Versprechen zustande kommt, ist es eine notwendige Voraussetzung für dieses Phänomen, daß seitens des Sprechers zuvor eine »Tendenz« vorhanden war, die von ihm zurückgedrängt wurde. Freud erläutert in den »Vorlesungen« den »Mechanismus« des Sich-Versprechens wie folgt:

»Der Sprecher hat sich entschlossen, sie (d. h. die zurückgedrängte Tendenz, D. F.) nicht in Rede umzusetzen, und dann passiert ihm das Versprechen, d. h. dann setzt sich die zurückgedrängte Tendenz gegen seinen Willen in eine Äußerung um, indem sie den Ausdruck der von ihm zugelassenen Intention abändert, sich mit ihm vermengt oder sich geradezu an seine Stelle setzt.« (Freud, a.a.O., S. 60)

Wenn wir versuchen, Freuds Beispiele des Sich-Versprechens, die er in der Schrift »Zur Psychopathologie des Alltagslebens« zusammengestellt und analysiert hat und von denen er einige auch für die »Vorlesungen« heranzieht, auf der Grundlage dieses Mechanismus zu erklären, stoßen wir auf einige Schwierigkeiten.
Die erste Schwierigkeit ergibt sich daraus, daß die Begriffe »Tendenz« und »Intention« nicht wirklich klar sind. So scheint Freud *diese Begriffe* gelegentlich synonym zu verwenden; er spricht in

den »Vorlesungen« sowohl von gestörten und störenden Tendenzen (Freud, a.a.O., S. 40) als auch von gestörten und störenden Intentionen (Freud, a.a.O., S. 61). Er unterscheidet andererseits aber auch zwischen beiden Begriffen – z. B. bei der Kommentierung des bekannten Sich-Versprechens: »Da sind Dinge zum *Vorschwein* gekommen.« In diesem Beispiel ist für Freud das Urteil »Schweinereien« die den Sprecher störende Tendenz; seine zuvor bestehende Absicht, dieses Urteil zum Ausdruck zu bringen, hatte dieser dann – vergeblich – zu unterdrücken versucht (vgl. Freud, a.a.O., S. 58 f). Und an anderer Stelle betont Freud – in Übereinstimmung mit dieser begrifflichen Unterscheidung –, »daß die Unterdrückung der vorhandenen Absicht, etwas zu sagen, die unerläßliche Bedingung dafür ist, daß ein Versprechen zustande kommt« (Freud, a.a.O., S. 61).
Wir können Freud also so verstehen, daß er zwischen einer vorhandenen Tendenz und der Absicht unterscheidet, diese in Rede umzusetzen. Wenn eine solche »Redeabsicht« unterdrückt wird, wird auch die vorhandene Tendenz zurückgedrängt, da sie dann nicht mehr zum Ausdruck kommen kann.
Wenn das Kompromißmodell mehr sein will als nur eine Interpretationsfolie – und dies war zweifellos Freuds Absicht, sonst hätte er nicht von einem »Mechanismus« gesprochen –, dann muß es auch Auskunft darüber geben können, wie an einem gegebenen Fall eines Sich-Versprechens die jeweilige Intention des Sprechers zu identifizieren ist. Denn mit diesem Modell sollen ja alle Formen von Fehlleistungen, nicht nur die Fälle des Sich-Versprechens, als Kompromißergebnisse erklärt werden; »sie bedeuten ein halbes Gelingen und ein halbes Mißlingen für jede der beiden Absichten, die gefährdete Intention wird weder ganz unterdrückt, noch setzt sie sich – von Einzelfällen abgesehen – ganz unversehrt durch«(Freud, a.a.O., S. 61).
Aber wie erkennen wir an einer Äußerung, an der etwas fehlgeht, die störende Tendenz, die der Sprecher zuvor unterdrückt hat, wenn dieser sie, nachdem sie sich durchsetzen konnte, selbst nicht bemerkt, und sie ihm auch zuvor nicht bewußt war? Die Deutung, die (Freud zufolge) die störende Intention in diesen Fällen erschließt, »schließt die Annahme ein, daß sich bei dem Sprecher Intentionen äußern können, von denen er selbst nichts weiß, die ich aber aus Indizien erschließen kann« (Freud, a.a.O., S. 59).
Mit dieser Annahme stellt sich die Frage noch dringender, wel-

cher Art diese Intentionen eines Sprechers sind, die bei einem Sich-Versprechen als miteinander interferierende »störende« und »gestörte« erkannt werden können. Wie kann aus einer Äußerung, an der etwas fehlgeht, eine Redeabsicht erschlossen werden, die zuvor vom Sprecher unterdrückt wurde, oder die ohne sein Wissen in ihm als Tendenz vorhanden war? Und auf welche Art von Indizien stützt sich eine entsprechende Deutung?

Das Kompromißmodell muß diese Fragen offenlassen, weil Freuds Konzepte von Sprache und Handeln keine Auskünfte darüber geben können, in welcher Beziehung eine Tendenz zu dem Prozeß des Sprechens steht, in dem sie sich äußert.

Ich möchte nachfolgend an einem Fall eines Sich-Versprechens deutlich machen, daß das Kompromißmodell an Klarheit gewinnt, wenn wir den darin enthaltenen Konfliktbegriff weiterentwickeln und anstelle des vagen Begriffs der Tendenz bzw. Intention Kategorien der Handlungsanalyse verwenden. Dabei wird allerdings auch deutlich, daß die Metapher vom Kompromiß für die Analyse dieser Phänomene recht irreführend ist.

Freud hat dieses Beispiel schon im Zusammenhang der »Psychopathologie des Alltagslebens« angeführt und analysiert; er hat es von Meringer übernommen, dessen Interpretation er auch weitgehend teilt. In den »Vorlesungen« erwähnt und kommentiert er es mehrfach und später noch einmal in dem »Abriss der Psychoanalyse« (vgl. Freud, G. W., Bd. XVII, S. 144 f).

Der Präsident des österreichischen Abgeordnetenhauses eröffnete einmal die Sitzung mit den Worten:

»›Hohes Haus! Ich konstatiere die Anwesenheit von (soundsovielen) Herren und erkläre somit die Sitzung für *geschlossen*.‹ Die allgemeine Heiterkeit machte ihn erst aufmerksam und er verbesserte den Fehler. Im vorliegenden Falle wird die Erklärung wohl diese sein, daß der Präsident sich wünschte, er würde schon in der Lage sein, die Sitzung, von der wenig Gutes zu erwarten stand, zu schließen, aber (...) der Nebengedanke setzte sich wenigstens teilweise durch und das Resultat war ›geschlossen‹ für ›eröffnet‹, also das Gegenteil dessen, was zu sprechen beabsichtigt war.« (Freud, G. W., Bd. IV, S. 67)

Für Freud war an diesem Beispiel der latente Sinn des Sich-Versprechens besonders leicht zu erkennen.

»Der Präsident, der sich zum Gegenteil verspricht – es ist klar, er will die Sitzung eröffnen, aber ebenso klar, er möchte sie auch schließen. Das ist so deutlich, daß zum Deuten nichts übrig bleibt.« (Freud, G. W., Bd. XI, S. 40)

Allerdings können wir der Äußerung des Präsidenten nicht unmittelbar seinen Wunsch entnehmen, diese Sitzung (weil er sich nichts Gutes von ihr erwartet) zu schließen. Er sagt ja lediglich. daß er sie für geschlossen erklärt. Freud war sich dessen bewußt, denn er bemerkt zu diesem Beispiel: Wir sind »infolge unserer Kenntnisse der Verhältnisse, unter denen sich dieses Versprechen vollzog, geneigt, diese Fehlhandlung sinnvoll zu finden.« (Freud, a.a.O., S. 28). Und diese Kenntnisse, die sich auf die »psychische Situation« des Betreffenden beziehen, sind allgemein eine notwendige Voraussetzung dafür, den latenten Sinn ermitteln zu können, wenn dieser nicht unmittelbar offen liegt, und vielmehr aus der »psychischen Situation« Indizien für den Sinn der Fehlleistung abzuleiten sind (vgl. Freud, a.a.O., S. 48).
Daß dies auch für den Fall des Sich-Versprechens gilt, das dem Präsidenten unterlaufen ist, macht Freud im »Abriss der Psychoanalyse« sehr deutlich. Er führt zur Situation des Sprechers aus:

»Soviel frühere Sitzungen des Hauses waren unerquicklich stürmisch und erfolglos verlaufen und es wäre nur zu begreiflich, wenn der Präsident im Moment der Eröffnung gedacht hätte: ›Wär' die Sitzung, die jetzt beginnen soll, doch schon vorüber. Ich würde sie lieber schließen als eröffnen.‹ Dieser Wunsch war ihm, als er zu sprechen begann, wahrscheinlich nicht gegenwärtig, nicht bewusst, aber er war gewiss vorhanden gewesen und es gelang ihm, sich gegen die Absicht des Sprechers in seinem anscheinenden Irrtum durchzusetzen.« (Freud, G. W., Bd. XVII, S. 145)

Die Anwendung des Kompromißmodells auf die Fälle des Sich-Versprechens soll diese als Resultat einer Interferenz zweier verschiedener Redeabsichten erklären (vgl. Freud, G. W., Bd. XI, S. 35). Aber Freuds eigene Analyse des Beispiels weicht von dieser Erklärung ab. Er nimmt keineswegs an, daß der Präsident zuvor die Absicht hatte, die für ihn unangenehme Sitzung zu schließen. Er hatte – Freuds Analyse zufolge – den bloßen Wunsch, sie lieber zu schließen als zu eröffnen. Was ist dann an seiner Äußerung die »störende« Redeabsicht?
Freuds Analyse dieses Beispiels kommt zu einem praktisch einleuchtenden Resultat. Aber das Kompromißmodell läßt den Entstehungsprozeß des zu erklärenden Phänomens im Vagen, und damit auch den theoretischen Hintergrund von Freuds Analyse. Dieses Modell gibt uns (wie schon erwähnt) keine Auskünfte darüber, in welchem Verhältnis ein Wunsch der Art, wie der Präsident ihn offenbar verspürt und dann unterdrückt hatte, zu der

sprachlichen Äußerung steht, die durch ihn dann doch noch geprägt wurde. Hierzu müßte die theoretische Analyse einen solchen Wunsch (bzw. die »psychische Situation« des Sprechers) in den strukturellen Zusammenhang des Prozesses stellen, mit dessen Ausführung das zu erklärende Phänomen verbunden ist – eben den Strukturzusammenhang eines Handlungsprozesses. Und sie müßte die Entstehung des Phänomens in Prozeß-Kategorien analysieren, die aufdecken können, daß seine Erscheinungsform als ein verzerrter Handlungsprozeß schon in der Vorgeschichte der Handlung angelegt ist.

Genau dies leistet das Kompromißmodell nicht. Es ist, indem es der gestörten Absicht/Tendenz eine störende gegenüberstellt, von vornherein statisch angelegt. Und es ermöglicht mit dem Gedanken der Interferenz nicht einen analytischen Zugriff auf den Strukturzusammenhang, der zwischen den beiden »Tendenzen« und dem Handlungsprozeß besteht, auf den sie doch bezogen sind.

Die Fehlhandlung des Präsidenten ist eine Handlung, die im Medium der Sprache abgelaufen ist. Gibt uns die Theorie der Sprechakte, die Searle (1969, dt. 1971) entwickelt hat, einen Anhaltspunkt, wie das Kompromißmodell sinnvoll zu überarbeiten ist?[4]

Searle unterscheidet drei Teilakte, die gewöhnlich beim Vollzug eines Sprechakts gleichzeitig ausgeführt werden: den Äußerungsakt (d. h. die Äußerung von Wörtern, gewöhnlich die eines Satzes), den propositionalen Akt (d. h. die Bildung eines Aussageinhalts, bestehend aus der Referenz und der Prädikation); und den illokutiven Akt (d. h. die Realisierung der Handlungsbedeutung

4 Goeppert/Goeppert (1973, 1975), die sich ausführlich mit den interdisziplinären Bezügen von Linguistik und Psychoanalyse befassen, behandeln unter den psychoanalytisch relevanten Sprachphänomenen auch die sprachlichen Fehlleistungen des Alltags. Wie wenig jedoch der Literatur- und Forschungsüberblick, den die Autoren geben, in die inneren Zusammenhänge der behandelten Probleme eindringt, wird beispielhaft deutlich durch die Darstellung der Forschungslage in bezug auf die Fehlleistungen: Obwohl die Autoren den wissenschaftlichen Erkenntnisfortschritt betonen, den die Sprachpragmatik im Zusammenhang der interdisziplinären Bezüge von Linguistik und Psychoanalyse bietet, diskutieren sie nicht die doch naheliegende Frage, wieweit bestimmte Fälle sprachlicher Fehlleistungen mit Hilfe von Kategorien der Sprechakttheorie als Fehlhandlungen analysiert werden können.

einer Äußerung). Die für Freuds Analyse relevanten Fälle eines Sich-Versprechens könnten nach dieser Theorie als ein Ergebnis davon analysiert werden, daß in den beiden inhaltlichen Teilen eines Sprechakts – also dem propositionalen und dem illokutiven Akt – etwas fehlgelaufen ist. Aber kann auch das »halbe Gelingen«, das ja zum Kompromiß-Charakter einer Fehlleistung gehört, in diesem Theorierahmen erklärt werden?

Das Sich-Versprechen, das dem Präsidenten unterlaufen ist, zählt Freud zu den Fällen des »Versprechens zum Gegenteil«. Wenn wir versuchen, mit Hilfe der Sprechakttheorie Freuds Kompromißmodell zu präzisieren, dann müßten wir davon ausgehen, daß beim Sich-Versprechen zum Gegenteil etwas Paradoxes geschieht: Während ein Sprecher einen (von ihm beabsichtigten) Sprechakt ausführt, macht sich gleichzeitig ein propositionaler oder ein illokutiver Akt durch die Störung eines der beabsichtigten Teilakte bemerkbar, zu dem er inhaltlich im Widerspruch steht.

Das Mißlingen – sowohl des in der Ausführung gestörten wie des die Ausführung störenden Aktes – könnte die Sprechakttheorie erklären. Es wäre dann das Ergebnis davon, daß bestimmte Regeln vom Sprecher verletzt wurden, in Übereinstimmung mit denen die inhaltlichen Teilakte auszuführen sind, damit sie gelingen (d. h. vor allem: vom Hörer verstanden werden). Die Äußerung des Präsidenten ist dann so zu analysieren, daß hier der illokutive Akt nicht gelungen ist, weil der Sprecher mit seiner Äußerung eine der Regeln verletzt hat, die für diesen Akt gelten: Searles Regel des propositionalen Gehalts. Die Proposition dieser Äußerung enthält ja die falsche Prädikation »geschlossen«.

Wenn wir annehmen wollen, daß mit dieser Äußerung auch der Versuch vorliegt, einen gegensätzlichen illokutiven Akt gleichzeitig auszuführen – die Sitzung für geschlossen zu erklären –, dann kann das Fehlgehen dieses Versuchs ebenfalls aus einer Regelverletzung erklärt werden. Der Sprecher hätte dann Searles Einleitungsregeln für illokutive Akte verletzt (d. h. illokutive Bedingungen seiner Äußerung nicht erfüllt). Zu solchen Bedingungen gehört in diesem Fall, daß eine Sitzung überhaupt schon förmlich für eröffnet erklärt wurde, und daß institutionelle Bestimmungen eingehalten werden, die den Abschluß einer Sitzung regeln.

Diese Bedingungen waren aber zum Zeitpunkt der Äußerung nicht gegeben. Vielmehr warteten die Hörer (Parlamentarier), die sich eingefunden hatten, um an der Sitzung teilzunehmen, darauf, daß der Präsident das tut, was zu seinen Amtsobliegenheiten gehört – eben die förmliche Eröffnung der Sitzung herbeizuführen. Und seine Worte – mit Ausnahme des letzten – konnten diese Erwartung ja auch bestätigen.

Für einen Hörer, der diese Äußerung rezipiert und z. B. nicht Kenntnis von dem hat, was Freud als die »psychische Situation« des Sprechers erläutert, bleibt die Handlungsbedeutung dieser Äußerung unbestimmt. Er könnte nicht entscheiden, ob die Sitzung nun für geöffnet erklärt wurde oder nicht. Die Heiterkeit der Zuhörer, von der Meringer berichtet, läßt aber darauf schließen, daß sie an der Äußerung durchaus etwas verstanden haben, das Freud mit dem halben Gelingen der »störenden Tendenz« umschreibt.

Dieses Mehr an Verstehen kann die Sprechakttheorie nicht analysieren. Einerseits wäre ein halbes Gelingen eines illokutiven Aktes für sie eine widersinnige Kategorie, da ein solcher Akt entweder nach den für ihn geltenden Regeln vollzogen wurde oder nicht. Andererseits kennt sie auch keinen Bezug auf die »psychische Situation« eines Sprechers im Sinne eines methodischen Schrittes, um ein bestimmtes Verständnis wie das der erheiterten Zuhörer zu rekonstruieren. Ihr Untersuchungsgegenstand ist das Sprachverstehen (im Sinne einer intentionalistischen Semantik). Sie ist (kurz gesagt) als eine Bedeutungstheorie der Sprache konzipiert, nicht als eine Handlungstheorie.

Zwar hat sich Searles kategoriale Unterscheidung von Äußerung, Proposition und Illokution für Kommunikationsanalysen als sehr produktiv erwiesen; aber seine Theorie bietet darüber hinaus keine Kategorien dafür, wie eine Äußerung im Zusammenhang eines Handlungsprozesses zu analysieren ist, in dem ein Sprecher z. B. ein bestimmtes Ziel verfolgt, an dem er orientiert ist. Diese Theorie bezieht nicht systematisch die mentalen Prozesse in die Analyse ein, die sowohl bei einem Sprecher (als Handelnden) als auch bei einem Hörer ablaufen. Aber genau diese Prozesse sind für Freuds Analyse der Fehlleistungen relevant.

Allerdings ist – bezogen auf den Präsidenten – festzuhalten, daß die Handlungsbedeutung seiner Äußerung unbestimmt ist. Weder hat er die Sitzung für geöffnet, noch sie für geschlossen erklärt; und so mußte er denn, wie Meringer ja berichtet, sich korrigieren, d. h. er hat die mißlungene förmliche Erklärung der Sitzungseröffnung so in Ordnung gebracht, daß sie ihre illokutive Kraft erhielt.

Freud sah in einem solchen Fall (wie dem Sich-Versprechen des Präsidenten) jedoch eine Art von Ersetzung einer Handlung durch eine andere; die Fehlhandlung, so gibt er dem (kritischen) Zuhörer/Leser seiner »Vorlesungen« zu bedenken, scheint hier eine »ganz ordentliche Handlung« zu sein (vgl. Freud, a.a.O., S. 28).

Diese Sichtweise Freuds ist in seiner problematischen Auffassung begründet, die ich schon erwähnt habe. Er sah in der »störenden Tendenz« so etwas wie einen schon vorab fertigen mentalen Strukturzusammenhang, der bereits für die Kommunikation organisiert ist – ein Gedanke oder der Entwurf (oder Plan) für eine Äußerung oder eine Handlung, die nur durch die Unterdrückung der Redeabsicht daran gehindert werden, sich zu äußern.

Vor dem Hintergrund seines Konzepts von der psychischen Leistung ist diese Auffassung einleuchtend. Für ihn war ja die »störende Tendenz« ein »vollgültiger psychischer Akt, der auch sein eigenes Ziel verfolgt« (Freud, a.a.O., 28). Aber diese Sichtweise wird den Phänomenen nicht gerecht. Sie lokalisiert den Vorgang der eigentümlichen Brechung des Kommunikationsversuchs (eines Gedankens oder einer Handlung) an der falschen Stelle – nämlich in der Absicht des Sprechers, etwas zu sagen. Sie lokalisiert diese Brechung nicht schon dort, wo sie mit der Unterdrükkung entstanden ist – in der Entstehungsgeschichte einer Handlung (als ihrer Aktualgenese) Dies wird allerdings erst dann deutlich, wenn wir uns (vorübergehend) von Freuds dynamischer Betrachtungsweise frei machen. Sowohl die Ausdrücke »Tendenz« und »Absicht« als auch der Ausdruck »Unterdrückung« (bzw. »Zurückdrängung«) sollen ja diese Betrachtungsweise zur Geltung bringen. Aber die damit verbundene Vorstellung von einer Kraft (und einer Gegenkraft, die zu ihrer Eindämmung aufgebracht wird) kann nicht erklären, was mit der inneren Struktur einer Handlung geschehen ist, an der sich – wie im Falle des Präsidenten – ein Konflikt gebildet hat.

Wir können ja der Erklärung Meringers, der sich Freud anschließt, entnehmen, daß die »psychische Situation« des Präsidenten vor allem eine Konfliktsituation gewesen ist. Dem Wunsch, diese Sitzung schnell zu Ende zu bringen, stand die an das Amt gebundene Verpflichtung gegenüber, die förmliche Eröffnung dieser Sitzung durchzuführen. Der Präsident hat dann diesen Konflikt in der Weise zu bewältigen versucht, daß er seinen

Wunsch unterdrückte und sich entschloß, seiner Verpflichtung nachzukommen und die Sitzung förmlich zu eröffnen.
Weitere Informationen über diese Konfliktsituation erhalten wir nicht. Freuds Interpretation läßt die Entstehungsgeschichte dieser Fehlleistung im Vagen. Und Freud sieht seine Interpretation auch nicht durch das Fehlen weiterer Kontextinformationen beeinträchtigt. Er geht vielmehr davon aus, daß der Konflikt, der dieser Fehlleistung zugrundeliegt, sich in ihr manifestiert, ihr gewissermaßen abgelesen werden kann.
Aber es muß mit der Struktur dieses Konflikts zusammenhängen, daß der Präsident ihn nicht lösen konnte. Er konnte offenbar keine Handlungsalternativen entwickeln und prüfen, wie seine Amtspflicht mit der persönlichen Abneigung, die Sitzung zu leiten, zu vereinbaren wäre (z. B. sich vertreten lassen, sich krank melden); wie diese Abneigung durch politische Einflußnahme oder durch die Art, die Sitzung zu leiten, zu mildern wäre; u. ä. Eine Analyse dieser Fehlleistung muß diese Konfliktstruktur rekonstruieren sowie die besondere Weise des Konfliktbewältigungsversuchs. Der zugrundeliegende Konflikt kann kein Zielkonflikt des Handelns gewesen sein. Einen solchen Konflikt hätte der Präsident z. B. durch Entscheidung lösen können. Es muß ein psychischer Konflikt vorhanden gewesen sein, der in einer systematischen Beziehung zum Handlungsprozeß stand. Auch wenn wir hierüber von Freud (bzw. Meringer) nichts Näheres erfahren, können wir annehmen, daß mit einer Konstituente dieses Konflikts der genannte Wunsch verbunden war. Zu erklären ist dann, warum dessen Unterdrückung nicht erfolgreich war.
Ein erster Anhaltspunkt für die Analyse ist der innere Widerspruch des Handelns. Der Präsident verfolgt mit seiner Handlung ein bestimmtes Ziel und verhindert zugleich, während er die Handlung ausführt, daß dieses Ziel erreicht wird. Wenn sich in der Ausführung der Handlung der Konflikt wiederhergestellt hat, der schon in der Vorgeschichte dieser Handlung entstanden ist und dort nicht gelöst werden konnte, wäre dieser innere Widerspruch erklärbar.
Mit der Reproduktion dieses Konflikts würde dann auch die Weise seiner Bearbeitung wieder wirksam werden. Sie wäre im Hinblick auf die Konsequenzen, die sie für den Handlungsprozeß hat, an der Fehlleistung rekonstruierbar.
Da wichtige Kontextinformationen über die Vorgeschichte fehlen,

kann ich nicht beanspruchen, die Entstehung dieser Fehlleistung erklären zu können. Ich kann aber die Grundstruktur dieser Fehlleistung als Verlaufsform eines ungelösten Konflikts herausarbeiten und prüfen, ob wir diese Grundstruktur auch an anderen Beispielen, die Freud interpretiert hat, aufdecken können.
Zu diesem Zweck gehe ich von einer hypothetischen Konfliktsituation des Präsidenten aus; anders gesagt: Ich konstruiere einen möglichen psychischen Konflikt, der in einer systematischen Beziehung zum Handlungsprozeß stand. Unter dieser Voraussetzung kann ich eine mögliche Entstehungsgeschichte dieser Fehlleistung wenigstens in Umrissen rekonstruieren.
Eine der Konstituenten des Konflikts, so nehme ich an, war die Angst des Präsidenten vor dem zu erwartenden stürmischen Verlauf der Sitzung; die Angst, dem nicht gewachsen zu sein, verbunden mit einem Gefühl der Überforderung. Sein Wunsch, die Sitzung möge doch schnell zu Ende gehen – für Freud war dieser Wunsch die »störende Tendenz« des Sprechers –, entstand dann im Zusammenhang eines Angstbewältigungsversuchs. Es war der Wunsch, dem Ort zu entfliehen, der für den Präsidenten die Bedeutung von Überforderung, Ohnmacht u. ä. hatte.
Möglicherweise bestand in der Vorgeschichte der Wunsch, überhaupt nicht zu dieser Sitzung zu gehen; vielleicht hoffte der Präsident, sie würde ausfallen. Er sah für sich aber keine Handlungsalternative. Er mußte diese Sitzung eröffnen. Sein Pflichtgefühl mahnte ihn, seinen Amtsobliegenheiten nachzukommen.
Eine mögliche Lösung dieses Konflikts wäre gewesen, sein Amt zur Verfügung zu stellen; aber das wollte er nicht. Er hätte diesen Konflikt auch möglicherweise dadurch lösen könne, daß er sich auf die von ihm antizipierten Umstände und Ereignisse der Sitzung, die bei ihm Angst auslösten, vorbereitete und ihre Veränderung bzw. Beseitigung zum Ziel seines Handelns machte. Aber das konnte er nicht.
Statt dessen versuchte er, seine Angst zu unterdrücken. Und sein Wunsch, dieser Sitzung doch noch zu entgehen, blieb ein bloßer Wunsch.
In der Fehlleistung, die ihm dann unterläuft, hat sich sein Wunsch nicht in einer Form von Handlung durchgesetzt. Dies deutet darauf hin, daß er sich gar nicht im Handeln realisieren konnte. Die Unterdrückung sollte ihn vom Handeln ganz ausschließen.
Darin sehe ich die strukturellen Konsequenzen, den diese Unter-

drückung für den Handlungsprozeß hatte. Der Präsident hatte in der Vorgeschichte weder den Verzicht auf sein Amt noch das Eingreifen in die Angst auslösenden Ereignisse als eigene Bedürfnisse akzeptiert. Damit hatte sein Wunsch auch nicht mehr eine Verbindung zu Handlungsmitteln, durch die er sich hätte erfüllen können. Wenn er dennoch realisiert werden sollte, konnte dies nur in einer anderen Weise geschehen.

Was Freud hier als die »störende Tendenz« des Sprechers aufgefaßt hat, ist also nicht notwendig identisch mit dem Wunsch, der in der Vorgeschichte entstanden ist (nämlich dieser Sitzung irgendwie zu entgehen). Plausibler ist, daß sich der Wunsch, dem angstmachenden Ort durch eine Art von Flucht wieder zu entziehen, erst im Prozeß der Durchführung der Handlung gebildet hatte. Die Einfachheit und Vergeblichkeit dieses gleichsam spontanen Bewältigungsversuchs sind als Konsequenzen der Unterdrückung zu erklären. Diese hatte von vorneherein erfolgreichere Bewältungsversuche vom Handlungsprozeß ausgeschlossen. Wenn die Angst wieder auftrat, sich der Konflikt erneut herstellte, blieb dem Konfliktbewältigungsversuch nur der Zugriff auf ein anderes Handlungspotential. Er mußte ersatzweise seine Mittel derselben Handlung entnehmen, deren Ausführung den Konflikt der Vorgeschichte wiederherstellte.

Aber warum war die Unterdrückung erfolglos? Wir können voraussetzen, daß der Entschluß des Präsidenten, entgegen seiner Abneigung die Sitzung zu eröffnen, nicht problemlos war. Er wird den Zweck dieser Handlung, die Sitzung für geöffnet zu erklären, nicht umstandslos zum Ziel seines Handelns gemacht haben. Dem stand der Wunsch entgegen, die Sitzung möge ihm doch noch erspart bleiben, sie möge ausfallen usw. So hatte der unterdrückte Wunsch von Anfang an eine Chance, sich doch noch durchzusetzen.

An dem Sich-Versprechen wird deutlich, in welcher Form dieser Wunsch sich äußert: als Widerspruch zu der Handlung, deren Ausführung beabsichtigt ist. Dies legt den Schluß nahe, daß der Wunsch – als Folge der Unterdrückung – zu einer abstrakten Negation der Handlung umgebildet wurde, zu deren Ausführung der Sprecher sich entschlossen hatte. Sprachlich ausgedrückt also zu einem bloßen: »Ich will das nicht, ich will das Gegenteil. Ich will weg von hier!«

Der Versuch des Sprechers, seinen Konflikt zu bearbeiten, hat diesen offensichtlich nicht gelöst. Daß die Unterdrückung des Wunsches erfolglos war, könnte in ihr selbst begründet sein – als einer Weise der Konfliktbearbeitung, die in ihren Handlungsfolgen diesen Konflikt im Sprechen auch selbst reproduziert. Die Fehlleistung, die dem Präsidenten unterlaufen ist, wäre dann in der Tat als Verlaufsform eines ungelösten Konflikts analysierbar.

Ich möchte dieses Beispiel unter den genannten Aspekten noch genauer untersuchen, um Kategorien für eine Analyse auch anderer Fälle von Fehlleistungen zu gewinnen. Meine Untersuchung folgt, wie schon angedeutet, der Überlegung, daß es bei dieser Fehlhandlung zu bestimmten Verzerrungen bzw. Umbildungen von Strukturelementen des Handelns gekommen ist, die mit der Reproduktion des ungelösten Konflikts zusammenhängen.

Freuds Kompromißmodell kann diese Verzerrungen nicht aufdecken. Es erkennt hier nur »ein halbes Gelingen und ein halbes Mißlingen« der beiden Absichten des Sprechers (Freud, a.a.O., S. 61) und bietet uns keinen Ansatz, Strukturverzerrungen des Handelns zu erfassen.

Aber Freuds Interpretation dieses Beispiels setzt diese Verzerrungen voraus. Diese leiten nämlich, wie ich zeigen möchte, das Verstehen des Hörers (Interpreten), daß der Präsident möglichst schnell und fluchtartig die Sitzung zu Ende bringen möchte. Für Freud gab es hier nichts zu deuten. Tatsächlich ist aber erklärungsbedürftig, wie ein Hörer zu diesem Verstehen gelangt. Denn der Präsident hatte diesen Wunsch sprachlich nicht ausgedrückt.

Um einen Zugang zur Analyse dieses Strukturzusammenhanges (sowie der Rolle, die Sprache darin spielt) zu gewinnen, will ich einen Vorschlag zur Entwicklung einer Theorie sprachlichen Handelns aufgreifen, den Ehlich/Rehbein (1979) ausgearbeitet haben. Ihr Ansatz übernimmt aus der Sprechakttheorie die oben genannte Unterscheidung dreier Teilakte, stellt diese aber in den Rahmen einer allgemeinen Handlungstheorie und modifiziert die Kategorien entsprechend.[5]

5 Boesch (1976) hat den Vorschlag gemacht, die von Freud aufgedeckte Psychopathologie des Alltags im Rahmen einer Handlungstheorie zu bestimmen, deren wesentliche Elemente der genetischen Erkenntnispsychologie von Piaget entlehnt sind. In diesem kategorialen Rahmen differenziert Boesch vielfältige Handlungsprobleme des Alltags im Zusammenhang einer möglichen Gefährdung der Gleichgewichte des

Ehlich/Rehbein gehen von einem Begriff des Handelns aus, der Handeln als einen kooperativen Prozeß des Eingriffs in die Wirklichkeit und ihrer Bearbeitung faßt. Dieser Prozeß bedient sich gesellschaftlich entwickelter Verfahren, die in festen, allgemeinen Formen organisiert sind, und mit denen Klassen von Problemen bearbeitet werden können, die für Handelnde immer wieder auftreten bzw. Handeln überhaupt erst notwendig machen. Ausgangspunkt des Handelns sind häufig Defizienzen (also Mangelzustände). Der Zweck einer darauf bezogenen Handlung ist die Umwandlung der jeweiligen Defizienz in eine Suffizienz.
Die Form, in der dies geschieht, enthält mögliche Wege für den Ablauf des Handelns. Es sind verallgemeinerte, standardisierte Wege, die in der gesellschaftlichen Entwicklung sich für die Beseitigung einer Defizienz als praktische Problemlösungen bewährt haben. Sie bilden ein Ablaufsystem, das von dem jeweiligen Zweck her organisiert ist.
Im Begriff der Defizienz wird ein Bedürfnis des Handelnden so gefaßt, daß es schon auf eine Strukturierung von Wirklichkeit bezogen ist. Beide Aspekte der Defizienz sind im Zweck der entsprechenden Handlung miteinander verbunden, und zwar in der Weise, daß ein jeweiliger Wirklichkeitsausschnitt in Richtung auf das Bedürfnis verändert werden kann. Dieser strukturierte Wirklichkeitsausschnitt ist in den Formen des Handelns ebenfalls standardisiert.
Im konkreten Handeln werden diese Formen (als Ablaufsysteme des Handelns) aktualisiert und realisiert. Ihre Anwendung ermöglicht es dem Handelnden, jeweilige Ziele seines Handelns auszubilden und zu verfolgen und sich dabei so zu orientieren, daß sein Handeln erfolgreich ist. Dies betrifft vor allem sein Verständnis der aktuellen Realität als Basis zur Erreichung eines Ziels; und die Orientierung über die einzelnen Phasen des Handlungsablaufs und die jeweils mit ihnen verbundenen kommunikativen Tätigkeiten.

Handelnden in und mit seinem Handlungsfeld – eine Gefährdung, die sich konkret in Einschränkungen der kognitiven Voraussetzungen »optimalen« Handelns manifestiert. In dieser theoretischen Perspektive treten die Formen von Fehlleistungen, die Freud untersucht hat, als Phänomene gar nicht mehr auf. Unter dem mit Freuds Arbeit nahezu gleichlautenden Titel ersetzt die Arbeit von Boesch den Gegenstand der Freudschen Untersuchungen durch einen anderen.

Die gesellschaftliche Entwicklung dieser kommunikativen Tätigkeiten kann im Zusammenhang von Sprache und Kooperation verständlich gemacht werden. Ausgangssituation ist hier die Voraussetzung, daß der Bedürftige selbst keine Handlungsmöglichkeiten hat, um die Wirklichkeit entsprechend seinem Bedürfnis zu verändern. Er ist auf die Kooperation mit anderen Handelnden angewiesen, die über diese Möglichkeiten verfügen. Die Sprache ermöglicht es ihm, mit einer sprachlichen Handlung die Handlung anderer in Gang zu setzen, die seine Defizienz in eine Suffizienz umwandelt.

Als gesellschaftliches Medium des Handelns erfüllt die Sprache hier vor allem zwei Funktionen: die der Vermittlung von Informationen und die der Organisation des allgemeinen (kollektiven) Wissens. Mit dem Gebrauch der Sprache als Handlungsmittel werden die schon vorhandenen standardisierten Handlungswege um neue Handlungsmöglichkeiten erweitert. Da Sprache überindividuelle Verbindlichkeit voraussetzt, werden die mit ihr entwikkelten Handlungsformen besonders fest. Diese »sprachlichen Handlungsmuster«, (die auch einzelne nicht-sprachliche Handlungen umfassen können) umfassen die Tätigkeiten, deren möglicher Ablauf die in dem Muster organisierten möglichen Handlungswege ausmacht. Hierzu gehören sprachliche wie mentale Tätigkeiten der Handelnden. Die theoretische Analyse konzentriert sich auf die Bestimmung der Tätigkeiten, die für ein Muster konstitutiv sind, und die in ihren spezifischen Beziehungen aufeinander seine Struktur ausmachen.

Als mögliche Handlungswege sind die einzelnen Handlungen, die ein Muster zusammenfaßt, in ihrer zeitlichen Abfolge geordnet. Auch eine einzelne Handlung hat als Prozeß eine zeitliche Struktur. Im konkreten Fall einer Handlung mag es oft schwierig sein, die Tätigkeiten, die ihr Zustandekommen ermöglichen, in ihrer zeitlichen Abfolge genau zu rekonstruieren. Dennoch kann einigermaßen sicher der Prozeß der Ausführung einer Handlung unterschieden werden von ihrer Nachgeschichte (z. B. den Konsequenzen für Anschlußhandlungen) und der engeren Vorgeschichte. Zur letzteren gehören z. B. ein Bedürfnis, die Zielbildung des Handelns und die Einschätzung der Situation.

Allerdings legt der Gebrauch eines Handlungsmusters diese Vorgeschichte nicht vollständig fest, da Handlungssubjekte die Einheit ihrer Handlung selbst konstituieren. Ob ein bestimmtes

Gefühl oder ein psychischer Konflikt Teil einer Vorgeschichte ist, hängt davon ab, welche Einheit einer Handlung konstituiert wurde.

Searles Kategorien der Sprechaktanalyse werden in diesen theoretischen Ansatz zwar aufgenommen, aber für die Zwecke der Handlungsanalyse verändert. Die Proposition einer Äußerung wird (kurz gesagt) als Resultat der Verbalisierung eines Gedankens gefaßt (der einen Wirklichkeitsausschnitt mental repräsentiert). Die Illokution einer Äußerung wird interaktional bestimmt (hinsichtlich ihres Einbezugs des Hörers) und in ihrem Bezug auf den Zweck eines Handlungsmusters analysiert.

Diese sprachlichen Handlungsmuster sind also in Sprache niedergelegt und im Handlungswissen mental repräsentiert. Sie werden als tief in der Erfahrung des Handelnden verankert gesehen (Ehlich/Rehbein, 1977). Ihre Qualität des Selbstverständlichen und ihre praktische Bewährung im alltäglichen Handeln machen sie dem rationalen Durchschauen schwer zugänglich. Sie erscheinen dem Alltagsbewußtsein als etwas fraglos Gegebenes, das nur selten (z. B. im Falle einer Krisensituation des Handelns) reflektiert wird.

Dieser interessante Ansatz einer Theorie sprachlichen Handelns kann Freuds Entdeckung des latenten Sinns von Fehlleistungen und deren spezifische Charakteristik als Handlungen verdeutlichen helfen.

Ich komme wieder zurück auf das Sich-Versprechen, das dem Präsidenten unterlaufen ist. Dieser macht von einem Muster sprachlichen Handelns einen Gebrauch, der subjektiv verzerrt ist. Dabei sind beide sprachlichen Handlungen mißlungen – die Handlung, deren Ausführung beabsichtigt war, wie auch die gegensätzliche, die sich im Vollzug der anderen ebenfalls zu realisieren versuchte. Es kam, im Zusammenhang der Reproduktion des ungelösten Konflikts der Vorgeschichte, zu Verzerrungen in der Realisierung der inneren Struktur des Handelns, die nun genauer zu bestimmen sind.

Ich konzentriere mich vor allem auf die Zweck-Mittel-Relation des Handelns. Deren Verzerrung ist für die Frage von besonderer Bedeutung, wie wir (und auch viele Zuhörer im Abgeordnetenhaus) die Fehlleistung so verstehen können, daß sich in ihr ein bestimmter Wunsch durchzusetzen versucht, daß also die Sprechhandlung, die ausgeführt werden sollte, nicht zufällig verunglückt

ist. Vielmehr mißlingt sie in einer Weise, die einen Rückschluß auf einen aktuellen Konflikt des Sprechers ermöglicht.
Der Sprecher setzt in der Ausführung seiner Sprechhandlung einen Gedanken unmittelbar sprachlich nach außen, nämlich »geschlossen«. Für diese Kommunikationsform des unmittelbar sprachlichen Nach-außen-Setzens eines mentalen Prozesses (oder des Resultats eines solchen Prozesses) haben Ehlich/Rehbein (1972) in einem anderen Zusammenhang den Ausdruck Exothese vorgeschlagen. In Alltagsgesprächen können Bereitwilligkeit, Dankbarkeit, Erinnerungselemente u. ä. in dieser Form sprachlich kommuniziert werden. Häufig geschieht dies in einer selbständigen Sprechhandlung (vgl. Rehbein, 1977).
Beim Sich-Versprechen des Präsidenten geschieht sie in Anlehnung an eine andere Sprechhandlung; und ebenso in den meisten Fällen, die Freud gesammelt und kommentiert hat. Die Weise, wie sich die Exothese in die Sprechhandlung einfügt, folgt einem bestimmten Kriterium: dem der Ähnlichkeit sprachlicher Formen. Freud hat dieses Phänomen erkannt, es gehörte für ihn aber nicht zum »Mechanismus« des Sich-Versprechens. Er sah darin nur eine Erleichterung für das Auftreten dieser Art von Fehlleistung.

»Die Lauteinflüsse, Wortähnlichkeiten und die von den Worten auslaufenden gebräuchlichen Assoziationen sind (...) als bedeutsam anzuerkennen. Sie erleichtern das Versprechen, indem sie ihm die Wege weisen, auf die es wandeln kann.« (Freud, G. W., Bd. XI, S. 39 f)

An anderer Stelle macht er deutlich, daß diese »Wege« aber keineswegs allgemein übliche Wege sind, auf denen ein Handelnder sein Ziel erreichen kann; Freud betont nämlich, daß beim Sich-Versprechen »ein Gedanke seinen Ausdruck nicht in voller Form, sondern in gleichsam parasitärer, als Modifikation und Störung eines anderen suchen müsse« (Freud, G. W., Bd. IV, S. 307).
Wir können diese Bemerkung Freuds handlungstheoretisch so interpretieren, daß in vielen Fällen des Sich-Versprechens die Exothese so erfolgt, daß sie sich »parasitär« an die schon produzierten sprachlichen Mittel des Handelns anlehnt, um an der Handlung etwas spezifisch zu verändern.
Die Exothese des Präsidenten geschieht nicht zufällig. Sie fügt sich genau in das Sprechen ein, und zwar in der Weise, daß mit ihr die schon produzierten sprachlichen Mittel der Handlung komplettiert werden zu den sprachlichen Mitteln einer anderen

Sprechhandlung, die den entgegengesetzten Zweck verfolgt. Die Exothese versucht, den schon produzierten Mitteln eine andere Zweckbestimmung zu geben, indem sie ihnen den dazu passenden Gedanken hinzufügt.

Ersetzt wird hier also nicht eine (geplante) Handlung durch eine andere Handlung, wie Freud vermutete. Die Exothese des Gedankens »geschlossen« ist der Versuch, im Handeln eine andere Zweck-Mittel-Relation zu verwenden als die, an der das Handeln orientiert ist. Der Sprecher versucht, seinem Handeln eine Zielrichtung zu geben, die seinem Wunsch entspricht, und zwar genau mit den Mitteln des Handlungsweges, in dessen Ablauf er sich befindet.

Aber dieser Versuch bleibt abstrakt; nur scheinbar wird damit eine andere Sprechhandlung realisiert. Der Handlungsversuch abstrahiert sowohl von der gegebenen Situation als auch von der Vorgeschichte der Handlung (im Sinne ihrer Handlungsvoraussetzungen). Er abstrahiert von der gegebenen Situation, insofern der Sprecher ja gerade dabei ist, die Sitzung förmlich zu eröffnen; er scheint statt dessen, für einen kurzen Augenblick, an einer Situation orientiert zu sein, die faktisch nicht gegeben ist und an der auch seine Hörer nicht orientiert sind (der des Abschlusses der Sitzung).

Der Handlungsversuch abstrahiert auch von den Handlungsvoraussetzungen, die sich als Erwartungen auf die Handlungsabfolgen beziehen, die ein jeweiliges Handlungsmuster umfaßt. Die an den Präsidenten gerichteten Erwartungen seiner Hörer entspricht dieser Handlungsversuch nicht; die Handlungsvoraussetzungen, die er in dem entsprechenden Muster eines förmlichen Abschlusses einer Sitzung hat, sind zu diesem Zeitpunkt nicht erfüllt (und auch gar nicht erfüllbar).

Die Hörer, die ihrerseits in die Realisierung des Handlungsmusters »Eröffnung der Sitzung« involviert sind und dieses Musterwissen konsultieren, bemerken unmittelbar, daß der Präsident dieses Muster verletzt. Sein Vorgriff auf das rahmengebende Gegenteil seiner Handlung steht im Widerspruch zu der augenblicklich gegebenen Situation und zu den Erwartungen bezüglich des Ablaufs.

Als Handlungsziel ist dieser Vorgriff ein Ziel zweiter Stufe. Die Exothese des Gedankens »geschlossen« ist der Versuch, die Zweck-Mittel-Relation, die das Handeln leitet, zu nutzen und mit den darin vorhandenen sprachlichen Mitteln einen anderen gegensätzlichen Zweck zu erreichen. Das Ziel dieses Versuchs erfährt eine Brechung an der Wirklichkeit. In dieser Brechung setzt sich die problematische Vorgeschichte – die Abtrennung der Angst- bzw. Konfliktbewältigung von Formen des Handelns – in der Handlungsausführung fort.

Für einen kurzen Moment ist das Tun des Präsidenten nicht primär von dem Zweck bestimmt, den sein Handeln im institutionellen Ablauf hat, sondern von einem Ziel, das allein in ihm selbst, in einer individuellen Problemlage begründet ist. Sein Handeln wird bestimmt von einem psychischen Zweck – eben dem der Angstbewältigung. Dieser psychische Zweck verbindet sich parasitär mit dem Zweck der Sprechhandlung, eine Sitzung für geschlossen zu erklären. Mit dem Vorgriff auf ein rahmengebendes Gegenteil setzt sich sein Wunsch durch, sich dieser Sitzung zu entziehen.

Wenn der Hörer die Person des Sprechers kennt, gibt ihm dieser vergebliche Handlungsversuch einen Aufschluß über die augenblickliche Problemlage des Sprechers (die für viele Zuhörer offenbar leicht zu interpretieren war). Ich komme hierauf noch zurück.

Die Ausführung der Handlung wird eingeholt durch den nicht gelösten Konflikt ihrer Vorgeschichte. Ein mentaler Vorgang, der zu dieser Vorgeschichte gehört – die Antizipation der Angst auslösenden Umstände und Ereignisse und das zugleich vorhandene Gefühl, sich den Amtspflichten nicht entziehen zu können –, hatte im ungelösten Konflikt keinen befriedigenden Abschluß gefunden; er läuft nun gleichzeitig mit dem Prozeß der Handlungs-Ausführung erneut ab, und zwar in der problemhaften Form, in der der Sprecher ihn belassen hatte.

Diese Gleichzeitigkeit des Ablaufs strukturell im Handeln ungleichzeitiger Vorgänge finden wir häufiger in Freuds Beispielen für Fehlleistungen. Ich werde dies noch an anderen Beispielen zeigen.

Diese Gleichzeitigkeit ist eine zeitliche Verdoppelung des »Ichs« des Handelnden. Das Ich aus der Vorgeschichte dieser Handlung, das gegen deren Durchführung protestiert hatte, wurde zugleich mit dem Ich der Ausführung dieser Handlung aktualisiert.

Warum war dem Sprecher nicht bewußt, daß er sich versprochen hatte? Der Präsident konnte in dem Augenblick, in dem ihm seine Fehlhandlung unterlief, deren »Sinn« nicht reflektieren, weil er mit dem Handlungswissen, das er im Prozeß der Handlungsausführung konsultierte und das sein Handeln leitete, nicht auch den spontanen Bewältigungsversuch identifizieren konnte, der den schon produzierten Mitteln eine andere Zweckbestimmung geben wollte als diejenige, die sie in diesem Wissen hatten. Erst die Heiterkeit der Hörer machte ihn darauf aufmerksam. Diese Art des Bewältigungsversuchs, der mit einer zeitlichen Verdoppelung des »Ichs« verbunden ist, schließt ein Bewußtsein davon aus.

Wir können das Ich des Strukturmodells von Freud ja als den seelischen Ort charakterisieren, an dem Wissen aktualisiert wird. Weil dieses Ich im Handeln nur das Wissen reflektieren kann, durch das es bestimmt wird, macht seine zeitliche Verdoppelung – in dem Augenblick, in dem diese geschieht, oder auch zeitlich früher – das Bewußtsein eines solchen Bewältigungsversuchs unmöglich.

Festzuhalten ist außerdem, daß Freuds Entdeckung des latenten Sinns von Fehlleistungen sich offenbar auf einen subjektiv verzerrten Handlungssinn bezieht. Allerdings hat sein Begriff dieses Sinns einige der dafür wesentlichen Strukturzusammenhänge nicht erfaßt.

Freud sah in der parasitären Form der Exothese, die bestimmter Ähnlichkeiten der Formen folgt, nur eine Erleichterung für das Zustandekommen eines Sich-Versprechens. Aber dies sind offenbar nicht Wege, auf denen das Sich-Versprechen wandeln kann; es sind Wege, auf denen es wandeln muß. Was zuvor unterdrückt wurde, muß sich dieser Wege bedienen, wenn es sich dennoch durchsetzen will. Diese ungewöhnlichen Wege scheinen charakteristisch zu sein für diese Art von Fehlleistung, die wir als Verlaufsform eines ungelösten Konflikts erklären können.

Der Präsident (so meine Voraussetzung) hatte seinen Konflikt nicht in Formen des Handelns zu bewältigen versucht, obwohl dieser Konflikt einen systematischen Bezug zum Handeln hatte. Mit der Unterdrückung blieb der Wunsch, der Sitzung zu entgehen, ein bloßer Wunsch, der vom Handlungsprozeß ausgeschlossen war. Wenn dieser Wunsch wieder geweckt wurde, dann konnte seine Erfüllung auch nicht mehr auf standardisierten Handlungswegen (also in kollektiven Formen des Handelns) erreicht werden. Sie konnte nur auf ungewöhnlichen Handlungswegen erreicht werden.

Ein solcher ungewöhnlicher Weg ist der, auf dem der Wunsch des Präsidenten sich durchzusetzen versuchte. Er ist u. a. deshalb ungewöhnlich, weil er ja nicht – wie eine Handlung – in einen Ausschnitt der Wirklichkeit eingreift und diesen dem Bedürfnis entsprechend verändert; er greift in einen bereits ablaufenden Handlungsprozeß ein, der die Umwandlung von Wirklichkeit bezweckt, und versucht, dessen Richtung zu verändern. Er setzt sich als ein spontaner Bewältigungsversuch durch, der derselben Handlung, die das Befürchtete in Gang setzt, seine Mittel entnimmt – als eine abstrakte Negation der Handlung, zu der der Sprecher sich entschlossen hatte. Diese Negation setzt sich sprachlich unmittelbar nach außen um.

Mit der Exothese des Gedankens »geschlossen« versucht der Wunsch, der gerade ablaufenden Handlung eine gegensätzliche Zweckbestimmung zu geben. Insofern ist diese Exothese ein Substitut für einen nicht verfügbaren standardisierten Handlungsweg. Daß der unterdrückte Wunsch sich nur so durchsetzen kann, ist eine Konsequenz seiner Unterdrückung.

Auch die Abstraktion von der Situation des Handelns und der Vorgeschichte der gerade ablaufenden sprachlichen Handlung, die wir an der Exothese festgestellt haben, können wir als Folge davon analysieren, daß die Unterdrückung den Wunsch (und andere Angstbewältigungsversuche) von kollektiven Handlungsformen abgelöst hatte. Die Aufnahme in eine der Formen des sozialen Handelns, deren Zweck die Beseitigung einer Defizienz ist, hätte ihn in ein Bedürfnis verwandelt, das mit einem standardisierten Wirklichkeitsausschnitt verbunden und auf den Zweck dieser Handlung bezogen gewesen wäre. Die Desintegration aus diesen Formen des Handelns brachte ihn gleichsam in eine freischwebende Beziehung zur Wirklichkeit. Die Form, in der er sich zu realisieren versucht, konkretisiert nur diesen gebrochenen Bezug, den er vorher als Folge der Unterdrückung schon hatte.

Freud sah (ich hatte es eingangs erwähnt) in den Substitutionen und Kontaminationen des Sich-Versprechens den Beginn der »Verdichtungsarbeit«, die er am Aufbau des Traumes beteiligt gefunden hatte. Als eine der »primärprozeßhaften« Denkweisen sah er sie als charakteristisch für das System Unbewußt an.

Dies könnte man so verstehen, als wäre das unlogische, störende Verhalten des Präsidenten dadurch zustande gekommen, daß sein Wunsch einem an sich unlogischen Bereich der Psyche entstammt und daher als Folge von dessen Einwirken auf sein Handeln zu erklären ist.

In der Tat hatte Freud die Neigung, das Unbewußte zu einer selbständigen Region des Seelischen zu verdinglichen (vgl. Lichtman, 1986, dt. 1990). Bei dieser Sichtweise scheinen die Prozesse des Unbewußten überhaupt keinen Zusammenhang mehr mit dem Prozeß des Handelns zu haben.

Ich hatte schon eingangs betont, daß die »störende Tendenz« nicht notwendig eine verdrängte Tendenz ist, also zum dynamisch Unbewußten gehört. Dies kann der Fall sein, muß es aber nicht. Die Beziehung zur Bewußtseinsfähigkeit (z. B. eines Gedankens) ist keine der psychologischen Bedingungen für Fehlleistungen (Freud, G. W., Bd. IV, S. 307). Diese Tendenz kann – Freuds Theorie zufolge – zuvor vom Sprecher verspürt (und dann erst unterdrückt) worden sein; oder er wußte nichts von ihr, erkennt sie auf einen entsprechenden Hinweis hin aber problemlos als die seinige an (was er der Abwehrlehre zufolge nicht ohne weiteres tun würde, wenn die Abwehrmaßnahme der Verdrängung wirksam wäre) (Freud, G. W., Bd. XI, S. 58 f).

Dennoch ist die von Lichtman betonte Neigung Freuds auch in der Fehlleistungstheorie spürbar. Die Erklärung mithilfe des Mechanismusses des Sich-Versprechens nimmt von dessen engerer Vorgeschichte ja nur die Unterdrückung einer Tendenz auf und stellt sie der »gestörten« gegenüber. Bei dieser Betrachtungsweise erscheint sie wie eine fremde Kraft, die kurzfristig auf den Sprecher in der Form einer Störung einwirkt. Dabei gerät leicht aus dem Blick, daß es – wenigstens in unserem Beispiel – ja der Sprecher selbst war, der in der engeren Vorgeschichte seiner Handlung die störende Tendenz zu einer solchen gemacht hatte, indem er mögliche Handlungswege für sie versperrte.

»Verdichtet« werden in diesem Beispiel zwei einander entgegengesetzte Zweck-Mittel-Relationen. Die sprachlichen Mittel der Zweck-Relation, die das Handeln leitet, sollen, zusammen mit der Exothese, dem entgegensetzten Handlungsziel dienen, mit dem die Angstbewältigung, also der psychische Zweck, sich verbindet. Das ist der »Sinn« dieses Sich-Versprechens, wie Freud ihn verstanden hat. Als ein subjektiv verzerrter Handlungssinn hat er aber darüber hinaus Strukturzusammenhänge, die Freuds Fehlleistungstheorie nicht aufdeckt. Diese Zusammenhänge sollte meine Handlungsanalyse dieses Beispiels klären.

Es bleibt die Frage offen, warum (in diesem Beispiel) die Unterdrückung nicht erfolgreich war. Wenn, wie ich annehme, der

Präsident sich den Zweck seiner Handlung nicht problemlos zu eigen machen konnte, dann erklärt das nur, warum der unterdrückte Wunsch doch noch eine Chance hatte, sich durchzusetzen. Es erklärt nur, warum seine Unterdrückung gefährdet war, aber nicht, warum sie mißlang.

Vielleicht spielte hier die Differenz zwischen dem nur vorgestellten Realen und der Wirklichkeit eine Rolle. Der Präsident hatte in der Vorgeschichte nur antizipiert, was bei ihm Angst auslöste. Nun setzt er mit der formellen Sitzungseröffnung selbst das in Gang, worauf sich seine Angst gerichtet hatte. Die angstbesetzten Umstände und Ereignisse, die er sich vorgestellt hatte, wandelt er selbst um in faktisch gegebene Umstände. Das konnte die Angst wieder wecken und den Bewältigungsversuch reaktualisieren, der mit ihr verbunden war.

Ich habe schon darauf hingewiesen, daß die Heiterkeit, mit der (Meringer zufolge) viele Zuhörer im Abgeordnetenhaus auf das Sich-Versprechen des Präsidenten reagiert haben, den Schluß zuläßt, daß sie mehr verstanden haben als nur den Sinn, wie Freud ihn hier bestimmt hat (daß nämlich der Sprecher die Sitzung möglichst bald zu Ende bringen möchte.) Ihre Heiterkeit basiert auch auf dem Erfassen der Muster-Verletzung, die ich oben analysiert habe.

Der Wunsch, der sich in dem Versuch des Vorgriffs auf das Gegenteil bemerkbar macht, kann hilflos erscheinen. So wie die gegenwärtige Wirklichkeit durch das Handlungsmuster »Eröffnung der Sitzung« strukturiert ist, ist seine Erfüllung aussichtslos. Wenn die Zuhörer Kenntnisse über den persönlichen Hintergrund dieses vergeblichen Handlungsversuchs des Präsidenten haben, können sie leicht auf die Problemlage schließen, in der dieser sich augenblicklich befindet.

Aber sie können den Handlungsversuch wegen seiner Hilflosigkeit auch komisch finden. Er steht ja im Kontrast zum offiziellen Amt und zur Autoritätsperson des Sprechers. Feindselige Regungen der Hörer vorausgesetzt, können diese aus dem Kontrast eine Lust in einer Weise gewinnen, die Freud in der Abhandlung über den »Witz und seine Beziehung zum Unbewußten« (Freud, G. W., Bd. VI) analysiert hat. Er hat darin die Lust, die aus dem Komischen erwächst, aus der kurzfristigen Ersparnis eines sonst zu leistenden psychischen Aufwandes erklärt. Eine solche Lust – nämlich eine Schadenfreude – könnte auch die Heiterkeit der Hörer motiviert haben. Erspart wurde ihnen dann kurzfristig der

Aufwand einer ansonsten erforderlichen Hemmung direkter Aggressivität. Und erspart wurde ihnen kurzfristig wohl auch der Aufwand an Konzentration auf den institutionellen Ablauf.

Freud bezieht diese Reaktion der Hörer, die ja ein umfassenderes Verstehen voraussetzt als nur die Erfassung des »Widerspruchs zum Gegenteil«, in seine Analyse nicht mit ein. Das Kompromißmodell machte ihm plausibel, daß der interaktive Bezug einer Fehlhandlung nicht in der Theorie berücksichtigt werden muß. Diesem Modell zufolge ist es ja die Interferenz zweier psychischer Leistungen (Absichten) des Sprechers, die, eine Unterdrückung vorausgesetzt, den Kernvorgang des Phänomens ausmacht.

Andererseits hat Freud betont, daß der latente Sinn von Fehlleistungen in vielen Fällen vom Alltagsverstehen problemlos erfaßt werden kann.

»Es wird dabei klar, daß die Menschen ganz allgemein dem Versprechen wie anderen Fehlleistungen dieselbe Deutung geben, wie ich sie in diesem Buch vertrete, auch wenn sie sich in der Theorie nicht für diese Auffassung einsetzen, und wenn sie für ihre eigene Person nicht geneigt sind, auf die mit der Duldung der Fehlleistungen verbundene Bequemlichkeit zu verzichten. Die Heiterkeit und der Hohn, die solches Fehlgehen der Rede im entscheidenden Moment mit Gewißheit hervorrufen, zeugen gegen die angeblich allgemein zugelassene Konvention, ein Versprechen sei ein Lapsus linguae und psychologisch bedeutungslos.« (Freud, G. W., Bd. IV, S. 104 f)

Aber wie diese »Deutung« zustande kommt, die der Heiterkeit beim Auftreten einer Fehlleistung im Alltag erst ihre Verstehensgrundlage liefert, kann Freuds Fehlleistungstheorie nicht erklären. Das Kompromißmodell schließt von vornherein alle kommunikativen Bezüge der »Tendenzen« und »Absichten«, ohne die ein solches Verstehen nicht erklärt werden kann, aus der theoretischen Überlegung aus. – In dem obigen Beispiel war es das Musterwissen des sprachlichen Handelns, auf das die Analyse rekurrieren mußte, um sowohl die Entstehung des Sich-Versprechens als auch das Verstehen der Hörer wenigstens ansatzweise rekonstruieren zu können. An weiteren, andersgearteten Beispielen möchte ich weiter unten deutlich machen, wie eine solche Analyse noch auf andere Dimensionen (oder Typen) des kollektiven Handlungswissens zurückgreifen muß, um sowohl die Entstehung wie auch das praktische Verstehen einer Fehlleistung erklären zu können.

Die obige Analyse des Beispiels zeigt außerdem, daß Freuds Ausdrucksweise der »Darstellung« eines Konflikts zwischen zwei einander unvereinbaren Strebungen (Freud, G. W., Bd. XI, S. 28) mißverständlich ist. Dies kann so verstanden werden, als bestünde zwischen dem Konflikt des Sprechers und der Form, in der er sich verspricht, eine Zeichen-Beziehung. Daraus könnte dann der Schluß gezogen werden, daß der latente Sinn theoretisch als eine Zeichen-Beziehung zu erklären ist.
Ricœurs Konzept des latenten Sinns als eines zeichenhaft konstituierten Doppelsinns zieht diesen Schluß. Meine Analyse des Beispiels scheint Ricœurs Auffassung zu bestätigen, derzufolge die Interpretation sich auf eine intentionale Struktur zweiten Grades bezieht, die voraussetzt, daß ein erster Sinn bereits konstituiert ist und durch diesen auf einen anderen Sinn verwiesen wird (Ricœur, a.a.O., S. 24f). In dem analysierten Beispiel ist es eine Zweck-Mittel-Relation des Handelns, die als »erster Sinn« konstituiert ist und durch einen »zweiten Sinn« (die gegensätzliche Zweckbeziehung) überlagert wird, *mit dem sich der psychische Zweck verbindet.*
Aber es sind (in diesem Beispiel) ja nicht konventionelle, also sprachliche Zeichen, die durch ihren wörtlichen Sinn auf einen anderen, nicht konventionellen Sinn verweisen. Die Zweck-Mittel-Relation, an der sich der Konfliktbewältigungsversuch abspielt, ist ein Strukturelement des Handelns. Ihre spezifische Brechung »verweist« nicht auf die gegensätzliche Relation (in dem Sinne, wie ein Zeichen auf etwas, das es nicht unmittelbar ausdrückt, verweisen kann). Diese Brechung ist die Verlaufsform des ungelösten Konflikts. Ihr Sinn wird dem Hörer verständlich, indem er vom kollektiven Handlungswissen Gebrauch macht (hier speziell von seinem Musterwissen) und seine Kenntnisse über die individuelle Problemlage des Sprechers heranzieht.
Dieselbe Art von Sinn-Struktur können wir auch an Fällen nichtsprachlicher Handlungen rekonstruieren, die Freud als Beispiele dafür anführt, wie ein unterdrückter Wunsch vermittels eines »Irrtums« befriedigt wird. Bei einem dieser Beispiele hat der Betreffende sich nur widerwillig zur Zugfahrt in eine andere Stadt entschlossen, wo er einen Besuch machen soll. Er selbst wollte statt dessen lieber diesen dienstfreien Tag zu Hause verbringen. Er wechselt unterwegs den Zug und steigt, ohne dies zu bemerken, in einen Zug, dessen Fahrtrichtung seine Heimatstadt ist. Erst der

kontrollierende Schaffner macht ihn auf diesen Irrtum aufmerksam (Freud, G. W., Bd. IV, S. 252). Dieser »Irrtum« verfolgte das Ziel, die Verwirklichung des ursprünglichen Handlungszwecks zu verhindern, und machte dabei Gebrauch von demselben Mittel, mit dem das ursprünglich geplante Reiseziel erreicht werden sollte, nämlich dem Wissen über Zugverbindungen.

Freud sah in den Fällen des Sich-Versprechens zum Gegenteil die »störende Tendenz« mit der »gestörten« durch eine Gedankenassoziation des Sprechers verbunden (Freud, G. W., Bd. IV, S. 303). Er teilte die Auffassung der Assoziationspsychologie seiner Zeit, daß alle Denkvorgänge komplizierte Assoziationsvorgänge sind. Die Richtigkeit dieser Auffassung konnte er durch die von ihm entwickelte Methode der »freien Assoziation« praktisch bestätigt sehen. Wenn die Feststellung der »störenden Tendenz« in anderen Fällen des Sich-Versprechens nicht so leicht möglich ist wie in dem obigen Beispiel, erfordert sie einen »gewissen Eingriff«:

»Man mußte den Sprecher fragen, warum er sich so versprochen habe, was er zu dem Versprechen zu sagen wisse. Sonst wäre er vielleicht an seinem Versprechen vorbeigegangen, ohne es aufklären zu wollen. Befragt, gab er aber die Erklärung mit dem ersten Einfall, der ihm kam.« (Freud, G. W., Bd. XI, S. 41)

Aber daß der erste Einfall in manchen Fällen auch tatsächlich die »störende Tendenz« zum Ausdruck bringt, bestätigt natürlich nicht die Erklärungskraft des assoziationspsychologischen Konzepts. Dieser »kleine Eingriff und sein Erfolg (...), das Vorbild jeder psychoanalytischen Untersuchung« (Freud, a.a.O., S. 41) sind vielmehr – dies legt die obige Analyse nahe – auf einen Zusammenhang von Wissen und Handeln bezogen.

In der Fehlleistungstheorie besteht zwischen der angenommenen Interferenz zweier verschiedener Intentionen, einer »Tendenz« Ausdruck zu verschaffen bzw. zurückzudrängen, und dem Handlungs- bzw. Kommunikationsprozeß, in dem sich eine »Tendenz« bemerkbar macht, eine Kluft, die assoziationspsychologisch nicht zu überbrücken ist. Es ist zu erwarten, daß dieses theoretische Defizit auch Auswirkungen hatte auf die Analyse konkreter Beispiele, die Freud vorgenommen hat.

Bei einigen anderen Beispielen eines Sich-Versprechens kommt Freuds Interpretation einer Handlungsanalyse recht nahe. Ein Beispiel (das ihm Rank mitgeteilt hatte) interpretiert er folgendermaßen.

»Ein junger Mann spricht eine Dame auf der Straße mit folgenden Worten an: ›Wenn Sie gestatten, mein Fräulein, möchte ich Sie *begleit-digen.*‹ Er dachte offenbar, er möchte sie gern begleiten, fürchtete aber, sie mit dem Antrag zu beleidigen. Daß diese beiden einander widerstreitenden Gefühlsregungen in einem Wort – eben dem Versprechen – Ausdruck fanden, weist darauf hin, daß die eigentlichen Absichten des jungen Mannes jedenfalls nicht die lautersten waren und ihm dieser Dame gegenüber selbst beleidigend erscheinen mußten. Während er aber gerade dies vor ihr zu verbergen sucht, spielt ihm das Unbewußte den Streich, seine eigentliche Absicht zu verraten, wodurch er aber andererseits der Dame gleichsam die konventionelle Antwort: ›Ja, was glauben Sie denn von mir, wie können Sie mich denn so beleidigen‹ vorwegnimmt.« (Freud, G. W., Bd. IV, S. 77)

Freuds Analyse deutet dasselbe Phänomen an, das beim Sich-Versprechen des Präsidenten eine Rolle spielt: die Gleichzeitigkeit von Vorgängen, die im Prozeß des Handelns sonst strukturell ungleichzeitig ablaufen. Auch dieses Beispiel wäre als Verlaufsform eines ungelösten Konflikts analysierbar. Während der Sprecher seine Handlung ausführt, exothetisiert er einen Gedanken, der zu mentalen Prozessen gehört, die in der engeren Vorgeschichte dieser Handlung schon abgelaufen sind, dort aber offenbar an der Entstehung eines Konflikts beteiligt waren, mit dessen ungelöster Form auch sie unerledigt blieben. Ihr Ablauf wiederholt sich nun (wenigstens teilweise) in der Handlungsdurchführung.

Wir erfahren aber nicht genug über die engere Vorgeschichte, so daß wir auch den Konflikt nicht sicher rekonstruieren können. Folgen wir zunächst Freuds Interpretation. Ihr zufolge hatte der Sprecher antizipiert, daß die Dame, wenn er ihr ein Angebot zur Begleitung macht, dieses wahrscheinlich als eine Beleidigung verstehen und ablehnen würde. Für ihn (so Freuds Voraussetzung) war dieses Angebot, die Dame zu begleiten, ein sexueller Annäherungsversuch, der im Widerspruch stand zu seinen (oder der Dame unterstellten) moralischen Wertvorstellungen. Er hatte, unter Inanspruchnahme dieser Wertvorstellungen, sein Handlungsziel als »Beleidigung« reflektiert, sich aber dennoch zu dieser Handlung entschlossen. Offenbar hatte er seinen Konflikt so zu lösen versucht, daß er die eigene oder die antizipierte negative Beurteilung (und Ablehnung) dadurch zu vermeiden versuchte, daß er sein Handlungsziel in einer moralisch unverfänglicheren Handlungsform – eben dem Angebot einer Begleitung – verfolgte.

Dieser Versuch mißlang. In der Handlungsausführung setzt sich dann in der Form der Exothese die negative Beurteilung (als seine eigene oder als die befürchtete) doch wieder durch. Die Exothese geschieht ja genau an der Stelle im Äußerungsprozeß, an der das Wort produziert wird, das die Handlung bezeichnet, um deren unerledigte moralische Bewertung es geht, nämlich die mit ihr verfolgten »eigentlichen Absichten«.

Es wäre für die Rekonstruktion dieses Sich-Versprechens wichtig zu wissen, ob die moralische Beurteilung des Sprechers an eigenen Wertvorstellungen orientiert war oder an denen, die er der Dame unterstellt hat. Entsprechend unterschiedlich kann die Struktur des Konflikts gewesen sein, der seiner Fehlleistung zugrundelag.

Mit der Ausdrucksweise, daß der Sprecher eine konventionelle Reaktion »vorwegnimmt«, wird von Freud ein Kennzeichen dieser Äußerung angedeutet, das wir auch an vielen anderen der von ihm untersuchten sprachlichen Fehlhandlungen feststellen können. Freud hat es aber nicht zu einem Element seiner Theorie gemacht. Es ist die Gleichzeitigkeit des Ablaufs strukturell sonst ungleichzeitiger Vorgänge des Handelns, die auch beim Sich-Versprechen des Präsidenten gegeben war. Ihr entspricht, was ich die zeitliche Verdoppelung des Ichs genannt habe.

Sie ist nicht nur ein wichtiger Aspekt der Erklärung, warum der Sinn von Fehlleistungen notwendig der Reflexion entzogen ist. Die zeitliche Versetzung eines Vorgangs im Prozeß des Handelns wird auch dazu beitragen, daß die geplante Handlung im Prozeß ihrer Ausführung fehlgeht.

Ein Angebot oder eine Bitte der Begleitung wird, ähnlich wie die Sprechhandlung der Sitzungseröffnung, leicht fehlgehen, wenn ein mentaler Vorgang, der in der Vorgeschichte nicht abgeschlossen werden konnte, sich nun in der Ausführung der Handlung, gleichsam verspätet und damit disfunktional, wieder bemerkbar macht.

Wir können auch an diesem Beispiel das von der gegebenen Situation abstrahierende Moment der Exothese wiederfinden, das ich oben am Sich-Versprechen des Präsidenten rekonstruiert habe. Wovon die Exothese abstrahiert, hängt von der Art des Konflikts ab sowie dem Versuch seiner Bewältigung.

Wenn der Sprecher den Wunsch hatte, die Dame kennenzulernen und zugleich (antizipierend) befürchtete, sie würde seine Bitte, sie zu begleiten, als »beleidigend« ablehnen, hätte er diesen Konflikt primär durch Unterdrückung dieser Befürchtung zu bewältigen versucht. Die Exothese des Ergebnisses dieser Antizipation setzt aber nur die Abstraktion fort, die darin schon enthalten ist. Denn er kennt die individuellen Vorlieben, Interessen und Erwartungen dieser Dame ja noch nicht. Die Exothese macht eine antizipierte Bewertung zur Handlungsvoraussetzung, deren Gültigkeit der Sprecher nicht kennt.

Wenn er, wie Freuds Analyse voraussetzt, einen sexuellen Annährungsversuch unternehmen wollte, der im Widerspruch stand zu seinen moralischen Wertvorstellungen, dann abstrahiert die antizipierte Ablehnung (und die Exothese, die sie durchsetzt) von der Situation, in der er dies unternehmen will (offenbar ein öffentlicher Platz), und von den Bedürfnissen der Frau.

Wie auch immer dieses Sich-Versprechen zu rekonstruieren ist –: ihr latenter Sinn ist nicht eine gebrochene, widersprüchliche Zweck-Mittel-Relation des Handelns. Wenn wir Freuds Interpretation folgen, dann führt sie uns zu einer anderen Art von Wissensstruktur. Hier wird ein Strukturelement des Handelns spezifisch gebrochen, das mit moralischen Wertvorstellungen des Handlungssubjekts zusammenhängt.

Ehlich/Rehbein (1977) schlagen für dieses Strukturelement den Begriff der Handlungsmaxime vor. Als Lehren, die aus vorgängigen Erfahrungen gezogen wurden, spielen Maximen im Entscheidungsprozeß, der bei unterschiedlichen Interessen unter mehreren möglichen Zielen oder mehreren möglichen Wegen, diese zu erreichen, eine Auswahl treffen muß, eine zentrale Rolle. Im Sinne einer Nützlichkeitserwägung steht eine Maxime der unmittelbar möglichen Bedürfnisbefriedigung (als das scheinbar naheliegend Angenehme) dem Aufschub dieser Befriedigung (als das fernerliegende, aber tatsächlich Nützliche) gegenüber. Die Maxime reflektiert also die Fernkonsequenzen einer Handlung und ihre Auswirkung auf die Bedürfnisbefriedigung. Sie hält entsprechende Reflexionen fest und gestaltet sie zu einer Empfehlung im Entscheidungsprozeß.

Ich gehe davon aus, daß es Handlungsformen gibt, die von solchen Nützlichkeitserwägungen geleitet sind, und daß dies bei anderen nicht der Fall ist. Wir können Freuds Analyse dieses Beispiels so verstehen, daß er selbst dem Sprecher etwas in dieser Art – als Teil der Vorgeschichte der Fehlhandlung – unterstellt hat. Eine entsprechende Maxime des Sprechers könnte dann so lauten:

»Wenn Du eine attraktive Dame auf der Straße ansprichst, dann verberge vor ihr Dein sexuelles Interesse. Sie fühlt sich sonst beleidigt«. In dem Sich-Versprechen setzt sich dann ein im Gebrauch dieser Maxime ungelöster Konflikt des Sprechers fort. Die Struktur dieses Konflikts können wir jedoch nicht genauer bestimmen.

Nicht nur in diesem Beispiel erfahren wir kaum etwas über die jeweilige engere Vorgeschichte der Handlung, die fehlgegangen ist. Dies gilt auch für viele andere Beispiele, die Freud gesammelt und interpretiert hat.

Das Fehlen dieser Kontextinformationen ist bemerkenswert. Denn Freud hatte doch erkannt, daß er in Fällen, in denen der latente Sinn nicht unmittelbar evident ist, auf Indizien angewiesen war, die aus der Kenntnis der »psychischen Situation« des Betreffenden gewonnen werden konnten. Man mußte dann z. B. den Betreffenden fragen, was ihm zu einer Fehlleistung einfiel.

Aber wie war die Unterscheidung der evidenten von den nicht evidenten Fällen zu treffen? Sie war für ihn, so vermute ich, durch das Kompromißmodell hinreichend fundiert. Wenn eine parasitäre Exothese (d. h. die störende Redeabsicht) einen bestimmten Gedanken oder Wunsch zum Ausdruck brachte, dann war letzteres als die »störende Tendenz« (und d. h. der latente Sinn) evident. Es war dann nicht notwendig, mehr über die psychische Situation des Betreffenden in Erfahrung zu bringen; der Sinn seiner Fehlleistung war dann klar.

Jede Theorie legt fest, welche Daten für sie relevant sind. Für Freuds Kompromißmodell waren Kontextinformationen über einen handlungsbezogenen psychischen Konflikt der Vorgeschichte nicht relevant. Daher fehlen sie, wenn, wie in vielen Fällen, die »störende Tendenz« für Freud an der Fehlleistung selbst deutlich wurde.

Den zugrundeliegenden Konflikt können wir aber nur rekonstruieren, wenn wir wissen, welche Einheit seiner Handlung das Handlungssubjekt konstituiert hat. Nur so können wir klären, welche zuvor im Handelnden abgelaufenen psychischen Prozesse, welcher psychische Konflikt zu der Vorgeschichte der Handlung gehört hat, die dann fehlging.

Wenn Patienten in der psychoanalytischen Therapie »frei assoziieren«, vermitteln sie u. a. auch Informationen dieser Art. Der Analytiker kann dann mit ihrer Hilfe auch die jeweilige Einheit einer Handlung des Patienten rekonstruieren. Den in der Schrift »Zur Psychopathologie des Alltagslebens« gesammelten und interpretierten Beispielen können wir diese Kontextinformationen zumeist nicht entnehmen. Wir können die meisten Beispiele daher auch nicht erklären.

Die Interpretationen von Fehlleistungen, die Freud vornimmt, beziehen sich oft, aber implizit, auf einen Sinn, der ein Handlungssinn ist. Aber da er sich dabei an dem Kompromißmodell orientiert, das über den interaktiven Zusammenhang des Sinns keine Auskunft gibt, bleiben Deutungs- und Analysekategorien, von denen seine Untersuchungen Gebrauch machen, selbst oft implizit. Seine Interpretationen erscheinen dann durch die Daten, von denen wir Kenntnis erhalten, nicht hinreichend gestützt.

Bei einem anderen Beispiel (Freud, G. W., Bd. IV, S. 97 f; G. W., Bd. XI, S. 45 f), bei dem ebenfalls das Maximenwissen des Sprechers eine Rolle spielt, erhalten wir einige Informationen über die Vorgeschichte. Hier hatte ein junges Mitglied eines Journalistenvereins auf einer Generalversammlung eine heftige Oppositionsrede gegen die Vereinsleitung gehalten. Im Verlauf dieser Rede geschieht ihm das Sich-Versprechen: Er redet die Herren der Vereinsleitung als »*Vorschuß*mitglieder« an. Wir erfahren, daß er in steten Geldnöten war und gerade ein Darlehensgesuch beim Vorstand eingebracht hatte.

Freud interpretiert die »störende Intention« hier offenbar als eine (während der Handlungsausführung sich wiederholenden) Empfehlung, die von einer Maxime abgeleitet ist, die sich auf die beiden gegensätzlichen Interessen des Sprechers bezieht und ihm die Beachtung der Fernkonsequenz seines Handelns empfiehlt.

»Als störende Intention ist also wirklich der Gedanke einzusetzen: mäßige dich in deiner Opposition; es sind dieselben Leute, die dir den Vorschuß bewilligen sollen.« (Freud, a.a.O., S. 46)

Bei dieser Voraussetzung hätte der Redner in der Entscheidung für seine Oppositionsrede eine Maxime dieser Art gebraucht, die ihm das naheliegend Angenehme (die Befriedigung aggressiver Bedürfnisse im Angriff auf den Vorstand) zurückstellen ließ und eine moderate Form der Kritik empfahl zugunsten des anderen Interesses (das Wohlwollen dieses Vorstands nicht zu verlieren). Dann hätte sich im Schwung der Oppositionsrede mit der vorhandenen aggressiven Regung auch der Interessenkonflikt wieder hergestellt und mit ihm die Reflexion unangenehmer Konsequenzen. Die Exothese fügt sich dann so in die Äußerung ein, daß sie an der beabsichtigten Anredeform die Bezeichnung der amtlichen Position der Angesprochenen teilweise umändert in die Bezeichnung der Funktion, an die die Reflexion erinnert: ihm einen Vorschuß zu geben.

Es ist aber auch möglich, daß eine entsprechende Reflexion und die Entscheidung für eine gemäßigte Opposition gar nicht Bestandteil der Vorgeschichte sind. Dann würde dieses Sich-Versprechen eine Reflexion dokumentieren, die erst in der Durchführung der Rede einsetzt und gleichsam zu spät kommt. In beiden möglichen Fällen hat die Exothese aber dasselbe von der Situation abstrahierende Moment, das wir schon kennen.

Nicht selten ist an den Beispielen, die Freud anführt, schwierig zu entscheiden, mit welcher der beiden inhaltlichen Dimensionen einer Sprechhandlung der ungelöste Konflikt zusammenhängt, der sich in dem Sich-Versprechen wiederherstellt: mit der Illokution (dem Zweckbezug der Handlung) oder der Proposition. Er selbst deutet aber an, daß er sich von diesem Unterschied leiten ließ. Denn er nennt das Sich-Versprechen, das dem Präsidenten geschah, eine Fehlhandlung (Freud, G. W., Bd. XI, S. 28); in anderen Fällen betont er den Charakter des Sich-Versprechens als Selbstverrat.

Was hier fehlgeht, ist die geplante Verbalisierung eines Gedankens, der im Widerspruch steht zur eigenen Überzeugung oder Gefühlsregung, die sich dann, trotz der Entscheidung des Sprechers, sie zu unterdrücken, doch noch in der Verbalisierung bemerkbar machen.

»Man merkt dann mit Erstaunen, wie der Wortlaut einer Beteuerung die Absicht derselben aufhebt, und wie der Sprechfehler die innere Unaufrichtigkeit bloßgelegt hat.« (Freud, G. W., Bd. IV, S. 96)

Ein einleuchtendes Beispiel für diese Art von Selbstverrat ist das Sich-Versprechen des jungen Mädchens, das mit einem ihr unsympathischen jungen Mann verlobt werden sollte und bei einem von den Eltern arrangierten Treffen Selbstüberwindung genug besaß, ihre Abneigung gegenüber dem Mann sich nicht anmerken zu lassen. Aber auf die Frage der Mutter, wie er ihr gefiele, kommt die Abneigung, die von der Kommunikation ausgeschlossen werden sollte, in der Antwort doch noch zum Vorschein: »Gut. Er ist sehr *liebenswidrig*« (Freud, a.a.O., S. 101).

In vielen Beispielen, die Freud hierzu bringt, hängt der Konflikt offenbar mit der inneren Repräsentation zusammen, die der Sprecher von einem anderen (und von sich selbst) hat. Diese Repräsentation ist im Falle eines Selbstverrats weitgehend an Sprache gebunden. Sie ist ein Bild von dem anderen (und von sich selbst), in dem emotionale Erfahrungen synthetisiert und sprachlich gefaßt sind.

Im obigen Beispiel entstand ein psychischer Konflikt möglicherweise zwischen der Abneigung des Mädchens gegenüber dem jungen Mann und ihrer Angst, sich offen dem Wunsch der Eltern zu widersetzen, daß diese Verlobung zustande komme. Sie hatte sich entschlossen, ihre Abneigung gegen den Mann nicht zu zeigen, und dies gelang zunächst. Während sie nun auf die Frage der Mutter hin beabsichtigt, den Gedanken zu verbalisieren, der den Erwartungen der Mutter entspricht, setzt sich zugleich ihr innerer Einspruch dagegen durch, der ihre eigenen Gefühle vertritt.

Im Äußerungsprozeß ihrer Antwort kann sich der Konflikt der Vorgeschichte leicht wiederherstellen, wenn er nicht gelöst werden konnte. Denn die Frage der Mutter bezieht sich ja auf das Bild, das das Mädchen von dem jungen Mann hat. Und der Widerspruch zwischen dem, was die Mutter hören will, und dem, was das Mädchen fühlt, kann ihren Wunsch wecken, dieser Erwartung zu widersprechen und doch noch ihrem Gefühl Ausdruck zu verleihen. Er setzt sich als Exothese eines Elements ihres Bildes von dem Mann durch, das sie nicht verbalisieren wollte.

Auch wenn wir an den Beispielen für den sprachlichen Selbstverrat die Vorgeschichte oft nicht rekonstruieren können, wird doch deutlich, daß wir auch diese Art von Fehlleistung als Verlaufsform eines ungelösten Konflikts begreifen können. Hier ist es die interaktive Dimension des sprachlichen Handelns, mit der ein psychischer Konflikt der Vorgeschichte systematisch zusammenhängt.

Dabei müssen wir nicht voraussetzen, daß ein Entschluß, das Bild von einem anderen von der Verbalisierung auszuschließen, zur engeren Vorgeschichte einer Sprechhandlung gehört; dieser Entschluß kann weit vor dem Zeitpunkt gefaßt worden sein, an dem die entsprechende Fehlleistung auftritt. Diese Voraussetzung macht auch Freud, indem er den »Mechanismus« des Sich-Versprechens unabhängig davon wirksam sieht, wie weit jeweils die Zurückdrängung einer Intention in die Vorgeschichte zurückreicht (Freud, G. W., Bd. XI, S. 60).

Das Beispiel des Selbstverrats des Vaters, der seine Söhne wegen ihrer Teilnahme an einer patriotischen Kundgebung aus erzieherischen Gründen tadelt und sich dabei in der Ausdrucksweise vergreift, geht in diese Richtung (Freud, a.a.O., S. 100). Er weist die Berufung der Söhne auf das gleiche Verhalten des Onkels mit den Worten zurück: »Gerade dem sollt ihr nicht nacheifern; der ist ja ein *Idiot.*« Aufmerksam gemacht auf den »ungewohnten Ton« seiner Äußerung, entschuldigt er sich und korrigiert: »Ich wollte natürlich sagen: Patriot.«

Aus dem, was wir über ihn erfahren, können wir schließen, daß der Vater sich nicht erst kurz zuvor entschlossen hatte, seine Überzeugung, daß dieser Onkel ein Idiot ist, vor den Söhnen zu verbergen. Wenn für ihn ein Patriot immer auch ein Idiot war, dann hat er beim Sprechen, ohne es zu reflektieren, nur diese Gleichheit aktualisiert und vollzogen, die in seinem Bild von diesem Mann schon angelegt war, deren Ausdruck er aber sonst, mit Rücksicht auf seinen Erziehungsstil, vor seinen Söhnen vermied. Dasselbe gilt, wenn er von diesem Onkel, unabhängig davon, daß er Patriot war, auch sonst nicht die beste Meinung hatte.

Wenn Erfahrungen zu einem Bild über eine Person sprachlich synthetisiert sind, dann hält dieses Bild fest, was für die Person charakteristisch ist. Es determiniert dann auch die Erwartung dieser Eigenschaften. Entgegenstehende Erscheinungen bewirken dann nicht ohne weiteres auch eine Bildveränderung. Bilder über andere formen vielmehr einen Bestand fester Interpretationen der Wirklichkeit, in der der Betreffende sich befindet (vgl. Ehlich/Rehbein, 1977; Flader et al. 1993).

Aber das Bild über einen anderen ist nicht nur ein Mittel praktischer Erkenntnis. Das folgende Beispiel eines sprachlichen Selbstverrats zeigt, daß es auch dazu dienen kann, die Erkenntnis eines bestimmten anderen Zusammenhangs zu vermeiden.

»E. Jones teilt folgendes ihm von A. A. Brill überlassene Beispiel von Verschreiben mit: Ein Patient richtete an Dr. Brill ein Schreiben, in welchem er sich bemühte, seine Nervosität auf die Sorge und Erregung über den Geschäftsgang während einer Baumwollkrise zurückzuführen. In diesem Schreiben hieß es: my trouble is all due to that damned frigid wave; there isn't even any seed. Er meinte mit ›wave‹ natürlich eine Welle, Strömung auf dem Geldmarkt; in Wirklichkeit schrieb er aber nicht wave, sondern *wife*. Auf dem Grunde seines Herzens ruhten Vorwürfe gegen seine Frau wegen ihrer ehelichen Kälte und ihrer Kinderlosigkeit, und er war nicht weit entfernt von der Erkenntnis, daß die ihm aufgezwungene Entbehrung einen großen Anteil an der Verursachung seines Leidens habe.« (Freud, a.a.O., S. 139)

Hier wurde ein Wissenselement, das (nach meiner Interpretation) dieser Mann von seinem Bild über die Ehefrau ausgeschlossen hatte, weil es ihm unangenehm war, von einem entgegenstehenden Interesse an einer praktischen Erkenntnis doch wieder mit diesem Bild – durch die Fehlleistung – verbunden.

Die Erkenntnis war entweder schon einmal eine Form von reflexivem Wissen gewesen, oder es handelte sich um ein Wissen, das – »auf dem Grunde seines Herzens« – vorbewußt vorhanden war, aber daran gehindert, auch bewußt zu werden. Der Betreffende hatte es »unterdrückt«, d. h. er hatte dieses Wissen nicht als Element des ihm bewußten bzw. für ihn reflektierbaren Bildes über die Frau akzeptiert.

Wir erfahren nichts Genaueres über den psychischen Konflikt, den er in dieser Weise zu bewältigen versuchte. Aber in seinem Sich-Verschreiben kann sich ein Konflikt fortgesetzt haben zwischen dem Wunsch, sich von dem Leiden zu befreien, und der Angst, sich mit der Tatsache auseinanderzusetzen, daß seine Frau sein Leiden verursacht. Denn zugleich mit dem Erklärungsversuch, der seine psychischen Schwierigkeiten mit geschäftlichen Problemen begründet, setzt sich gegen seinen Willen eine andere Erklärung durch. Diese identifiziert seine Frau als Urheber dieser Schwierigkeiten. Die unbemerkte Aktualisierung dieses Wissens sollten wir nicht in der Wahrheitsliebe des Betreffenden motiviert sehen. Realistischer ist wohl die Sichtweise, daß ein Interesse an der Erklärung seines Leidens und sein Wunsch, sich davon zu befreien, sich hier kurzfristig Geltung verschafft haben.

Anders als z. B. die Zweck-Mittel-Relation des Handelns leiten innere Repräsentationen anderer das Handeln nicht unmittelbar. Sie leiten es indirekt. Die entsprechenden Beispiele aus Freuds Material zeigen, daß auch dieses Strukturelement des Handelns aufgrund eines psychischen Konflikts spezifisch gebrochen sein kann. Auch in diesen Fällen ist der latente Sinn einer Fehlleistung ein subjektiv verzerrter Handlungssinn.

Wie variations- und aspektreich dieser Konfliktzusammenhang in der Kommunikation in Erscheinung treten kann, veranschaulichen Freuds Beispiele. Ich greife nur einige heraus.

Für die sprachlich gefaßten inneren Bilder von anderen sind Eigennamen besonders wichtig. Sie markieren gewissermaßen eine bestimmte Person und machen sie unverwechselbar gegenüber anderen.
In einem Fall von Namenversprechen hatte ein junger Arzt sich dem berühmten Virchow mit dessen, und nicht mit seinem eigenen Namen vorgestellt (Freud, G. W., Bd. IV, S. 95). Freud kann sich auf Kenntnisse über die psychische Situation des jungen Arztes nicht stützen und macht zwei Interpretationsvorschläge (die er auch als solche kennzeichnet). Beide Vorschläge setzen implizit das Konzept des Selbstbildes voraus und gehen davon aus, daß mit dem Selbstbild ein psychischer Konflikt verbundenen ist.
Es sei, so führt Freud aus, durchaus möglich, daß sich der Betreffende neben dem großen Namen (Mann) so klein gefühlt habe, daß ihm sein eigener Name entschwunden war; oder er hatte den Ehrgeiz, auch einmal ein so großer Mann wie Virchow zu werden. Vielleicht hätten auch beide Gedanken die Identifizierung mittels des vertauschten Namens herbeigeführt.
In beiden Fällen können wir ausgehen von einem Widerspruch zwischen realer Wirklichkeit und dem Größen-Wunsch des jungen Arztes, der ja das Selbstbild betrifft und der an Virchow orientiert war. Der persönliche Kontakt hätte ihn dann diesen Widerspruch so schmerzlich empfinden lassen, daß er sich selbst ganz klein fühlte; oder sein Ehrgeiz hätte die Oberhand gewonnen und ihn dazu verführt, die schon vorhandene Identifizierung mit seinem Vorbild für einen kurzen Moment im Handeln zu vollziehen. Für beide Möglichkeiten ist die Namensverwechslung eine Form, diesen Widerspruch durch Aneignung des Eigennamens des bewunderten Mannes zu bewältigen. Der Prozeß der Erstellung eines Selbstbildes, das dem vorhandenen beruflichen Ehrgeiz, wie Virchow zu werden, entsprechen soll, ging kurzfristig einen imaginären Weg: den über den Besitz des Eigennamens.
Das nachfolgende Beispiel zeigt, daß ein Bild von einem anderen die Reproduktion eines anderen Bildes sein kann. Freud berichtet davon, daß Patienten gelegentlich, während sie der Regel der freien Assoziation in seiner therapeutischen Praxis folgen, Bezeichnungen für Verwandte verwechseln und dies konsequent durchhalten, ohne das Sich-Versprechen zu bemerken (also z. B. eine Tante als »meine Mutter« bezeichnen) (Freud, a.a.O., S. 89 f).

Freuds Analyse, daß die Betreffenden »diese Personen in eine Reihe gebracht haben, welche für ihr Gefühlsleben die Wiederkehr desselben Typus bedeutet« (Freud, a.a.O., S. 90), bezieht sich implizit wiederum auf den Prozeß der Bild-Erstellung. Das Bild von der Tante (so Freuds Voraussetzung) ist weitgehend eine Reproduktion des Bildes von einer wichtigen anderen Bezugsperson (der Mutter), das emotionale Erfahrungen festgehalten hat, die sich nun an der anderen Person wiederholen und deren Bild weitgehend bestimmen.

Was in der Verwechslung sprachlich fehlgeht, ist die Bezeichnungsfunktion des Ausdrucks; aber seine Bedeutung, d.h. das Bild, das er repräsentiert, ist für den Betreffenden »richtig«. Denn die darin festgehaltenen und wohl nur teilweise versprachlichten charakteristischen Eigenschaften sind die des primär vorhandenen Bildes. Die Verwechslung, die nicht bemerkt wird, macht diese Bedeutungsgleichheit (als eine unerkannte) nur manifest.

Vielleicht wird an Freuds Kommentaren zu dieser Art von Fehlleistungen die Problematik seines Kompromißmodells besonders deutlich. Es berücksichtigt selbst nicht die interaktiven Bezüge und Feinheiten der jeweiligen Wissensstrukturen, die Freuds geniale Intuition präzise aufgespürt hat und die seine Interpretationen der Beispiele oft auch implizit in die Erklärung einbeziehen. Plausibel werden seine Interpretationen immer dann, wenn sie diese Bezüge andeuten. Das Kompromißmodell legt nahe, daß an der Vorgeschichte nur die Unterdrückung einer Tendenz oder Intention zu beachten ist; ihr Zusammenhang mit dem Prozeß des Handelns blendet das Modell aus.

Daher bleibt dieser Zusammenhang (wie schon erläutert) zusammen mit der Vorgeschichte eines Beispiels oft nur angedeutet. Die subjektiv verzerrte Sinn-Struktur ist dann nicht eindeutig zu rekonstruieren.

So auch bei folgendem Sich-Versprechen eines Festredners, dem ein beabsichtigter Toast verunglückt: »Ich fordere Sie auf, auf das Wohl unseres Chefs *auf*zustoßen.« Freud interpretiert dies in der Weise, daß

»nach dem Vorbild gewisser Schimpf- und Trutzreden (...) sich eine Tendenz zum Ausdruck bringen will, die der vorgeschobenen Verehrung energisch widerspricht und etwa sagen will: Glaubt doch nicht daran, das ist nicht mein Ernst, ich pfeif' auf den Kerl u. dgl.« (Freud, G. W., Bd. XI, S. 36).

Wenn der Sprecher lieber eine Schimpfrede gehalten hätte und diesen Wunsch unterdrückt hat, dann wäre ihm das passiert, was in dem Eingangsbeispiel dem Präsidenten geschehen ist: die innere Ablehnung der Handlung, zu der er sich widerwillig entschlossen hat, setzt sich dann während ihrer Ausführung im Sinne eines gegenteiligen Zwecks doch noch durch (und zwar wiederum mit den Mitteln dieser Handlung).
Dies ist möglich. Aber der ungelöste psychische Konflikt, dessen Verlaufsform dieses Sich-Versprechen war, kann auch eine Verbindung mit der interaktiven Dimension des Handelns gehabt haben. Freud deutet dies an. Der Toast setzt eine Wertschätzung voraus, die der Sprecher sich nicht zu eigen machen konnte, weil sie dem Bild widersprach, das er von seinem Chef hatte. Dieser Widerspruch blieb unaufgelöst. Dann hätte er an der Stelle, an der er den Gedanken vom »Wohl des Chefs« zu verbalisieren hatte, den Gedanken des inneren Widerspruchs (partiell) exothetisiert: »Wenn ich an das Wohl des Chefs denke, möchte ich aufstoßen, nicht anstoßen.«
Wir wissen es nicht. Beide Konfliktzusammenhänge sind möglich. Aber sie sind nicht identisch. Und der jeweilige latente Sinn ist ebenfalls nicht derselbe.
Ähnlich strukturiert ist das Sich-Versprechen, das einer Dame in einem beabsichtigten Kompliment für den Hut einer anderen Dame unterlaufen war: »Diesen neuen, reizenden Hut haben Sie sich wohl selbst aufgep*a*tzt?« Freud analysiert hier, daß das beabsichtigte Lob nicht fortgesetzt werden konnte; denn »die im stillen geübte Kritik, der Hutaufputz sei eine Patzerei« (Freud, G. W., Bd. IV, S. 97), war doch zu deutlich geworden.
Vielleicht ist in der Vorgeschichte gar kein Kompliment, sondern ein Spott oder eine Verhöhnung beabsichtigt gewesen; statt dessen hat die Sprecherin sich zu einem heuchlerischen Lob entschlossen. Die Exothese der abschätzigen Beurteilung – vielleicht »Patzerei« im Sinn von Pfusch; »patzig« im Sinne von dreist; oder »verpatzt« – fügt sich dann so in den Äußerungsprozeß ein, daß die schon produzierten sprachlichen Ausdrücke für eine Proposition verwendet werden, die eine abschätzige Beurteilung beinhaltet. Die Exothese hätte sich dann die Mittel der beabsichtigten Handlung für einen gegensätzlichen Zweck (den der Verspottung) zunutze gemacht.
Wenn wirklich nur ein Kompliment, und nicht eigentlich ein

Spott beabsichtigt war, dann hätte der schon vorhandene innere Widerspruch gegen den geplanten Ausdruck der Bewunderung den Äußerungsprozeß eingeholt, indem er sich in der Proposition bemerkbar machte.

Wenn der ungelöste Konflikt des Sprechers sich in der Weise reproduziert, daß davon die Proposition seiner Sprechhandlung betroffen ist, finden wir an der Exothese dasselbe von der gegebenen Situation abstrahierende Moment, das wir an anderen Beispielen schon feststellen konnten. Für einen kurzen Augenblick ignoriert der Sprecher die Situation, in der er spricht.

Die Informationen, die ein Sprecher dem Hörer in der Proposition seiner Äußerung vermittelt, richten sich im allgemeinen immer auch nach dessen Interessen, Erwartungen, Verstehensmöglichkeiten u. ä.. Das Sich-Versprechen, das die beabsichtigte Proposition verändert, sieht für einen kurzen Augenblick von diesen allgemeinen Bedingungen der Sprechsituation ab (so wie das scheinbar zufällige Verfehlen des Handlungszwecks von den Bedingungen der aktuellen Handlungssituation absieht).

Dies geschieht häufig in den Fällen, die Freud als eine Art von Selbstverrat bezeichnet hat. Der Äußerungsprozeß wird eingeholt von einem zur inneren Repräsentation des anderen (oder des Selbst) gehörenden Gedanken oder Gefühl aus der Vorgeschichte der Sprechhandlung, in der eine systematische Beziehung zu einem psychischen Konflikt bestanden hat. Nachdem der Sprecher sich entschlossen hatte, dieses Element der inneren Repräsentation – z. B. aus Rücksicht auf die Erwartungen des Hörers – von der Verbalisierung auszuschließen, wird es in der Form einer Exothese doch noch zu einem Teil der Proposition und hebt die beabsichtigte Rücksichtnahme kurzfristig wieder auf.

Freud standen nicht Handlungskategorien der Sprachanalyse zur Verfügung, die es ermöglichen, die beiden inhaltlichen Dimensionen einer Sprechhandlung, in denen ein Konflikt des Sprechers sich reproduzieren kann, voneinander zu unterscheiden. Seine Ausdrucksweise von der »Redeabsicht«, die sich störend bemerkbar macht, bezieht sich daher auf beide inhaltlichen Dimensionen.

Damit mag zusammenhängen, daß er die »störende Tendenz« auffaßt wie einen psychischen Inhalt, der sich einen Ausdruck zu schaffen versucht. Wie irreführend diese Vorstellung ist, wurde an den obigen Beispielen deutlich.

Er stellt fest: »Die gewöhnlichste und auffälligste Art des Versprechens (...) ist die zum genauen Gegenteil dessen, was man zu sagen beabsichtigt.«(Freud, G. W., Bd. XI, S. 27) Aber der mechanistische Gedanke der Interferenz zweier psychischer Leistungen bzw. Absichten verstellt seiner Analyse den Zugang zur konflikthaften Vorgeschichte einer Fehlleistung und zur Prozeßform eines Konfliktverlaufs. Der Interferenz-Gedanke sieht davon ab, daß die »gestörte« Intention mit der »störenden« eine gemeinsame Konflikt-Geschichte teilt.

Die »Tendenz«, die sich störend bemerkbar macht, muß als eine Konstituente des psychischen Konflikts der Vorgeschichte dort schon auf ein Strukturelement des Handelns bezogen gewesen sein – also z. B. auf eine Handlungsmaxime, auf die Zweck-Mittel-Relation oder auf die interaktive Dimension des Handelns. Nur so ist zu erklären, daß sie, nachdem sie unterdrückt wurde, sich dann in der Form einer Exothese im Äußerungsprozeß so zeitlich präzise und sinnhaft durchsetzen kann.

Über diese Strukturelemente haben Handelnde (Sprecher) ein Wissen, das ihr Handeln leitet. Die Unterdrückung ist dann der Versuch, einen Wunsch oder ein Interesse vom Handeln auszuschließen, kollektives Handlungswissen, das zur Verwirklichung dienen könnte, nicht in Anspruch zu nehmen. Die spezifisch gebrochene Form, in der sich der latente Sinn realisiert, ist nur das Resultat der gebrochenen Beziehung, in der das Unterdrückte zu diesem Handlungswissen steht.

Die drei Gruppen von Fällen des Sich-Versprechens, die Freud unterschieden hat (s. o.), unterscheiden sich voneinander dann nur hinsichtlich des Zeitpunkts, an dem einem Wunsch oder einem Interesse der Weg zum Handlungsprozeß versperrt wurde.

Bevor ich auf die Rolle der Sprache in diesem Zusammenhang eingehe, möchte ich kurz Freuds Analysen von Fällen des Fehlerinnerns erwähnen.

Das Gedächtnis ist nicht ein Bestandteil des handlungsleitenden Wissens. Es ist vielmehr eine Voraussetzung zur Ausbildung und zur Erhaltung von Wissen über die Realität und über Handlungen (vgl. Geulen, 1977). Die von Freud berichteten Fälle des zeitweiligen Versagens des Erinnerns – z. B. das Vergessen von Eigennamen und das Verlegen von Gegenständen – sind daher auch nicht Handlungsphänomene; es sind, wie das Vergessen von Handlungsvorsätzen, Grenzfälle von Fehlhandlungen.

Allerdings liegt auch dieser Art von Fehlleistung ein ungelöster Konflikt zugrunde. Der Konflikt spielt sich aber nicht, wie bei den Fehlhandlungen, an der Anwendung von Handlungswissen ab, sondern an der Aktualisierung von Gedächtniselementen. Dem Ziel, etwas zu erinnern, steht das andere Ziel entgegen, diese Erinnerung zu verhindern, weil sie unangenehm oder gar mit Angst verbunden ist. Dieser Konflikt, der ebenfalls nicht gelöst wird, kann bei den Fällen des Namenvergessens in zwei verschiedenen Formen verlaufen.

In den Fällen eines zeitweiligen Versagens des Erinnerns, das auch keinen Ersatznamen ins Bewußtsein bringt, setzt sich das Interesse durch, die Unlust zu vermeiden, die durch das Erinnern entstehen würde, weil der gesuchte Name im Gedächtnis mit einem als unangenehm empfundenen Wissenskomplex verbunden ist. Diese Verbindung kann unmittelbar vorhanden oder durch eine Assoziation vermittelt sein (Freud, G. W., Bd. XI, S. 70 f).

Das Grundmuster des Namenvergessens, das eine Fehlerinnerung hervorbringt, hat Freud an dem berühmten Beispiel des Vergessens des Namens »Signorelli«, das ihm selbst unterlaufen ist, eingehend untersucht. Das Kompromißmodell kann die Ähnlichkeit zu Fällen des Sich-Versprechens aufzeigen. Freud schreibt über die Entstehungsbedingungen:

»Die Zusammenfassung der Bedingungen für das Vergessen eines Namens mit Fehlerinnern ergibt also: 1.) eine gewisse Disposition zum Vergessen desselben, 2.) einen kurz vorher abgelaufenen Unterdrückungsvorgang, 3.) die Möglichkeit, eine äußerliche Assoziation zwischen dem betreffenden Namen und dem vorher unterdrückten Element herzustellen.« (Freud, G. W., Bd. IV, S. 11)

Freud bemerkt hinsichtlich der Ersatznamen, die dabei produziert werden:

»sie mahnen mich (nach Art eines Kompromisses) ebensosehr an das, was ich vergessen, wie an das, was ich erinnern wollte, und zeigen mir, daß meine Absicht, etwas zu vergessen, weder ganz gelungen, noch ganz mißglückt ist« (Freud, G. W., Bd. IV., S. 9).

Analog zu den oben analysierten Fällen von Fehlhandlungen kann auch diese Art von Fehlleistung als Verlaufsform eines ungelösten Konflikts analysiert werden. Ausgetragen wird dieser Konflikt an den Assoziationsverbindungen, die im Gedächtnis zwischen bestimmten Wissenselementen bzw.-komplexen bestehen. Sie len-

ken den Suchvorgang des Erinnerns so, daß sie als Kompromiß zwei Ersatznamen ins Bewußtsein bringen.
Die »äußeren Assoziationen«, denen die Suche folgt, scheinen den »parasitären« Formen zu ähneln, die im Prozeß des sprachlichen Handelns für die Exothese eine Rolle spielen. In diesem Zusammenhang betont Freud den Zeichen-Charakter der Worte.

»Die Namen sind also bei diesem Vorgang ähnlich behandelt worden wie die Schriftbilder eines Satzes, der in ein Bilderrätsel (Rebus) umgewandelt werden soll.« (Freud, a.a.O., S. 10)

Diese ungewöhnliche Verwendung eines Namens (und eines Wortes allgemein) impliziert den Verlust der Symbolfunktion des betreffenden Wortes. Es fungiert nicht länger als ein Träger kollektiven Wissens, sondern als eine Zeichenform, die vielfältige Bedeutungen zu anderen Zeichenformen aufgrund formaler Prinzipien – hier das der Ähnlichkeit zu einer anderen Wortform – eingehen kann. Ich gehe weiter unten noch näher darauf ein.
Das Assoziationskonzept des Denkens, das den Zugang zur Handlungsanalyse vieler Arten von Fehlleistungen versperrte, wird in bezug auf das Fehlerinnern plausibel. Assoziative Verbindungen spielen im Gedächtnis eine große Rolle.
Da aber diese Art von Fehlleistung kein Handlungsphänomen ist, tritt auch nicht die Exothese mit ihrem situationsabstrahierenden Bezug auf – als Vorgriff auf ein Handlungsmuster oder als Vorgriff auf eine Beurteilung des Handelns. Wie ich später zeigen möchte, ist dieses Kennzeichen aber wesentlich für die von Freud behauptete Analogie von Fehlleistungen und neurotischen Symptomen. Wenn das Fehlerinnern nicht als Randphänomen, sondern als Grundform der Fehlleistungen analysiert wird, muß diese Analogie sich verkürzen.
Die Unterdrückung, die Freud auch hier als notwendige Voraussetzung ansieht, kann nicht in einer Ablösung vom Handlungsprozeß bestehen. Sie muß in anderer Weise wirksam sein. Wie kann eine Aktualisierung von Gedächtniselementen verhindert werden?
Wenn wir voraussetzen, daß bei einem solchen Erinnerungsversuch gezielt nach etwas gesucht wird, das mit einer vergangenen Erfahrung zusammenhängt und deshalb im Ergebnis auch unangenehm sein kann, dann wird diese verdichtete oder sonstwie im Gedächtnis verarbeitete Erfahrung in der Form von Wissen aktua-

lisierbar sein, das versprachlicht werden kann oder versprachlicht ist. Diese Form von Wissen, in dem Erfahrung sedimentiert ist, hat typischerweise eine triadische Struktur. Das Subjekt des Wissens weiß etwas über ein Objekt, das Gegenstand (oder Thema) dieses Wissens ist.

Eine einfache, aber wahrscheinlich sehr wirksame Art, ein solches Gedächtniselement von der Möglichkeit auszuschließen, daß es aktualisiert wird, ist das Wegstreichen des Subjekts aus der Wissensstruktur. Das Wissen bleibt so erhalten, aber der Betreffende ist nicht mehr Subjekt dieses Wissens. Es ist nicht sein Wissen, und daher kann er es auch nicht aktualisieren. Denn was er beim Erinnerungsversuch gezielt sucht, ist etwas, das er weiß. Und die so »unterdrückten« Gedächtniselemente gehören nicht mehr dazu. – Hieran wird vielleicht besonders deutlich, daß wir Freuds »dynamische« Betrachtungsweise, die ihm eine solche Maßnahme als »Unterdrückung« verständlich machte, um eine andere ergänzen müssen, die sich auf Strukturen von Wissen bezieht.

2.3. Was geschieht beim Sich-Versprechen mit der Sprache?

Freud hat an einer anderen Stelle das Sprachphänomen der »äußeren Assoziationen« als ein Überwiegen der Wortbeziehung über die Sachbeziehung zu bestimmen versucht und es als charakteristisch für bestimmte Erscheinungsformen der Schizophrenie erkannt; und er hat darin eine bestimmte Arbeitsweise des Traumes gesehen (Freud, G. W., Bd. x, S. 297 f). Er faßte ja, wie schon erwähnt, auch die Substitutionen und Kontaminationen beim Sich-Versprechen als einen Beginn der Verdichtungsarbeit auf, die er schon bei der Traumanalyse gefunden hatte.

Aber Substitutionen haben wir in der Untersuchung der obigen Beispiele nicht gefunden. Der Sprecher, der eine Sitzung, die er eröffnen will, für geschlossen erklärt, hat nicht eine Handlung durch eine andere substituiert, wie Freud annahm. Auch die Dame, die einer anderen ein Kompliment wegen des neuen Hutes machen wollte, hatte nicht einfach ein Phonem durch ein anderes (also »aufgeputzt« durch »aufgepatzt«) ersetzt.

Das Kompromißmodell hinderte ihn daran, zu erkennen, daß die »Lauteinflüsse und Wortähnlichkeiten« nicht nur das Sich-Versprechen erleichtern, indem sie den Weg weisen, auf denen es wandeln kann (Freud, G. W., Bd. xi, S. 39); es sind Wege, auf denen der unterdrückte Handlungswunsch oder das unterdrückte Gefühl oder Interesse wandeln muß, um sich im sprachlichen Handeln doch noch zu realisieren bzw. zu vermitteln. Die Exothese geschieht deshalb »parasitär«, weil der Realisierung des Wunsches oder Interesses der Zugang zu kollektiven Formen des Handelns versperrt wurde. Da sie von standardisierten Mitteln des Handelns abgetrennt wurden, konnte ihr Durchsetzungsversuch nur so geschehen, daß schon produzierte sprachliche Mittel des Handelns in Anspruch genommen wurden. Die Exothese ist ein problematisches Handlungssubstitut, d. h. ein Substitut für den Gebrauch einer Form des sprachlichen Handelns; oder ein Substitut für einen propositionalen Akt, der ein Bild oder eine Einschätzung vermittelt; oder ein Substitut für die an eine Maxime gebundene Antizipation und Reflexion möglicher Handlungsfolgen.

Die Eigenschaften des Sich-Versprechens als einer Verlaufsform eines ungelösten Konflikts, die wir oben gefunden haben, lassen sich im Zusammenhang mit dem Versuch erklären, einen Handlungswunsch oder eine Gefühlsregung, für deren Realisierung im sprachlichen Handeln keine Mittel zur Verfügung stehen, im Handlungsprozeß, wenn auch gleichsam verspätet, doch noch durchzusetzen. Wir haben die folgenden vier Kennzeichen gefunden: Der Durchsetzungsversuch geschieht

- als ein im Handlungsprozeß zeitlich versetzter Widerspruch;
- geschieht ad-hoc, d. h. in der Form der Exothese, die von der gegebenen Situation abstrahiert;
- geschieht »verdichtend«, d. h. die Exothese fügt sich so in den Äußerungsprozeß ein, daß sie sich die schon produzierten sprachlichen Mittel (des Handelns oder der Verbalisierung eines Gedankens) für den eigenen Zweck zunutze macht;
- macht von »äußeren Assoziationen«, Ähnlichkeiten der sprachlichen Formen Gebrauch.

Es muß den Charakter der Sprache als Medium des Handelns verändern, wenn in ihr ein Wunsch sich zu realisieren versucht, der zuvor vom Handeln abgelöst wurde.

Mit der »Verdichtung« (als einer funktionalen Inanspruchnahme der schon produzierten sprachlichen Mittel) werden diese Mittel nämlich rückwirkend verändert. Sie werden gleichsam rück-

übersetzt zu Mitteln für einen anderen Handlungs- bzw. Kommunikationsprozeß, der in der psychischen Realität seinen Zweck hat.
Beim Sich-Versprechen des Präsidenten ist dies offensichtlich. Die von ihm schon produzierten Worte des Satzes, in dem er sich verspricht, könnten zusammen mit der Exothese »geschlossen« die Äußerung eines Satzes sein, deren Handlungsbedeutung der förmliche Schluß einer Sitzung wäre, wenn man von der Handlungssituation absieht. Die Exothese fügt sich ja so in das Sprechen ein, daß aus den sprachlichen Mitteln zur Ausführung einer Handlung Mittel zur Ausführung einer Handlung mit dem gegenteiligen Zweck werden.
Dieses Prinzip einer Retroversion finden wir in allen Beispielen sprachlicher Fehlhandlungen, die oben analysiert wurden. Es tritt auch dann auf, wenn der ungelöste Konflikt so ausgetragen wird, daß davon nicht die Illokution der Sprechhandlung, sondern primär ihre Proposition betroffen ist. Dann wird ein sprachliches Ausdrucksmittel für einen Gedanken, das schon ganz oder teilweise produziert wurde, rückübersetzt zu einem Ausdrucksmittel für den unterdrückten Gedanken.
Diese Retroversion verändert den Charakter der Sprache. Diese wird (kurzfristig) von einem Kommunikationssystem umgewandelt zu einem Zusammenhang von Zeichen.
Die Ähnlichkeit der sprachlichen Formen, von der die Exothese sich leiten läßt und die Freud als Erleichterung für das Auftreten eines Sich-Versprechens auffaßte, folgt nur dem Prinzip der Rückübersetzung, der Behandlung der sprachlichen Mittel als Zeichen. Und als Zeichen können diese von der jeweiligen Handlungssituation unabhängig verwendet werden. Die eigentümliche Abstraktion der Exothese von der aktuellen Handlungssituation wird so verständlich. Sie steht im Zusammenhang mit der Ablösung der Sprachmittel vom Handlungsprozeß, dem (kurzfristigen) Verlust der Handlungsfunktion der Sprache.
Dieser Befund ist auch für das Verständnis des von de Saussure entwickelten Paradigmas der strukturellen Linguistik von Bedeutung, auf das ich bereits (in Kap. 1.) Bezug genommen habe. Seinem Begriff von Sprache als einem autonomen System von Zeichen korrespondiert in bemerkenswerter Weise die Charakteristik von Sprache, die wir u. a. an sprachlichen Fehlhandlungen feststellen können. Die von Freud aufgedeckte Psychopathologie des

Alltagslebens ist offenbar eine der Bedingungen, unter der de Saussures theoretische Bestimmung der Sprache ihre Konkretisierung findet.

Für den Zeichen-Charakter der Sprache ist deren Abtrennung vom Handeln konstitutiv. Meine Untersuchung macht deutlich, daß diese Abtrennung im Zusammenhang konflikthaft verzerrten Handelns in konkreter Weise auftritt. Offenbar ist sie auch an diese Voraussetzung gebunden. Indem die strukturelle Linguistik den Zeichen-Charakter der Sprache zur theoretischen Bestimmung von Sprache überhaupt macht, wird das, was ihren Gegenstand konstituiert, zu einer nicht mehr hinterfragten Voraussetzung.

Ein Versuch wie der von Jakobson (1960), Freuds Entdeckung des unbewußten Sinns mit Hilfe der strukturellen Linguistik zu präzisieren, scheint vordergründig plausibel zu sein; er findet an Fehlleistungen und neurotischen Symptomen formale Zeichenverhältnisse vor, die die Tragfähigkeit dieses Paradigmas zu bestätigen scheinen. Aber es leitet zugleich auch dazu an, die nicht-sprachlichen Konfliktumstände, die diese Zeichen-Verhältnisse hervorgebracht haben, und die mit ihnen verbundenen Verzerrungen der Handlungsstruktur von vorneherein aus der Untersuchung auszublenden.

Jakobson macht den Vorschlag, die von Freud aufgedeckten Denkformen des Unbewußten als metonymische und metaphorische Darstellungsweisen zu analysieren. Aus den genannten Gründen ist dieser Vorschlag für die Analyse des latenten Sinns von Fehlleistungen (und auch für die Analyse des unbewußten Sinns neurotischer Symptome) nur vordergründig überzeugend. Jakobson geht von Zeichen-Zusammenhängen aus, deren Zustandekommen er selbst nicht erklären kann. Er analysiert die Wirksamkeit der beiden formalen Prinzipien – die Similarität und die Kontiguität – nicht im Zusammenhang des Verlusts der Handlungsfunktion der Sprache.

Diese Prinzipien sind zwar sprachlicher Herkunft. Aber konstitutiv für ihre Anwendung ist ein nicht-sprachlicher Vorgang, nämlich die Abtrennung der Sprache vom Handlungswissen. Er ist verantwortlich für die Verdinglichung der Sprache zu einer Beziehung von Zeichen. Andererseits kann die »Denkform«, die wir an den Beispielen für Fehlhandlungen analysieren konnten – ein konflikthaft verzerrter Gebrauch von Wissen –, auch nicht auf diese Prinzipien zurückgeführt werden.

Eben weil die Anwendung von Handlungswissen unterbunden werden soll, kommt es bei den sprachlichen Fehlhandlungen zu einem Realisierungsversuch, der sich ersatzweise den Äußerungsprozeß zum Medium nimmt.

Freud war vorsichtig genug, die dingähnliche Behandlung von Worten, die er in Träumen, in der Sprache von Schizophrenen und bei der Fehlerinnerung festgestellt hatte, nicht auch an Fällen des Sich-Versprechens zu diagnostizieren. Aber sein Sprachkonzept hinderte ihn daran, in diesen Phänomenen auch eine Art von Verdinglichung zu erkennen –: der (momentanen) Verdinglichung des sprachlichen Handelns beim Sich-Versprechen zu einem Zeichenprozeß.

In späteren Kommentaren zu Freuds Untersuchungen »Zur Psychopathologie des Alltagslebens« wurde dieser Zeichen- bzw. Textcharakter der Phänomene von Vertretern anderer wissenschaftlicher Disziplinen erkannt; aber er wurde als gegeben genommen und abgelöst von der Konfliktstruktur des Sprechers, ohne die er gar nicht zu erklären ist.

Timpanaro (1974) hat vorgeschlagen, viele der von Freud untersuchten sprachlichen Fehlleistungen als Textfehler, also philologisch zu erklären. Er sieht bei vielen Fällen des Sich-Versprechens die Möglichkeit, sie analog zu Fehlern in der schriftlichen oder mündlichen Überlieferung von Texten als Formen einer Textentstellung zu erklären – als Trivialisierung (d. h. daß eine ungebräuchliche Ausdrucksform durch eine gebräuchlichere ersetzt wird); als fehlerhafte Korrekturversuche; als anagrammatische Fehler u. a.

Plausibel erscheinen ihm Freuds Analysen nur dann, wenn sie sich auf taktlose Bemerkungen beziehen, also auf Fälle, bei denen ein Sprecher momentan die Kontrolle über sein Sprechen verliert und einen Gedanken zu erkennen gibt, den er eigentlich verbergen wollte.

Warum für Timpanaro die philologische Textkritik überzeugender ist als Freuds Analysen vieler Beispiele, begründet er mit der für ihn unsicheren Beweiskraft der Assoziationsverbindungen, die von Fall zu Fall hergestellt werden. Hier sieht er ein Maß an Freiheit im Assoziieren, Ersetzen und Übersetzen, das ein erzieltes Ergebnis als relativ beliebig erscheinen läßt. Freuds Analysetechnik mache nicht hinreichend klar, wie ihre Ergebnisse falsifiziert werden können (Timpanaro, a.a.O., S. 47f).

Nun ist Freud in seinen Beispiel-Analysen nicht so vorgegangen, daß er vorab eine Hypothese aufstellte und dann nach Möglichkeiten ihrer Verifizierung bzw. Falsifizierung suchte. Er verfuhr interpretativ (am Beispiel von »Dr. Virchow« spricht er selbst von Deutungsmöglichkeiten) und andeutungsweise rekonstruktiv. Letzte Instanz, die über die Gültigkeit des Ergebnisses zu entscheiden hatte, war das individuelle Wissen des Betroffenen; ihn mußte man ja fragen. Dabei hat Freud die illokutive Kraft der Frage nicht überschätzt. Denn wo das Mittel der Frage nicht weiterführte, sollte ja die Technik der »freien Assoziation« weiterhelfen, die im individuellen Wissen verborgenen Zusammenhänge aufzudecken.

Timpanaros textkritischer Vorschlag läßt diesen Zusammenhang eines Sich-Versprechens mit dem Wissen des Sprechers nur gelten, wenn der Betreffende ihn reflektieren kann. Damit beurteilt er Freuds Analysen nach einem Kriterium, das für Freuds Theorie irrelevant war, nämlich der Nähe der zurückgedrängten Tendenz zur Bewußtseinsfähigkeit; und der Erklärungsversuch, der diese Irrelevanz begründete – der Gedanke der Interferenz zweier verschiedener Intentionen, einer Tendenz Ausdruck zu verschaffen bzw. zurückzudrängen –, wird von Timpanaro nicht weiter auf seine Brauchbarkeit für die Analyse der Fälle des Sich-Versprechens und auf Möglichkeiten seiner Weiterentwicklung untersucht. So entgeht ihm, daß er mit dem Text-Charakter dieser Phänomene ein Kennzeichen durchaus getroffen hat, das in ihrer besonderen Konfliktstruktur begründet ist.

Arieti (1967; 1974) sieht in Freuds Datenmaterial der Fehlleistungen des Alltags und über den Witz Beispiele dafür, wie ein Kennzeichen schizophrener Sprache und Denkweise im Alltag wirksam werden kann, ohne daß die Betroffenen selbst unter Schizophrenie leiden. Er sieht in diesem Phänomen kleine Inseln einer kindlichen, paläologischen Denkweise, der Schizophrene verhaftet bleiben. Zu dieser Denkweise gehört eine Übergewichtung der Formen-Seite der Sprache, die die Wortbedeutungen vernachlässigt. Im Witz und beim Sich-Versprechen werden sie aktualisiert, bleiben aber durch das begrifflich-logische Denken kontrolliert.

Arieti sieht in dem Konzept des paläologischen Denkens eine Präzisierung dessen, was Freud das primärprozeßhafte Denken genannt hat. Diese Denkweise liegt ihm zufolge auch den von Freud analysierten Formen von Symbolik zugrunde. Unter einem formalen Gesichtspunkt ist für diese kindliche Denkweise charakteristisch, daß eine Identität von Personen oder Gegenständen hergestellt wird, weil diese eine bestimmte Eigenschaft gemeinsam haben.

In manchen Beispielen des Sich-Versprechens, die wir in der »Psychopathologie des Alltagslebens« finden, scheint eine kurzfristige Wiederbelebung einer kindlichen Denkweise durchaus wahrscheinlich (z. B. im Falle der Namensaneignung »Dr. Virchow«); in anderen nicht, oder es ist zumindest nicht offensichtlich. Aber Arietis Konzept scheint wenig geeignet, Denkweisen dieser Art aufzuschlüsseln, da es rein formal gefaßt ist und den Zusammenhang mit Sprache nicht hinreichend berücksichtigt.

Möglicherweise war im Falle des Präsidenten für einen kurzen Augenblick ein kindlicher Glaube an die Allmacht, an die magische Kraft von Worten wiederbelebt; also der Glaube, er könne die Sitzung allein dadurch beenden, daß er sagt, sie sei geschlossen. Dieses regressive Moment wäre aber nur eine Folge davon, daß der Wirklichkeitsbezug seines Handelns kurzfristig unsicher wurde. Das regressive Moment erklärt nicht, wodurch diese Unsicherheit zustande kam.

Für die Beispiele, bei denen ein Element von Reflexion exothetisiert wird (»Vorschußmitglieder«, »begleit-digen«), sind die Untersuchungen Wygotskys (1934, dt. 1969) zur inneren Sprache aufschlußreich. Diese Sprache, in der eine Reflexion des Handelnden als innerer Dialog verläuft, hat strukturelle Besonderheiten, die wir in diesen Beispielen wiederfinden.

Als eine Sprache für den Sprechenden hat sie die Funktion der Orientierung und der Bewußtmachung, der Reflexion möglicher Handlungskonsequenzen beim Entscheidungsprozeß. Sie hat sich (ontogenetisch) aus der egozentrischen Sprache des Kindes entwickelt, die in ihre innere Struktur übergegangen ist. Charakteristisch für diese Sprache der Reflexion ist syntaktisch ihr prädikativer Charakter. Er ergibt sich daraus, daß das Thema eines inneren Dialogs dem Betreffenden immer bekannt ist. Semantisch ist vor allem die Dominanz des Wortsinns über die Bedeutung (d. h. die Bezeichnungsfunktion eines Wortes) charakteristisch; es überwiegt die Gesamtheit aller Bezüge, die für das Bewußtsein mit einem Wort verbunden sind. Außerdem können diese Sinneinheiten sich vermischen und gleichsam ein Sinnkonzentrat herstellen.

Mit der Exothese eines solchen Reflexionselements wird daher auch die strukturelle Besonderheit der inneren Sprache auftreten, in der die Reflexion ja verlaufen ist. Dies ist vor allem das Überwiegen des Wortsinns gegenüber der Wortbedeutung, allgemeiner: die Besonderheit, daß diese Sprache nicht zur Mitteilung bestimmt ist. Wenn ich z. B. nichts von dem Darlehensantrag des Sprechers weiß, kann ich den Bezug des Wortes »Vorschuß« nicht verstehen. Für ihn hatte es jedoch einen Sinn. Das Wort hatte gleichsam einen inneren Kontext, der für den Sprecher wichtiger war als die Bezeichnungsfunktion dieses Wortes. Ähnliches gilt für das Beispiel »begleit-digen«. Diese Äußerung reproduziert, als Bestandteil des ungelösten Konflikts, die negative Beurteilung der Handlung. Hier ist der Bezug des Wortes leichter in der Situation nachzuvollziehen; der Sprecher bezieht sich mit dem Wort auf seine Handlung. Aber der Sinn, den diese Beurteilung in seiner Reflexion hat, muß der angesprochenen Dame verborgen bleiben.

Das von der Situation des Handelns abstrahierende Moment der Exothese hängt dann in diesen Fällen eng mit den Eigenschaften der inneren Sprache zusammen. Dies zeigt aber auch, wie vielfältig die Formen mentaler Vorgänge sind, die beim Sich-Versprechen exothetisiert werden.

Die Verselbständigung der Formen-Seite der Sprache gegenüber den inhaltlichen Dimensionen von Äußerungen ist jedoch ein plausibles Vergleichsmoment sprachlicher Fehlhandlungen und der Sprache der Schizophrenie (bzw. besser: der Psychose). Diese Ähnlichkeit scheint damit zusammenzuhängen, daß in beiden Fällen dieselbe Kommunikationsproblematik vorliegt – der Verlust der Handlungsfunktion der Sprache. Völlig verschieden sind in beiden Fällen die Entstehungsbedingungen dieser Problematik und natürlich die Dauer ihres Auftretens. Rosenbaum/Sonne (1986) haben mit einigen Kategorien der Theorie von Lacan eindrucksvoll an sprachlichen Daten gezeigt, wie grundlegend die Sprache der Psychose von dem Verlust der Handlungsfunktion betroffen ist.

Von seiten der Psycholinguistik hat u. a. Ellis (1980) Freuds Theorie des Sich-Versprechens einer kritischen Prüfung unterzogen. Er geht dabei von einem einfachen Informationsprozeß-Modell der Sprachproduktion aus. Dieses Modell nimmt an, daß Sprecher über ein Lexikon verfügen, dem syntaktisch organisierte Mittei-

lungen, die in eine unspezifisch semantische Form kodiert sind, für eine beabsichtigte Äußerung präsentiert werden. Das Lexikon paßt dann diese Eingaben den entsprechenden lautlichen Formen an und stellt so Worte zur Verfügung, damit die Mitteilung oder Absicht des Sprechers ausgedrückt werden kann.
Mit diesem Modell können die sprachlichen Fehlleistungen hinsichtlich ihrer Entstehungsbedingungen ohne Schwierigkeiten als Sprechfehler erklärt werden. Denn lexikalische Substitutionsfehler sind in Freuds Material am häufigsten vertreten (d. h. die Ersetzung eines beabsichtigten Wortes durch ein falsches.) Als ein Beispiel dafür wird auch das Sich-Versprechen des Präsidenten genannt. Dabei kann das substituierende Wort dem beabsichtigten hinsichtlich der phonologischen Form ähnlich sein; oder es ist in seiner Bedeutung (semantisch oder assoziativ) darauf bezogen.
Das Informationsprozeß-Modell erklärt dann das Auftreten eines solchen Fehlers damit, daß eine inkorrekte lautliche Form als Ergebnis der Ähnlichkeit, die zwischen ihr und dem beabsichtigten Wort besteht, gewählt wurde. In Fällen von Wortvermischung (z. B. »begleit-digen«) wurden dem Lexikon Eigenschaften angeboten, die eine bewußte Absicht und zugleich die störende Absicht repräsentieren; damit werden zwei lautliche Formen von Wörtern evoziert, deren gleichzeitige Verfügbarkeit die Vermischung verursacht.
Ellis kritisiert, daß Freud sich zu sehr auf Beispiele für das Sich-Versprechen zum Gegenteil konzentriert habe; wesentlich häufiger treten als Sprechfehler Formen von Schüttelreimen auf (Vorklänge, Lautvertauschungen, Perseverationen). Insgesamt ist für ihn die Evidenz dieser Theorie Freuds nicht sehr stark. Sie könne aber durchaus gewinnen, wenn sie in die Terminologie moderner Sprach-Produktions-Modelle übersetzt wird. Diese Modelle müssen als Voraussetzung ein kognitives System kennen, das semantische Mitteilungen in lautliche Formen umwandeln und dabei zwei gegensätzliche Mitteilungen gleichzeitig prozessieren kann.
Wenn wir das Modell, an dem Ellis sich orientiert, mit Freuds Ausdrucksweise in Verbindung bringen, dann bezieht es sich auf die »Redeabsicht« eines Sprechers, aber nicht auf die »Tendenz«; ihr einen sprachlichen Ausdruck zu verschaffen, sie in Sprache umzusetzen, macht ja die Redeabsicht aus (s. o.). Die von Freud untersuchten sprachlichen Fehlleistungen sind dann in der Tat nur

Sprechfehler, der latente Sinn ist einfach eine bestimmte semantische Mitteilung.

Wie ist ein solches Mißverständnis der Fehlleistungstheorie möglich? Hier geht wohl ein bei Freud angelegtes Mißverständnis Hand in Hand mit einer Verkürzung des Phänomens, die in dem Modell von Ellis angelegt ist. Freud hatte die Neigung, die »störende Tendenz« wie den Inhalt eines Ausdrucks aufzufassen; er konnte sie nicht als Handlungssinn analysieren. Dem entspricht, daß in dem Informationsmodell der Sprachproduktion Handlungswissen nicht enthalten ist, da Sprechen nicht als eine Form des Handelns analysiert wird. Die Kategorie »lexikalischer Fehler«, unter die Ellis die erwähnten Beispiele faßt, bezieht sich nur auf deren sprachliche Oberfläche. Diese Kategorie kann nicht aufdecken, daß jeweils an der Illokution und/oder der Proposition einer Sprechhandlung deswegen etwas fehlgeht, weil sich in der Ausführung der Handlung ein Konflikt wiederherstellt. Da sich Ellis ausschließlich auf den Sprecher konzentriert, kann er auch nicht den gebrochenen Bezug der Äußerung zur Handlungssituation und zum Hörer als ein Kennzeichen des Phänomens erkennen.

Die Formen eines lautlichen Schüttelreims, die Ellis in der Fehlleistungstheorie Freuds vernachlässigt sieht, sind sicher wichtige Sprechfehler. Aber da sie keinen Bezug zu einem Handlungs- oder Kommunikationskonflikt haben, sind sie für diese Theorie nicht relevant.[6]

6 Für Berg (1988), der an die Tradition der psycholinguistischen Versprecherforschung anknüpft und ein Korpus von 6000 deutschen Versprechern untersucht hat, sind Freuds Untersuchungen der sprachlichen Fehlleistungen nur ein Versuch, diese Phänomene für die psychoanalytische Theorie nutzbar zu machen. Weil die Versprecher »ihrem Charakter nach« Produkte des Sprachproduktionsprozesses seien, bleibe Freuds Arbeit diesen Phänomenen »wesensfremd« (Berg, a.a.O., S. 7). Wenn die theoriegeleitete Abtrennung des Sprachproduktionsprozesses vom Prozeß des Handelns zu einer nicht weiter reflektierten Bestimmung dieser Phänomene wird, dann muß an ihnen genau das wegfallen, was für Freud daran wesentlich war, nämlich ihr »latenter Sinn«. Da diese Bestimmung des Untersuchungsgegenstandes zur Handlungspräsupposition der psycholinguistischen Versprecherforschung wird, kann diese an den erhobenen Daten nicht mehr unterscheiden, was Resultat bloßer Störungen im Sprachproduktionsprozeß und was Resultat einer sprachlichen Fehlhandlung ist.

2.4. Die Übersetzungs-Hypothese

Auf die »Zufalls- oder Symptomhandlungen« wendet Freud den Bedeutungsaspekt seines Sinn-Begriffs an. Er erläutert diese Art von Fehlleistungen folgendermaßen:

»Diese vom Bewußtsein gering geschätzten oder ganz übersehenen motorischen Äußerungen dienen (...) mannigfachen unbewußten oder zurückgehaltenen Regungen zum Ausdruck; sie stellen meist Phantasien oder Wünsche symbolisch dar« (Freud, G. W., Bd. IV, S. 306).

Freuds leitende Frage ist hier also: Welchem unbewußten Gedanken sollte eine solche Handlung, wenn sie vorfällt, Ausdruck geben? (Freud, a.a.O., S. 214) Untersuchen wir näher die Art und Weise, wie er die Sinn-Struktur an den konkreten Beispielen aufzudecken versucht. Er berichtet – als Ergebnis einer Selbstbeobachtung – von folgendem Beispielfall eines Sich-Vergreifens:

»In früheren Jahren, als ich Hausbesuche bei Patienten noch häufiger machte als gegenwärtig, geschah es mir oft, daß ich, vor der Tür, an die ich anklopfen oder anläuten sollte, angekommen, die Schlüssel meiner eigenen Wohnung aus der Tasche zog, um – sie dann fast beschämt wieder einzustecken. Wenn ich mir zusammenstelle, bei welchen Patienten dies der Fall war, so muß ich annehmen, die Fehlhandlung – Schlüssel herausziehen anstatt läuten – bedeutete eine Huldigung für das Haus, wo ich in diesen Mißgriff verfiel. Sie war äquivalent dem Gedanken: ›Hier bin ich wie zu Hause‹, denn sie trug sich nur zu, wo ich den Kranken liebgewonnen hatte. (An meiner eigenen Wohnungstür läute ich natürlich niemals.) Die Fehlhandlung war also eine symbolische Darstellung eines doch eigentlich nicht für ernsthafte, bewußte Annahme bestimmten Gedankens, denn in der Realität weiß der Nervenarzt genau, daß der Kranke ihm nur solange anhänglich bleibt, als er noch Vorteil von ihm erwartet, und daß er selbst nur zum Zwecke der psychischen Hilfeleistung ein übermäßig warmes Interesse für seine Patienten bei sich gewähren läßt.« (Freud, G. W., Bd. IV, S. 180).

Freud trennt in seiner Interpretation dieser Fehlhandlung zwei Prozesse, die im Handeln funktional zusammenhängen: die Identifizierung des Handlungskontextes und die Ausführung einer Handlung, die zu dem identifizierten Handlungskontext »paßt«. Eine solche Identifizierung erfolgt mit Hilfe von Kategorien, die im Wissen von Handlungssituationen vorhanden sind, die betreffende Wirklichkeitskonstellation klassifizieren und zur Grundlage des Handelns machen.

Im Prozeß der Wahrnehmung der aktuellen Situation verschafft sich der Handelnde damit eine Orientierung darüber, in welcher Situation er sich konkret befindet. Auch wenn dieser Prozeß auf dem Vorwissen des Betreffenden basiert – und in diesem Sinne subjektiv ist –, erscheint ihm das so gewonnene Realitätsverständnis als objektiv. Dieser Objektivitäts-Charakter der Orientierung ist handlungslogisch notwendig; denn anders hätte ein Handeln als ein Prozeß der Zielverwirklichung keinen Ansatzpunnkt.
Freuds Beispielfall des Sich-Vergreifens läßt sich zwanglos als Resultat einer (vorübergehenden) Fehlidentifizierung des Handlungskontextes analysieren. Der zugrundeliegende »Gedanke« ist dann nicht, wie Freud es sah, eine bemerkte Ähnlichkeit («wie zu Hause«), sondern das Produkt einer Wahrnehmung. Wir können diesen Gedanken ja »wörtlich« nehmen, und dann lautet er: »Hier bin ich zu Hause.«
Die Fehlhandlung wäre dann nicht eine symbolische Darstellung des Gedankens, sondern die zu dem subjektiv vorgestellten Kontext »passende« Handlung. Sie ist unter diesem Gesichtspunkt der Analyse deswegen eine Fehlhandlung, weil sie als Orientierungsgrundlage einen Kontext hat, der objektiv nicht gegeben ist; sie ist aber subjektiv folgerichtig, weil (vorübergehend) von dem Handelnden dieser Kontext wahrgenommen und identifiziert wurde.
Diese Art von Fehlleistung scheint als ein Kontextfehler des Handelns in Erscheinung zu treten.
Auch an diesem Beispiel können wir über die Struktur des Konflikts, der sich hier hergestellt hat, nur Vermutungen anstellen. Aber Freud deutet eine Konfliktkonstituente an. Es hatte sich bei ihm eine tiefe Zuneigung zu dem jeweiligen Patienten entwickelt; ihr stand seine ärztliche Verpflichtung gegenüber, im persönlichen Kontakt Distanz zu wahren, neutral zu bleiben, obwohl er seine Zuneigung vielleicht gerne gezeigt hätte. Möglicherweise hatte dieser Konflikt einen Bezug zu interaktiven Dimension seines Handelns. Freud hatte ein entsprechendes Vorstellungsbild von dem Patienten als einem Menschen, der ihm nahestand, zu ihm gehörte. Zugleich hatte er das sprachlich gefaßte Bild (von sich selbst und dem Patienten), das der Arzt-Patient-Beziehung entsprach. An diesen beiden Bildern konnte, wenn die Gefühlsregungen stärker wurden, der Konflikt sich austragen.
Aber der Konflikt war mit der Unterdrückung des »Gedankens«

offenbar nicht gelöst, er reproduzierte sich im Handeln. Was einer äußerlichen Betrachtung als ein Sich-Vergreifen erscheint, ist ein Handeln, das in Übereinstimmung steht mit einem bestimmten gefühlshaften Vorstellungsbild, das Freuds enge Verbindung mit dem Patienten festhielt. Die Fehlhandlung (und Freuds Reflexion, die den Gedanken als Vergleich isoliert von dem emotionalen Bild) lassen vermuten, daß es gar nicht sprachlich gefaßt war. Es hat für einen Augenblick das Handeln geleitet und den Kontextfehler produziert.

Die Übersetzungs-Hypothese erklärte das Zustandekommen dieser Fehlhandlung anders. Ihr zufolge war dem Gedanken »Hier bin ich wie zu Hause« die Assoziationsverbindung zur Sprache verwehrt worden, um ihn vom Bewußtsein fernzuhalten; es mußte, wenn er doch noch einen Ausdruck finden wollte, ein Umwandlungs- bzw. Übersetzungsprozeß stattfinden. Als Ergebnis davon kommt ein solcher Gedanke entweder in der Form einer visuellen Objektvorstellung (wie im Traum) oder einer motorischen Reaktion bzw. motorischen Vorstellung zum Ausdruck (wie typischerweise bei Hysterien). Dabei bleibt die assoziative Verbindung zwischen der Form der ungewöhnlichen Darstellungsweise und dem ursprünglichen Denkvorgang erhalten.

Das Sich-Vergreifen, von dem Freud berichtet, ist also das Ergebnis einer Übersetzung des Gedankens in die Darstellungsweise einer motorischen Reaktion. Die Fehlhandlung hat Bedeutung, weil sie diesen Gedanken repräsentiert. Sie drückt ihn als einen psychischen Inhalt »symbolisch« aus (vgl. Stephan, 1989).

Freud hatte einen triftigen Grund, diese Art von Fehlhandlung abzugrenzen von den anderen Fehlhandlungen, die er als ein Kompromißergebnis der Interferenz zweier verschiedener (und zumeist gegensätzlicher) Intentionen analysierte. Bei dieser Art von Fehlhandlung war eine die Handlung störende Intention, die mit ihr »zusammenstieß«, nicht zu erkennen (Freud, G. W., Bd. XI, S. 55). Damit war das Kompromißmodell nicht anwendbar, das diese Interferenz ja voraussetzt. Da auch diese Fehlhandlungen einen Sinn hatten, mußte dieser Sinn in einer anderen Weise erklärt werden.

Es war also vermutlich das Kompromißmodell, das Freud hier zu dem Schluß kommen ließ, es sei für diese Art von Fehlhandlungen ein innerer Konflikt, ein Konflikt zweier gegensätzlicher »Tendenzen« wenig bedeutsam (Freud, G. W., Bd. IV, S. 306). Denn

nach dem Kompromißmodell müßte sich ein innerer Konflikt als Interferenz zweier verschiedener Intentionen äußern; und eine solche Interferenz war hier nicht zu erkennen.
Aber das Kompromißmodell lokalisierte, wie ich oben gezeigt habe, die Strukturverzerrung des Handelns an der falschen Stelle, nämlich in der Absicht des Betreffenden, einer »Tendenz« Ausdruck zu verschaffen bzw. an dem vergeblichen Versuch, eine solche Absicht zu unterdrücken. Dieses Modell lokalisierte die Strukturverzerrung nicht in der Vorgeschichte der Handlung, in der die Verzerrung mit der Unterdrückung entstanden ist.
Auch für das Beispiel des Sich-Vergreifens, von dem Freud berichtet, und ebenso für andere Beispiele für diese Art von Fehlhandlung ist ein ungelöster psychischer Konflikt anzunehmen. Auch hier ist dann der latente Sinn ein subjektiv verzerrter Handlungssinn.
Allerdings sind in den Kommentaren, die Freud zu diesen Beispielen bringt, die Kontextinformationen wieder nicht ausreichend, um diese Fälle von »Symptom- und Zufallshandlungen« erklären zu können. Wir können aber einige so interpretieren, daß plausibel wird, daß bei ihnen die interaktive Dimension des Handelns strukturell verzerrt war. Dabei könnte eine Rolle gespielt haben, daß die entsprechende innere Repräsentation (des anderen oder von sich selbst) nur zum Teil sprachlich organisiert war. Zwei dieser Beispiele will ich kurz interpretieren.
Freud berichtet von einem älteren Herrn, der mit seiner gerade ihm angetrauten jungen Frau eine Hochzeitsreise unternehmen will, mit ihr schon ein Hotel in der Stadt aufsucht und dann feststellt, daß er die für die Hochzeitsreise bestimmten finanziellen Mittel zu Hause liegen gelassen hat. Freuds Bedeutungsbegriff legt hier die Auffassung nahe, der Ehemann hätte seine Befürchtung in dem Verlegen der Geldbörse »symbolisch« dargestellt. Freuds Kommentar folgt dieser Auffassung; der Ehemann war, wie seine Befürchtung vorausgesehen hatte, in dieser Nacht »unvermögend« geblieben (Freud, a.a.O., S. 230).
Vermutlich entstand hier ein Konflikt zwischen dem Wunsch, Ehemann des jungen Mädchens zu sein, und der Angst vor dem Unvermögen als Liebhaber. In seiner Fehlhandlung folgte der Mann (unbewußt) einer Bedeutungsgleichheit von Geldbesitz und sexueller Potenz. Das scheinbar zufällige Vergessen oder Verlegen war dann ein Bewältigungsversuch des Konflikts.

Seine Fehlhandlung stellte diese Vorstellung nicht »symbolisch« dar, die Handlung war von dieser Vorstellung geleitet und setzte die Angstbedingung nach außen und objektivierte sie («Ich kann nicht«). Zugleich machte die Fehlhandlung eine materielle Handlungsvoraussetzung der Hochzeitsreise, die schon gegeben war, wieder rückgängig. Sie hatte also außerdem einen verdeckten Bezug zur Zweck-Mittel-Relation der Hochzeitsreise.
Das zweite Beispiel ist das scheinbar zufällige Verlieren eines wertvollen Stifts. Der Betreffende hatte sich von diesem Stift als ein ihn belastendes Geschenk eines Verwandten durch den Verlust (unbewußt) befreit, unmittelbar nachdem dieser Verwandte in einem beleidigenden Brief seine weitere finanzielle Unterstützung aufgekündigt hatte (Freud, a.a.O., S. 231).
Freud sah in dieser Symptomhandlung des scheinbar zufälligen Verlierens u. a. den Ausdruck

»einer geheimen Abneigung gegen denselben oder gegen die Person, von der er herstammt, oder die Verlustneigung hat sich auf diesen Gegenstand durch symbolische Gedankenverbindung von anderen und bedeutsameren Objekten her übertragen« (Freud, a.a.O., S. 230f).

Die Vorstellung von einem psychischen Inhalt, der in dieser Fehlhandlung einen Ausdruck findet, verkürzt die mögliche Sinn-Struktur einer solchen Fehlhandlung. Das Verlieren war von dem (unbewußten) Wunsch geleitet, sich von einem Geschenk zu befreien, das nun als belastend empfunden wurde. So interpretiert Dr. B. Dattner, der Freud dieses Beispiel zur Verfügung stellte, diese Fehlhandlung. Aber der Verlust war zugleich ein eigenes »Opfer«, so daß hier ein Bezug zu einer Selbstbestrafung möglich ist. Wenn hier außerdem eine kindliche Denkform kurzfristig das Handeln bestimmte, die das Ganze (also die bislang gewährte Unterstützung) mit einem Teil gleichsetzte und letzteres aufgab, um sich von dem Ganzen zu befreien, bleibt die Frage, welches Bild der Betreffende von seinem Verwandten hatte, und wie er sich selbst in der Beziehung zu ihm erlebte. Denn in der interaktiven Dimension scheint hier der Konflikt sich ausgetragen zu haben. Und darüber erfahren wir nichts Näheres.
Wie im Ablauf der Erzählung einer selbsterlebten Geschichte eine nicht-sprachliche Fehlhandlung auftreten kann, macht folgendes Beispiel deutlich. Der Sprecher erzählt, während er mit einem Kollegen beim Essen sitzt, wie ihm eine lukrative berufliche Posi-

tion, die ihm schon sicher schien, wegen einer eigenen Nachlässigkeit doch noch entgangen ist. Für Alltagserzählungen ist charakteristisch, daß eine vergangene Erfahrung so rekapituliert wird, daß der Ereignisablauf am Höhepunkt im Hier und Jetzt der Sprechsituation re-inszeniert wird. Genau an dieser Stelle im Erzählprozeß, so können wir aus dem Beispiel schließen, fällt dem Sprecher ein Stück Torte, das er gerade zum Munde führen wollte, wieder vom Messer, und er wiederholt bestätigend die Interpretation des Hörers: »Ja, das war wirklich ein fetter Bissen, den ich fallengelassen habe«, bemerkt aber offenbar nicht die Übereinstimmung des erzählten Geschehens mit dem Geschehen am Eßtisch (Freud, a.a.O., S. 224).

Seine sprachliche Re-Inszenierung des vergangenen Geschehens ging kurzfristig über auf die das Erzählen begleitende Handlung des Essens. Diese wiederholte konkret den Sachverhalt, den der Sprecher mit der Metapher vom verlorengegangenen »fetten Bissen« konzeptualisiert, aber offenbar noch nicht verarbeitet hatte. Er wiederholte am Tisch die Ungeschicklichkeit, die er sich als verpaßte Berufschance vorwarf, und re-metaphorisierte dabei ihren metaphorischen Ausdruck.

Ein anderes Beispiel macht besonders deutlich, wie irreführend die Übersetzungs-Hypothese ist, wenn man sie mit der Methode des Verstehens vergleicht, die eine Analyse dieser Beispiele tatsächlich anwendet, und die zweifellos auch Freud angewendet hat.

Freud berichtet, daß er während einer Sommerreise die Bekanntschaft eines jungen Mannes gemacht hat, der in demselben Hotel wie er selbst wohnte, und mit dem er einiges gemeinsam unternahm. Als dann nach einigen Tagen die von dem jungen Mann schon erwartete Ehefrau eintraf, stellte er sie Freud am Morgen im Hotel persönlich vor und lud diesen zu einem Frühstück zu dritt ein. Freud nahm die Einladung an, und als er später das Ehepaar im Frühstückssaal aufsuchte, bemerkte er, daß auf dem noch einzig freien Sessel am Tisch der beiden der Mantel des jungen Mannes lag.

»Ich verstand sehr wohl den Sinn dieser gewiß nicht absichtlichen, aber darum um so ausdrucksvolleren Lagerung. Es hieß: Für dich ist hier kein Platz, du bist jetzt überflüssig.« (Freud, a.a.O., S. 234 f)

Hier hat der Analytiker (also Freud) nicht einen unbewußt vorhandenen »Gedanken« aus der Darstellungsweise einer motorischen Äußerung in eine sprachliche Darstellungsweise rückübersetzt, auch wenn ihm selbst dies in der methodischen Reflexion so zu sein schien. Der mit einem Mantel belegte Platz ist leicht als Hinweis auf eine Handlungsvoraussetzung seines Besitzers zu verstehen. Dieser erwartete niemanden mehr am Tisch. Als »Gedanke« wurde diese Erwartung nicht ausgedrückt, sondern praktisch vollzogen. Sie widersprach der Erwartung Freuds, die er der Einladung entnommen hatte (daß sie eben zu dritt sein würden).
Freud rekonstruierte in dieser oder einer ähnlichen Weise, wie der junge Mann die Situation, in der er sich befand, einschätzte und schloß daraus, daß dieser lieber mit seiner Frau allein sein wollte. Da aber die Einladung ausgesprochen war, schloß er wahrscheinlich weiter auf einen gewissen Konflikt des jungen Mannes (der einerseits vielleicht nicht unhöflich wirken, andererseits Freuds Gesellschaft aber auch nicht mehr wollte).
Auch hier ist der latente Sinn ein Handlungssinn. Die Identifizierung und Interpretation »symbolischer« Bedeutungen solcher Handlungsweisen kürzt die dabei tatsächlich zu leistenden Verstehensprozesse ab; sie blendet ja den dazu notwendigen Gebrauch von Handlungswissen aus.
Vermutlich hielt Freud die Übersetzungshypothese für unverzichtbar, weil sie den latenten Sinn der Phänomene klären konnte, auf die das Kompromißmodell nicht anwendbar war. Sie sollte aber wahrscheinlich auch, ohne daß ihm dies selbst klar war, ein Problem lösen, das durch bestimmte theoretische Voraussetzungen – vor allem durch seinen Begriff des Handelns als einer motorischen Reaktion – erst geschaffen wurde.
Ein Gedanke, eine Vorstellung oder eine Phantasie des (deskriptiv) Unbewußten hatte für ihn keinen systematischen Bezug zum Handeln; sie hatten allein einen Bezug zur Motorik. Der betreffende »psychische Zustand« hatte aber auch, als Folge der Unterdrückung, keine Verbindung mit der Sprache mehr; ihm war die sprachliche Darstellung verwehrt. Da die jeweilige Handlung aber einen latenten Sinn hatte, der von einem Interpreten aufgedeckt werden konnte, mußte erklärt werden, wie hier dennoch ein Sinn-Zusammenhang bestehen konnte. Dies sollte die Übersetzungshypothese leisten.
Die Anwendung dieses Bedeutungsbegriffs reifiziert das Ergebnis

des Verstehens, zu dem Freud jeweils gelangt ist; es wird zu einem unbewußten Gedanken des Betreffenden, dem eine Fehlhandlung unterlief. Freud hat das Ergebnis seiner Verstehensprozesse in das Subjekt hineinverlegt, das die jeweilige Fehlhandlung produziert hatte, und dann den Sinnbezug dieser Handlung als eine durch Übersetzung geleistete Darstellungsform dieses Gedankens erklärt.

Als Interpret dieser Phänomene ist Freud in einer ganz anderen Weise zur Aufdeckung des jeweils vorhandenen latenten Sinns gelangt, als dies sein Bedeutungsbegriff impliziert. Er hat sich nicht der Methode der Rückübersetzung und des Assoziierens bedient; er mußte, um auch nur Aspekte dieser Sinn-Struktur erfassen zu können, sein praktisches Handlungswissen konsultieren und bestimmte Schlüsse hinsichtlich der Konfliktlage des Betreffenden ziehen; dazu mußte er auch, im Sinne der Hermeneutik, ein Sich-selbst-Verstehen voraussetzen.

Es kann dem Betreffenden, dem eine Fehlhandlung unterlaufen war, und den Freud danach fragte, nachträglich so vorgekommen sein, als hätte zwischen der Form seiner Fehlhandlung und einem unbewußten Gedanken eine Assoziation bestanden, weil ihm dieser Zusammenhang »spontan« eingefallen ist. Ein solcher »Einfall« ergab sich aber auf der Grundlage einer Wissensstruktur des Handelns.

Eine ähnliche Reifikation liegt vor, wenn Freud sein Kompromißmodell anwendet. Er macht den latenten Sinn des Phänomens, den er als Ergebnis von Interpretations- und Analyseverfahren gewonnen hatte, unter der Hand zur »Tendenz« des Betreffenden, der Objekt dieser Untersuchungsverfahren ist. Der Sinn erscheint dann als etwas, das im Unbewußten vorhanden war und sich in der Form bemerkbar gemacht hat, daß die Absicht, ihm Ausdruck zu verleihen, eine gleichzeitig vorhandene andere Absicht störte.

Freuds Sinn-Begriff gibt keinen Aufschluß über die Methoden des Verstehens, die erforderlich sind, um den latenten Sinn aufzudekken. Diese Methoden, die Freud auch selbst in Anspruch nehmen mußte, werden mit diesem Begriff teils verdeckt und teils verkürzt.

Eine große Anzahl der von Freud »Zufalls- und Symptomhandlungen« genannten Fehlleistungen können wir – wie auch andere Arten – als handlungs- und kommunikationsbezogene Verlaufsformen eines ungelösten Konflikts analysieren. Und wir könnten

– was ich hier nicht unternehmen will – eine Typologie von Fehlleistungen in der Weise gewinnen, daß wir jeweils unterscheiden, zu welchem Strukturelement des Handelns in dessen Vorgeschichte ein psychischer Konflikt in systematischer Beziehung stand. Jedenfalls ist in vielen Fällen die von Freud analysierte »Psychopathologie des Alltagslebens« als eine Handlungspathologie rekonstruierbar.

Aber entspricht die Perspektive einer solchen Rekonstruktion schon der Entdeckung Freuds vom »latenten Sinn« dieser Phänomene? Diese Frage weist zurück auf Freuds Behauptung von der Strukturanalogie von Fehlleistung und neurotischen Symptomen. Für ihn war diese Analogie im Kompromißmodell begründet, das er auf beide Phänomene anwendbar fand; und die Übersetzungs-Hypothese machte plausibel, daß die neurotischen Symptome eine »symbolische Bedeutung« haben.

Die obige Untersuchung läßt es aber zweifelhaft erscheinen, daß die von Freud entdeckte Sinn-Struktur mit diesen beiden theoretischen Vorstellungen hinsichtlich der Fehlleistungen wirklich begriffen werden kann.

Läßt sich die behauptete Analogie aufrechterhalten, indem man eine stärkere theoretische Begründung für sie findet? Das ist der Fall. Wir finden den Schlüssel hierzu bei Freud selbst. Er führt in den »Vorlesungen« über die Symptome aus:

»Sie sehen meist vom Objekt ab und geben damit die Beziehung zur äußeren Realität auf. Wir verstehen dies als Folge der Abwendung vom Realitäts- und der Rückkehr zum Lustprinzip. Es ist aber auch eine Rückkehr zu einer Art von erweitertem Autoerotismus, wie er dem Sexualtrieb die ersten Befriedigungen bot. Sie setzen an die Stelle einer Veränderung der Außenwelt eine Körperveränderung, also eine innere Aktion an die Stelle einer äußeren, eine Anpassung anstatt einer Handlung (...).« (Freud, G. W., Bd. XI, S. 380f)

Hinweise auf einen erweiterten Autoerotismus haben wir in den obigen Beispielen nicht gefunden; dies ist nicht weiter erstaunlich, da die Fehlleistungen, wie Freud es ausdrückt;

»(...) in die mindest wichtigen psychischen Leistungen verlegt sind, während alles, was höheren psychischen Wert beanspruchen kann, frei von Störung vor sich geht« (Freud, G. W., Bd. IV, S. 310).

Aber die anderen von Freud genannten Kennzeichen eines neurotischen Symptoms fanden wir bei mehreren Arten von Fehlleistungen: Das »Absehen vom Objekt« fanden wir beim Sich-Versprechen als das von der Situation abstrahierende Moment der Exothese. Damit verbunden war das Phänomen, daß die Handlungsausführung gleichsam eingeholt wird von einem unerledigten mentalen Prozeß der Handlungsvorgeschichte, so daß das Ich zeitlich verdoppelt wird. Dies können wir als eine kurzfristige »Abwendung vom Realitätsprinzip« interpretieren; die »Ersetzung einer Veränderung der Außenwelt durch eine innere Aktion« bezeichnet genau den Vorgang, den ich oben als Ausgangspunkt in der Vorgeschichte einer Fehlhandlung rekonstruiert habe: der mit der »Unterdrückung« verbundene Eingriff in den Zusammenhang von Wissen und Handeln. Dieser Eingriff ist eine Form der Konfliktbearbeitung, die den Konflikt nicht lösen kann.

In diesem Zusammenhang stellt sich die Frage, ob die oben gefundenen Kennzeichen von Fehlleistungen nicht doch ansatzweise der Charakteristik entsprechen, die Freud den Vorgängen des (dynamisch) Unbewußten gegeben hat, nämlich ihre Zeitlosigkeit, ihre Widerspruchslosigkeit und die Ersetzung der äußeren Realität durch die psychische (Freud, »Das Unbewußte«, G. W., Bd. x, S. 286). Daraus könnte dann der Schluß gezogen werden, daß es letztlich doch die Abwehrmaßnahme der Verdrängung (und deren kurzfristiges Mißlingen) ist, wodurch eine Fehlhandlung zustandekommt.

Dieser Schluß ist nicht zwingend. Wenn wir voraussetzen, daß mit der »Unterdrückung« der Bezug eines vorhandenen Wunsches oder Interesses zum praktischen Handlungswissen, und damit auch zur Wirklichkeit, gebrochen wird, dann setzt sich dieses gebrochene Verhältnis in der Fehlhandlung fort. Deren Kennzeichen ähneln dann denen, die Freud als charakteristisch für das System Unbewußt anführt; aber sie sind nicht mit ihnen identisch. Es sind Kennzeichen eines subjektiv verzerrten Handlungssinns.

Am Beispiel des Sich-Versprechens des Präsidenten habe ich vorausgesetzt, daß sein anfänglich vorhandener Handlungswunsch durch die Unterdrückung umgewandelt wurde in eine bloße Negation der beabsichtigten Handlung. Wenn ein solcher Handlungswunsch aber gänzlich verdrängt wird, dann bleibt nicht einmal dieses Substitut für seine Erfüllung. Als bloßer Wunsch hat er nur den Weg zur Erfüllung an sich selbst. Da ein Wunsch ja die

Wiederbelebung eines früheren Erlebnisses der Befriedigung ist, das im Gedächtnis gespeichert wurde, ist die Aktivierung dieser Gedächtniselemente in der Vorstellung die Form der Wunscherfüllung. Sie ist »zeitlos«, da das Vergangene ja die vergegenwärtigte Befriedigung ist.

Freuds Annahme (Kap. VII der »Traumdeutung«), daß das Kind in der Halluzination die erste Wunscherfüllung sucht, hat daher eine handlungstheoretische Plausibilität. Denn das Kind verfügt anfänglich über keine Möglichkeiten, durch Handeln die Befriedigung seiner Triebwünsche zu erreichen. Es ist für lange Zeit auf das Handeln anderer angewiesen. Wenn die relevante Bezugsperson bei einer als unlustvoll erlebten Mangelsituation nicht anwesend ist, um diese zu beseitigen, bleibt dem Kind zunächst nur die Befriedigungsform der Halluzination.

In der von Freud genannten »Zeitlosigkeit« sehe ich ein Merkmal des triebdynamisch verselbständigten Wissens, das zum (dynamisch) Unbewußten gehört. Wie dieses Merkmal mit der nach innen verlagerten Auseinandersetzung mit dem Anderen zusammenhängt, werde ich am Beispiel einer Zwangshandlung zeigen, die Freud analysiert hat (Kap. 2.6.). Davon zu unterscheiden ist das sprachlich organisierte, kollektive Handlungswissen, von dem bei Fehlhandlungen das Handlungssubjekt einen verzerrten Gebrauch macht.

Freud hat erkannt, daß ein solches sprachlich gefaßtes Wissen, wenn es gebraucht wird, nicht auch bewußt sein muß. Sein Gebrauch stellt die Sinnzusammenhänge her, die er die »latenten Zustände des Seelenlebens« nennt. Er erläutert sie folgendermaßen:

»(...) sie können mit all den Kategorien beschrieben werden, die wir auf die bewußten Seelenakte anwenden, als Vorstellungen, Strebungen, Entschließungen u. dgl. Ja, von manchen dieser latenten Zustände müssen wir sagen, sie unterscheiden sich von den bewußten eben nur durch den Wegfall des Bewußtseins.« (Freud, a.a.O., S. 267)

Die Kategorien, die Freud hier nennt, sind sehr aufschlußreich. Es sind Analysekategorien der inneren Struktur des Handelns. Zu der »bewußten Kenntnis«, von der er in diesem Zusammenhang feststellt, daß sie »sich ohnehin über die längsten Zeiten im Zustande der Latenz, also in einem Zustande von psychischer Unbewußtheit, befinden muß« (Freud, a.a.O., S. 265), gehört wesent-

lich das kollektive Handlungswissen. Darauf habe ich schon weiter oben (Kap. 1.) aufmerksam gemacht. Es ist, in der Terminologie des topographischen Modells, Teil des Systems Vorbewußt (wo Freud es aber, aus den eingangs genannten Gründen, theoretisch nicht berücksichtigen konnte.)
Für viele Arten von Fehlleistungen ist der latente Sinn ein Handlungs-Sinn. Als solcher läßt er sich handlungspraktisch (also durch die Analyse des Gebrauchs von Handlungswissen) rekonstruieren. Andererseits merkt Freud mehrmals an, daß die Kenntnis der »psychischen Situation« des Betreffenden erforderlich ist, wenn dieser Sinn nicht offenkundig ist. Dies weist auf eine Dimension, die dem alltäglichen Handlungsverstehen nicht ohne weiteres zugänglich ist.
Dieser Dimension war der Interferenz-Gedanke als eine wissenschaftliche Erklärung zugedacht. Aber er leidet theoretisch unter der Kluft, die zwischen der Interferenz der gegensätzlichen Absichten besteht, eine »Tendenz« zurückzudrängen bzw. einer anderen Ausdruck zu verschaffen, und dem Medium, in dem eine »Tendenz« sich äußert. Der »Mechanismus« kann keine Analyse des Strukturzusammenhangs von Handeln ersetzen; und er verdeckt, daß ein Verstehen der individuellen Konfliktlage eines anderen interpretativ erfolgt.
Er ist gewissermaßen ein schlechter Notbehelf für den Begriff von Sinn, der diesen als Ergebnis einer wissenschaftlichen Rekonstruktion des konkreten Phänomens versteht. Die Fehlleistungen haben deshalb einen Sinn, weil sie eine Form der Bearbeitung eines Konflikts sind, die diesen Konflikt nicht löst, sondern ihn in einer Abwandlung reproduziert. Aber es ist auch deutlich geworden, daß diese wissenschaftliche Dimension des latenten Sinns die praktische Rekonstruktion des Handlungssinns zur Voraussetzung hat.
Die Fehlleistungstheorie setzt voraus, daß die Sprecher/Handelnden die Strukturelemente des Handelns als Wissen verfügbar haben. Spezifisch verzerrt ist im Falle einer Fehlleistung der Gebrauch dieses Wissens, nicht das kollektive Handlungswissen selbst. Freuds Analysen – und seine Fehlleistungstheorie insgesamt – setzen damit einen Zusammenhang von Wissen und Handeln voraus, den sie theoretisch nicht erklären können.
Freuds weitere Entdeckungen von Erscheinungen und Zusammenhängen des unbewußten Seelenlebens und seine späteren

Theorieentwürfe lassen sich so interpretieren, daß sie Aufschlüsse darüber geben, wie konflikthaft und widersprüchlich die Entwicklung dieses Wissens in der Kindheit verläuft, und daß alle Strukturelemente des Handelns, die seine subjektiven Dimensionen konstituieren, in diese konflikthafte Entwicklung einbezogen sind.
Die verschiedenen Arten von Fehlleistungen zeigen in ihrer Vielfalt mögliche Strukturverzerrungen einzelner Handlungen. Diese Verzerrungen betreffen bei neurotischen Symptomen nicht einzelne Handlungen, sondern die Struktur individueller Subjektivität. Hier ist, wie ich (in Kap. 2.6.) am Beispiel einer Zwangshandlung zeigen möchte, die Form des Handelns systematisch gebrochen. Darin sehe ich den entscheidenden Unterschied zwischen Fehlhandlungen und neurotischen Symptomen.
Zwar bringt Freud in der Schrift »Zur Psychopathologie des Alltagslebens« auch Beispiele, die nahelegen, daß für sie die Abwehrform der Verdrängung maßgeblich war. Diese Beispiele können aber nicht im Rahmen der Fehlleistungstheorie hinreichend erklärt werden, da diese Abwehrform Strukturveränderungen des Handelns mit sich bringt, die über die Strukturverzerrung einer einzelnen Handlung weit hinausgehen.
Freud hat, wie eingangs erwähnt, in seinem topographischen Modell des psychischen Apparats dem »Ich« theoretisch keinen zentralen Platz eingeräumt; es hat lediglich eine enge Verbindung zum System Bewußt-Vorbewußt, zur Wahrnehmung und zur Motorik. Für seine Fehlleistungstheorie kann die Rolle, die das Ich bei einer Fehlleistung spielt, daher auch nicht weiter von Interesse sein.
Aus den Rekonstruktionen der Beispiele können wir aber einen Schluß ziehen, der das Ich betrifft (und den Freud ja durch Entdeckungen in anderen Zusammenhängen untermauert hat): Die Aktualisierung von Wissen ist keine selbstsichere Leistung. Wenn das Ich (für Freud in späteren Arbeiten der Träger von Bewußtsein und Vernunft) der seelische Ort ist, an dem Wissen aktualisiert wird, dann liegt das, was an diesem Ort geschieht, nur bedingt in der Macht des Handlungssubjekts.
In der Perspektive des alltäglichen Handelns, das von Handlungs- und Sprachwissen Gebrauch macht, sind diese Phänomene fehlerhaft, störend, unangepaßt. In der psychoanalytischen Perspektive sind sie sinnhaft, weil sie als das Ergebnis eines individuellen Kon-

fliktbewältigungsversuches rekonstruiert werden können, der von überindividuellen Prozeßmechanismen und Gesetzmäßigkeiten bestimmt wird, die die subjektiven Dimensionen des Handelns betreffen.
Freuds Fehlleistungstheorie hat beide Betrachtungsweisen in sich aufgenommen. Sie trägt einerseits dem alltäglichen Verstehen Rechnung, indem sie die Phänomene als »Fehlleistungen« bezeichnet und den latenten Sinn mit der »störenden« Tendenz/Intention gleichsetzt. Sie verkürzt damit die Sinn-Struktur und blendet aus, daß diese zur Verlaufsform eines Konflikts gehört. Andererseits löst sich die Theorie aber auch von dem alltäglichen Verstehen und der entsprechenden Beurteilung des Phänomens, weil sie geltend macht, daß die störende Tendenz selbst eine »korrekte psychische Leistung« ist. Freuds Fehlleistungstheorie, die sich an dem Kompromißmodell orientiert, ist selbst ein Kompromiß zwischen diesen beiden unterschiedlichen Perspektiven der Betrachtung.
Auf die Kritik Grünbaums (1984, dt. 1988) an der Fehlleistungstheorie Freuds möchte ich im folgenden eingehen. Vor dem Hintergrund meiner Untersuchung dieser Theorie wird deutlich, warum Grünbaums Kritik so wenig zum besseren Verständnis der Entdeckung des latenten Sinns beiträgt.

2.5. Grünbaums Kritik

Freud hat darauf hingewiesen, daß im Alltag der latente Sinn einer Fehlleistung oft problemlos von Teilnehmern bzw. Hörern erfaßt wird und nicht selten Heiterkeit und Hohn hervorruft (Freud, G. W., Bd. IV, S. 104 f). Die Beispiele, die er hierfür bringt – z. B. das Sich-Versprechen des Präsidenten –, geben ihm recht.
Wie ich gezeigt habe, konnte dessen Fehlrede für Freud (und für viele Hörer im Abgeordnetenhaus) einen »unzweideutigen« Sinn haben (Freud, G. W., Bd. XI, S. 33), weil die gebrochene Zweck-Mittel-Relation des Handelns, der Vorgriff des Sprechers auf den Abschluß der Sitzung leicht zu verstehen ist. Man mußte sich dazu nur das sprachliche Musterwissen, wie eine Sitzung förmlich geschlossen wird, vergegenwärtigen. Da viele Hörer wahrscheinlich die Person des Sprechers gut kannten, war auch ein Rückschluß auf dessen individuelle Konfliktlage nicht schwierig.

Die unproblematische Art dieses Verstehens kann natürlich nicht für psychoanalytische Verstehensprozesse verallgemeinert werden. Diese richten sich im therapeutischen Prozeß auf differenzierte emotionale Erfahrungen, die einen hermeneutischen Zugang unumgänglich machen. Verkürzt gesagt: Der Analytiker muß Deutungskategorien heranziehen, die solche Erfahrungen an (und mit) ihm selbst repräsentieren und die er in dem bekannten »hermeneutischen Zirkel« tentativ anwendet.

Diese Verstehensprozesse sind Voraussetzungen für die Theoriebildung, sie sind nicht mit ihr identisch. Dieser Unterschied ist am Beispiel der Fehlleistungstheorie sehr deutlich geworden.

Für diese Theorie ist jedenfalls zumeist eine Art des Verstehens ausreichend, das vom kollektiven Handlungswissen Gebrauch macht. So wie Freud den Sinn-Aspekt der Tendenz bzw. Absicht gefaßt hat, ist das Erkennen der störenden Intention das Ergebnis der Anwendung einer alltäglichen Form des Verstehens bzw. praktischen Erklärens, das auf Handlungswissen basiert. Die »ungewöhnlichen Wege«, die in Fällen des Sich-Versprechens eingeschlagen werden, sind im Sprachwissen vorhandene lautliche Ähnlichkeiten von Wörtern mit verschiedener Bedeutung oder Bedeutungsaffinitäten lautlich verschiedener Wörter. Hierauf bezieht sich Freud im folgenden.

»Wenn die störende Intention nichts mit dem Inhalt der gestörten zu tun hat, woher kommt sie denn und woher rührt es, daß sie sich gerade an solcher Stelle als Störung bemerkbar macht? Die Beobachtung, die hier allein Antwort geben kann, läßt erkennen, daß die Störung von einem Gedankengang herrührt, der die betreffende Person kurz vorher beschäftigt hatte, und der nun in solcher Weise nachwirkt, gleichgültig ob er bereits Ausdruck in der Rede gefunden hat oder nicht. (...) Es fehlt auch hier nicht an einem assoziativen Zusammenhang zwischen dem Störenden und dem Gestörten, aber er ist nicht im Inhalt gegeben, sondern künstlich, oft auf sehr gezwungenen Verbindungswegen hergestellt.« (Freud, a.a.O., S. 57f)

Schließlich können auch Assoziationsverbindungen, die im Gedächtnis vorgegeben sind, durch eine aktuelle Äußerung oder Handlung angeregt werden und in ihrem Ergebnis ein störendes Element hervorbringen. In jedem dieser möglichen Fälle geht Freuds Theorie davon aus, daß der Zusammenhang der störenden mit der gestörten Intention/Tendenz im Wissen des Betreffenden begründet ist. Freuds Feststellung, daß Fehlleistungen im Alltag oft problemlos in ihrem latenten Sinn erfaßt werden, indem die Teilnehmer/Hörer ihnen dieselbe »Deutung« geben, die er vertritt, hat einen methodologischen Stellenwert. Diese »Deutung« nimmt dasselbe Wissen in Anspruch, das der Betreffende in spezifisch verzerrter Weise gebraucht hat. Aber da die Erklärung auf dieser vortheoretischen Stufe der Analyse nicht stehenbleiben kann, ist zusätzlich eine wissenschaftliche erforderlich, die die zugrundeliegende Gesetzmäßigkeit erfassen soll. Dazu diente Freud das Kompromißmodell. Wie sein Erklärungsversuch so weiterentwickelt werden kann, daß er eine verallgemeinerbare Analyse dieser Phänomene ermöglicht, habe ich oben dargestellt.

Grünbaums Kritik an der Fehlleistungstheorie Freuds steht im Zusammenhang mit seiner kritischen Auseinandersetzung mit der hermeneutischen Version der Psychoanalyse, wie sie z. B. Ricœur vertritt. Und ich selbst halte auch – wenn auch aus anderen Gründen als den von Grünbaum entwickelten – die Versuche, psychoanalytische Konzepte lediglich hermeneutisch zu rekonstruieren, für problematisch. Aber Grünbaum geht in seiner Kritik von einer Unterstellung aus, die er nicht weiter begründet, weil er sie offenbar für selbstverständlich hält: daß nämlich einer Klärung der wissenschaftlichen Grundlagen der Psychoanalyse prinzipiell nur zwei Wege offenstehen: der einer hermeneutischen Auffassung oder der an den Naturwissenschaften orientierte Weg, der die für die Psychoanalyse entscheidenden Kausalhypothesen herausarbeitet und versucht, diese mit den gängigen Untersuchungs- und Validierungsmethoden (experimentelle Untersuchungen, statistische Erhebungen) zu stützen.

Für die Psychoanalyse als eine wissenschaftliche Forschungsmethode stellt sich diese Alternative nicht. An Freuds Untersuchungen der Fehlleistungen des Alltags wird deutlich, daß seine Entdeckungen in diesem Zusammenhang gar nicht auf Kausalzuschreibungen basieren (auch wenn er sich in dem wissenschaftlichen Begründungsversuch dieser Entdeckungen von Kausalvorstellungen leiten ließ). Dasselbe gilt für meinen Vorschlag, seine Fehlleistungstheorie zu präzisieren. Dazu habe ich an konkreten Beispielen Kennzeichen dieser Phänomene herausgearbeitet und die Grundstruktur des Prozeßverlaufs analysiert, der diese Kennzeichen hervorbringt. Mit einem weitgefaßten Begriff von Kausalität können wir die einzelnen mentalen Prozesse, die hier eine Rolle spielen, als Ursachen einer Fehlhandlung bestimmen. Aber für eine Theorie der Fehlhandlungen ist damit wenig gewonnen. Damit wäre nicht die Verzerrung der inneren Struktur der jeweiligen Handlung erklärt, und damit auch nicht deren latenter Sinn.

Grünbaum zufolge beruht die psychoanalytische Suche nach der »Bedeutung« von neurotischen Symptomen, Träumen und Fehlleistungen auf zwei entscheidenden Voraussetzungen:

»Erstens existiert die in Freuds Theorie postulierte verdeckte ›Intentionalität‹ tatsächlich versteckt; dadurch werden diese verschiedenen Aspekte des menschlichen Lebens erst geeignet, psychoanalytisch entziffert zu werden; (...). Zweitens gewinnt (...) die vermeintlich verdrängte Vorstellung ihre Erklärungsfähigkeit in der Psychoanalyse aus ihrer angenommenen kausalen Rolle (...).« (Grünbaum, a.a.O., S. 95 f)

Freuds Theorie, die hier angesprochen wird – seine Verdrängungstheorie – hält Grünbaum deshalb für den zur Bestimmung des latenten Sinns maßgeblichen Erklärungszusammenhang, weil er meint:

»Wenn man sagt, sich versprechen, sich verschreiben, sich verhören, sich versehen oder sich falsch erinnern sei eine echte ›Freudsche‹ Fehlleistung, so meint man, daß sie durch ein verdrängtes Motiv hervorgerufen wurde.« (Grünbaum, a.a.O., S. 104)

Dies ist nicht die Auffassung, die »man« als Teilnehmer oder Hörer im Alltag vertritt, wenn der latente Sinn einer Fehlleistung evident ist (s. o.). Nachdem Grünbaum neurotische Symptome, Träume und Fehlleistungen als Fälle unbewußt erzeugten Verhaltens klassifiziert hat, bestimmt er den Begriff der Kompromißbildung wie folgt:

»(...) ein Handelnder schließt unbewußt einen ›Kompromiß‹, wenn er an der triebhaften Verfolgung eines Ziels gehindert wird: er gibt sich zufrieden mit der Ersatzbefriedigung, die ein alternatives Verhalten bietet.« (Grünbaum, a.a.O., S. 112)

Diese eigenwillige Interpretation verändert die Bedeutung von Freuds Metapher des Kompromisses so gründlich, daß der theoretische Gehalt des Kompromißmodells verlorengeht. Freud hatte mit dieser Metapher das Eigentümliche der Interferenz zweier verschiedener Intentionen umschrieben, deren halbes Mißlingen und halbes Gelingen. Er betonte damit das konflikthafte Moment, das sich unwillentlich als Störung bemerkbar macht. Grünbaum deutet den unfreiwillig selbst produzierten Kompromiß um zu einem Entschluß, der auf der Grundlage von Einschätzung und Abwägung des Erreichbaren gefaßt wird. Wenn die Störung nicht konflikthaft selbst herbeigeführt wird, muß sie in anderer Weise erklärt werden. Hier stellt Grünbaum die Behauptung auf, daß die Bedeutung der als »merkwürdig« oder »unangemessen« klassifizierten Fälle von Verhalten im Sinne von eindeutigem kausalen Ursprung des Verhaltens aufzufassen ist; und er vertritt die Ansicht, daß Freud selbst diesen Begriff so verwendet hat, wenn er darauf aufmerksam macht, daß die Fehlleistungen und Symptomhandlungen nichts Zufälliges sind, daß sie vielmehr sinnvoll und deutbar sind. So faßt Grünbaum den latenten Sinn als ein natürliches Anzeichen auf und erläutert dies am Beispiel eines Fußabdrucks im Sand, den ein Beobachter als Stempel oder als Zeichen für die vorangegangene Einwirkung klassifiziert:

»Weil der Fußabdruck diesen ontologischen Status als Spur hat, kann man sagen, er gewinne für einen menschlichen Beobachter, der ihn zu Gesicht bekommt, retrodiktive Bedeutung: der Beobachter ist erkenntnismäßig dazu berechtigt, die Sandformation als Zeugnis für das zuvor Eingetretene zu interpretieren.« (Grünbaum, a.a.O., S. 113)

Ein natürliches Zeichen dieser Art war an den obigen Beispielen für Fehlleistungen nicht zu finden. Es ist auch schwierig, die Tatsache zu übersehen, daß Freud selbst – z. B. in den »Vorlesungen« – häufiger Fälle von Fehlleistungen heranzieht und kommentiert, bei denen der latente Sinn offen in Erscheinung tritt. Grünbaum versucht seine Auffassung dadurch zu stützen, daß er diese Fälle als bloß »propädeutische« abtut, die Freud nur deshalb dargestellt habe, um in die Behandlung der psychoanalytisch relevanten Fälle einzuführen – eben solche, die durch ein verdrängtes Motiv erzeugt werden (Grünbaum, a.a.O., S. 327f). Diese Behauptung stimmt nicht mit den Fakten überein. Grünbaum gelangt zu seiner Auffassung des »latenten Sinns« u. a. dadurch, daß er das psychoanalytische Konzept der Symptombildung nicht von dem Konzept der Verdrängung strikt unterscheidet. Freud selbst hat – wenn auch nicht zu Beginn seiner Forschungsarbeit, wohl aber später – klar gemacht, daß sich der Mechanismus der Symptombildung nicht mit dem der Verdrängung deckt:

»Die vorläufige Wahrscheinlichkeit scheint dafür zu sprechen, daß beide weit auseinandergehen, daß es nicht die Verdrängung selbst ist, welche Ersatzbildungen und Symptome schafft, sondern daß die letzteren als Anzeichen einer Wiederkehr des Verdrängten ganz anderen Vorgängen ihr Entstehen verdanken.« (Freud, G. W., Bd. x, S. 257)

Wenn Freud das neurotische Symptom als das Ergebnis einer besonderen Art psychischer Bearbeitung auffaßt, dann wird auch verständlich, warum er am Ende seiner Untersuchung zur »Psychopathologie des Alltags« feststellt:

»Die richtige Beurteilung der sonderbaren psychischen Arbeit, welche die Fehlleistung wie die Traumbilder entstehen läßt, wird uns erst ermöglicht, wenn wir erfahren haben, daß die psychoneurotischen Symptome, speziell die psychischen Bildungen der Hysterie und der Zwangsneurose, in ihrem Mechanismus alle wesentlichen Züge dieser Arbeitsweise wiederholen.« (Freud, G. W., Bd. iv, S. 309)

Ebendieser Mechanismus der Symptombildung läßt sich exemplarisch – und gewissermaßen en miniature – an den Fehlleistungen des Alltags studieren. Sie sind das Ergebnis eines mißlungenen Versuchs, einen Konflikt zu bearbeiten. Grünbaums These, es handele sich bei diesen Phänomenen um Verhaltensweisen, für die verdrängte Motive eine kausale Rolle spielen, blendet genau den Wirklichkeitsbereich aus, in dem die Gesetzmäßigkeit dieser Phänomene zu suchen ist – den der mentalen Sphäre (die das Sprachwissen einbeschließt). Genau deshalb können ihm neurotische Symptome oder Fehlleistungen als unverständliche Verhaltensweisen erscheinen, denen Bedeutung allein deshalb zukommt, weil sie als natürliches Anzeichen für das zuvor Eingetretene interpretiert werden können – die Verdrängung eines Wunsches oder einer Vorstellung, der/die dem Betreffenden prinzipiell als »Motiv« ebenso verborgen bleibt wie dem Beobachter. Für die Fehlleistungstheorie ist aber die Abwehrmaßnahme der Verdrängung keine notwendige Voraussetzung dafür, daß eine Fehlleistung zustande kommt. Freud stellt selbst ausdrücklich fest, daß die Beziehung der störenden Intention zur Bewußtseinsfähigkeit keine Rolle spielt für das Zustandekommen einer Fehlleistung (Freud, G. W., Bd. iv, S. 307). Während Freuds Analysen der konkreten Beispiele implizit voraussetzen, daß der Zusammenhang von störender und gestörter Intention im Wissen des Betreffenden begründet ist, blendet Grünbaums Rekonstruktion gerade diesen Zusammenhang aus. So entgeht ihm auch der strukturelle Unterschied zwischen Fehlhandlungen und Formen des Fehlerinnerns. Um seine These zu begründen, daß der praktische Schluß (Syllogismus) auf die Fehlleistungen nicht anwendbar ist, konzentriert er sich auf den bekannten Fall des Vergessens eines fremdsprachigen Wortes – »aliquis« – und unterstellt, was für die Anwendbarkeit eines praktischen Schlusses notwendige Voraussetzung ist: daß ein Sich-Nicht-Erinnern-Können das Ergebnis eines Handlungsentschlusses des Betreffenden ist. Da sich Grünbaum um die Erarbeitung der Gesetzmäßigkeit der Gedächtnisfehler gar nicht bemüht – z. B. die Rekonstruktion eines Konflikts des Betreffenden –, bemerkt er auch nicht den Unterschied, der zwischen dieser Gruppe von Fehlleistungen und den (sprachlichen) Fehlhandlungen besteht. Grünbaums Kritik an dieser Theorie verdeutlicht nur die problematischen Konsequenzen, die sich aus Freuds assoziationspsychologischem Begriff des Sinns ergeben. Die Kluft, die in Freuds Kompromißmodell besteht zwischen den interferierenden Intentionen/Tendenzen und dem Kommunikationsprozeß, in dem sie sich äußern, wird von Grünbaum bekräftigt und noch vergrößert; denn ihm zufolge ist der latente Sinn immer ein verdrängtes Motiv. Der offenbar nicht reflektierte Bezug der Kritik Grünbaums ist die assoziationspsychologische Begründung der Fehlleistungstheorie, nicht deren psychoanalytischer Gehalt.

2.6. Der Sinn von Fehlleistungen und der Sinn eines neurotischen Symptoms im Vergleich

Der latente Sinn von Fehlleistungen ist typischerweise ein subjektiv verzerrter Handlungssinn. Er entsteht im Zusammenhang eines mißlingenden Versuchs, einen psychischen Konflikt der Vorgeschichte der betreffenden Handlung durch Unterdrückung zu bewältigen, d. h. in der Weise, daß ein Wunsch oder ein Gefühl (als eine Konstituente des Konflikts) vom Handeln bzw. von der Kommunikation ausgeschlossen werden soll. Dieser Ausschluß mißlingt; die Ausführung der Handlung wird von dem ungelösten Konflikt wieder eingeholt.

Wie ist die Struktur des unbewußten Sinns zu bestimmen, wenn dieser, wie bei neurotischen Symptomen, mit Prozessen zusammenhängt, die der Verdrängung unterliegen?

Ich untersuche hierzu das Beispiel einer Zwangshandlung, das

Freud in den »Vorlesungen« anführt, sowie seine Analyse dieses Beispiels; er macht darin deutlich, was er unter dem Sinn neurotischer Symptome versteht.
Freud berichtet von einer 30jährigen Frau, die am Tag mehrmals die folgende Zwangshandlung ausführte:

»Sie lief aus ihrem Zimmer in ein anderes nebenan, stellte sich dort an eine bestimmte Stelle bei dem in der Mitte stehenden Tisch hin, schellte ihrem Stubenmädchen, gab ihr einen gleichgültigen Auftrag oder entließ sie auch ohne solchen und lief dann wieder zurück.« (Freud, G. W., Bd. XI, S. 269)

Freud, der wegen dieser Zwangshandlung konsultiert wurde, war, wie er uns berichtet, zunächst selbst ratlos, welchen Sinn diese Handlung hatte. Die Kranke konnte auch ihrerseits auf seine Frage, warum sie diese eigentümliche Handlung immer wieder tut, zunächst keine Auskunft geben.
Nachdem er ein »großes prinzipielles Bedenken« bei der Frau ausräumen konnte, erzählte die Betreffende schließlich doch, was ihr zu dieser Zwangshandlung einfiel. Freud teilt uns folgendes mit:

»Sie hatte vor mehr als zehn Jahren einen weitaus älteren Mann geheiratet, der sich in der Hochzeitsnacht impotent erwies. Er war ungezählte Male in dieser Nacht aus seinem Zimmer in ihres gelaufen, um den Versuch zu wiederholen, aber jedesmal erfolglos. Am Morgen sagte er ärgerlich: Da muß man sich ja vor dem Stubenmädchen schämen, wenn sie das Bett macht, ergriff eine Flasche roter Tinte, die zufällig im Zimmer war, und goß ihren Inhalt aufs Bettuch, aber nicht gerade auf eine Stelle, die ein Anrecht auf einen solchen Fleck gehabt hätte. Ich verstand anfangs nicht, was diese Erinnerung mit der fraglichen Zwangshandlung zu tun haben sollte, da ich nur in dem wiederholten Aus-einem-Zimmer-in-das-andere-Laufen eine Übereinstimmung fand und etwa noch im Auftreten des Stubenmädchens. Da führte mich die Patientin zu dem Tisch im zweiten Zimmer hin und ließ mich auf dessen Decke einen großen Fleck entdekken. Sie erklärte auch, sie stelle sich so zum Tisch hin, daß das zu ihr gerufene Mädchen den Fleck nicht übersehen könne.« (Freud, a.a.O., S. 269)

Die Beziehung zwischen der ursprünglichen »Szene« nach der Brautnacht und der Zwangshandlung wurde damit verständlicher; jetzt wurde – so Freud – klar, daß sich die Kranke mit ihrem Ehemann »identifiziert« – »sie spielt ihn ja, indem sie sein Laufen aus einem Zimmer ins andere nachahmt« (Freud, a.a.O., S. 270). Dabei hat sie aber das Bett und das Bettuch ersetzt durch den

Tisch und die Tischdecke. Diese Ersetzung geschieht z. B. auch in Träumen öfter. »Tisch und Bett machen mitsammen die Ehe aus, da steht dann leicht eines für das andere.« (Freud, a.a.O., S. 270)
Dieser Interpretation liegt der Bedeutungsaspekt des Sinn-Begriffs zugrunde. Freud verfährt hier ebenso wie bei seiner Analyse der »Symptom- und Zufallshandlungen«. Unter diesem Aspekt besteht der Sinn dieser Zwangshandlung darin, daß die Kranke damit die »bedeutungsvolle Szene« nach ihrer Brautnacht darstellt und wiederholt.
Aber Freud beschränkt sich in der Analyse der Zwangshandlung nicht auf diesen Aspekt seines Sinn-Begriffs; er bewertet sogar das so erzielte Ergebnis als vordergründig, als Schein. Daher erfolgt die weitere Analyse unter dem anderen Aspekt; Sinn wird nun als Tendenz bzw. Intention verstanden.

»(...) wir sind nicht genötigt, bei diesem Schein haltzumachen; wenn wir die Beziehung zwischen den beiden (d. h. zwischen der »Szene« und der Zwangshandlung; D. F.) eingehender untersuchen, werden wir wahrscheinlich Aufschluß über etwas Weitergehendes, über die Absicht der Zwangshandlung erhalten. Der Kern derselben ist offenbar das Herbeirufen des Stubenmädchens, dem sie den Fleck vor Augen führt, im Gegensatz zur Bemerkung ihres Mannes: Da müßte man sich vor dem Mädchen schämen. Er – dessen Rolle sie agiert – schämt sich also nicht vor dem Mädchen, der Fleck ist demnach an der richtigen Stelle. Wir sehen also, sie hat die Szene nicht einfach wiederholt, sondern sie fortgesetzt und dabei korrigiert, zum Richtigen gewendet. Damit korrigiert sie aber auch das andere, das in jener Nacht so peinlich war und jene Auskunft mit der roten Tinte notwendig machte, die Impotenz. Die Zwangshandlung sagt also: Nein, es ist nicht wahr, er hatte sich nicht vor dem Stubenmädchen zu schämen, er war nicht impotent; sie stellt diesen Wunsch nach Art eines Traumes in einer gegenwärtigen Handlung als erfüllt dar, sie dient der Tendenz, den Mann über sein damaliges Mißgeschick zu erheben.« (Freud, a.a.O., S. 270)

An diesem Beispiel seiner Sinn Interpretation im Zusammenhang eines neurotischen Symptoms wird dasselbe Problem deutlich, das ich im Zusammenhang mit den Fehlleistungen diskutiert habe: Freuds Sinn-Begriff kann nicht die innere Struktur dieser Zwangshandlung aufschlüsseln, obwohl die Kategorie der »Absicht« durchaus sich darauf bezieht und andere Aspekte dieser Interpretation – wie ich noch zeigen werde – implizit darauf Bezug nehmen. Das Ergebnis, zu dem Freud kommt, ist plausibel; aber in welcher Weise diese Zwangshandlung uns den Sinn »sagt«, den Freud an ihr ermittelt hat, bleibt ungeklärt. Freuds Sinn-Begriff weist nicht die Methode aus, nach der dieser Sinn tatsächlich von Freud ermittelt wurde.

Wie ich schon oben erwähnt habe, neigte Freud dazu, diesen Sinn zu hypostasieren, die »Tendenz« wie ein unbewußtes Motiv zu behandeln. Diese Sichtweise ist das Ergebnis einer Reifikation. Der Sinn eines Phänomens, der sich für Freud als Ergebnis von Interpretationen und Analyseverfahren herstellt, wird »unter der Hand« zum Sinn des Analysanden (Patienten). Dieser Sinn erscheint dann als etwas, das im Unbewußten des Analysanden bewahrt ist.

Die Entwicklung eines Sinn-Begriffs, der der Beschaffenheit dieser Symptome angemessen ist und diese Reifikation vermeidet, stellt sich hier als eine besonders dringliche Aufgabe. Denn immerhin geht es in diesem Zusammenhang um die wissenschaftliche Bedeutung der Entdeckung Breuers, die Freud in den »Vorlesungen« in folgender Weise erläutert:

»Nicht nur, daß der Sinn der Symptome regelmäßig unbewußt ist; es besteht auch ein Verhältnis von Vertretung zwischen dieser Unbewußtheit und der Existenzmöglichkeit der Symptome. Sie werden mich bald verstehen. Ich will mit Breuer folgendes behaupten: Jedesmal, wenn wir auf ein Symptom stoßen, dürfen wir schließen, es bestehen bei dem Kranken bestimmte unbewußte Vorgänge, die eben den Sinn des Symptoms enthalten. Aber es ist auch erforderlich, daß dieser Sinn unbewußt sei, damit das Symptom zustande komme. Aus bewußten Vorgängen werden Symptome nicht gebildet; sowie die betreffenden unbewußten bewußt geworden sind, muß das Symptom verschwinden.« (Freud, a.a.O., S. 288 f)

Wenn – wie dies Freuds Sinn-Begriff es nahelegt – der unbewußte Sinn als Tendenz, als Motiv aufgefaßt wird, dann kann man Freuds (und Breuers) Behauptung so verstehen, daß sie sich auf einen Kausalzusammenhang bezieht. Ein unbewußtes Motiv bzw. die Verdrängung, die ein Motiv unbewußt gemacht hat, hätte dann einen kausalen Stellenwert für die Entstehung eines neurotischen Symptoms.

Man interpretiert dann diese Entdeckung als eine ätiologische Hypothese, die besagt, daß bei der Pathogenese einer Psychoneurose die Verdrängung eine kausal notwendige Voraussetzung ist. Eine Hypothese dieser Art braucht dann empirische Beweise, die, wie Grünbaum (1984, dt. 1988) feststellt, schwer beizubringen sind.

Aber Freuds Sinn-Begriff führt hier in die Irre. Es ist die Verselbständigung des unbewußten Sinns gegenüber dem Prozeß des Handelns, die es nahelegt, diesen Sinn wie ein unbewußtes Motiv aufzufassen. Es fragt sich aber, ob dieser Sinn nicht auch bei neurotischen Symptomen systematisch mit einer konflikthaften Verzerrung der inneren Struktur des Handelns zusammenhängt.
Wir finden in Freuds Interpretation dieser Zwangshandlung Andeutungen, daß er selbst, ohne dies zu reflektieren, implizit auch der Perspektive einer Handlungsanalyse gefolgt ist.
Folgende Hintergrundinformationen über die Kranke können uns helfen, an der Form ihres Handelns den spezifischen Konflikt zu analysieren, der hier zugrundeliegt.
Freud berichtet, daß die Kranke seit Jahren von ihrem Mann getrennt lebt und mit der Absicht kämpft, ihre Ehe gerichtlich scheiden zu lassen. Aber sie ist gezwungen, ihm treu zu bleiben und zieht sich, um nicht in Versuchung zu geraten, von aller Welt zurück. Freud weist darauf hin, daß die »Deutung« des Symptoms durch die Beziehung auf ein Erlebnis gefunden wurde (und zwar von der Kranken selbst), das unverlöscht in ihrer Erinnerung geblieben war.
Er erwähnt aber nur einen Aspekt dieses Erlebnisses, nämlich das Peinliche. Aber peinlich war die Tatsache, daß sich der Ehemann in der Hochzeitsnacht als impotent erwies, ja zunächst nur für diesen. Es war seine Sicht, die zur Grundlage der »Szene« wurde, deren Bezug zur Zwangshandlung Freud aufdecken konnte. Das Erleben des Ehemannes wird aber nicht von vorneherein auch das der Frau gewesen sein. Vielmehr ist erklärungsbedürftig, warum sie seine Sicht, sein Erleben übernommen hat.
Freuds Erklärung, es hätte eine »Identifizierung« der Frau mit ihrem Gatten stattgefunden, ist in diesem Zusammenhang unbefriedigend. Eine Identifizierung betrifft ja vor allem das Selbst bzw. Selbstbild, das dadurch in bestimmter Weise Züge des Objekts erhält. Ein solcher Bildungsprozeß betrifft also die interaktive Dimension des Handelns. Aber der Prozeß, der hier stattgefunden hat und der u.a. dazu führte, daß die Frau die Handlungsposition ihres Ehemannes eingenommen hat, muß grundlegender gewesen sein. Es muß eine ursprünglichere, »primäre« Identifizierung stattgefunden haben. Über diese »früheste und ursprünglichste Form der Gefühlsbindung« sagt Freud an anderer Stelle:

»(...) unter den Verhältnissen der Symptombildung, also der Verdrängung, und der Herrschaft der Mechanismen des Unbewußten kommt es oft vor, daß die Objektwahl wieder zur Identifizierung wird, also das Ich die Eigenschaften des Objektes an sich nimmt.« (Freud, G. W., Bd. XIII, S. 117)

Daß Freud bei dieser Zwangshandlung von einer primären Identifizierung ausgeht, wird aus seinem Kommentar deutlich. Er führt zu diesem und einem zweiten Beispiel eines neurotischen Symptoms – ein Schlafzeremoniell eines 19jährigen Mädchens – in den »Vorlesungen« aus:

»Beide Patienten machen uns den Eindruck, als wären sie an ein bestimmtes Stück ihrer Vergangenheit *fixiert*, verständen nicht davon freizukommen und seien deshalb der Gegenwart und der Zukunft entfremdet. Sie stecken nun in ihrer Krankheit, wie man sich in früheren Zeiten in ein Kloster zurückzuziehen pflegte, um dort ein schweres Lebensschicksal auszutragen. Für unsere erste Patientin ist es die in Wirklichkeit aufgegebene Ehe mit ihrem Manne, die ihr dieses Verhängnis bereitet hat. Durch ihre Symptome setzt sie den Prozeß mit ihrem Manne fort; wir haben jene Stimmen verstehen gelernt, die für ihn plädieren, die ihn entschuldigen, erhöhen, seinen Verlust beklagen. Obwohl sie jung und für andere Männer begehrenswert ist, hat sie alle realen und imaginären (magischen) Vorsichten ergriffen, um ihm die Treue zu bewahren.« (Freud, a.a.O., S. 282)

Freud begreift also die Zwangshandlung – und andere damit verbundene Symptome der Frau – als Resultat und vorläufigen Endpunkt einer Fehlentwicklung, die das Subjekt insgesamt betrifft.

Wenn wir, analog zur Analyse der Fehlhandlungen, den Konflikt rekonstruieren können, der damals am Ausgangspunkt dieser Fehlentwicklung entstanden ist und nicht gelöst werden konnte, dann ist es auch möglich, die Zwangshandlung als seine Verlaufsform zu analysieren. Wir können dann auch angeben, welche strukturellen Besonderheiten dieses Handelns es sind, auf die Freud (implizit) sich bezieht, wenn er von den »Stimmen« spricht, die er an diesem Symptom (wie auch an anderen Symtomen) zu verstehen gelernt hatte.

Auch der Bezug der (primären) Identifizierung zum Handeln ist dann schärfer zu fassen. Denn Freuds Hinweis, daß dabei das Ich Eigenschaften des Objekts an sich nimmt, sagt noch nichts darüber aus, welche Konsequenzen dieser Prozeß für das Handeln hat.

Ich will hier betonen, daß meine nachfolgende Analyse dieser Zwangshandlung sowie dessen, was wir über ihre Entstehungsgeschichte durch Freud erfahren, nicht etwa beansprucht, den klinischen Fall umfassend zu untersuchen. Dazu fehlen wichtige Voraussetzungen. Ich werde lediglich eine Rekonstruktion der Symptombildung skizzieren, und diese Rekonstruktion ist auch nur eine von mehreren möglichen. Ob sie auf den konkreten Fall in allen wesentlichen Aspekten zutrifft, ist anhand der verfügbaren Informationen nicht zu entscheiden. Ich möchte an diesem Beispiel aber verdeutlichen, daß wir ein neurotisches Symptom als eine systematisch gebrochene Form des Handelns analysieren können, und daß der unbewußte Sinn, den Freud an dieser Zwangshandlung aufdecken konnte, sich auf eine bestimmte Brechung ihrer inneren Struktur bezieht.

Folgender (von mir angenommene) psychische Konflikt der Frau kann am Ausgangspunkt gestanden haben. Sie kann in dieser Hochzeitsnacht einerseits eine tiefe Enttäuschung und eine Wut gespürt haben und wohl auch den Wunsch, diesen Mann zu verlassen. Dies um so mehr, als ihm offenbar wenig an dem gelegen war, was sie fühlte und dachte; wichtig war ihm, was das Stubenmädchen wohl denken mochte, wenn es am nächsten Morgen das Bett machte. Dem stand aber die Angst der Frau vor einer Trennung gegenüber und das Bedürfnis, bei ihrem Mann zu bleiben.

Warum sie diesen Konflikt dann in der Weise zu bewältigen versuchte, die Freud andeutet, wissen wir nicht. Jedenfalls bestand der erste und entscheidende Schritt darin, daß sie die Handlungsposition des Ehemannes einnahm, die dieser zuvor im Ablauf der Handlung innehatte. Damit hatte sie ihre Enttäuschung und ihre Wut sowie den Wunsch, den Mann zu verlassen, verdrängt, d. h. vom Handeln ausgeschlossen, und an diese Stelle das Bedürfnis ihres Gatten gesetzt, nicht vor Dritten als impotent bloßgestellt zu werden. Sie hatte sich in diesem zentralen Bereich eigener sexueller Wünsche (Triebansprüche) und feindseliger Impulse als Handlungssubjekt negiert und den Anderen (das Bedürfnis des Gatten) an diese Stelle gesetzt. Damit waren diese Wünsche nicht länger ihre eigenen Wünsche. Als Handlungssubjekt konnte sie eine gezielte Aggression gegen diesen Mann und die Trennung von ihm nicht mehr wollen.

Ein weiterer Schritt des Bewältigungsversuchs betrifft den Handlungszweck der Vortäuschung. Dessen Erfüllung ist gefährdet, weil der Fleck nicht richtig plaziert wurde. Sie korrigiert diese falsche Plazierung. Der Fleck ist nun auf dem Tisch. Die Bedeutungsgleichsetzung von Tisch und Bett folgt möglicherweise, wie Freud annimmt, einer geläufigen Redewendung über die Ehe. Aber es ist anzunehmen, daß damit nur ein Aspekt der Bedeutung, die der Fleck auf dem Tisch hat, hervorgehoben ist. Denn nun befindet er sich nicht länger an der Stelle, an der er als ein strategisch plaziertes natürliches Anzeichen sein müßte, um anderen (Dritten) das anzuzeigen, was gar nicht geschehen ist.

Mit dieser Korrektur erfüllt sich die Frau (so Freuds Interpretation) den Wunsch, doch noch einen potenten Mann zu haben. Dies stellt ihre Handlung nicht dar (so erklärt Freuds Übersetzungs-Hypothese diese Bedeutung); der korrigierte Handlungsverlauf bietet vielmehr die Möglichkeit, diesen Wunsch, der im eigenen Handeln nicht mehr ein Wollen sein kann, in der Phantasie zu erfüllen.

Aber dies ist nur ein Teil der Ersatzbefriedigung, die die Korrektur der Ausgangshandlung ermöglicht. Freud deutet in seiner Analyse ein tieferliegendes Befriedigungsmuster an.

»(...) das tiefste Geheimnis ihrer Krankheit ist, daß sie durch diese ihren Mann vor übler Nachrede deckt, ihre örtliche Trennung von ihm rechtfertigt und ihm ein behagliches Sonderleben ermöglicht.« (Freud, a.a.O., S. 271)

Sie bleibt ihm also auf diese Weise trotz bestehender Trennung zärtlich verbunden, weil sie etwas für ihn Wichtiges tut. Sie hat eine Form des Miteinanders entwickelt, in der ihr Bedürfnis (sich für den Mann aufzuopfern, ihn zu schützen usw.) komplementär ist zu seinem (wirklich vorhandenen oder imaginierten) Bedürfnis, daß sie sich für ihn aufopfert.

Sie praktiziert diese Form des Miteinanders allein. Der real abwesende Ehemann ist darin für sie aber stets gegenwärtig. Denn sie hat nicht nur sein Bedürfnis an die Stelle ihrer Wünsche gesetzt; sie hat auch in der interaktiven Dimension die innere Repräsentation, die er von ihr hatte, für sich selbst übernommen.

Ihm waren in dieser Hochzeitsnacht, so nehme ich an, nicht ihre Gefühle wichtig; er hatte sie offenbar auch nicht gebeten, ihm zu helfen, und er hatte auch nicht in anderer Weise mit ihr darüber gesprochen, warum er nicht sexuell potent sein konnte. Er erlebte sein Versagen aus der Perspektive eines Dritten, vor dem er sich

hätte schämen müssen. Für ihn stand an seinem Versagen die Peinlichkeit im Vordergrund, weil es seine Anerkennung als Mann gefährden konnte; die Enttäuschung der sexuellen Wünsche seiner Frau war dabei nebensächlich.
Das Sich-für-ihn-Aufopfern setzt diese interaktive Seite seiner Handlung fort, aber nun in der Position des Ehegatten. So wie er von ihrer Sexualität abstrahiert hatte, ist sie nun selbst als Frau gleichsam abstrakt.
Mit der »Identifizierung« hat der Ehemann in der inneren Struktur ihrer Handlung also eine feste Position bezogen.
Freud erwähnt in seiner Analyse nur die Seite der Ersatzbefriedigung, die die Zwangshandlung ermöglicht. Wir müssen aber annehmen, daß die Frau den Zweck dieser Handlung nicht problemlos adaptieren konnte. Dem widersprach (nach meiner Voraussetzung) die Konfliktsituation, in der sie sich befand. Auch läßt die Zwangshaftigkeit ihrer Handlung den Schluß zu, daß hier ein Ambivalenzkonflikt vorhanden war, der sich immer wieder herstellte.
Die Kranke hätte dann die Ausgangshandlung ihres Ehegatten so weiterentwickelt, daß sich darin auch die feindseligen Impulse, die sie gegen diesen Mann hatte, Geltung verschaffen konnten, und zwar als Negation des Zwecks dieser Handlung.
Mit der Aufnahme und Umbildung der Handlungsform des Ehegatten kann der Wunsch virulent werden, diesen Mann doch noch als impotent bloßzustellen. In der Position ihres Ehemannes hat die Frau es ja in der Hand, die Korrektur seines Versuchs der Vortäuschung zu unterlassen. Sie kann nun den Fleck falsch oder gar nicht plazieren, oder sie kann es ganz unterlassen, den Anschein seiner Potenz aufrechtzuerhalten. Kurz: Sie kann ihn als Objekt beherrschen.
Die Umwandlung der ursprünglichen Handlung hat mit dem Versuch, den Konflikt zu bewältigen, seine beide Konstituenten so aufgenommen, daß der Konflikt in abgewandelter Form reproduziert wird. Da die Form dieser Handlung von dem Bedürfnis ihres Ehegatten her bestimmt wird, kann diese Handlung immer auch ihren inneren Protest anregen, der die Vortäuschung scheitern lassen möchte – im Ablauf selbst oder außerhalb, wenn sie, im magischen Denken behaftet, nur an die Möglichkeit denkt, ob sie diese Handlung nicht auch unterlassen könnte. Damit erzeugt diese Handlung immer wieder auch den Zwang, sie zu wiederholen.

Beide miteinander im Kampf befindlichen Wünsche der Kranken können an ein und derselben Zweck-Mittel-Relation dieser Handlung eine Realisierungsmöglichkeit finden. Das Phänomen der »Verdichtung«, das bei bestimmten Fehlhandlungen als eine parasitäre Inanspruchnahme einer Zweck-Mittel-Relation auftrat, liegt hier zweifach vor. Zwei einander widerstreitende psychische Zwecke sind mit dem Zweck der Handlung verbunden, einem Stubenmädchen zu läuten und ihr einen Auftrag zu erteilen.
Dem Ehemann war (nach meiner Voraussetzung) nur wichtig, daß vor dem Stubenmädchen der Schein gewahrt wurde. Die Umbildung und Korrektur der Handlungsform des Ehegatten durch die Frau folgt dieser Wirklichkeitsstruktur, bildet sie aber mit einem bestimmten Konzept weiter. Denn nun ist – in der Zwangshandlung – allgemein nur das wirklich, was auch sichtbar ist. Auf die Sichtbarkeit des Flecks kommt es an, nicht auf die Gefühle und Wünsche einer enttäuschten Ehefrau.
Dieses Wirklichkeitskonzept ist für die anale Phase der kindlichen Triebentwicklung charakteristisch; ich werde darauf später (Kap. 4.) näher eingehen. Wir können hieraus – sowie aus der durch die Umbildung der Handlungsform gegebenen Möglichkeit, den Ehemann zu beherrschen –, den Schluß ziehen, daß ihre sexuellen Wünsche im Zusammenhang des Konfliktbewältigungsversuchs auf diese frühen Formen der Befriedigungsmöglichkeit zurückgegriffen haben (oder möglicherweise schon an ihnen »fixiert« gewesen waren; das wissen wir nicht).
Mit diesem Wirklichkeitskonzept wird die Sichtbarkeit des Flecks eine Tatsache von großer Dringlichkeit. Und für den genannten Ambivalenzkonflikt wird die Herstellung dieser Tatsache ein Prozeß, in dem er immer wieder neu belebt werden kann. Dies hängt mit der Bedeutungsveränderung zusammen, die der Fleck in der Zwangshandlung der Kranken erfahren hat.
Bei der Untersuchung sprachlicher Fehlhandlungen sind wir auf eine spezifische Veränderung gestoßen, die den Charakter der Sprache betrifft. Für einen kurzen Moment wird die Sprache als Kommunikationssystem verändert zu einem Verhältnis von Zeichen. Finden wir etwas Vergleichbares in der Zwangshandlung?
Als ein natürliches Anzeichen (für die Defloration) wäre der Fleck im Ehebett an seinem »richtigen« Platz. Die Veränderung seiner Plazierung löst das natürliche Anzeichen ab von dem Ort, an dem das Angezeigte sich ereignet haben sollte.

Die Kranke hat aus der natürlichen Zeichenbeziehung eine imaginäre gemacht. Die Korrektur folgt nicht nur, wie Freud feststellt, der Bedeutungsgleichheit von Tisch und Bett. Die Ortsveränderung des Flecks ist auch Bestandteil der strukturellen Veränderung, die im Prozeß der Konfliktbearbeitung an der Ausgangshandlung des Ehegatten erfolgte und als Ergebnis die Zwangshandlung hervorbrachte. Denn darin ist beides festgehalten: die Abstraktion von ihrer weiblichen Sexualität (also die Abwehrmaßnahme) und die Ersatzbefriedigung in der Form eines imaginären Miteinander, in der ihre Sorge um den Fleck ihr Dienst für den Gatten ist.

Neben der subjektiven Bedeutung bleibt im Fleck dessen Funktion bewahrt, den er für den Ehegatten hatte. Denn weiterhin soll er das Stubenmädchen zu dem Schluß anregen, der das Ansehen des Ehemanns wahrt.

Ähnlich wie die Bedeutung des Flecks wird auch die ursprünglich erlebte Situation zugleich abgewandelt und bewahrt. Was Freud die »Szene« nennt, umfaßt nämlich sowohl die Handlung als auch die Situation, an der diese Handlung des Ehegatten angeknüpft hat. Ich will diesen Begriff kurz erläutern.

Eine Situation entsteht dadurch, daß aufgrund subjektiver und objektiver Bedingungen sich ein Zusammenhang von Handlungsalternativen herstellt. Der Handelnde, der eine dieser Alternativen aufnimmt, knüpft damit an eine der Komponenten der Situation an.

In der Hochzeitsnacht hatte sich mehrfach die Situation ergeben, die wir schon kennen. Für den Ehemann boten sich verschiedene Möglichkeiten, damit »umzugehen«. Er hätte sich entschuldigen können, er hätte seine Frau um Hilfe bitten können u. ä. Das hat er aber, so nehme ich an, nicht getan. Er knüpfte an diese Situation in einer Handlungsform an, die das Bedürfnis seiner Frau, ihre wahrscheinliche Enttäuschung usw. negierte.

Indem sie seine Handlungsform aufnimmt, setzt sie auch die Situation fort, auf die diese Form bezogen ist.

Im Prozeß der Konfliktbearbeitung kann sie den Fleck von seinem ursprünglichen Ort ablösen, weil sich mit dem Zweck, das Ansehen des Mannes zu wahren, ein psychischer Zweck verbunden hat. Die Anzeichenfunktion des Flecks bleibt erhalten; aber seine natürliche Grundlage (das Bett) wird ersetzt durch ein imaginär Angezeigtes. Er zeigt nun an, was sie alles für den Ehemann tut und was aufzuopfern sie bereit ist.

Auch hier verliert, wie bei den sprachlichen Fehlhandlungen, ein kommunikatives Mittel (der taktisch plazierte Fleck) seine kommunikative Funktion. Das Stubenmädchen, dem der Fleck vor Augen geführt werden sollte, konnte dessen subjektive Bedeutung gar nicht erfassen.

Im Gedächtnis der Ehefrau bewahrt bleibt die Situation der Hochzeitsnacht, wie sie von ihr erlebt wurde. Ihre Zwangshandlung reproduziert mit dem ungelösten Konflikt zugleich auch immer wieder diese Situation, in der ihr Konflikt entstanden ist. Zu erklären ist, warum diese Wiederholung unbewußt geschah, warum der »Sinn« dieses Symptoms, bevor Freud ihn aufdeckte, notwendig ein unbewußter Sinn war.

Freuds Rekonstruktion der Entstehungsgeschichte dieses Symptoms, die ich hier zu verdeutlichen versuchte, setzt als gegeben voraus, daß der Bewältigungsversuch des ursprünglichen Konflikts sich als systematische Umbildung einer Form des Handelns vollzog.

Dieser Prozeß, den Freud voraussetzt, wenn er von der Korrektur »zum Richtigen« spricht, den die Kranke an der Handlung ihres Ehegatten vorgenommen hatte, ist selbst erstaunlich und theoretisch von großer Tragweite für die Psychoanalyse. Denn daraus läßt sich der Schluß ziehen, daß Freud implizit in seiner Analyse vorausgesetzt hat, daß eine Fehlentwicklung in der Bildung des Subjekts sich als spezifische Fehlentwicklung von Formen des Handelns vollzieht, die die weitere Bildung des Subjekts blokkiert. Ich will diesen theoretischen Gedanken an dem Beispiel der Zwangshandlung weiter ausführen.

Nach meiner Rekonstruktion knüpfte die Kranke, um ihren psychischen Konflikt zu bewältigen, an genau die Form des Handelns (ihres Mannes) an, die diesen Konflikt entscheidend hervorgerufen hat. Dieser Bewältigungsversuch nimmt dann einen Verlauf, der diese Handlungsform systematisch verändert.

Entscheidend dafür war, daß sie mit dem Zweck der Handlung ihres Gatten auch dessen Bedürfnis übernommen hatte, das darin vertreten war. Auf diese Weise konnte sie aber ihren psychischen Konflikt nicht lösen. Sie hat diesen vielmehr im weiteren so bearbeitet, daß in der Weiterentwicklung der Handlungsform des Ehemanns die beiden Konstituenten ihres Konflikts in abgewandelter Form bewahrt blieben, so daß sich in ihrer Zwangshandlung dieser Konflikt auch immer wieder erneut herstellte und auch seine Bearbeitung immer wieder erforderlich war. Als Verlaufsform eines ungelösten Konflikts erzeugt ihr Handeln selbst den »Wiederholungszwang.«

Ihr Handeln, das einer kollektiven Form von Handlung zu folgen scheint, ist tatsächlich zugleich die Form, in der sie den ungelösten Konflikt mit ihrem Mann bearbeitet, die subjektive Auseinandersetzung mit ihm fortsetzt. Dadurch ist diese kollektive Form des Handelns systematisch gebrochen. Betroffen davon sind alle wesentlichen Strukturelemente des Handelns: das Bedürfnis, die interaktive Dimension, das Wirklichkeitskonzept, die Zweck-Mittel-Relation, die Zielorientierung und wahrscheinlich auch die moralischen Wertvorstellungen.

Die Weiterentwicklung der Ausgangshandlung hat von dieser nur einen Teil-Ablauf erhalten: das Anbringen des Flecks und das Erscheinen des Stubenmädchens, das der Ehemann nur antizipierte, und das seine Gattin nun selbst herbeiführt. Der Zweck ihres Herbeirufens ist nur scheinbar der, ihr einen Auftrag zu erteilen. Der tatsächliche Zweck dieser Handlung ist nicht durch die äußere Wirklichkeit bestimmt, sondern allein durch die psychische Realität. Als ein psychischer Zweck wird er bestimmt durch Triebansprüche und Phantasien, über die wir nur wenig erfahren.

Die Form der Zwangshandlung, die das Ergebnis des Konfliktverarbeitungsversuchs ist, enthält Elemente einer alltäglichen, kollektiven Form des Handelns und, in einer Systematik ihrer Brechung damit verbunden, Gedächtniselemente sowie Vorgänge und Zusammenhänge der psychischen Realität.

Da sie einen systematischen Bezug zu dieser Handlungsform haben, verankert der Gebrauch dieser Form diese Vorgänge und Zusammenhänge in der Wirklichkeit. Damit sind die subjektiven Prozesse des Konfliktbewältigungsversuchs der Vergangenheit, die in den Strukturelementen der Handlung verlaufen, in der Gegenwart, in der die Handlung ausgeführt wird, stets auch gegenwärtig.

So befindet sich die Frau im Prozeß dieser Handlung gleichzeitig an zwei verschiedenen Orten ihrer subjektiven Entwicklung.

Dies weist darauf hin, daß wir wie bei den Fehlhandlungen in der Dimension der Zeit einen Ansatzpunkt für die Erklärung finden können, warum der »Sinn« des Symptoms unbewußt ist.

An den Fehlhandlungen erkannten wir das Phänomen der zeitlichen Verdoppelung des Ichs. Das Ich der Ausführung der Handlung wird eingeholt durch das Ich, das mit einem ungelösten Konflikt der Vorgeschichte verbunden ist. Dieser Umstand schließt, weil damit ein spontaner, situationsbezogener Bewältigungsversch verbunden ist, die Bewußtseinsfähigkeit des latenten Sinns an dieser Stelle notwendig aus.

Am Beispiel der Zwangshandlung ist gut zu erkennen, daß hier nicht, wie bei den Fehlhandlungen, kurzfristig eines der Strukturelemente des Handelns verzerrt ist; verzerrt bzw. gebrochen ist der innere Strukturzusammenhang einer Form des Handelns.

Das neurotische Symptom ist eine systematisch gebrochene Form des Handelns. Diese Systematik ist der unbewußte Sinn des Symptoms. Sie wurde herausgebildet im Prozeß der Umbildung der Strukturelemente, die ich oben skizziert habe. Diese Systematik erzeugt den Wiederholungszwang, der die Kranke an die Form ihrer Zwangshandlung fesselt – und damit auch an die Auseinandersetzung mit dem Ehemann, die in dieser Form bewahrt bleibt. Sie setzt darin, wie Freud es ausdrückt, »den Prozeß mit ihrem Manne fort«.

Warum ist diese besondere Systematik, die dem Ablauf der Handlung zugrundeliegt, der Frau selbst nicht bewußt?

Diese Systematik hat einerseits individuelle Bezüge, die nur die Betroffene selbst kennt. Diese Bezüge sind in der Biographie verankert. Um sie in Erfahrung zu bringen, bittet Freud die Kranke, ihm zu sagen, was ihr zu dieser Handlung einfällt.

Andererseits ist die Systematik der Brechung bestimmt durch den Anderen. Aufgrund der primären Identifizierung mit den Bedürfnissen des Gatten hatte dieser in der inneren Struktur ihres Handelns eine feste Position bezogen, er war darin (als primäre Bezugsperson wie als Triebobjekt) immer gegenwärtig.[7]

Im Gegensatz zu einer Fehlhandlung ist die zeitliche Verdoppelung kein singuläres Ereignis; sie betrifft auch nicht nur ein Konfliktmoment des Handelns. Sie betrifft das Subjekt insgesamt, d. h. die sexuellen Triebansprüche und das Bedürfnis, das Selbstwertgefühl zu bewahren.

7 Ich möchte betonen, daß ich den Ausdruck »der Andere« nicht im Sinne von Lacan (1966, dt. 1973) verwende. Ich meine damit das innere, typischerweise inkohärente Objekt, das zu einer verdrängten Wunschkonstellation gehört, die das Subjekt nicht einfach aufgeben kann, während es sich zugleich darin negiert hat.

Die Sexualität spielt hier also eine zentrale Rolle. Dies kennzeichnet die entscheidende Differenz zwischen den Fehlhandlungen und den psychoneurotischen Symptomen. Bei den Fehlhandlungen ist sie nicht notwendig involviert; deshalb ist auch die Abwehrmaßnahme der Verdrängung keine notwendige Voraussetzung für das Zustandekommen einer Fehlleistung. Bei den psychoneurotischen Symptomen ist die Sexualität immer involviert, und die Verdrängung ist (was Freud betont hat) eine notwendige Voraussetzung für die Entstehung eines neurotischen Symptoms.

Die Systematik ihrer Zwangshandlung hält die Frau an einem Konfliktpunkt ihrer subjektiven Entwicklung fest, von dem sie sich nur scheinbar entfernt hat. Sie ist an ihn »fixiert«. Aber warum ist die Systematik ihrer Zwangshandlung ihrem Bewußtsein nicht zugänglich?

In der Gegenwart macht die Kranke Gebrauch von einer alltäglichen Handlungsform. Sie geht ins andere Zimmer, läutet nach dem Stubenmädchen und gibt diesem einen Auftrag. Diese Handlung ist bewußtseinsfähig. Bewußtsein ist ja eine Funktion des Sich-in-Beziehung-Setzens-zu-etwas-Bestimmten. Diese Funktion kann hier erfüllt werden.

Die Wiederholung des subjektiven Prozesses der Auseinandersetzung mit dem Ehegatten, die in der Form der Zwangshandlung abläuft, kann sie als Handlungssubjekt nicht erkennen. Sie kann sich dazu nicht in Beziehung setzen, da sie sich hier als Handlungssubjekt negiert und die Differenz zwischen dem eigenen Erleben und dem eines anderen aufgehoben hatte. Alle Strukturelemente der Systematik ihrer zwanghaften Handlung repräsentieren den Anderen und die subjektive Auseinandersetzung mit ihm.

Als ein Wissen der Kranken ist dieses Verhältnis in ihr selbst verankert. In der wiederholten Aktualisierung dieses Wissens entstehen die Phantasien und Vorstellungen, die zu dem »Sinn« dieses Symptoms gehören. Es sind die strukturellen Besonderheiten dieses Wissens, die in der zeitlichen Verdoppelung seine Erinnerung und Reflexion notwendig ausschließen (so daß auch diese Phantasien und Vorstellungen notwendig unbewußt sind.) Der Konfliktbewältigungsversuch der »Verdrängung« und der »primären Identifizierung« hatte an diesem Wissen die Trennung vom Subjekt des Wissens und dem Thema (Objekt) aufgehoben, ohne die Wissen

nicht reflektiert werden kann. An die Stelle der eigenen Wünsche wurde das Objekt mit seinen Bedürfnissen gesetzt.
Damit ist das Handlungssubjekt nicht länger auch das Subjekt des Wissens, an dem der Konflikt mit dem Anderen ausgetragen wird. Die Kranke kann den Sinn ihrer Zwangshandlung daher auch nicht erklären.
Erst wenn der Analytiker (Freud) die Stelle dieses Anderen in der besonderen Systematik ihres Handelns einnimmt, in der »Übertragung«, wird die Möglichkeit eröffnet, die subjektive Auseinandersetzung so zu wiederholen, daß beide Prozesse, die sich sonst immer strukturell überlagern (also das Handeln und die Aktualisierung des konflikthaften Wissens), voneinander getrennt werden.[8]

8 Searle (1984, dt. 1986) vertritt die Auffassung, daß Freud, wenn er einen Patienten untersucht und das Wesen seiner Neurose beschreibt, zu Erklärungen gelangt, die, mit zwei Zusätzen, Handlungserklärungen des gesunden Menschenverstandes sind. Der erste Zusatz bestehe in Freuds Einsicht, daß die Geisteszustände (wie Wünsche, Hoffnungen, Befürchtungen), die unser Verhalten verursachen, oft deshalb unbewußt sind, weil sie verdrängt wurden; der zweite Zusatz bestehe in einer Theorie der Umwandlung von Geisteszuständen. Die Art der Handlungserklärung, von der Searle meint, daß sie im Alltag als eine implizite Theorie des Handelns gebraucht wird, und von der er glaubt, daß auch Freud sie bei der Untersuchung von Neurosen in Anspruch genommen habe, ist in der Tat aufschlußreich. Sie kann nämlich das Verhältnis, in dem Freuds Erklärungsweise zu der des gesunden Menschenverstandes steht, durchaus erhellen – allerdings in einem anderen Sinn, als Searle dies denkt. Zu den Prinzipien, mit denen (Searle zufolge) Menschen im Alltag Handlungen erklären, gehört vor allem, daß psychische Zustände Handlungen verursachen, daß Handlungen intentional verursacht sind. Ein solcher intentionaler Zustand ist einerseits charakterisiert durch den jeweiligen »psychischen Modus« oder »Typ« (also z. B. als Wunsch, Überzeugung oder Befürchtung); andererseits haben intentionale Zustände die Eigenart, daß sie selbst die Bedingungen festlegen, unter denen sie in der Welt erfüllt sind. Mit diesem Begriff des intentionalen Zustands liefert Searle unbeabsichtigt ein brauchbares Kriterium, um die Erklärungsweise Freuds von der des gesunden Menschenverstands abzugrenzen. Denn Freud ging davon aus, daß unbewußte Wünsche und Phantasien ihre eigenen Erfüllungsbedingungen in der Welt eben nicht festlegen, daß solche Wünsche maßlos, solche Phantasien unabgrenzbar sind. Searles Interpretation nimmt dem (dynamisch) Unbewußten das Unheimliche, indem er dem gesunden Menschenverstand

Ich möchte an dieser Stelle noch einmal auf Freuds Sinn-Begriff eingehen. Die Untersuchung der Fehlleistungstheorie hatte gezeigt, wie problematisch die beiden von ihm in diesem Zusammenhang verwendeten Aspekte (Sinn als Bedeutung und Sinn als Absicht/Tendenz) sind. In seiner Analyse der Zwangshandlung (und anderer neurotischer Symptome) wendet Freud beide Aspekte kombiniert an. Ich möchte daran exemplarisch zeigen, warum dieser Begriff Freud zu falschen Schlußfolgerungen führen mußte, die das Verhältnis des unbewußten Sinns zu dem Symptom betreffen.
Wie er den Sinn-Aspekt der Tendenz für diese Analyse anwendet, wird an den folgenden Ausführungen deutlich.

»Der Zusammenhang mit der Szene nach der verunglückten Hochzeitsnacht und das zärtliche Motiv der Kranken ergeben mitsammen das, was wir den ›Sinn‹ der Zwangshandlung genannt haben. Aber dieser Sinn war ihr nach beiden Richtungen, dem ›woher‹ wie dem ›wozu‹, unbekannt gewesen, während sie die Zwangshandlung ausführte. Es hatten also seelische Vorgänge in ihr gewirkt, die Zwangshandlung war eben deren Wirkung; sie hatte die Wirkung in normaler seelischer Verfassung wahrgenommen, aber nichts von den seelischen Vorbedingungen dieser Wirkung war zur Kenntnis ihres Bewußtseins gekommen.« (Freud, a.a.O., S. 286)

Wie in seiner Analyse der (sprachlichen) Fehlhandlungen verwischt Freud auch hier mit dem Sinn-Aspekt der Tendenz die Differenz zwischen der theoretischen Betrachtungsweise, die sich auf dynamische Vorgänge bezieht, mit einer Betrachtungsweise, die Wissensstrukturen des Handelns analysiert. Diese Verwischung der Differenz ist nicht zufällig; sie erfolgt als Kategorienfehler notwendig. Denn einerseits geben Freuds Theoriemodelle ihm keine Auskunft darüber, wie dynamische Vorgänge (Triebkräfte) mit Formen des Handelns zusammenhängen. Andererseits bezieht sich seine Analyse auf genau die innere Struktur des Symptoms als einer Handlung, die er theoretisch voraussetzen muß, aber nicht explizieren kann.
Was er als die Tendenz dieser Zwangshandlung bestimmt (ihr »Wozu«), entspricht ja der verzerrten Sinn-Struktur, die ich oben bei bestimmten Arten von Fehlhandlungen als »verdichtete« Verbindung eines Handlungszwecks mit einem psychischen Zweck

beteuert, er würde dort, mit kleinen Einschränkungen, nichts finden, was er nicht schon kennt.

analysiert habe. Die Kranke hat den Zweck der Handlungsform ihres Mannes (der Vortäuschung zur Wahrung seines Ansehens als Mann) so in Anspruch genommen, daß damit zugleich ein psychischer Zweck erfüllt wird.

Wenn Freud davon spricht, daß die Kranke eine »Korrektur« an der Handlung ihres Mannes vorgenommen hat, dann setzt er implizit voraus, daß die Bearbeitung des Konflikts sich als eine systematische Umwandlung dieser Handlungsform vollzog. Dies setzt aber theoretisch voraus, daß die Elemente des Konflikts (vor allem der Triebanspruch und die gegen ihn gerichtete Abwehr) systematisch mit dem Handeln verbunden sind. Anders ist doch nicht zu erklären, wie der »Prozeß mit dem Ehemann« von der Kranken mit ihrer Zwangshandlung fortgesetzt werden kann. Davon sind alle Strukturelemente dieser Handlung betroffen.

Freuds Kompromißmodell verfehlt den Prozeß-Charakter des neurotischen Symptoms. Weil dieses Modell die dynamische Betrachtungsweise auf Phänomene überträgt, die eine Analyse von Strukturverhältnissen erforderlich machen, verkürzt es die Symptombildung zu einer Kompromißbildung, in der sich die »beiden Kräfte, die sich entzweit haben«, wieder versöhnen (Freud, a.a.O. S. 373).

Die beiden Kräfte, die Konfliktkonstituenten waren, hatten sich in der Zwangshandlung der Frau keineswegs versöhnt. Sie hatten beide eine Möglichkeit gefunden, sich darin Geltung zu verschaffen. Die Kranke hatte eine Handlungsform entwickelt, in der sich der ungelöste Konflikt in abgewandelter Weise fortsetzen konnte.

Das Kompromißmodell ist verantwortlich dafür, daß der Handlungs-Sinn des Symptoms, den Freuds Analyse als »Tendenz« implizit ermittelt hat, wieder in das Unbewußte der Kranken hineinverlegt und so begriffen wird, als wäre er dort, gänzlich abgetrennt vom Handeln, enthalten.

Der Handlungs-Sinn des neurotischen Symptoms, den Freuds von dem Tendenz-Aspekt geleitete Analyse implizit voraussetzt, wird nicht mehr als ein Resultat dieser Analyse erkennbar, sondern tief in die unbewußten Prozesse versenkt. Diese »enthalten« den Sinn, weil das Kompromißmodell ihn dort hineinverlegt. Freud hat den von ihm im Verlauf seiner Analyse ermittelten Sinn zu einer Tendenz reifiziert, die in den unbewußten Prozessen des Patienten enthalten ist.

Konsequent erscheint dann das neurotische Symptom als die »Wirkung« der unbewußten seelischen Vorgänge und diese bzw. der unbewußte Sinn, der in ihnen enthalten ist, als deren Ursache.

Das Kompromißmodell führt so (in Kombination mit der Übersetzungs-Hypothese) zu einem fatalen methodologischen Fehlschluß bezüglich der Erforschung des latenten Sinns neurotischer Symptome. In einer Gleichsetzung von unbewußtem Sinn und verdrängtem Motiv liegt es nahe, ein neurotisches Symptom von dem unbewußten Sinn zu unterscheiden, der es (als kausal relevant) hervorgebracht hat. Tatsächlich ist der unbewußte Sinn des Symptoms in diesem selbst enthalten (als die individuelle Systematik der Brechung einer kollektiven Form des Handelns.) Deshalb konnte Freud ihn auch an dem Symptom »ablesen«.

Freuds Sinn-Begriff hatte also für die Entdeckung des unbewußten Sinns eine durchaus widersprüchliche Leistung. Er war heuristisch fruchtbar, weil er es ermöglichte, das Entdeckte als etwas zu bestimmen, was sich nicht den logischen Regeln des Denkens und den Überzeugungen des Alltagsbewußtseins fügt und gleichwohl sinnvoll ist; das eine Vorgeschichte hat, die in einem biographisch bedeutsamen Erleben zu suchen ist; und das immer mit einem Konflikt gegensätzlicher Strebungen zusammenhängt, der zwar nicht gelöst werden konnte, der aber in einem »Kompromiß« resultiert, in dem die beiden gegensätzlichen Strebungen bewahrt bleiben.

In Freuds Erklärungsversuchen schlägt die Heuristik des Sinn-Begriffs um in eine Hemmnis für die Theoriebildung. Derselbe Begriff hat, so vermute ich, auch dazu beigetragen, daß Freud den unbewußten Sinn eines psychoneurotischen Symptoms nicht als eine spezifische Umbildung der inneren Struktur des Handelns erkennen konnte.

Sein Sinn-Begriff verleitete Freud zu falschen Vorstellungen über die Forschungsmethode, die geeignet ist, den unbewußten Sinn zu ermitteln. Die Kompromiß-Metapher, die von Kategorien der dynamischen Betrachtungsweise abgeleitet ist, wird den Sinn-Strukturen des neurotischen Symptoms nicht gerecht. Der Begriff der Tendenz legt es nahe, das Ergebnis der theoriegeleiteten Handlungsanalyse (wie wir sie exemplarisch in Freuds Untersuchung der Zwangshandlung angedeutet finden) mit der Bildung einer Hypothese zu verwechseln, die besagt, es bestünde zwischen dem unbewußten Sinn eines Symptoms und dessen Entstehung ein Kausalzusammenhang. Mit der Aufstellung dieser Hypothese verkennt Freud, daß er selbst zur Ermittlung dieses Sinns von zwei Methoden Gebrauch gemacht hat, die nicht einer Kausalanalyse entsprechen: der Methode einer theoriegeleiteten Handlungsanalyse, die eine systematische Brechung einer Handlungsform rekonstruiert; und der hermeneutischen Methode (ohne die er die individuellen Besonderheiten einer biographischen Entwicklung und die Gefühlsbeziehungen eines Patienten gar nicht hätte erfassen können).

Wir fanden in Freuds Analyse angedeutet, daß die Kranke die Handlungsform des Ehemannes so umgebildet hatte, daß der gesamte innere Strukturzusammenhang des Handelns darin einbezogen war.

Deshalb kann eine Fehlentwicklung des Subjekts (als Handlungssubjekt) auch als eine Umbildung einer Handlungsform analysiert werden: Es wird implizit angenommen, daß die Bildung des Subjekts in Formen des Handelns verläuft. Seine Entwicklung als Handlungssubjekt geschieht als Prozeß der Ausbildung des inneren Strukturzusammenhangs von Formen des Handelns. Weil dabei Formen des Handelns ausgebildet werden, ist die relevante Beziehungsperson mit ihren eigenen Bedürfnissen immer involviert.

Sie ist auch involviert, wenn ein Konflikt, in den sie einbezogen ist, nicht interaktiv bewältigt werden kann. Zur Erklärung der Zwangshandlung hatte ich vorausgesetzt, daß der Konfliktbewältigungsversuch, den die Frau unternahm, in der Handlungsform des Ehemannes schon vorgezeichnet war. Denn seine Handlungsform, mit der die für ihn peinliche Situation bewältigt werden sollte, hatte die sexuellen Bedürfnisse und Gefühle seiner Frau schon negiert; die Wahrung des Scheins gegenüber Dritten war allein wichtig. Sie hatte den Bewältigungsversuch von ihrem Ehemann übernommen und nach innen, in sich selbst verlegt. Eine solche Ersetzung einer äußeren durch eine innere Aktion hatte Freud als ein Kennzeichen neurotischer Symptome erkannt (Freud, a.a.O., S. 381).

Von da an lief der Prozeß der Auseinandersetzung mit ihrem Ehemann, der nicht im Handeln ablaufen konnte, nun in ihr selbst ab und brachte die spezifische Systematik ihrer Zwangshandlung hervor, die ich oben skizziert habe.

In dieser strukturellen Sichtweise ist das (dynamisch) Unbewußte kein psychisches System oder eine psychische Instanz. Es ist ein Prozeß. Es ist die Fortsetzung der nach innen verlegten Bearbeitung eines interaktiven Konflikts, der interaktiv nicht gelöst werden konnte und nun in einer gebrochenen Form des Handelns immer wieder bearbeitet werden muß, da er sich darin immer wieder herstellt.

Psychoneurotische Fehlentwicklungen verlaufen als Fehlentwicklungen in der inneren Struktur des Handelns, weil der Andere, an dessen Bedürfnis sich ein Konflikt entwickelt hat, der nicht gelöst werden konnte, in dieser inneren Struktur repräsentiert ist. Mit der Umbildung dieser inneren Struktur kann daher die subjektive Auseinandersetzung fortgesetzt werden.

Eine handlungstheoretische Interpretation der Erkenntnisse Freuds findet in dieser impliziten theoretischen Annahme seiner Symptomanalyse ihre vielleicht wichtigste Begründung.

Wirft meine Untersuchung der Zwangshandlung auch ein Licht auf Freuds Konzept der Verschiebung und Verdichtung als die Vorgänge, die als charakteristisch für das (dynamisch) Unbewußte gelten? Ich habe weiter oben (Kap. 1.2.) schon angedeutet, daß wir mit der Kategorie des Wissens bzw. des triebdynamisch verselbständigten Wissen diese Vorgänge auf die innere Struktur des Handelns beziehen können. Ich will diese Überlegung an dieser Stelle wieder aufgreifen und vertiefen.

Freuds Konzept ist in seiner ökonomischen Hypothese begründet. Es ist ja eine Besetzungsenergie, die sich entweder von Vorstellungen löst und vorhandenen Assoziationsverbindungen entlang verschiebt, so daß die Intensität (Wertigkeit) der ersten auf andere Vorstellungen übergeht; oder die sich in einer einzigen Vorstellung anhäuft, die Energie mehrerer anderer Vorstellungen vertritt bzw. bündelt.

Wie wir diese Vorgänge im theoretischen Zusammenhang von Wissen und Handeln bestimmen können, zeigt unsere Rekonstruktion der Zwangshandlung. Verschiebung und Verdichtung sind Handlungssubstitute, die am Prozeß der Umbildung der Ausgangshandlung des Ehemanns maßgeblich beteiligt waren. In diesen Substituten verschaffen sich die unbewußten Wünsche Geltung – also das, was das Handlungssubjekt als Folge der Verdrängung nicht mehr wollen kann, was aber dennoch im Handeln weiterhin nach Befriedigung drängt (also der Wunsch, den Ehemann zu verlassen und ihn bloßzustellen sowie der gegensätzliche Wunsch, eine wechselseitig befriedigende Form des Miteinanders zu finden).

Deshalb konnte die Umwandlung der Handlung des Ehegatten – als Versuch, den psychischen Konflikt zu bewältigen – diese beiden Konstituenten des Konflikts so aufnehmen, daß der Konflikt in abgewandelter Form reproduziert wurde.

Verschoben wurden, mit der Veränderung der Lokalität des Flecks, Situationselemente, die zur konflikthaften Handlung des Gatten gehörten. Diese Umwandlung der »Szene« mag auch eine Abwehrfunktion erfüllen; denn nun kommt die Frau, wenn sie sich im Wohnzimmer mit dem Fleck auf dem Tischtuch befaßt, nicht mehr direkt in Kontakt mit dem Ort des Geschehens, das für sie so kränkend und enttäuschend gewesen ist.

Aber diese lokale Veränderung kommt auch ihrem Wunsch entgegen, den Ehemann zum Objekt der Kontrolle zu machen. Denn hierbei kommt es auf die Sichtbarkeit des Flecks und seine wiederholbare Erneuerung an. Damit kann sich zugleich der andere Wunsch durchsetzen, Dritten gegenüber diesen Potenzbeweis zugunsten des Gatten zu liefern.

Als Ergebnis einer Verdichtung habe ich bereits die Verbindung des Handlungszwecks (nach dem Stubenmädchen läuten, um ihr einen Auftrag zu erteilen) mit einem psychischen Zweck analysiert. Und es ist anzunehmen, daß auch an einem weiteren Strukturelement des Handelns, nämlich an dem inneren Bild vom Ehegatten, eine Verdichtung stattgefunden hat.

Warum diese Vorgänge subjektive Bedeutungen konstituieren, wird im Zusammenhang von Wissen und Wirklichkeit verständlich. Während sonst im Handeln bestimmte Elemente von Wissen in einem konstanten Verhältnis zu bestimmten Elementen der Wirklichkeit stehen und dieses, weil das Wissen sprachlich gefaßt ist, auch anderen weitervermittelt werden kann, wird dieses konstante Verhältnis als Folge der Verdrängung (Subjektspaltung) gelockert bzw. variabel. Wünsche, die sich nicht mehr auf standardisierten Wegen der Veränderung der Wirklichkeit durchsetzen können, bleibt die Möglichkeit, ihre Erfüllung ersatzweise durch eine Umbildung der inneren Struktur des Handelns zu suchen. Hierauf bezieht sich implizit Freuds Konzept der Verschiebung und Verdichtung.

Denn diese Umbildung kann in der Weise geschehen, daß Ele-

mente dieses sprachlich gefaßten Wissens, die zu derselben Dimension von Wissen gehören, in dem von der Abwehrmaßnahme der Verdrängung betroffenen Bereich untereinander ausgetauscht werden oder einander überlagern. Dabei richten sich diese Vorgänge nach bestimmten Ähnlichkeiten oder Übereinstimmungen, die im Gedächtnis oder auch in äußeren Merkmalen begründet sein können.
Verschoben und verdichtet wird der Wirklichkeitsbezug dieser Wissenselemente. Auch jetzt tragen (für das Subjekt) bestimmte Personen, Gegenstände oder Sachverhalte bestimmte Bedeutungen. Aber diese Bedeutungen sind nicht im kollektiven Wissen fundiert; sie sind verankert in der nach innen verlagerten Auseinandersetzung mit dem Anderen.
Diese subjektiven Bedeutungen, die im Zusammenhang der Symptombildung entstehen (wie z. B. die des Flecks auf dem Tisch), setzen den allgemeinen Prozeß der Bedeutungskonstitution voraus. Damit die subjektiven Bedeutungen sich bilden können, müssen kollektive Bedeutungen schon vorhanden sein.
Der allgemeine Prozeß der Bedeutungskonstitution läuft auch im Zusammenhang der Symptombildung ab. Das Wissen, dessen Elemente verdichtet und verschoben wurden, ist aber derart beschaffen, daß es nicht mehr abrufbar ist; es kann anderen auch nicht mehr weitervermittelt werden.
Diese Vorgänge tragen zur Konstitution dessen bei, was Freud die »psychische Realität« genannt hat. Sie strukturieren nicht nur den Prozeß der Bildung neurotischer Symptome, sondern auch die Traumarbeit (vgl. Flader, 1994). Wie die Vorgänge der Verschiebung und Verdichtung in diesem theoretischen Zusammenhang mit kindlichen Denkweisen zusammenhängen, werde ich weiter unten (Kap. 4.2.) diskutieren.
Stehen die Ergebnisse meiner Untersuchung nicht im Widerspruch zu Freuds Feststellung, daß die Tendenz, das »Wozu« eines neurotischen Symptoms von Anfang an unbewußt gewesen sein kann? (Freud, G. W., Bd. XI, S. 294) Wie kann die Verbindung eines psychischen Zwecks mit einem Handlungszweck von Anfang an unbewußt sein?
Eine weitere Frage, die hier zu klären ist, betrifft Freuds Unterscheidung der individuellen und der typischen neurotischen Symptome. Bei letzteren ist es – im Gegensatz zu den individuellen Symptomen – nicht möglich, sie auf ein Erlebnis oder auf eine

Kette von Erlebnissen zurückführen. Vielmehr sind es typische, überindividuelle Phantasien, die ihnen zugrundeliegen, und an denen sich ein Konflikt entwickelt. Wie ist es handlungstheoretisch zu erklären, daß solche typischen Phantasien den Ausgangspunkt einer individuellen Fehlentwicklung bilden können?

Die Grundstruktur des Handelns ist tief in der menschlichen Verhaltensdisposition verankert. Es ist möglich, daß im »Es« (als dem Triebpol der Persönlichkeit) diese Struktur bereits angelegt ist. Der Trieb drängt ja zum Handeln.

Wir müssen bei dieser Voraussetzung nicht, wie Freud, die Annahme machen, daß »Urphantasien« als unbewußte Schemata vererbt werden, auf die das phantasierende Kind zurückgreift, wo in seinem Erleben Lücken entstehen, die anders nicht gefüllt werden können (Freud, a.a.O., S. 386). Wenn eine Grundstruktur des Handelns vorgezeichnet wäre, könnte das Kind sie nutzen, um an ihr Phantasien zu entwickeln, die keine konkrete Erlebnisgrundlage haben, die aber das Ergebnis bestimmter Fehlinterpretationen von Wahrnehmungen sind, die in der Kindheit immer wieder gemacht werden und die mit einem bestimmten Kommunikationskonflikt des Kindes zusammenhängen (vgl. Kap. 4.4.).

Die beiden Aspekte, die der Begriff der »Tendenz« miteinander vermengt – der dynamische und der handlungsstrukturelle – setzen nicht notwendig ein Bewußtsein voraus. Der Wunsch, einen potenten Mann zu haben, etwas für ihn Wichtiges zu tun und sich ganz für ihn aufzuopfern, kann ebenso unbewußt gewesen sein wie der Umbildungsprozeß der Handlungsform.

Mit dem Hinweis, daß die Kranke offenbar einem traditionellen Rollenmuster der Frau verhaftet war, wäre die Sinn-Struktur ihres Symptoms noch nicht aufgedeckt. Der Hinweis könnte die Analyse dieser Struktur nicht ersetzen; er würde ihren Gegenstandsbereich um ein interessantes Phänomen erweitern. Bestimmte psychische Konfliktverläufe werden offenbar gesellschaftlich begünstigt; in sozialen Rollenmustern können sie eine Form finden, die gesellschaftlich anerkannt oder sogar prämiert wird.

Die Analyse der Zwangshandlung macht aber auch deutlich, wie wichtig es ist, beide Dimensionen, in denen die Entwicklung (als Fehlbildung) stattgefunden hat, voneinander zu unterscheiden. Der Prozeß der Umbildung der Handlungsform läßt sich nicht auf die Entwicklung (und das Schicksal) der Triebkräfte reduzieren.

Erst wenn beide Dimensionen voneinander getrennt werden, läßt sich die theoretisch interessante Frage stellen, wie sie miteinander zusammenhängen.
Die von Freud als »Metapsychologie« bezeichneten ökonomischen, dynamischen und strukturellen Betrachtungsweisen sind nicht zufällig gewählte. Wenn wir ein neurotisches Symptom als Verlaufsform eines ungelösten Konflikts erklären wollen, dann sind diese Betrachtungsweisen, so scheint mir, zwingend notwendig. Die Metapsychologie gibt die Dimensionen an, auf denen die Rekonstruktion zu erfolgen hat, wenn sie als Erklärung vollständig sein will.
Die von mir skizzierte Rekonstruktion orientierte sich zwar überwiegend an dem strukturellen Gesichtspunkt. Aber ich mußte dabei Zusammenhänge voraussetzen, die theoretisch unter den anderen Gesichtspunkten der Metapsychologie zu klären sind.
Viele der von Freud entwickelten Theorien behandeln implizit den konflikthaften Bildungsprozeß von Strukturelementen des Handelns. Allerdings zerreißen sie deren Zusammenhang, indem einzelne Elemente voneinander getrennt werden. Als »Über-Ich« ist ein Strukturelement gewissermaßen zu einer gesonderten psychischen Instanz geworden. Auch ist der Zusammenhang mit dem Prozeß des Handelns in den einzelnen Theorien bzw. Konzepten unterschiedlich deutlich. Und die genetische Betrachtungsweise bleibt solange nur ein Postulat, als der psychoanalytische Entwicklungsbegriff, den Freud angedeutet hat, nicht systematisch ausgearbeitet ist.
Meine Interpretation der Theorie der psychosexuellen Entwicklung, der Abwehrlehre, der zweiten Angsttheorie und des Über-Ich-Konzepts soll die darin (zumeist jeweils implizit) enthaltenen handlungstheoretischen Zusammenhänge skizzieren.
Zunächst will ich die Untersuchung zum strukturellen Aufbau eines neurotischen Symptoms weiter vertiefen. Freuds Interpretation der »Gradiva« von Jensen gibt uns einen Aufschluß über den Zusammenhang von neurotischem Symptom und Erfahrung.

3. Zum Erfahrungsbegriff der Psychoanalyse am Beispiel von Freuds Interpretation der »Gradiva« von Jensen

Der Begriff von Erfahrung, den Freud in seinem Werk entwickelt hat, unterscheidet sich nicht nur von dem alltagsweltlichen Konzept von Erfahrung – er widerspricht diesem strikt in einigen zentralen Merkmalen des Begriffs.

Mit einer Klärung dieses Begriffs gewinnt auch das Verhältnis, in dem die Psychoanalyse zu anderen Paradigmen von Erfahrungswissenschaft steht, an Deutlichkeit; denn während in den anderen Erfahrungswissenschaften zumeist nur das alltagsweltliche Konzept von Erfahrung wissenschaftlich präzisiert wird, hat Freud es für den Bereich der psychoanalytischen Erkenntnis revolutioniert.

Das Ungewöhnliche dieses Erfahrungsbegriffs wird vielleicht am deutlichsten in der Interpretation der »Gradiva« von Jensen, die Freud vorgenommen hat (Freud, G. W., Bd. VII); ich werde mich daher im folgenden auf diese Schrift beziehen. Darin ist auch zu erkennen, daß Freud, wenn er sich in seiner Interpretation der Erzählung auf Phänomene einer Symptombildung bezieht, diese (wenn auch nur implizit) als handlungsgebundene Verlaufsformen eines ungelösten Konflikts analysiert. Er verfährt hier in ähnlicher Weise, wie ich es am Beispiel seiner Analyse der Zwangshandlung gezeigt habe. Einerseits setzt seine Interpretation immer voraus, daß ein ungelöster Konflikt an der inneren Struktur des Handelns bearbeitet wird; andererseits verdeckt das Kompromißmodell, das er zur Analyse eines neurotischen Symptoms heranzieht, den Strukturzusammenhang, den es implizit voraussetzt. In dieser Hinsicht müssen Freuds Interpretationen auch hier wieder kritisch geprüft und teilweise modifiziert werden.

3.1. Die Unkontrollierbarkeit der Bedingungen von Erfahrung

Was im Alltag »Erfahrung« genannt wird, setzt immer eine Gleichzeitigkeit von Erfahrung und ihrem Gegenstand voraus – die jeweiligen Personen oder Dinge, mit denen (oder an denen) eine Erfahrung gemacht wird. Der Erfahrungsinhalt ist immer durch ein Hier und Jetzt gekennzeichnet, d. h. durch das raumzeitliche Bezugssystem, das das Subjekt der Erfahrung mit seinem Erfahrungsgegenstand teilt. Deswegen kann die Wahrnehmung – und die auf der Wahrnehmung basierende, wissenschaftlich verfeinerte Methode der kontrollierten Beobachtung – auch als der für die Gewinnung von Erfahrung entscheidende Prozeß angesehen werden. Was vor allem die Sicherheit dieser Erfahrung verbürgt, ist deren prinzipielle Wiederholbarkeit. Sie setzt voraus, daß die Bedingungen von Erfahrung hinreichend kontrollierbar sind.

Freud hatte entdeckt, daß es Erfahrungen gibt, die gemacht werden, obwohl sie nicht durch diesen Prozeß der Erfahrungsgewinnung zustandekommen – ja, die sogar zur Voraussetzung haben, daß ihr Inhalt nicht im Sinne des alltagsweltlichen Konzepts von Erfahrung gewonnen wurde, sondern im Gegenteil einer Ablehnung durch das Subjekt unterworfen sind.

Was er die »Wiederkehr des Verdrängten« nannte, ist der Fall einer sich selbst reproduzierenden Erfahrung. Das Verdrängte wird im Erleben wiederholt, ohne daß der Betreffende die Wiederholung willentlich herbeiführt. Er kann sie als solche gar nicht erkennen. Für den »Übertragung« genannten Prozeß in der psychoanalytischen Therapie ist dies das wichtigste Kennzeichen.

In seiner Interpretation von Jensens Erzählung »Gradiva« arbeitet Freud an den Phantasien und Handlungen der Hauptfigur der Erzählung dieses Phänomen heraus. Hauptfigur ist ein junger Archäologe, der sein Studium der Altertumswissenschaft immer mehr auf das antike Reliefbild eines jungen Mädchens konzentriert, dem er den Namen »Gradiva«, die »glänzend Vorschreitende« gibt, und deren leibhaftige Gestalt er bei einem Aufenthalt in Pompeji in einem jungen Mädchen zu erkennen glaubt, dessen Bekanntschaft und Zuneigung er, teils verwirrt, teils sehnsüchtig, sucht.

Freud deckt den Zusammenhang auf, daß die Phantasien über die

»Gradiva« Abkömmlinge der verdrängten Erinnerungen des jungen Archäologen an seine Kinderfreundschaft mit einem Mädchen sind. Die Phantasien, die das Reliefbild im jungen Mann anregt, und die mit der dargestellten Person »spielen« (Freud, a.a.O., S. 76), erweisen sich, einschließlich der Namensgebung, als bestimmt durch ein verdrängtes »Material von Kindheitseindrükken«. Ich will Freuds Interpretation in den wichtigsten Punkten kurz erläutern.
In seiner Kinderzeit verband den jungen Archäologen eine innige Freundschaft mit einem Mädchen aus der Nachbarschaft namens Zoë Bertgang, der Tochter eines Professors der Zoologie. Während sich diese Freundschaft für das Mädchen zu einer Verliebtheit steigerte, nahm sie jedoch für den Jungen, Norbert Hanold, einen anderen Verlauf.

»Die Altertumswissenschaft kam über ihn und ließ ihm nur Interesse für Weiber aus Stein und Bronze übrig. Die Kinderfreundschaft ging unter, anstatt sich zu einer Leidenschaft zu verstärken, und die Erinnerungen an sie gerieten in so tiefe Vergessenheit, daß er seine Jugendgenossin nicht erkannte und nicht beachtete, wenn er sie in Gesellschaft traf.« (Freud, G. W., Bd. VII, S. 59)

Er findet nun zufällig in einer Antikensammlung das Reliefbild eines jungen Mädchens, das im Schreiten begriffen ist und auf ihn eine Faszination ausübt, die er sich selbst nicht erklären kann. Er gibt diesem Mädchen den Namen »Gradiva«. Und dieser Name erweist sich als keine bloß freie Erfindung. Freud analysiert ihn als Übersetzung des Familiennamens des Mädchens, dessen Erinnerung verdrängt worden war. »Bertgang« und »Gradiva« bedeuten gleichermaßen »die im Schreiten Glänzende«.
Die griechische Abstammung, die der junge Mann dem Mädchen des Reliefbildes in seiner Phantasie zuschreibt, ist eine »dunkle Nachwirkung« des griechischen Namens »Zoë«; und auch die Vorstellung, die »Gradiva« müsse aus vornehmen Hause sein, ist von der Kenntnis bestimmt, daß Zoë Bertgang die Tochter eines angesehenen Lehrers der Universität ist. Sein (vorgeblich) ästhetisches Urteil, das antike Steinbild stelle durchaus etwas Heutiges dar, »ersetzt das Wissen, daß solcher Gang einem ihm bekannten, in der Gegenwart über die Straße schreitenden Mädchen angehöre« (Freud, a.a.O., S. 77). Zoë wohnt immer noch in einem Nachbarhaus; und hinter der Vorstellung, der Künstler hätte die

Schreitende »nach dem Leben« festgehalten, verbirgt sich die Erinnerung an ihren Namen Zoë, der auf Griechisch »Leben« bedeutet. Daß sie in der Phantasie Norbert Hanolds nach Pompeji versetzt wird, analysiert Freud als das Ergebnis einer Analogiebildung von Verdrängung und Verschüttung.

»Hat er einmal, was ihm so naheliegt, die eigene Kindheit mit der klassischen Vergangenheit zur Deckung gebracht, so ergibt die Verschüttung Pompejis, dies Verschwinden mit Erhaltung des Vergangenen, eine treffliche Ähnlichkeit mit der Verdrängung, von der er durch sozusagen ›endopsychische‹ Wahrnehmung Kenntnis hat.« (Freud, a.a.O., S. 77f)

Nicht nur diese Phantasien, auch einzelne Handlungen der Hauptfigur interpretiert Freud als von verdrängten Kindheitserinnerungen bestimmt – bei gleichzeitig bewußten, wissenschaftlichen Zielsetzungen. So stellt sich der junge Archäologe z. B. die wissenschaftliche Aufgabe, durch Beobachtungen von Frauen und Mädchen auf der Straße nachzuprüfen, ob die eigentümliche Gangart, die das im Reliefbild dargestellte Mädchen zeigt, nach der Wirklichkeit gestaltet ist; er kommt nach der (recht heiklen) Durchführung dieser Aufgabe zu dem ihn traurig stimmenden Ergebnis, daß diese Gangart seiner »Gradiva« in der Wirklichkeit nicht nachzuweisen ist. – Den jungen Mann, Norbert Hanold, hatte das Reliefbild so fasziniert, daß er sich davon einen Gipsabguß machen ließ. Jensens Erzählung zufolge zeigte Zoë schon als Kind einen ungewöhnlichen und sehr anmutigen Gang, mit fast senkrecht aufgestellter Fußspitze beim Schreiten, ebendenselben Gang, der im antiken Reliefbild der »Gradiva« dargestellt ist.
Die Suche nach dessen Wirklichkeit hätte den jungen Archäologen leicht zu einem befriedigenderen Ergebnis führen können – Zoë wohnt ja im Haus gegenüber –, wenn das Finden (bzw. Wiederfinden) der Freundin aus der Kindheit tatsächlich das uneingeschränkte Ziel seiner Beobachtungen gewesen wäre.
Wie diese »pedestrischen Untersuchungen« der Mädchen und Frauen auf der Straße ist auch eine andere Handlung, zu der sich Norbert Hanold entschließt, eine Kompromißbildung. Er faßt den (von ihm selbst nicht klar motivierten) Entschluß, nach Pompeji zu reisen. Kurz zuvor hatte der junge Archäologe von seinem Fenster aus auf der Straße eine Gestalt gesehen, die im Aussehen und in der Gangart seiner »Gradiva« so ähnlich war, daß er, noch

in der Morgenkleidung, auf die Straße lief, um sie einzuholen. Der Spott der Leute trieb ihn in seine Wohnung zurück.
Die Anerkennung dessen, was – wie Freud (a.a.O., S. 94) es ausdrückt – »von Anfang an die unbewußte Kenntnis« war –: daß nämlich die »Gradiva« als Zoë in seiner Nähe lebt –, wird durch das Erscheinen eines Mädchens auf der Straße, in dem er die »Gradiva« zu erkennen glaubt, für die Aufrechterhaltung seiner Abwehrmaßnahme so bedrohlich, daß er lieber die Flucht ergreift.
Verstärkt wurde diese Bedrohung seiner Abwehr durch einen Traum, den er nachts zuvor geträumt hatte. Er ist darin Zeuge des Untergangs von Pompeji. Plötzlich sieht er mit Schrecken die Gradiva, die an ihm vorbeigeht und, ohne ihn weiter zu beachten, sich an einem Tempel niederlegt und dort von dem Aschenregen des Vesuvausbruchs begraben wird. Die sexuelle Wunschregung des Traums, die darin in entstellter Weise erfüllt wird und Angst auslöst, wird durch eine Wahrnehmung in der äußeren Realität tags darauf also noch verstärkt.
Die Reise nach Pompeji ist eine Flucht; gleichzeitig ist sie aber auch bestimmt von dem geheimen Wunsch, der Gradiva dort zu begegnen.

»Überall (...) ist in diesem Schwanken des Kampfes die Kompromißnatur der Entscheidungen gewahrt; die Reise nach Pompeji, die von der lebenden Zoë wegführen soll, führt wenigstens zu ihrem Ersatz, zur Gradiva.« (Freud, a.a.O., S. 94)

Aufschlußreich ist, wie Freud in diesem Zusammenhang die Wiederkehr des Verdrängten charakterisiert. Nachdem er den Spruch des Horaz zitiert und diesem recht gibt – »Mag man die Natur auch mit der Heugabel austreiben, sie kehrt stets zurück« -, fährt er fort:

»Aber er sagt nicht alles, kündigt nur die Tatsache der Wiederkehr des Stückes verdrängter Natur an, und beschreibt nicht die höchst merkwürdige Art dieser Wiederkehr, die sich wie durch einen tückischen Verrat vollzieht. Gerade dasjenige, was zum Mittel der Verdrängung geworden ist – wie die furca des Spruches, – wird der Träger des Wiederkehrenden; in und hinter dem Verdrängenden macht sich endlich siegreich das Verdrängte geltend.« (Freud, a.a.O., S. 60)

Das Verdrängte tritt bei seiner Wiederkehr aus dem Verdrängenden selbst hervor. Der sexuelle Wunsch, den – aus Gründen, die in der Erzählung Jensens nicht erläutert werden – die Hauptfigur nicht akzeptiert, entfaltet, weil nur konserviert, im Handeln eine Kraft, die ihren Anspruch in ebenden Mitteln durchzusetzen versucht, die ihr die seelische Abwehr entgegensetzt.

Freud hat die Wahnphantasien und Handlungen des Archäologen, an denen dieser Kompromiß-Charakter erschlossen werden kann, als zweifach determiniert erklärt.

»Die eine Determinierung ist die, welche Hanold selbst erscheint, die andere die, welche sich uns bei der Nachprüfung seiner seelischen Vorgänge enthüllt. Die eine ist, auf die Person Hanolds bezogen, die ihm bewußte, die andere die ihm völlig unbewußte. Die eine stammt ganz aus dem Vorstellungskreis der archäologischen Wissenschaft, die andere aber rührt von den in ihm rege gewordenen verdrängten Kindheitserinnerungen und den an ihn haftenden Gefühlstrieben her. Die eine ist wie oberflächlich und verdeckt die andere, die sich gleichsam hinter ihr verbirgt.« (Freud, a.a.O., S. 78)

Was Freud hier die zweifache Determinierung nennt, bezieht sich auf einen systematischen Bruch in den Formen des Handelns. Als ein besonders aufschlußreiches Beispiel für einen solchen Bruch, der charakteristisch ist für neurotische Symptome, habe ich oben die Zwangshandlung der Frau analysiert, die an die ungelöste Auseinandersetzung mit ihrem abwesenden Ehemann gefesselt blieb.

An Freuds Interpretation der »Gradiva« wird deutlich, daß dieser Begriff der zweifachen Determinierung (wie auch das auf Kräfteverhältnisse bezogene Kompromißmodell) den strukturellen Eigenschaften der Handlungen nicht gerecht wird. Wie Rapaport (1959) erläutert, setzt der Begriff der Überdeterminierung ein Verhalten voraus, das im Prinzip beobachtbar und facettenreich ist. Der Begriff soll der Tatsache Rechnung tragen, daß jedes Verhalten mehrere Komponenten hat, von denen keine allein ein kausal unabhängiger und hinreichender Grund für das jeweilige Verhalten ist.

Aber Freuds Interpretation setzt stillschweigend ein strukturiertes Handeln, kein beobachtbares Verhalten voraus. Und seine Interpretation setzt weiterhin voraus, daß – ähnlich wie im Fall der Zwangshandlung – die Bearbeitung des ungelösten Konflikts in der inneren Struktur des Handelns abläuft und diese in bestimmter Weise verzerrt.

Die Phantasien Hanolds, die Freud analysiert, haben alle eine Verbindung mit einem bestimmten Strukturelement des Handelns – der interaktiven Dimension, der die innere Repräsentation, das Bild des Anderen zugrundeliegt. Das Bild von dem geliebten

Mädchen ist im Gedächtnis Hanolds bewahrt. Da darin seine Gefühle zu ihr einbeschlossen waren, hatte die Verdrängung seiner sexuellen Wünsche auch dieses Bild erfaßt. Wie erfolgreich hier die Verdrängung gewesen ist, hat Freud erwähnt: Wenn der junge Mann Zoë auf einer Gesellschaft antraf, nahm er sie nicht mehr zur Kenntnis; d. h. er sah sie wahrscheinlich, aber er erkannte in ihr nicht mehr das Mädchen, dem er einmal zugeneigt war. Und sie war für ihn auch nicht ein Objekt der Wahrnehmung, das ihn hätte sexuell erregen können.

In seinem leidenschaftlichen Interesse an der »Gradiva« wird nun die Jugendliebe wieder geweckt; das im Gedächtnis bewahrte Bild von Zoë wird auf das im Reliefbild dargestellte Mädchen übertragen (verschoben). Sie hat, für ihn unerkannt, die Position eingenommen, die einmal Zoë innehatte.

Seine Phantasien und die Namensgebung sind Kompromißbildungen, weil sie das Ergebnis von Versuchen sind, den Konflikt zwischen Triebanspruch und Abwehr, der nicht gelöst werden kann, in bestimmten Formen zu bearbeiten. In ihnen ist festgehalten, wie das Bild, das wiederbelebt wurde, eine Umformung erfahren hat, die beide konfligierenden Interessen zur Geltung bringt, ohne daß der Konflikt gelöst wird.

Der verdrängte Wunsch zielt darauf ab, vorhandenes Wissen zu reaktualisieren, das den Weg zum Objekt zeigen kann; die Abwehrmaßnahme der Verdrängung ist darauf gerichtet, eben dies zu verhindern. In den Mitteln, die die Abwehr aufwendet, um den Wunsch in Schach zu halten, die Kenntnis und die Interessen der Archäologie, versucht der verdrängte Wunsch mit den entsprechenden Kindheitserinnerungen immer wieder, in abgewandelter Form sich durchzusetzen.

Die Kindheitserinnerungen und Vorstellungen, die zusammen mit der sexuellen Wunschregung von Norbert Hanold einer Verdrängung unterliegen, werden von Freud so analysiert, daß wir sie als Elemente eines Handlungswissens identifizieren können, das der junge Mann einmal gehabt haben muß: der Name des Mädchens; ihre ungewöhnliche und schöne Art zu gehen; ihre Herkunft und ihr Zuhause; ihr Äußeres. Das sind Elemente eines praktischen Wissens, die wesentlich zu dem Bild gehören, das sich der junge Mann einmal von ihr als Kind gemacht hat. Die Abwehrform der Verdrängung hatte diese Wissenselemente vom Handeln ausgeschlossen.

Die Ansprüche des verdrängten Wunsches setzen genau an diesen Wissenselementen an mit dem Ziel, diesen Funktionsverlust des Wissens rückgängig zu machen. Was für die seelischen Kräfte, die die Verdrängung aufrechtzuerhalten suchen, geeignete Mittel sind, um die Abwehr zu stärken, sind für die gegenläufigen Kräfte ebenfalls geeignete Mittel, sich durchzusetzen.
So ist z. B. die Namensgebung »Gradiva« für das im antiken Bild dargestellte Mädchen nicht bloß eine Übersetzung von Bertgang – dem Familiennamen der Freundin aus der Kindheit – ins Lateinische, wie Jensen (und mit ihm Freud) hervorheben; denn »Bertgang« bedeute im Germanischen dasselbe wie »Gradiva« im Lateinischen: »die im Schreiten Glänzende«. Genauer betrachtet ist auch diese Namensgebung eine Form der Konfliktbearbeitung. Dem Interesse der Abwehr des sexuellen Wunsches ist nämlich dadurch Genüge getan, daß die »Gradiva« genannte Person mit dieser Namensgebung in den lateinischen Kulturkreis versetzt wird; unter den Lebenden weilt sie nicht mehr. Die Abwehrfunktion der wissenschaftlichen Beschäftigung mit der Antike, die Freud analysiert, betrifft also auch die Kenntnis des Familiennamens des geliebten Mädchens. Diese Kenntnis könnte das Handeln leiten, es könnte aufzeigen, wie dieses Mädchen zu erreichen ist. Die Abwehrmaßnahme der Verdrängung war aber darauf ausgerichtet, ebendies zu verhindern. Die Namensgebung »Gradiva« tut dieser Abwehr Genüge, da das Mädchen dieses Namens in der antiken Vergangenheit lebt, Zoë also von der Gegenwart in die Vergangenheit versetzt wurde und als Lebende wieder unerreichbar ist.
Zugleich bleibt aber in diesem Namen ein Element von Wissen über das Mädchen erhalten: der für sie charakteristische anmutige Gang. Der verdrängte Wunsch ist mit diesem Wissenselement in dem Namen vertreten. Zoë hat ja einen Familiennamen, den man so verstehen kann, als wäre seine Wahl motiviert durch den für sie charakteristischen Gang. Die Namengebung »Gradiva« wiederholt nur diese Motivation für die Wahl des Ausdrucks in einer anderen Sprache. Verschoben wird zugleich (im Wissen) das Referenzobjekt, die mit dem Namen identifizierte Person.
Die Bedeutung von Zoës Namen wird so gleichsam aufgespalten. Bewahrt bleibt die Motivation der Namensgebung, das Wissen von dem charakteristischen Gang der Namensträgerin. Abgeändert wurde die Referenz, der Hinweis auf die Person, die mit diesem Namen identifizierbar ist.

Damit bleibt, neben der Unkenntnis, wie dieses Mädchen lebend angetroffen werden könnte, ein latentes Wissen bewahrt, daß die Gradiva und Zoë identisch sind.
Entsprechend wurde in dem Urteil des jungen Mannes, das Steinbild stelle etwas »Heutiges« dar, nicht sein Wissen ersetzt, daß ein in der Gegenwart lebendes und ihm bekanntes Mädchen diesen anmutigen Gang hat (wie Freud dies interpretiert). Wenn wir davon ausgehen, daß die Wissensstruktur, die sich auf Zoë bezieht, über Ort und Zeit transformiert, also unbewußt verschoben wurde, dann ist es plausibler, daß in diesem Urteil eine dieser Transformationen – die über die Zeit – rückgängig gemacht wurde, während die andere erhalten bleibt.
In meiner Kritik an der Fehlleistungstheorie Freuds habe ich schon darauf hingewiesen, daß eine zeichenzentrierte Auffassung von Sprache, die das Wort oder den Satz zur Grundeinheit der Sprachanalyse macht, diesen Phänomenen nicht gerecht wird. Eine solche Auffassung sieht – wie Freud – in dieser Namensgebung allein das Ergebnis einer Übersetzung, bei der das Wort der Ausgangssprache in Vergessenheit geraten ist. Daß aber der Eigenname ein wichtiges Element des handlungspraktischen Wissens ist, gerät dann aus dem Blickfeld der Untersuchung.
Auch die Phantasie, sie müsse griechischer Herkunft sein, macht von dem vorhandenen Wissen Gebrauch, das sich auf Zoë bezieht. Aber sein Gebrauch unterliegt zugleich der Bedingung der psychischen Abwehr, derzufolge das Mädchen aus der gemeinsam geteilten Nachbarschaft und der Gegenwart in die Antike versetzt wurde.
Freud hat den Zusammenhang, den diese Phantasien mit dem Handeln haben, auch deshalb getrennt, weil er die verdrängten Erinnerungen, als deren »Ersatz und Abkömmlinge« (Freud, a.a.O., S. 85) er sie analysierte, nicht als Elemente von Wissen aufgefaßt hat. Aber nur unter dieser Voraussetzung wird verständlich, wie das Verdrängte gerade aus dem Verdrängenden wieder hervortreten kann: Es blieb darin, wenn auch abgewandelt, bewahrt.
In dem, was die Verdrängung sichern sollte – die Versetzung der Person des Mädchens in die antike Welt –, kann das Verdrängte bei seiner Wiederkehr auch wieder hervortreten, da es in der Form der Konfliktbearbeitung indirekt auch mit enthalten war.
Wenig überzeugend ist Freuds Interpretation der Phantasie, die

die »Gradiva« nach Pompeji versetzt. Der Archäologe sei hier der Analogie von der Verschüttung der Stadt mit seiner Abwehrmaßnahme der Verdrängung gefolgt, von der er eine »endopsychische Kenntnis« hat, und er habe dabei die eigene Kindheit mit der klassischen Antike zur Deckung gebracht. Diese Interpretation setzt ein selbstreflexives Moment der Abwehrmaßnahme voraus, die Selbstwahrnehmung als ein psychisch Abwehrender, die wenig wahrscheinlich ist. Plausibler ist, daß diese Phantasie die Herkunft des Mädchens so lokalisiert, daß der Ort auch heute noch aufgesucht werden kann, weil dort antike Vergangenheit bewahrt wird.

Hier wird eine Differenz zwischen literarischer Fiktion und klinischem Fall deutlich, die Freud nicht reflektiert hat. Jensen ist es, der die Verschüttung und die Verdrängung hier miteinander verknüpft hat, nicht der junge Archäologe. Freud übernimmt diese Verknüpfung, weil er unkritisch Psychoanalyse und »Dichterpsychologie« gleichsetzt. Letztere läßt an der Problematik der Hauptfigur, die als ein Fallbeispiel analysierbar ist, von vorneherein nur das in Erscheinung treten, was sich in die Deutungsmuster der literarischen Fiktion fügt. Da sie nicht zugleich auch die Geltung dieser Deutungsmuster in Frage stellt, bietet die Dichterpsychologie von sich aus keinen Anhaltspunkt, zwischen der Wirklichkeit des Falls und der literarischen Fiktion zu unterscheiden.

Die Dichterpsychologie präformiert die psychoanalytische Interpretation des literarischen Textes; klinische Fälle hingegen können sich Deutungsmustern widersetzen.

Das Konzept der Überdeterminierung, das ich erwähnt habe, erweist sich auch zur Erklärung der Handlungen Hanolds, deren Symptom-Charakter Freud analysiert, als wenig brauchbar.

Deren bewußtseinsfähige Motive stehen zu den verdrängten Wünschen nicht in einer Beziehung, wie Freuds Begriff der zweifachen Determinierung dies nahelegt – nämlich als Ich- und als Es-Komponenten. Vielmehr haben sie einen doppelten Bezug zueinander – den der Gegensätzlichkeit (und Trennung) und gleichzeitig den einer hintergründig vorhandenen strukturellen Verbindung. Sie sind, aufgrund der Abwehrmaßnahme, voneinander getrennt und zugleich mit einander verbunden, weil sie zu demselben inneren Strukturzusammenhang des Handelns gehören.

Letzteres deutet Freud auch an. Er weist darauf hin, daß zur Motivierung der Bildung der bewußten Vorwände für Handlungen

»das Verdrängte den größeren Beitrag geliefert hat« (a.a.O., S. 79); daß aber die verdrängten Wünsche nur unter der Voraussetzung sich in archäologischen Interessen durchsetzen können, weil sie in dieser Form als Motive akzeptiert werden (a.a.O., S. 78).
Von dem ungelösten Konflikt her betrachtet, der zwischen dem verdrängten sexuellen Wunsch und der Abwehrmaßnahme der Verdrängung dieses Wunsches besteht, wird der junge Archäologe in seinen Phantasien und Handlungen zur immer neuen Bildung von Formen gezwungen, weil der zugrundeliegende Konflikt darin zwar bearbeitet, aber nicht aufgelöst werden kann. Was Freud statisch als »ein Schwanken des Kampfes« (s. o.) aufgefaßt hat, kann theoretisch befriedigender als eine strukturelle Dynamik analysiert werden. Der zugrundeliegende Konflikt ist nicht lösbar, weil er an Entstehungsbedingungen gebunden ist, die in die Kindheit zurückgehen, und die das Handlungssubjekt nicht mehr klären kann, weil es sie abgespalten hat.
Seine scheinbar nur im Hier und Jetzt ablaufenden Handlungen haben so ein doppeltes Bezugssystem: sowohl das der Gegenwart als auch das der Vergangenheit. Sein Interesse für die »Gradiva« galt von Anfang an seiner Jugendliebe. Mit seiner Reise nach Pompeji folgt er dem geheimen Wunsch, Gradiva/Zoë dort zu begegnen.
Zur Wiederkehr des Verdrängten gehören auch bestimmte Handlungen, die einmal möglich waren und in der Beziehung zu Zoë eine Rolle gespielt haben. Denn als er bei seinem Aufenthalt in Pompeji in einer wahnhaften Vorstellung seiner »Gradiva« leibhaftig zu begegnen meint – das Fräulein Zoë Bertgang ist zur selben Zeit zufällig auch in Pompeji – schlägt er, scheinbar allein motiviert durch das Bedürfnis, sicherzugehen, daß das Mädchen leibhaftig anwesend ist, mit der Hand nach einer Fliege, die sich auf die Hand der Gradiva/Zoë gesetzt hatte.
Freud weist hier, gestützt durch die Worte von Zoë an den jungen Archäologen, daß sie doch in der Kindheit sich auch gelegentlich »knufften und pufften«, auf die Analogie dieser beiden Handlungen hin, auf das »Wiederaufleben des Impulses zum ›Knuffen und Puffen‹« (a.a.O., S. 56).
Das Knuffen und Puffen wiederholt ein Handeln, das schon in der Vergangenheit von der psychischen Abwehr sexueller Wünsche bestimmt war, nun in der Gegenwart. Es stellt in der Erinnerung daran zugleich auch eine Verbindung zwischen dem jungen Mann und dem Mädchen her.

Aber der Archäologe wandelt diese spielerisch aggressive Handlung ab zu einer reinen Verbotshandlung. Er schlägt Zoë/Gradiva auf die Hand. Diese Abwandlung macht die Handlung so deplaziert und »verrückt«, wie Zoë dies erlebt (und entsprechend kommentiert). Die Handlung, die beide von früher her kennen, konnte offenbar nur als Verbotshandlung wiederholt werden, weil sie ein körperliches Berühren bedeutet, gegen das die Abwehr gerichtet ist.

Die Kenntnis des Namens; das Wissen, daß das geliebte Mädchen im Nachbarhause wohnt; das Wissen davon, was man gemeinsam schon gemacht und erlebt hat – diese Wissenselemente fließen in abgewandelter Weise in die Phantasien und Handlungen ein, die Freud Kompromißbildungen nennt. Der verdrängte Wunsch knüpft an die Wissenselemente an, die die Mittel zur Realisierung seines Ziels sein können.

Durch die Verdrängung wurde den Wissenselementen, die davon betroffen sind, der Zugang zum Handeln versperrt; sie verloren damit ihre Funktion, das Handeln zu orientieren. Sie helfen dem jungen Mann nicht mehr, den Weg zu dem geliebten Mädchen zu finden.

Freud macht sehr deutlich, daß die Ungelöstheit des Konflikts dafür verantwortlich ist, daß immer wieder neue Formen seiner Bearbeitung gebildet werden.

»Ansturm und Widerstand erneuern sich nach jeder Kompromißbildung, die sozusagen niemals voll genügt. Dies weiß auch unser Dichter und darum läßt er ein Gefühl der Unbefriedigung, eine eigentümliche Unruhe dieses Stadium der Störung bei seinem Helden beherrschen, als Vorläufer und als Bürgschaft weiterer Entwicklungen.« (Freud, a.a.O., S. 79)

Der sexuelle Wunsch, der den Triebanspruch vertritt, kann sich nicht erfüllen, weil er immer wieder von seinem Ziel abgelenkt wird; aber auch das Interesse, seine Verdrängung aufrechtzuerhalten, kann nicht vollständig durchgesetzt werden, weil es dem verdrängten Wunsch gelingt, gerade in dem Medium, in dem seine Verdrängung gesichert wird, sich auch immer wieder, wenn auch nur abgewandelt, Geltung zu verschaffen. Das Wissenssystem des jungen Archäologen ist gewissermaßen der seelische Ort dieser Auseinandersetzung.

Ein weiteres Strukturelement, das in dieser Auseinandersetzung verzerrt wird, ist das Wirklichkeitskonzept des Handelns. Der hysterische Wahn des Archäologen entspricht dieser Verzerrung. Er glaubt, in einem Mädchen, das er auf der Straße seiner Heimatstadt sieht, die »Gradiva« erkannt zu haben. Und als er Zoë Bertgang in der Ausgrabungsstätte von Pompeji zufällig antrifft, vermeint er, das Mädchen des antiken Reliefbildes leibhaftig vor sich zu sehen.

Wirklich ist für ihn das, was dem in den Phantasien inszenierten Wunsch entspricht, auch wenn diese Entsprechung faktisch unmöglich ist.

Da er die konflikthafte Auseinandersetzung, die in ihm abläuft, nicht kennt, kann er auch nicht erkennen, daß seine »Gradiva« nicht leibhaftig gegenwärtig sein kann. Er kann sie nicht als ein Ergebnis seines Versuches erkennen, den ungelösten Konflikt zu bearbeiten.

Dieser Wahn hat ein starkes Überzeugungsgefühl. Freud erklärt dieses Gefühl mit Bezug auf das »Körnchen Wahrheit«, das in jedem Wahn steckt.

»(...) dieses Wahre war lange Zeit verdrängt; wenn es ihm endlich gelingt, diesmal in entstellter Form, zum Bewußtsein durchzudringen, so ist das ihm anhaftende Überzeugungsgefühl wie zur Entschädigung überstark, haftet nun am Entstellungsersatz des verdrängten Wahren und schützt denselben gegen jede kritische Anfechtung. Die Überzeugung verschiebt sich gleichsam von dem unbewußten Wahren auf das mit ihm verknüpfte, bewußte Irrige und bleibt gerade infolge dieser Verschiebung dort fixiert.« (Freud, a.a.O., S. 108)

Wir können diese Erklärung so interpretieren, daß ihr eine Unterscheidung zugrundeliegt, die handlungstheoretisch von Bedeutung ist – die Unterscheidung von Wissen und der Modalität von Wissen. Die Modalität bezieht sich auf unterschiedliche Grade der Gewißheit von Wissen. Wenn wir davon ausgehen, daß die Wahnphantasien des Archäologen das Ergebnis einer Konfliktbearbeitung im Wissen sind, dann hat nicht, wie Freud annimmt, eine Verschiebung von dem unbewußten Wahren auf das bewußte Irrige stattgefunden; die Überzeugung ist in der Wissensstruktur bewahrt geblieben, weil nur diese, aber nicht die Modalität des Wissens, umgewandelt wurde.

Der Aspekt des psychoanalytischen Erfahrungsbegriffs, den ich anhand der »Gradiva«-Interpretation von Freud verdeutlichen will, kann nun präzisiert werden. Obwohl der Schauplatz des Kampfes der gegensätzlichen Interessen bzw. Ansprüche das Wissenssystem von Norbert Hanold ist, bleibt – daran läßt Freud keinen Zweifel – diese Auseinandersetzung ihm selbst verborgen. Was ihm bewußt ist, was er erlebt, ist der jeweilige Erfahrungsinhalt, der bestimmt wird durch die jeweilige Form der Konfliktbearbeitung.

Die Erfahrungen, die er bewußt »macht« – sein Interesse an dem antiken Reliefbild; seine Phantasien über die »Gradiva« genannte junge Frau; sein Entschluß, nach Pompeji zu reisen; seine Träume; sein Handlungsmotiv, die Wirklichkeit der Zoë/Gradiva als Person zu prüfen –, sind jeweils das Ergebnis der Bearbeitung ein und desselben ungelösten Konflikts. Der Umweg, den der junge Mann gemacht hat, um von der Kinderfreundschaft über die Altertumswissenschaft bis zu dem in Pompeji sich neu knüpfenden Verhältnis zu Zoë zu gelangen (Freud, a.a.O., S. 62 f), ist die Entwicklung von Formen seines interaktiven Handelns als Verlaufsformen des unbewußten Konflikts.

Die Erfahrungen, die er in diesem Bereich macht, kann er nicht kontrollieren, da ihm deren Bedingungen nicht zugänglich sind. Sie sind bestimmt durch einen ungelösten Konflikt, der zu immer neuen Formen der Bearbeitung zwingt.

Während im Alltag das Subjekt von Erfahrung immer als einheitlich gedacht wird, – ein Subjekt, dem Erscheinungen der äußeren Realität mit einer Eigengesetzlichkeit gegenübertreten –, kehrt Freuds Konzept der Wiederkehr des Verdrängten dieses Subjekt-Objekt-Verhältnis gleichsam um. Was als Erfahrung dem Bewußtsein zugänglich wird, ist das Ergebnis einer dem Bewußtsein entzogenen Auseinandersetzung zwischen Triebanspruch und der Abwehr dieses Triebanspruchs. Die Formen des Handelns, in denen die Bearbeitung dieses Konflikts verläuft, sind demnach konstitutiv für Erfahrungen. Deren Grenzen werden gezogen durch die Art und Weise, wie der Konflikt zwischen den sexuellen Wünschen und ihrer Abwehr jeweils bearbeitet wird.

Im common sense des Alltags strukturiert nur das praktisch bewährte Wissen Erfahrungen. Die Aktualisierung von unpraktischem und verzerrtem Wissen gilt ihm als partikular oder wahnhaft. Aber dies praktisch bewährte Wissen kann ein Mittel psychischer Abwehr sein. Es kann, wenn es der Sicherung der Verdrängung dient, auch ein Medium sein, in dem das Verdrängte wiederkehrt.

Das Konzept der Wiederkehr des Verdrängten bezieht sich auf die

Aktualisierung dieses Zusammenhangs im Erleben – auf das Erlebnis der Aktualität von Wünschen, Vorstellungsbildern und Gefühlen der Vergangenheit, die in der Gegenwart virulent werden. Warum dieses Erleben nicht als eine Wiederholung erkannt werden kann, ist im Zusammenhang der Analyse der Zwangshandlung (Kap. 2.6.) deutlich geworden. Das Handlungssubjekt, das sich in der Entstehungsbedingung der inneren Auseinandersetzung der Abwehrmaßnahme der Verdrängung bedienen mußte, hatte sich damit selbst negiert. In den Formen, in denen die Konfliktbearbeitung verläuft, kann es daher seine Wünsche und Vorstellungen auch nicht mehr erkennen.
Diese Überlegungen machen auch deutlich, wie irreführend hier Freuds statischer Konflikt- und Kompromiß-Begriff ist, mit dem er die Bedeutung der Phantasien Hanolds zu erklären versucht. Er sieht in diesen Phantasien

»Ersatz und Abkömmlinge von verdrängten Erinnerungen (...), denen ein Widerstand nicht gestattet, sich unverändert zum Bewußtsein zu bringen, die sich aber das Bewußtwerden dadurch erkaufen, daß sie durch Veränderungen und Entstellungen der Zensur des Widerstandes Rechnung tragen« (Freud, a.a.O., S. 85).

Die Namensgebung »Gradiva«, um ein Beispiel zu nehmen, entstand nach meiner Analyse nicht durch Entstellung und Umwandlung des Familiennamens Zoës. Es war nicht ein vorgegebener Text, den ein innerer Zensor nur unter der Voraussetzung zur Veröffentlichung zuließ, daß darin Anstößiges weggelassen oder entstellt wurde. Die Namensgebung wurde entwickelt im Verlauf eines Konflikts, der im Wissen entstand und mit Mitteln dieses Wissens bearbeitet wurde.

3.2. Die Aneignung von Erfahrung und das Vergessen

Wie Freud betont, hat Jensen mit seiner Erzählung – abgesehen von wenigen Details –

»(...) eine völlig korrekte psychiatrische Studie geliefert, an welcher wir unser Verständnis des Seelenlebens messen dürfen, eine Kranken- und Heilungsgeschichte, wie zur Einschärfung gewisser fundamentaler Lehren der ärztlichen Seelenkunde bestimmt« (Freud, a.a.O., S. 69).

Zugleich macht er klar, daß deren Einordnung als psychiatrische Studie nicht so mißverstanden werden darf, als würde sie Phänomene behandeln, die absonderlich wären und mit dem normalen menschlichen Seelenleben nichts zu tun haben. Im Gegenteil: Der Dichter spürt nur tieferliegende Zusammenhänge auf – und dies auch früher, als es der Wissenschaft möglich ist.

»Die Schilderung des menschlichen Seelenlebens ist ja seine eigentlichste Domäne; er war jederzeit der Vorläufer der Wissenschaft und so auch der wissenschaftlichen Psychologie. Die Grenze aber zwischen den normal und krankhaft benannten Seelenzuständen ist zum Teil eine konventionelle, zum anderen eine so fließende, daß wahrscheinlich jeder von uns sie im Laufe eines Tages mehrmals überschreitet.« (Freud, a.a.O., S. 70)

Es ist also im Sinne Freuds, wenn die Einsicht, daß im Bereich emotionaler Erfahrungen die unbewußte Konfliktdynamik konstitutiv ist, als verallgemeinerbar aufgefaßt wird.
Unter Mitwirkung von Zoë, die dabei gleichsam als psychoanalytische Therapeutin fungiert, kann der Wahn des jungen Archäologen schrittweise aufgelöst werden. Es ist aufschlußreich, wie Freud diesen Heilungsprozeß erläutert.
Während der mehrmaligen Begegnungen in der Ausgrabungsstätte glaubt der junge Mann also zunächst tatsächlich, der Gradiva seines Steinbilds als einer leibhaftigen jungen Dame gegenüber zu stehen; das Mädchen des Reliefbildes ist, die dichterische Freiheit Jensens will es so, genau der äußeren Erscheinung und der besonderen Fußstellung des Schreitens der Zoë Bertgang nachgebildet.
Entsprechend seiner Phantasie über ihre familiäre Herkunft spricht er sie griechisch an (sie antwortet deutsch). Er bittet Gradiva/Zoë, sie möge sich doch wieder, wie sie es in seinem Traum getan hatte, in dem er sich zur Zeit des Untergangs der Stadt mit ihr in Pompeji befand, auf den Stufen des Tempels zum Schlafen legen. Die junge Dame nimmt, wie Freud betont, bei diesen Begegnungen den Wahn von Norbert Hanold auf, ohne diesem zu widersprechen; sie ist sogar bereit, ihren besonderen Gang zu demonstrieren. Sie entlockt dabei dem jungen Archäologen durch gezieltes Fragen alle wesentlichen Einzelheiten des Wahns.
Freud sieht an der allmählichen Rückführung der Phantasien in die Wirklichkeit (die den Wahn des jungen Archäologen auflöst) zwei Prozesse entscheidend wirksam: das Erwachen des Liebes-

bedürfnisses bei ihm (das sich dann in einer Werbung um das Mädchen ausdrückt); und die besondere therapeutische Redeweise von Zoë, deren Charakteristik Freud »zweideutig« nennt.
Die Wunschvorstellungen des jungen Mannes, die sich nun auf die lebendige Person der Zoë/Gradiva richten, sind zwar mit ersten Handlungsversuchen verbunden; diese wecken aber zugleich auch widerstreitende Gefühle, in denen sich der zugrundeliegende Konflikt bemerkbar macht.

»Im Taumel wie am Vortage und mit denselben Problemen beschäftigt, treibt er sich nun in der Umgebung Pompejis herum. Von welcher leiblichen Beschaffenheit wohl die Zoë/Gradiva sein möge, und ob man etwas verspüren würde, wenn man ihre Hand berührte. Ein eigentümlicher Zwang trieb ihn zum Vorsatze, dieses Experiment zu unternehmen, und doch hielt ihn eine ebenso große Scheu auch in der Vorstellung davon zurück.« (Freud, a.a.O., S. 47 f)

Wie das Ergebnis dieses als Experiment motivierten Kontaktversuchs ausgefallen ist, habe ich oben erwähnt. Aber dennoch gelingt Zoë in den Gesprächen mit Norbert Hanold der therapeutische Fortschritt. Sie kann seine verdrängte Liebe zu ihr, die – wie Freud es formuliert –: »in einem Symptom einen kümmerlichen Kompromißausweg gefunden hatte« (Freud, a.a.O., S. 118), endgültig auf sich lenken und befreien.
Dem therapeutischen Fortschritt liegt das sukzessive Rückgängig-Machen der Verdrängung zugrunde. Der junge Mann kann die verdrängten Wünsche und Vorstellungen wieder als seine eigenen akzeptieren und in das interaktive Handeln einbeziehen; zugleich können die Bildungen, die der Sicherung der Abwehr dienen – vor allem seine archäologischen Interessen –, in dieser Funktion aufgegeben werden.
Dies fällt ihm auch deshalb relativ leicht, als die Person, auf die seine Liebe einmal bezogen war, dieselbe ist, die ihm nun bei der Befreiung seiner verdrängten Wünsche behilflich ist. Was Zoë betrifft, so muß sie nicht erst die Position einnehmen, die der Andere in der Systematik der Strukturverzerrung des Handelns des jungen Mannes bezogen hat; denn dort befindet sie sich bereits. Darin besteht natürlich eine wichtige Differenz zur psychoanalytischen Therapie.
Dennoch betont Freud die Ähnlichkeit des »Verfahrens« der Zoë und der analytischen Therapiemethode. Neben der Bewußtma-

chung des Verdrängten und dem Zusammenfallen von Aufklärung und Heilung erstreckt sich diese Ähnlichkeit auf das,

»(...) was sich als das Wesentliche der ganzen Veränderung herausstellt, auf die Erweckung der Gefühle. Jede dem Wahne Hanolds analoge Störung, die wir in der Wissenschaft als Psychoneurose zu bezeichnen gewohnt sind, hat die Verdrängung eines Stückes des Trieblebens, sagen wir getrost des Sexualtriebes, zur Voraussetzung, und bei jedem Versuch, die unbewußte und verdrängte Krankheitsursache ins Bewußtsein einzuführen, erwacht notwendig die betreffende Triebkomponente zu erneutem Kampf mit den sie verdrängenden Mächten, um sich mit ihnen oft unter heftigen Reaktionserscheinungen zum endlichen Ausgang abzugleichen.« (Freud, a.a.O., S. 118)

Auf diesen Konflikt nimmt die Redeweise von Zoë/Gradiva in ihren Begegnungen mit dem jungen Archäologen in spezifischer Weise Rücksicht. Was Freud das »Zweideutige« dieser Rede nennt, wirft ein Licht auf die innere Logik des Prozesses, der auf die Aufhebung der Verdrängung abzielt. Dies sei an einem Beispiel verdeutlicht.

Bei einem ihrer (von beiden verabredeten) Treffen auf der Ausgrabungsstätte schlägt Zoë dem jungen Archäologen vor, eine kleine Mahlzeit mit ihr zu teilen und bemerkt: »Mir ist's, als hätten wir schon vor zweitausend Jahren einmal so zusammen unser Brot gegessen. Kannst Du Dich nicht darauf besinnen?«

Da beide in der Zeit ihrer Jugendfreundschaft in der Tat auch öfter sich eine Mahlzeit geteilt hatten, analysiert Freud diese Äußerung als ein Bemühen von Zoë, die Erinnerung an die Kindheit zu erwecken. Im Vorstellungssystems des Wahn verbleibend, ersetzt sie dabei die Kindheit durch die historische Vorzeit. Den »Doppelsinn« der Äußerungen von Zoë analysiert Freud mit der Kategorie der »Symbolik«:

»Der eine Sinn derselben schmiegt sich dem Wahne Hanolds an, um in sein bewußtes Verständnis dringen zu können, der andere erhebt sich über den Wahn und gibt uns in der Regel die Übersetzung desselben in die von ihm vertretene unbewußte Wahrheit. (...) In den Gesprächen mit Hanold ist der Doppelsinn meist dadurch hergestellt, daß Zoë sich der Symbolik bedient, welche wir im ersten Traume Hanolds befolgt fanden, der Gleichstellung von Verschüttung und Verdrängung, Pompeji und Kindheit. So kann sie mit ihren Reden einerseits in der Rolle verbleiben, die ihr der Wahn Hanolds anweist, andererseits an die wirklichen Verhältnisse rühren und im Unbewußten Hanolds das Verständnis für dieselben wecken.« (Freud, a.a.O., S. 112)

Hier ist Freud wieder seiner theoretischen Vorstellung gefolgt, die ich weiter oben (Kap. 2.4.) als Bedeutungsaspekt seines Sinn-Begriffs diskutiert habe. Unter diesem Aspekt ist das Verhältnis, das zwischen den manifesten und den unbewußten Inhalten des Wahns besteht, das einer Übersetzung; d. h. ein und derselbe Inhalt wurde von einer Darstellungsweise in eine andere übersetzt, in der er nun verdeckt und verstellt vorliegt. Unter dieser Voraussetzung stellt sich die Aufgabe der Interpretation und Therapie so, wie Freud sie für Zoë formuliert: Auf der Grundlage der entstellten Darstellungsweise muß der verborgene Inhalt gefunden werden; und dieser muß dann so – und gewissermaßen neu – in eine Ausdrucksweise übersetzt werden, die ihn authentisch wiedergibt.

Wir können den Doppelsinn der therapeutischen Redeweise aber auch anders – und wie ich meine: treffender – analysieren. Was ihn charakterisiert, ist der Versuch, den Wahn des jungen Archäologen von innen heraus so umzuwandeln, daß er allmählich aufgelöst wird; d. h. mit seinen eigenen Mitteln und mit Rücksicht auf die konfligierenden Bestrebungen, die ihn hervorgebracht haben. Das junge Mädchen ist Hanold dabei behilflich, seinen Konflikt in Formen zu bearbeiten, die ihn schließlich lösen. Sie regt Hanold dazu an, neue Formen des »Kompromisses« zwischen den widerstreitenden Ansprüchen zu finden, die geeignet sind, die Bildung eines Kompromisses (Symptoms) schließlich überflüssig zu machen.

Dabei kann sie den widersprüchlichen Charakter der Wissenselemente nutzbar machen, die in der jeweiligen Form, die der Konfliktbearbeitung dient, in Beziehung zueinander stehen. Dem Triebanspruch, der den Verlust der Orientierungsfunktion einer verdrängten Erinnerung rückgängig machen will, kommt sie dadurch entgegen, daß sie den jungen Archäologen schrittweise mit der Wirklichkeit konfrontiert und damit dem Ziel der Abwehr, Unkenntnis zu sichern, entgegenarbeitet; zugleich regt sie, indem sie der Verschiebung des raum-zeitlichen Bezugssystems – von der Kindheit zur Antike – folgt, das darin latent enthaltene Wissen Hanolds an, daß Gradiva und Zoë identisch sind.

Der therapeutische Prozeß, der auf die Aneignung verdrängter Erfahrung abzielt, verläuft also in komplexen Kompromißformen, die, wenn das therapeutische Verfahren erfolgreich ist, am Ende durch eine gelungene Vermittlung von Triebansprüchen und

den Interessen, die die Abwehr aufrechterhalten, abgelöst werden.
An Texten psychoanalytischer Behandlungsgespräche, die den Übertragungsprozeß dokumentieren, wäre dieser Zusammenhang genauer zu studieren. Worauf es mir hier ankommt, ist der interessante Umstand, daß der betreffende Patient am Ende dieses Prozesses nicht den Weg erinnert, auf dem sich seine Veränderung vollzogen hat.
Psychoanalytikern ist dies aus ihrer therapeutischen Praxis bekannt. So haben z. B. Thomä/Kächele der These von Habermas (1968), daß ein Patient einer psychoanalytischen Therapie an deren Ende seine eigene Geschichte erzählen und die Hemmungen, die seiner Selbstreflexion im Wege standen, begreifen können muß, diesen klinischen Tatbestand entgegengehalten:

»Viele Patienten vermögen am Ende der psychoanalytischen Behandlung keine Rechenschaft darüber abzugeben, welche Veränderungen, welche Bildungsprozesse in ihnen abgelaufen sind.« (Thomä/Kächele, 1973, S. 316)

Die Autoren versäumen es allerdings, hieraus einen Schluß zu ziehen, der den psychoanalytischen Begriff des Subjekts verdeutlicht. Denn offenbar können Patienten am Ende einer erfolgreich verlaufenen Psychoanalyse nicht den Prozeß der eigenen Veränderung erinnern, weil die dafür notwendige Voraussetzung durch eben diesen Prozeß mit verändert wurde: das mit sich identisch oder zumindest ähnlich bleibende »Ich«.
In Jensens Erzählung ist ein ähnlicher Erinnerungsverlust dokumentiert. Obwohl sich Hanold zu Beginn seines Aufenthaltes in Pompeji über die Hochzeitsreisenden, die sich mit »August« und »Grete« anredeten, mokiert und das Heiraten als eine unbegreifliche Torheit verurteilt hatte, beabsichtigt er – nach der Auflösung seines Wahns – am Schluß der Erzählung mit seiner geliebten (und ihn ebenfalls liebenden) Zoë genau dies zu tun.

»Er spricht den Vorsatz aus, die Hochzeitsreise mit seiner Zoë nach Italien und nach Pompeji zu machen, als hätte er sich niemals über die Hochzeitsreisenden August und Grete entrüstet. Es ist ihm ganz aus dem Gedächtnis geschwunden, was er gegen diese glücklichen Paare gefühlt, die sich so überflüssiger Weise mehr als hundert Meilen von ihrer deutschen Heimat entfernt haben. Gewiß hat der Dichter recht, wenn er solche Gedächtnisschwächung als das wertvollste Zeichen einer Sinnesänderung aufführt.« (Freud, a.a.O., S. 64 f)

Was Freud hier als »Sinnesänderung« bezeichnet, ist tatsächlich ein Resultat davon, daß das Wissenssystem von Hanold insgesamt umstrukturiert wurde. Die frühere Verachtung von Heirat und Hochzeitsreisenden wird nicht mehr erinnert, weil sie bedeutungslos geworden ist. Als Wissensstruktur, die eine Funktion in der psychischen Abwehr zu erfüllen hatte, wurde sie, indem diese Abwehr hinfällig wurde, irrelevant. Sie wurde vergessen, nicht verdrängt.

Ich möchte die Überlegungen kurz zusammenfassen. Für Erfahrungen im Bereich interaktiven Handelns ist die Konfliktdynamik von Triebanspruch und Abwehr dieses Triebanspruchs grundlegend. Die Wissensstrukturen, die im Prozeß dieser Auseinandersetzung gebildet werden, legen fest, welche subjektiven Erfahrungen möglich und welche nicht möglich sind, welche der im Gedächtnis bewahrten Erlebnisse und Vorstellungen erinnert werden können und welche nicht.

Für den Versuch, Freuds Entdeckungen im Zusammenhang von Wissen und Handeln zu rekonstruieren, ist dieser Erfahrungsbegriff zentral. Man würde den Prozeß- und Konfliktcharakter von Wissen verfehlen, wenn man Freuds Einsicht in die besonderen Konstitutionsbedingungen subjektiver Erfahrungen außer acht ließe.

4. Interaktive Aspekte der sexuellen Entwicklung

Wie schon weiter oben erwähnt (Kap. 1.), interpretiere ich das Strukturmodell (bzw. das Modell der psychischen Instanzen) so, daß es von einer systematischen Brechung von Handlungsstrukturen ausgeht und diese als für das Subjekt charakteristisch verallgemeinert. Dem Modell liegt implizit die theoretische Annahme zugrunde, daß der Bildungsprozeß des Subjekts als ein konflikthafter Entwicklungsprozeß der Strukturelemente des Handelns verläuft. Konflikthaft ist dieser Prozeß vor allem deshalb, weil in ihm stets ein Spannungsverhältnis besteht zwischen dem Triebanspruch, der zum Handeln drängt, und der Hilflosigkeit des Kindes, seinem Angewiesen-Sein hinsichtlich der Handlungen der Bezugsperson und ihrer Anerkennung eines jeweiligen Wunsches.

Von den Konflikten, die sich so immer wieder herstellen, und den Versuchen des Kindes, diese zu bewältigen, ist der Prozeß der Ausbildung von Formen interaktiven Handelns unmittelbar betroffen. Als Ergebnis der Auseinandersetzung zwischen den Triebansprüchen und den Wünschen und Interessen der Bezugsperson bilden sich diese Formen als »Kompromißergebnisse« heraus, in denen sich die Bearbeitung der ungelösten Konflikte hintergründig fortsetzt. Weil die konflikthafte Entstehungsgeschichte der Formen interaktiven Handelns in der Struktur der individuellen Subjektivität überdauert, ist das (dynamisch) Unbewußte im Handeln immer auch gegenwärtig.

Dieser theoretischen Vorstellung von der Subjektbildung ist Freud, wie ich exemplarisch in der Untersuchung der Zwangshandlung (Kap. 2.6.) und seiner Interpretation der »Gradiva« gezeigt habe, in konkreten Fallanalysen auch gefolgt.

Die Rekonstruktion eines – in dem genannten Sinne – konflikthaften Bildungsprozesses muß sich auf theoretische Annahmen, Kategorien und Modelle stützen, mit denen die in ihm wirksamen Kräfte, Mechanismen und die ihn strukturierenden Zusammenhänge analysiert werden können. Aber in den Theorien Freuds, die dies leisten sollen, und in denen er die drei Pfeiler sah, auf denen die Psychoanalyse ruht, bleibt der Bezug zur inneren

Struktur des Handelns ungeklärt. Seine Abwehrlehre, das Konzept der Übertragung und seine Theorie der menschlichen Sexualität haben diesen Bezug nicht expliziert. Auf diese Theorie will ich nun kurz eingehen.

In seiner »Analyse der Phobie eines fünfjährigen Knaben« (Freud, G. W., Bd. VII) bemerkt Freud, daß ihm mit den Berichten über den Verlauf der Neurose des kleinen Hans, die dessen Vater ihm fortlaufend zukommen ließ, ein besonders wertvolles Material zur Verfügung stand. Die darin festgehaltenen Beobachtungen über das kindliche Sexualleben konnten dazu beitragen, die Annahmen zu bestätigen, die er in den »Drei Abhandlungen zur Sexualtheorie« dargelegt hatte (Freud, G. W., Bd. V).

Nun kann dieses Material aber nur dazu beitragen, Freuds Annahmen über bestimmte Erscheinungsformen der kindlichen Sexualität zu bestätigen – z. B. über die sexuelle Wiß- und Forschungsbegierde des Kindes, die im Alter von 3 bis 5 Jahren auftritt; den überwiegend autoerotischen Charakter des kindlichen Sexuallebens; und die Annahme, daß eine sexuelle Entwicklungsphase jeweils dadurch gekennzeichnet ist, daß eine besondere Art von Erotik, die jeweils um ein lebenswichtiges körperliches Organ zentriert ist, in einer Entwicklungsphase im Vordergrund steht.

Freuds theoretische Annahmen über die kindliche Sexualität konnten aber aus methodologischen Gründen an diesem Material keine Bestätigung finden – so z. B. seine Annahme über die »Partialtriebe«, die unabhängig voneinander nach Lusterwerb streben und angeborene sexuelle Konstitutionen seien. Eine solche Annahme läßt sich durch Beobachtungen allein gar nicht erhärten. Um aus diesem (und ähnlichem) Material Schlüsse über Entwicklungsprinzipien der menschlichen Sexualität ziehen zu können, sind wir auf theoretische Vorstellungen angewiesen, die den inneren Zusammenhang einzelner Beobachtungsergebnisse aufschlüsseln können.

Freuds Libidotheorie gibt uns keine Auskunft darüber, wie sich Triebregungen des Kindes zu Wünschen entwickeln, und wie die primäre Bezugsperson an dieser Entwicklung beteiligt ist. Maßgeblich für diese Theorie ist der ökonomische Gesichtspunkt, d. h. die theoretische Vorstellung von einem psychischen Energiestrom, der, wenn er keine Abführung findet, sich staut; dem (in der »Besetzung«) ein Quantum entnommen wird, das sich mit einer Objektvorstellung verbindet usw. Affekte und Wünsche des Kindes sind unter diesem Gesichtspunkt der theoretischen Betrachtung lediglich Korrelate einer solchen Besetzung. Die Frage, wie sich mit der Wunschbildung ein Strukturelement des Handelns entwickelt, kann in dieser Betrachtungsweise nicht sinnvoll gestellt werden.

Freuds Vorstellung von der Entwicklung der Sexualität als einem Prozeß, in dem sich zunächst unabhängig voneinander existierende Komponenten allmählich zu einem Ganzen zusammensetzen, ist für eine Rekonstruktion dieser Entwicklung wenig hilfreich. Mit der Vorstellung, daß sich Komponenten irgendwie zusammensetzen, können wir Entwicklungsprozesse nicht erfassen. Als Äußerungen von Triebkomponenten betrachtet, bestehen die verschiedenen Wunschregungen des Kindes unverbunden nebeneinander. Die Grundannahme der genetischen Betrachtungsweise, daß der Verlauf der psychosexuellen Entwicklung einer angeborenen Gesetzmäßigkeit folgt, kann nicht erklären, wie sich zwischen den verschiedenen Wunschregungen des Kindes in seiner Entwicklung strukturelle Verbindungen herstellen, aus denen neue Befriedigungsmuster entstehen. – Auf die Veränderungen, die Freuds Konzept des Trieb-Dualismus im Laufe seiner Arbeit erfahren hat, kann ich hier nicht näher eingehen.

Bis heute liegt kein brauchbares Modell vor, das diesen Entwicklungsprozeß plausibel in den einzelnen prägenitalen Phasen rekonstruieren kann. So krankt z. B. der Vorschlag von Erikson (1950, dt. 1968), aus den jeweiligen Organmodi »soziale Modalitäten« abzuleiten und in ihrer stufenweisen Entwicklung darzustellen, an dem Fehlen eines geeigneten Handlungsbegriffs. Eriksons »Landkarte« der Prägenitalität enthält z. B. keine Angaben darüber, wie sich das jeweilige innere Objekt, von dem das Kind sein Bild von der Bezugsperson ableitet, in der nachfolgenden Phase weiterentwickelt; welche spezifischen Formen des Miteinanders bei dieser Objektbildung eine Rolle spielen; und wie die Sprache an der Ausbildung von Handlungsformen beteiligt ist.

Eine Erkenntnis Freuds, die Erikson in sein Entwicklungsmodell gar nicht einbezogen hat, hat an dem Prozeß der Subjektbildung ein grundlegendes Prinzip aufgedeckt.

»Die Entwicklung des Ichs besteht in einer Entfernung vom primären Narzißmus und erzeugt ein intensives Streben, diesen wieder zu gewinnen.« (Freud, G. W., Bd. x, S. 167f)

Die Annahme Freuds, das Kleinkind befinde sich anfänglich in einem Zustand des »primären Narzißmus« (also einem Zustand des Allmachterlebens und der vollkommenen Glückseligkeit), ist in handlungstheoretischer Sicht plausibel. Die eng begrenzten Bedürfnisse des Kleinkindes kann die Mutter vollständig befriedigen; weil es anfänglich noch nicht die Mutter als getrennt von sich wahrnimmt, muß das Kind die mütterliche Betreuung erleben wie einen körperlichen Vorgang und das damit verbundene Lustgefühl wie eine eigene Vollkommenheit.

Die Triebbefriedigung des Kindes hat so einen doppelten Aspekt: Die eigentliche Triebbefriedigung besteht in der Aktion, die die Mangelsituation aufhebt, die als Spannung erlebt wird; das Befriedigungserlebnis derselben Aktion hängt damit zusammen, welche Rolle es für das Selbstwertgefühl hat (vgl. Grunberger, 1963/64).

Das Bestreben, den Zustand des primären Narzißmus wiederherzustellen, läßt sich nicht in einem zielgerichteten Handeln erfüllen, an dem eine Beziehungsperson beteiligt ist. Ein solcher Versuch scheitert in doppelter Weise an der Wirklichkeit – an der Wirklichkeit des anderen, der seinerseits bestimmte Bedürfnisse hat, die er befriedigen will; und daran, daß dieses Bestreben nicht darauf abzielt, einen Sachverhalt (eine bestimmte Mangelsituation) mit Hilfe der Aktion eines anderen zu verändern; vielmehr soll in der Wirklichkeit die im Gedächtnis gespeicherte Situation der Allmacht und Vollkommenheit wiederhergestellt und erneut erlebt werden.

Dieses Bestreben sprengt die Bedingungen interaktiven Handelns, da es letztlich darauf abzielt, die äußere Realität durch die Realität der Erlebnisbilder der Allmacht zu ersetzen.

Das narzißtische Bestreben des Kindes kann sich nur an seine Triebbedürfnisse anlehnen. Hinsichtlich der Formen, in denen die jeweilige Triebbefriedigung abläuft, wird dieses Bestreben zu einem bestimmten Wunsch: dem Wunsch komplementärer Bedürfnisse (z. B. das Bedürfnis, gesättigt zu werden – das Bedürfnis, Sättigung zu vermitteln).

In einer früheren Arbeit wurde die Überlegung entwickelt, daß die Erfahrung des Wechselseitig-einander-befriedigen-Könnens der Kernbestandteil aller Interaktionsmuster ist (vgl. Flader/Grodzicki, 1982a). Diese Erfahrung wird abstrahiert aus frühesten, archaischen Mustern des Erlebens bestimmter Bedürfnisse, in denen der Erlebende wie die zu dem Bedürfnis in Beziehung stehende Person feste Positionen haben. Dabei besteht eine Kongruenz zwischen den befriedigenden Aspekten des inneren Objekts und der inneren Repräsentation des Selbst; beide verschmelzen miteinander. Um dieses Verschmelzungserlebnisses willen setzen bei Interessenkonflikten Vorgänge ein, die das Trennungserlebnis vermeiden und eine wechselseitig befriedigende Form des Miteinanders wieder herstellen sollen.

Das Auftreten dieser Konflikte ist schon deshalb unvermeidlich, weil das Kind im Laufe der Entwicklung seiner Sexualität auch Möglichkeiten der Lust entdeckt, die einem Befriedigungserlebnis der Bezugsperson gänzlich oder zum Teil widersprechen. Der Entwicklungsprozeß, in dessen Verlauf das archaische Grundmuster in immer zahlreicher werdenden Bedürfnis-Befriedigungs-Mustern eine Differenzierung erfährt, schafft so auch ein Potential vielfältiger Konflikte, die das Kind zu bewältigen versucht.

In diesem Entwicklungsprozeß spielt die Sprache eine wichtige Rolle. Freud (1895, 1950, G. W., Nachtragsband, S. 387-477) hat darauf aufmerksam gemacht, daß aus den zunächst unspezifischen, diffusen lautlichen Kundgebungen des Säuglings, die der Abfuhr seiner Spannung dienen, allmählich zielgerichtete Aktionen werden, die die Aufmerksamkeit einer Beziehungsperson wecken sollen. Er hat damit angedeutet, daß sich die Handlungsfunktion der Sprache genetisch aus der Bedürftigkeit und Hilflosigkeit des Kindes entwickelt. Um eine als unlustvoll erlebte Mangelsituation zu beseitigen, die es mit eigenen Handlungsmöglichkeiten nicht beseitigen kann, lernt das Kind, Sprache als ein Mittel zu gebrauchen, mit dem es die Handlung der Bezugsperson in Gang setzen kann, welche die Mangelsituation beseitigt, das Bedürfnis befriedigt.[1]

Diese Genese der Handlungsfunktion der Sprache verbindet die Entwicklung der Sexualität des Kindes eng mit dessen Sprachent-

1 In dieser Betonung der Hilflosigkeit des Kindes im Zusammenhang der Triebbefriedigung sehe ich einen der wichtigsten Unterschiede, die zwischen der Psychoanalyse und dem Ansatz der modernen Säuglingsforschung bestehen (vgl. Lichtenberg, 1983, dt. 1991).

wicklung. Sprachliches Handeln, das die eine Befriedigung vermittelnde Handlung der Bezugsperson in Gang setzen kann, eröffnet Wege zum Triebobjekt und ermöglicht Formen eines lustvollen Miteinanders, die ohne Sprache nicht oder nur eingeschränkt zur Verfügung stehen würden.
Nicht nur in dieser Funktion hat Sprache einen wesentlichen Anteil an der Differenzierung wechselseitig befriedigender Interaktionsmuster und an der Bildung von Formen des Handelns. Die Wortbedeutungen, die sich das Kind aneignet, stellen Verallgemeinerungen dar, mit denen es seine Erlebnisse in Sinnzusammenhänge integrieren und als Erfahrungen mitteilen kann. Es gewinnt damit neue Möglichkeiten des Verstehens und der Kommunikation, die es zuvor nicht hatte.
Aber zugleich trifft es auch auf Kommunikationssperren, die es als solche nicht erkennen und durchschauen kann. Wichtige Dinge oder Vorgänge sind dann vom Verstehen und vom Sprechen ausgeschlossen; Wege zum Triebobjekt, die in der Phantasie ausgestaltet wurden, erweisen sich als gefährlich oder versperrt. Eine Rekonstruktion von Fehlentwicklungen des Subjekts muß die jeweiligen Fehlverläufe von Kommunikationsversuchen mit einbeziehen.
Diese Überlegungen können die genannten Theoriedefizite Freuds noch nicht beseitigen. Ich will hier nur eine Perspektive aufzeigen, in der zukünftige Forschung ein wichtiges Element der Grundlagentheorie der Psychoanalyse ausarbeiten kann.
Die Kategorie des Wissens ist auch hier von zentraler Bedeutung. Der Kernbestandteil der archaischen Muster wird zu einem praktischen Wissen, wenn das Auftreten eines Bedürfnisses mit den Erfahrungen verbunden wird, die im Gedächtnis als Bestandteil des Ablaufs einer Interaktion festgehalten sind, die eine Wechselseitigkeit des Sich-befriedigen-Könnens ermöglicht sowie das damit verbundene Erlebnis, für den anderen von derselben positiven Bedeutung zu sein wie umgekehrt (vgl. Kap. 1.2.)
Die Funktion der Sprache, kollektives Wissen zu organisieren, kann diese Verbindungen verfestigen, wenn ein wechselseitig befriedigendes Interaktionsmuster vorhanden ist. Aufgrund dieser festen Verbindungen kann das Wissen, wenn das Kind davon Gebrauch macht, eine Orientierung geben. Es orientiert über verfügbare Handlungswege und macht die Handlungen der Beziehungsperson vorhersehbar. Und es tritt vermittelnd zwischen körper-

liche Vorgänge und das Handeln; und in diesem Vermittlungsbereich spielen sich die Auseinandersetzungen und Kämpfe ab, die mit den unvermeidlichen Konflikten mit der Bezugsperson zusammenhängen. Dieses Wissen ist der direkten Beobachtung zwar nicht zugänglich, aber es kann in Prozessen seines Gebrauchs erschlossen und analysiert werden.

Es ist ein handlungsrelevantes Wissen, das auch die Phantasien verkörpert, die zu dem inneren Objekt gehören. Anfänglich sind diese Wissensstrukturen noch gar nicht oder nur rudimentär vorhanden. Sie werden erst allmählich ausdifferenziert.

Das innere Objekt nimmt im Prozeß der Entwicklung der Strukturelemente des Handelns eine besondere Stellung ein. Seine Bildung folgt einer eigenen Logik. Die Theorien der Objektbeziehung (auf die ich hier nicht näher eingehen kann) tragen dem Rechnung.

Da das Kind zunächst in konkreten, anschaulichen bzw. bildhaften Formen denkt, ist sein praktisches Wissen auch konkret und anschaulich. Es enthält Elemente des magischen Denkens, in denen auch die Allmachtsphantasien des Kindes festgehalten sind – z. B. die bekannte Vorstellung, die Eltern wüßten immer genau, welche Wünsche das Kind jeweils hat.

Eine Kommunikationssperre, die in einem bestimmten Bereich zwischen dem Kind und seinen Beziehungspersonen besteht, führt zu einer Störung der genannten Funktion von Sprache. Das Wissen des Kindes ist dann nicht mehr mitteilbar. Aber es hat gleichwohl eine Struktur.

Ich möchte diese Überlegungen zu Freuds Theorie der Entwicklung der menschlichen Sexualität unter drei Aspekten verdeutlichen. Am Beispiel einer klinischen Fallanalyse – eine von Spitz untersuchte frühe Störung der Mutter-Kind-Interaktion – möchte ich zeigen, wie wir daran den Versuch des Kleinkindes rekonstruieren können, trotz der Störung eine befriedigende Form des Miteinanders zu finden. Ich möchte dann exemplarisch am Triebgeschehen der analen Phase der Frage nachgehen, wie sich dabei ein Motivationsmechanismus des Handelns entwickeln kann. Abschließend werde ich Freuds berühmte Fallstudie über den kleinen Hans heranziehen; sie gibt nämlich einen interessanten Aufschluß darüber, wie die Entwicklungsblockierung sexueller Handlungsformen mit einer Kommunikationssperre zusammenhängen kann, von der ich vermute, daß sie zwischen Hans und seinen Eltern bestanden hat. In diesem Zusammenhang will ich noch einmal kurz auf Freuds Konzept der »Urphantasien« eingehen.

4.1. »Der Dialog entgleist« (Spitz)

Um einen Fall einer schweren Störung der Interaktion von Mutter und Kind analysieren zu können, orientiert sich Spitz (1964, dt. 1974) an einem einfachen Handlungsmodell. Ich will es kurz darstellen.

Spitz unterscheidet an einem Handlungsablauf, an dessen Anfang ein elementares Bedürfnis eines Organismus steht, die antizipatorische, die appetitive und die konsumatorische Phase. Diese Phasen bilden zusammen einen Aktionszyklus. Eine Unterbrechung des Ablaufs vor der Phase der Konsumation ruft – so Spitz – verschiedene Formen der Unlust hervor, deren eine die Angst ist.

Wenn dieser Ablauf immer wieder unterbrochen wird, setzt ein Bewältigungsversuch ein, der – in bezug auf die frühe Muster-Kind-Interaktion – eine Störung herbeiführt, die Spitz am Beispiel des klinischen Falles als eine »Entgleisung des Dialogs« analysiert.

Beobachtungen zur Art und Weise, in der die Mutter in diesem klinischen Fall ihr Kleinkind versorgte, ergaben, daß sie den Sauger der Flasche dem Kind immer wieder tief in den Hals steckte. Ebenso machte sie es mit einem harten Zwieback, den sie in den Schlund des Kleinkindes hineinstopfte.

Das Kind (Jerry), das mit 8 1/2 Monaten hospitalisiert wurde, reagierte auf diese Art der Nahrungszufuhr in einer physiologisch verständlichen Weise: Es würgte, erbrach sich und ruminierte (käute wieder). Spitz beschreibt die Unterbrechung des Ablaufs der Nahrungszufuhr durch die Mutter so:

»Sie löst die appetitive Eßreaktion aus und unterbricht sie im gleichen Zuge, indem sie den Würgereflex hervorruft. Jerrys Erwiderung ist dem Reiz völlig angemessen, aber dem Wunsch der Mutter entgegengesetzt. Er kaut zwar und bewegt die Nahrung im Mund, aber erst, nachdem er sie erbrochen hat. Dieser Zyklus wiederholt sich immer aufs Neue. Es findet keine Verständigung statt. Der immer wieder unterbrochene und wieder in Gang gesetzte, nie zur Sättigung führende Zyklus hätte schließlich den Tod des Kindes zur Folge gehabt, wenn wir nicht eingeschritten wären.« (Spitz, a.a.O., S. 151)

Für unseren theoretischen Zusammenhang ist nun von besonderem Interesse, wie – den Beobachtungen zufolge – das Kleinkind die unlustvolle wiederholte Unterbrechung des Ablaufs zu bewältigen versuchte. Es lutschte an seinen Fingern und steckte sie so weit in den Hals, daß sie die Epiglottis kitzelten und einen Brechreiz hervorriefen. Die Mutter »beantwortete« ihrerseits diesen Vorgang damit, daß sie ihr Kind wieder und wieder fütterte.
Spitz vermutet, daß diese Tätigkeit des Kindes auf dem Wege einer Konditionierung zustandegekommen ist.

»Für Jerry wurden Würgen, Hochpressen und Erbrechen zu einem Teil der Mutter-Kind-Beziehung. Es waren an die Mutter gerichtete Mitteilungen, Erwiderungen, die er auf ihre Behandlung gelernt hatte, und diese wurden zum Ausdrucksmittel, mit dessen Hilfe er in dieser sonderbaren Mutter-Kind-Beziehung mit Erfolg um Zuwendung werben konnte.« (Spitz, a.a.O., S. 150)

Spitz rekonstruiert – von der Position des Kleinkindes aus – die neu entstandene Aktionsform des Ablaufs als eine Ersetzung des ursprünglichen Ziels (die Befriedigung des Nahrungsbedürfnisses) durch ein anderes Ziel: das der mütterlichen Zuwendung und der Reizung des Pharynx (d. h. des Schlundes).

»Für Jerry war die Füllung des Magens nicht das primäre, reizerledigende Ziel. An dessen Stelle traten Bedürfnisse nach mütterlicher Zuwendung und nach den oralen bzw. pharyngealen Reizen, die für Jerry zum Äquivalent für Zärtlichkeit geworden waren.« (Spitz, a.a.O., S. 151)

Diese Form einer schweren Interaktionsstörung wird aber erst vollständig rekonstruierbar, wenn die Position, die die Mutter in diesem Ablauf einnimmt, geklärt ist.
Die psychiatrische Exploration ergab, daß die widersprüchliche Form, in der sie ihr Kind fütterte, bestimmt war durch einen schweren, ungelösten Konflikt mit dem Vater. Dieser hatte sowohl ihre Heirat als auch ihre Schwangerschaft mißbilligt. Daraus resultierte ein Konflikt gegenüber ihrem Kind, der ihr nicht bewußt war. Einerseits lehnte sie es (unbewußt) ab, andererseits hatte sie starke Schuldgefühle, weil ihr Kind nicht gedieh. Ihr innerpsychischer Konflikt mit dem Vater wurde im Handeln in der widersprüchlichen Form wirksam, in der sie ihr Kleinkind ernährte. Mit ihrem Wunsch, das Kind zu ernähren, setzte sich zugleich der innere Widerspruch durch, die Negation des Handlungsziels. Da sie diesen Konflikt nicht lösen konnte, reprodu-

zierte er sich immer wieder als Fehlverlauf der beabsichtigten Nahrungszufuhr.

Weil ihr Kind bei dieser Weise der Ernährung tatsächlich nicht gedeihen konnte, entstand seitens der Mutter ein weiterer Konflikt, der sich als Schuldgefühl manifestierte. Ihren Anforderungen, die sie an sich als eine »gute Mutter« stellte, widersprach, was mit dem Kind tatsächlich geschah.

Die Lösung dieses Konflikts hätte die Erkenntnis vorausgesetzt, daß ihr Handeln widersprüchlich war, und daß sich in diesem Widerspruch ein anderer, ungelöster Konflikt niederschlug. Da sie zu dieser Erkenntnis nicht gelangen konnte, bearbeitete sie ihre Schuldgefühle in der Weise, die durch ihre widersprüchliche Handlungsform schon vorgezeichnet war: Sie versuchte, die Nahrung in ihr Kind so tief und so schnell wie möglich hineinzustopfen. Spitz spricht in diesem Zusammenhang von einem Versuch der Mutter, ihre Schuldgefühle überzukompensieren.

Spitz analysiert die Interaktionsstörung, die in diesem klinischen Fall auftritt – abgesehen von der erwähnten Kategorie »Aktionszyklus« – in sprachbezogenen Metaphern wie »Dialog«, »Mitteilung« und »Erwiderung«. Da der Austausch von Affekten, der in der frühen Mutter-Kind-Interaktion fortlaufend (im Normalfall) stattfindet, schwer zu beschreiben ist (vgl. Spitz, 1965, dt. 1967), ist diese metaphorische Ausdrucksweise heuristisch zweifellos nützlich. Sie verdeckt aber ein wenig die Handlungsstrukturen, die sich in diesem klinischen Fall offenbar zwischen Mutter und Kind entwickelt haben.

Theoretisch ist bemerkenswert, daß sich diese Interaktionsstörung in ähnlicher Weise rekonstruieren läßt wie bestimmte Arten von Fehlhandlungen, die ich oben (Kap. 2.) analysiert habe. In beiden Fällen geht die beabsichtigte Handlung dadurch im Prozeß ihrer Ausführung fehl, daß neben dem Ziel, an dem diese Handlung orientiert ist, gleichzeitig der Wunsch besteht, dieses Ziel nicht zu verwirklichen. Darüber hinaus deutet Spitz an, daß die Mutter in der Interaktion mit ihrem Kind eine Auseinandersetzung fortführt, die ihrem Vater gilt; wie bei einem neurotischen Symptom ist die Form ihres Handelns systematisch gebrochen.

Die »Entgleisung des Dialogs«, die Spitz an diesem klinischen Fall beschreibt, ist eine systematische Abwandlung der Form, in der die frühe Mutter-Kind-Interaktion: Nahrung-Geben und Nahrung-Aufnehmen normalerweise verläuft. Die Form dieses Ab-

laufs wird wesentlich festgelegt durch die Funktionsmuster des Mundes, die in der konsumatorischen Phase dieses Ablaufs wirksam werden: durch Saugen und Schlucken.
Die Bereitschaft einer Mutter, ihr Handeln mit diesen körperlichen Funktionsmustern abzustimmen; ihre Präsenz und das uneingeschränkte Akzeptieren der Bedürfnisse des Kindes machen die Interaktion wechselseitig befriedigend. Das Kleinkind ist an diesem Interaktionsablauf nicht als Handelnder beteiligt. Wenn diese Interaktion in einer Form abläuft, die für das Kind fortwährend unbefriedigend ist, kann es diesen unlustvollen Verlauf noch nicht mit Handlungsmitteln abändern.
Spitz vermutet daher, daß die Abänderung des Interaktionsverlaufs, die klinisch beobachtet werden konnte, die Folge einer Konditionierung des Kindes war. Diese Abänderung folgte einem Prinzip, das Spitz nur andeutet: dem Prinzip der widersprüchlichen Entwicklung einer neuen Interaktionsform. Ich will an dem klinischen Fall kurz erläutern, was ich mit diesem Prinzip meine.
Auf dem Wege der Konditionierung von Jerry wurde ein Vorgang, der unlustvoll war – das Erbrechen und Wiederkäuen – umgewandelt zu der Anfangsphase eines anderen Ablaufs, der ein anderes Bedürfnis des Kindes befriedigte. Der unlustvolle Vorgang selbst bleibt in dieser neuen Interaktionsform erhalten, er wird nur gleichsam umfunktioniert zu einem »Mittel«, das die wiederholte Zuwendung der Mutter auslöste.
In dieser neuen Interaktionsform konnte eine Komplementarität der beiderseitigen Bedürfnisse erreicht werden, die in dem ursprünglichen Fehlverlauf der Interaktion nicht bestand. Dort war hinsichtlich des Bedürfnisses von Jerry, gesättigt zu werden, nicht ein ungebrochener, eindeutiger Wunsch der Mutter vorhanden, ihm diese Sättigung zu vermitteln.
In der entwickelten neuen Form des Ablaufs ist dies jedoch der Fall. Das (aus ihren Schuldgefühlen gespeiste) Bedürfnis der Mutter, sich noch intensiver der Ernährung des Kindes zuzuwenden, und dessen Bedürfnis nach dieser Zuwendung ergänzen einander.
Die Störung der Nahrungsaufnahme hatte Jerry stark frustriert. Außerdem wird er die Ablehnung seitens der Mutter gespürt haben. Wenn wir annehmen, daß er zu diesem Zeitpunkt seiner Entwicklung schon ein inneres Objekt gebildet hatte, dann fand er in dem neuen Ablauf doch noch Aspekte des Liebesobjekts

(anstelle eines bösen bzw. schlechten Objekts). Auf diese Dimension der Störung geht Spitz allerdings in diesem klinischen Fallbericht nicht weiter ein.
An diesem Beispiel wird auch deutlich, daß aus psychoanalytischer Sicht das Kind in der Interaktion mit der Mutter (oder mit einer anderen Beziehungsperson) in doppelter Weise bedürftig ist. Es ist bedürftig, weil eine wiederholt auftretende, durch körperliche Vorgänge bedingte Mangelsituation immer wieder beseitigt werden muß; und es ist bedürftig hinsichtlich seines Selbstwertgefühls, das es erhalten will.
Die Konditionierung, die Spitz an diesem Fall analysiert hat, ist einer der Vorgänge, die bei Interessenkollisionen einsetzen, um das Erlebnis des Getrennt-Seins zu vermeiden.
Dadurch entsteht eine neue Form des Interaktionsverlaufs, in die eine Phase des gestörten, unlustvollen ursprünglich vorhandenen Verlaufs aufgenommen wird. Was hier durch die Konditionierung erreicht wurde, kann in der weiteren kindlichen Entwicklung durch Wissen erreicht werden.
Wenn das Kind sich in bestimmten Bedürfnissen abgelehnt fühlt, kann es diese in der Weise modifizieren oder ganz aufgeben, daß es den ablehnenden Handlungen der Bezugsperson dazu die Elemente entnimmt. Diese »primäre Identifizierung« ist ein weiterer Vorgang, um bei einem Interessenkonflikt das Trennungserlebnis zu bewältigen.
In der Untersuchung der Zwangshandlung (Kap. 2.6.) bin ich davon ausgegangen, daß für deren Entwicklung diese Identifizierung (in Verbindung mit der Abwehrmaßnahme der Verdrängung) entscheidend war. Ich will an dieser Stelle noch einmal die Konsequenz verdeutlichen, die dieses Entwicklungsprinzip für das Handlungswissen hat.
Die widersprüchliche Entwicklung der neuen Handlungsform macht auch das Wissen widersprüchlich, das darüber ausgebildet wird. Einerseits ist in diesem Wissen die Erfahrung mit einer neuen Möglichkeit niedergelegt, wie wechselseitig Bedürfnisse befriedigt werden können; andererseits trägt die neue Handlungsform aber auch die Spuren der elterlichen Ablehnung und Zurückweisung, deren Element sie aufgenommen hat und über das ebenfalls ein Wissen vorhanden ist.
Weil mit der Abwehrform der Verdrängung ein Wunsch der Bezugsperson an die Stelle des eigenen Wunsches gesetzt wird, ist

dieser fortan vom Handlungsprozeß ausgeschlossen. Andererseits steht er in einem strukturellen Zusammenhang mit der Entwicklungsgeschichte der neuen Handlungsform. Daher kann der ungelöste Konflikt als Auseinandersetzung mit dem Anderen in der inneren Struktur des Handelns fortgesetzt werden.

Die Vorgänge, durch die bei einem Interessenkonflikt die gestörte Einheit, das Verschmelzungserlebnis wiedergewonnen werden soll und die Ausbildung einer neuen Handlungsform angeregt wird, konstituieren damit auch das (dynamisch) Unbewußte.

Das handlungsrelevante Wissen über eine so herausgebildete neue Form leistet beides: Es orientiert über neue Handlungswege, auf denen anstelle des nicht akzeptierten Bedürfnisses ein anderes Bedürfnis befriedigt werden kann; und es ist auch ein Mittel zur Abwehr der ursprünglich vorhandenen Bedürfnisse.

4.2. Zur Entwicklung von Handlungsformen in der analen Phase

Ich möchte nun der Frage nachgehen, wie sich aus Aktionen des Kindes, die zunächst ausschließlich an körperliche Funktionsmuster gebunden sind und dem Kind eine Organlust bereiten, sukzessive Handlungen werden, in denen die Beziehungsperson einbezogen ist. Dabei ist die Rolle, die Sprache bei dieser Entwicklung spielt, besonders zu berücksichtigen. Ich untersuche diesen Zusammenhang beispielhaft an der analen Phase. Als Anhaltspunkte dienen mir Ergebnisse der psychoanalytischen Rekonstruktion der damit verbundenen kindlichen Erlebniswelt.

Im analen Aktionsablauf lassen sich zwei Phasen unterscheiden. Die erste Phase – die Entleerung, die entspannend wirkt – läuft zunächst als ein reflektorisches Ausstoßen automatisch ab. Das Kind vollzieht diese Phase, die die Unlustbeseitigung erreicht, zwar autonom, aber zunächst noch nicht absichtlich (willkürlich). Der Ablauf ist in dieser Phase, im Gegensatz zum oralen Aktionsablauf, nicht auf eine lautliche oder gestische Kundgabe und auf einen Affektaustausch mit der Pflegeperson angewiesen; es werden dem Kind allein Informationen über seine körperlichen Vorgänge vermittelt. Die erste Phase des Aktionsablaufs ist akommunikativ.

In der zweiten Phase dieses Ablaufs entsteht erneut Unlust, weil der Kot, in dem das Kind dann liegt, allmählich seine Haut reizt. Hier ist es wieder auf die Kommunikation mit der Beziehungsperson angewiesen, die die Unlust beseitigen kann.

In der späteren analen Entwicklungsphase beherrscht das Kind die willkürmotorischen Aktionen. Aus dem reflektorischen Ausstoßen wird ein Akt, den das Kind ausführen und kontrollieren kann. Die erste Phase des Ablaufs wird jetzt zu einer Phase im Ablauf einer Interaktion mit der Mutter, weil das Kind (aufgrund der einsetzenden Reinlichkeitserziehung) wiederholt bemerkt, daß

a) die Mutter diesen Akt zu einem bestimmten Zeitpunkt und an einem bestimmten Ort wünscht;
b) daß sich die Mutter über die Ausführung dieses Aktes unter diesen Bedingungen freut.

Aus der wiederholt ablaufenden Interaktion in diesem Erfahrungsbereich können sich ganz verschiedene Handlungsformen herausbilden. Ich will einige dieser Formen kurz skizzieren. – Natürlich sind diese kindlichen Handlungsformen psychoanalytisch allgemein bekannt; aber ihr struktureller Entwicklungszusammenhang wird in der psychoanalytischen Literatur gewöhnlich nicht deutlich gemacht.

Um die Zuwendung und das Lob der Mutter zu gewinnen, lernt das Kind, die unmittelbar zu erreichende Lust – die Beseitigung des Spannungsgefühls – aufzuschieben zugunsten einer später zu gewinnenden größeren Lust: eben die liebevolle mütterliche Zuwendung. Hier entsteht im Kern der Motivationsmechanismus eines Handelns, das augenblickliche Entsagungen, die beseitigt werden könnten, in Kauf nimmt zugunsten später zu erwartender Gratifikationen.

Das ursprünglich reflektorische Ausstoßen wird in dieser Handlungsform zu einem kontrollierten Loslassen. Das Objekt der Handlung (der Kot) kann zu einem »Zärtlichkeitsopfer« (Freud) werden, wenn diese Handlungsform fest entwickelt ist (das Kind also ein praktisches Wissen darüber hat) und es den Kot als etwas Wertvolles ansieht, das es der Mutter zum Geschenk macht.

Wenn in der Erfahrung des Kindes bei der Beziehungsperson die Freude am Ergebnis der Aktion das Wichtige ist, verändert sich der Akt des kontrollierten Loslassens zu einem Akt des Produzierens.

Aber diese »Geschenk«-Handlung ist ambivalent. Das Kind opfert für sein Liebesobjekt einen Teil seiner Allmacht (d.h. das Gefühl, alles Wichtige in sich zu haben und das Ausstoßen selbst kontrollieren zu können). Wie das Kind mit dieser Ambivalenz fertig wird, hängt wesentlich davon ab, wie die Mutter dieses Geschenk entgegennimmt.

Im Zusammenhang mit der Erfahrung, nicht nur den Exkretionsakt, sondern auch die Reaktionen der Pflegeperson kontrollieren zu können, kann das Kind bekanntlich eine weitere Form entwikkeln: Zurückhalten und Aufschieben wird zu einem Mittel, die Beziehungsperson zu beherrschen. Die Erfahrung, die mit dem analen Objekt gemacht wurde, wird auf die Mutter übertragen; deren Gefühlsreaktionen und Handlungsweisen kontrollieren zu können, gibt dem Kind auch wieder das Gefühl von Allmacht.

Zu diesen Formen des Handelns und den verschiedenen Bedeutungen ein und desselben Aktes kann das Kind nur dadurch gelangen, daß es seine Wahrnehmungen verallgemeinert und mit Gedächtnisinhalten in eine konstante Verbindung bringt. Um das jeweilige Ergebnis einer Verallgemeinerung festhalten und sich im Denken verfügbar machen zu können, ist es auf Sprache angewiesen.

Ich will dies an einem Beispiel verdeutlichen, das Spitz (1965, dt. 1967) eingehend untersucht hat: an dem Beispiel des Gebrauchs der verneinenden Geste und des Wortes »nein«, das die sog. Trotzphase in der Entwicklung des Kindes einleitet.

Die Überlegungen, die Spitz hier zur Entwicklung dieser Kommunikationsmittel des Kindes darstellt, sind auch deshalb von allgemeinerem Interesse, weil er sich dabei an Freuds Modell des psychischen Apparats (speziell an dem »ökonomischen« Aspekt der Metapsychologie) orientiert. Sein Erklärungsversuch macht deutlich, wie unbefriedigend diese theoretische Orientierung im Ergebnis ist, wenn es darum geht, den Zusammenhang von Sprechen und Denken des Kindes in seine psychische Entwicklung einzubeziehen.

Spitz zufolge ist das »Nein« in der Geste des Kopfschüttelns und als Wort die erste Abstraktion, die das Kind bildet. Diese Geste und das Wort »nein« repräsentieren den ersten Begriff des Kindes – nämlich den der Verneinung und der Weigerung. Damit stellen sie für die weitere Entwicklung des Kindes seine Interaktionen auf eine neue Grundlage:

»Bisher war der Ausdruck des Affektes des Kindes in der Situation der Objektbeziehungen auf den unmittelbaren Kontakt, auf das Handeln begrenzt. Mit dem Erwerb der Verneinungsgeste wird das Handeln durch das Wort ersetzt, und die Kommunikation auf Distanz wird eingeführt.« (Spitz, 1965, dt. 1976, S. 203 f)

Spitz sieht im Gebrauch dieser Geste und des Wortes »nein« durch das Kleinkind – er tritt etwa ab dem 15. Monat in Erscheinung – den Ursprung der menschlichen Kommunikation. Er erklärt die aggressive Bedeutung dieser Geste und des Wortes »nein« sowie die damit verbundene Bildung des ersten Begriffs damit, daß das Kind eine spezielle Art des Mechanismus der Identifizierung mit dem Angreifer anwendet.
Das Kind hat zuvor im Zusammenhang seiner ersten Versuche, sich fortzubewegen, einen Gegenstand zu ergreifen usw. seitens der Mutter die ersten Verbote wahrgenommen. Sie tadelt oder schimpft; damit verbunden sind die kopfschüttelnde Geste und das »Nein«. Weil für das Kind damit immer eine affektive Versagung verknüpft war, hat es die Geste und das Wort, die es im Gedächtnis bewahrt hat, aggressiv »besetzt«. Mit ihrem Gebrauch identifiziert es sich mit dem Angreifer (die Mutter), wobei die aggressive Besetzung der »Erinnerungsspuren« auf den Gebrauch von Geste und Wort verschoben wird.
Nun ist es nach dem, was wir über die Entstehung der Begriffsbildung beim Kinde wissen, nicht wahrscheinlich, daß das »Nein«, das in der Trotzphase so häufig auftritt, bereits der Träger eines Begriffs ist. Ein Alltagsbegriff wird mit einer Hierarchie von Merkmalen gebildet. Zur Bildung einer Merkmalshierarchie ist das Kleinkind noch nicht in der Lage.
Allerdings erreicht das vorbegriffliche Denken des Kindes Formen der Verallgemeinerung, die als Anfangsphasen seiner Entwicklung zum begrifflichen Denken analysiert werden können. Wygotski (1934, dt. 1969) hat diese Frühformen der Verallgemeinerung experimentell untersucht; seine Untersuchungsergebnisse sind auch für die Frage nach der Wortbedeutung dieses trotzigen »Nein« und allgemeiner zur Klärung der Rolle der Sprache in der kindlichen Denkweise von Interesse.
Wygotskis Untersuchungen legen nahe, daß ab dem 2. Lebensjahr die Entwicklungslinien des Denkens und die des Sprechens konvergieren. Das Kind entdeckt, daß jedes Ding einen Namen hat. Zu diesem Zeitpunkt beginnt in seinem vorbegrifflichen Denken

die Entwicklung von Formen der Verallgemeinerung, die an Sprache – eben an die Namensgebung – gebunden sind.
Zur Rekonstruktion dieser Entwicklung ist die Unterscheidung zwischen der Bezeichnungsfunktion des Wortes und der Wortbedeutung wichtig. Das Kind, das ein Wort gebraucht, bezieht sich damit zumeist auf denselben Gegenstand wie der Erwachsene, der dasselbe Wort gebraucht. Aber die Bedeutung, die das Wort für das Kind trägt, unterscheidet sich von der Bedeutung, die dasselbe Wort für den Erwachsenen hat, weil die Denkweise des Kindes anders als die des Erwachsenen ist; sie ist vorbegrifflich.
Ich will unter den Formen der kindlichen Verallgemeinerung, die Wygotski ermitteln konnte, kurz diejenigen erläutern, die psychoanalytisch besonders interessant sind.
Auf der ersten Stufe dieser Entwicklung des kindlichen Denkens, die das spätere Begriffsdenken vorbereitet, das mit dem Eintritt in das Jugendalter vorhanden ist, besteht die Bedeutung eines Wortes in einer synkretistischen Verkettung einzelner Gegenstände. Das Kind hat die Tendenz, die Zusammenhänge seiner Eindrücke und Gedanken für einen sachlichen Zusammenhang der Dinge zu halten.
Dieses synkretistische Denken (oder die einer Wortbedeutung entsprechende Zusammenfassung von Dingen) geschieht zunächst nach dem Prinzip von Versuch und Irrtum; danach auf der Grundlage von räumlichen und zeitlichen Begegnungen einzelner Elemente (oder einer Beziehung, die sie in der unmittelbaren Wahrnehmung für das Kind haben); in der weiteren Etappe entsteht das synkretische Bild in der Weise, daß zunächst synkretische Gruppen von Dingen gebildet werden, aus denen dann einzelne Repräsentationen herausgelöst und wieder synkretisch vereinigt werden.
Das Wort fungiert auf dieser Entwicklungsstufe für das Kind wie der Eigenname eines Gegenstandes. Das Wort ist eine Eigenschaft eines Gegenstands, und da die Denkbilder des Kindes auf dieser Stufe relativ instabil sind, kann ein bestimmtes Wort immer neue Bedeutungen erhalten.
Auf der nächsten Entwicklungsstufe verwendet das Kind Denkverfahren, mit denen es Komplexe bildet. Die Vereinigung und Verallgemeinerung von Dingen geschieht jetzt in der Weise, daß es Einzeldinge untereinander verbindet, die zur Gruppe ein und desselben Familiennamens gehören.

Das Kind gelangt zu einem Komplex, indem es aus den verschiedensten faktischen Gründen Dinge verallgemeinert. Das Komplexdenken beruht immer auf tatsächlichen Beziehungen, d. h. der Ausgangspunkt der Verbindung ist immer ein konkretes Merkmal, an dem das kindliche Denken ansetzt; aber die verschiedenen Beziehungen, auf denen ein Komplex beruht, haben oft nichts miteinander gemeinsam.

Psychoanalytisch sind zwei dieser komplexen Denkbilder des Kindes besonders interessant: der assoziative Komplex und der Kettenkomplex.

Im assoziativen Komplex wird zwischen einem Gegenstandsmerkmal, das den Kern des künftigen Komplexes bildet, und verschiedenen anderen Gegenständen ein Zusammenhang hergestellt, weil sie im Denken des Kindes eine assoziative Verbindung miteinander haben. Diese assoziative Verbindung ist das einzige Prinzip der Verallgemeinerung. Dabei kann die Beziehung eines Elements zum Kern auf einer Ähnlichkeit oder einer Gegensätzlichkeit in der Wahrnehmung oder bei der Berührung beruhen.

Der Kettenkomplex wird gebildet nach dem Prinzip der Bedeutungsübertragung bei den einzelnen Gliedern der Kette. Die Bedeutung eines Wortes verschiebt sich über die einzelnen Glieder der Kette, wobei jedes Element sowohl auf das vorhergehende wie auf das nachfolgende bezogen ist. Einzelne Elemente brauchen mit anderen Elementen desselben Komplexes nichts gemeinsam haben; sie gehören aber zu demselben Komplex, weil sie mit einem anderen Element ein Merkmal gemeinsam haben.

Die Annäherung der Merkmale wird oft nicht so sehr durch die Ähnlichkeit vorgenommen, sondern durch eine entfernte Gemeinsamkeit. Im Ergebnis dieses Denkverfahrens werden im Komplex die anschaulich-konkreten Gruppen von Bildern oder Dingen durch Verbindungen vereinigt, die relativ unbestimmt und prinzipiell grenzenlos sind. Der Kettenkomplex vereinigt Dinge, die oft außerhalb der praktischen Erkenntnis des Kindes liegen. Dabei verschmilzt oft der gesamte Komplex mit einem seiner Elemente. Kurz: Die kindliche Phantasiebildung folgt wesentlich dieser Form des Denkbildes.

Das Kind gebraucht Wörter als Mittel zur Bezeichnung von Komplexen. Dabei kann ein und dasselbe Ding nach seinen konkreten Merkmalen in verschiedene Komplexe eingehen; entsprechend erhält es auch verschiedene Namen. Ohne das Wort, das wie ein

Familienname fungiert, ist das komplexe Denken nicht möglich, da das Wort die einem Eindruck des Kindes nach verwandten Dinge zu Gruppen vereinigen kann.
Diese Untersuchungsergebnisse können einen bestimmten Entwicklungsschritt des kindlichen Handelns im Zusammenhang mit dem »Nein« verdeutlichen, der in den Überlegungen von Spitz unklar bleibt.
Anfänglich taucht dieses »Nein« ja mit der Reinlichkeitserziehung des Kindes auf. Das Kind bemerkt, daß die Mutter den Wunsch hat, es möge zu einem bestimmten Zeitpunkt und an einem bestimmten Ort loslassen, und das Kind weigert sich, dies zu tun. Wenn das Kind mit diesem Wort das bezeichnet, was Spitz (fälschlich) für einen Begriff hält und damit die »Trotzphase« einleitet, überträgt es das wesentliche Merkmal des Exkretionaktes – ihn körperlich zu beherrschen – auf andere Handlungen. Das »Nein« wird dann in ganz verschiedenen Situationen vom Kind gebraucht, in denen die Beziehungsperson jeweils die Unterlassung oder die Ausführung einer Handlung von ihm wünscht.
Das ursprünglich vorhandene Merkmal – den Akt beherrschen – kann zum Kern eines Assoziationskomplexes werden; das Kind bildet dann um diesen Kern eine Gruppe von Personen und Gegenständen, denen gemeinsam ist, daß es sie beherrschen kann.
Es kann auch – in einem Kettenkomplex – das anfängliche Nichtloslassen-Wollen auf andere Handlungen übertragen: Nicht-hergeben-Wollen, Nicht-kommen-Wollen usw. In beiden Fällen fungiert das »Nein« des Kindes wie ein Familienname. Wenn es beide Formen der Verallgemeinerung gebildet hat, ist ein und dasselbe Wort gleichzeitig in zwei Komplexe einbezogen.
Wenn die Beziehungspersonen dieses »Nein« des Kindes als Ausdruck einer bestimmten Weigerung interpretieren, etwas Bestimmtes zu tun, erfassen sie die Wortbedeutung falsch – nämlich als Träger eines Begriffs.
Mit dem Gebrauch dieses Wortes hat das Kind eine Möglichkeit gefunden, die Lust am Beherrschen und die Allmachtsphantasie, die ursprünglich an einen körperlichen Vorgang gebunden war, in eine Form des Handelns aufzunehmen. Es kann die Erfahrung, die es am analen Objekt gemacht hat, auf die Bezugsperson übertragen. Sprachliches Handeln eröffnet neue Wege zum Triebobjekt.
Die Identifizierung mit dem Angreifer, die Spitz betont, mag bei

dieser Entwicklung eine Rolle spielen. Aber zur Erklärung der Aneignung der Wortbedeutungen des »Nein« müssen wir nicht auf diese Abwehrmaßnahme des Kindes zurückgreifen. Das Kind findet ja in der Sprache der Erwachsenen seiner Umgebung bereits fertige Formen der Verallgemeinerung vor. Es entwickelt seine Verallgemeinerungen auf den Wegen, die durch die konstanten Bedeutungen der Sprache seiner Beziehungspersonen vorgezeichnet sind.

Es hat, bevor es selbst oft das Wort »nein« gebraucht, ein »Nein« bereits häufig von seiten der Mutter gehört; die darin enthaltene Verallgemeinerung gibt der Entwicklung seiner Denkbilder bereits eine bestimmte Richtung.

Ich habe diesen Entwicklungsschritt des Handelns in der analen Phase ausführlicher dargestellt, weil daran ein weiteres Entwicklungsprinzip deutlich wird: Aktionsabläufe, die ursprünglich von körperlichen Funktionsmustern bestimmt sind, entwickeln sich in verschiedenen Formen (und Phasen) der Verallgemeinerung, die an Sprache gebunden sind, zu Handlungsformen. Mit den neuen Befriedigungsmöglichkeiten entstehen aber zugleich neue Formen der Interessenkollision. Sie können die neu gefundenen Wege schwierig und gefährlich machen.

Freud hat betont, daß die aus körperlichen Funktionsmustern und sexuellen Erfahrungen heraus entwickelten Handlungsformen ihren entwicklungsgeschichtlichen Zusammenhang mit ihren Ursprüngen behalten. Es spricht in diesem Zusammenhang von den »Verbindungswegen« zwischen Körperfunktionen und der Sexualität.

Störungen und Verzerrungen der Handlungsformen, die am Ausgangspunkt ihrer Entwicklung aufgetreten sind, bleiben an diesen Formen haften, auch wenn diese Formen in neuen Situationen gebraucht werden. In dem Prozeß ihrer Anwendung wiederholen sich die Störungen und Verletzungen, die Teil ihrer Entwicklungsgeschichte sind.

Die Entdeckung dieser Spuren an alltäglichen Formen des Handelns charakterisiert Freuds archäologischen Blick auf den Alltag.

Die Schwierigkeit des »Wolfmanns« bei der Regelung von Geldangelegenheiten mit seiner Mutter ist hierfür ein anschauliches Beispiel.

Freud berichtet in seiner Falldarstellung des Patienten, daß nach dem Tod seines Vaters das hinterlassene Vermögen zwischen ihm und seiner Mutter aufgeteilt wurde; die Mutter, die das Vermögen verwaltete, kam den Geldansprüchen des Patienten – wie dieser selbst berichtete – freigebig entgegen.

»Dennoch pflegte jede Besprechung über Geldangelegenheiten zwischen ihnen mit den heftigsten Vorwürfen von seiner Seite zu endigen, daß sie ihn nicht liebe, daß sie daran denke, an ihm zu sparen, und daß sie ihn wahrscheinlich am liebsten tot sehen möchte, um allein über das Geld zu verfügen.« (Freud, G. W., Bd. XII, S. 105)

Freud geht in seiner Analyse dieser erklärungsbedürftigen Handlungsweise des Patienten von der unbewußten Bedeutung aus, die »Geld« für den Patienten in diesem Handlungszusammenhang hatte.
Freud geht von der Geschenkbedeutung des Kotes in der Sexualentwicklung der analen Phase aus und leitet von dort eine Umwandlung dieser Bedeutung ab. In der kindlichen Kloakentheorie des Geburtsvorganges kann der Kot die Bedeutung des Kindes annehmen. Im Zusammenhang mit der Rekonstruktion der konflikthaften Beziehung zu seinem Vater, die sich in der frühen Kindheit des Patienten entwickelt hatte (und die ich hier vernachlässige), bezieht Freud diese Kotbedeutung als erklärendes Moment in die auffällige Handlungsweise gegenüber der Mutter ein.

»In der Identifizierung mit dem Weibe (der Mutter) ist er bereit, dem Vater ein Kind zu schenken, und eifersüchtig auf die Mutter, die das schon getan hat und vielleicht wieder tun wird. Auf dem Umweg über den gemeinsamen Ausgang der Geschenkbedeutung kann nun das Geld die Kindbedeutung an sich ziehen und solcher Art den Ausdruck der femininen (homosexuellen) Befriedigung übernehmen.« (Freud, a.a.O., S. 114f)

Die Beschuldigungen, die der Patient regelmäßig seiner Mutter in Geldangelegenheiten machte, erklärt Freud also über die besondere Geldbedeutung, die im Unbewußten des Patienten in Verbindung mit einer Wunschphantasie über eine anale Sexualbefriedigung mit dem Vater vorhanden war.
Wir können diese auffällige und dem Patienten selbst unerklärliche Handlungsweise in ähnlicher Weise analysieren wie weiter oben (Kap. 2.6.) die Zwangshandlung. Wenn der Patient die Geldangelegenheiten mit seiner Mutter besprach, befand er sich gleichzeitig an zwei verschiedenen Orten seiner subjektiven Entwicklung.

Die Handlungspositionen, die er mit seiner Mutter im Verlauf der finanziellen Besprechung einnahm, wurden überlagert durch das Interaktionsmuster, das er in der Phantasie entworfen hatte. Darin befand sich die Mutter in einer vom Vater begünstigten Position, die ihn eifersüchtig machte. Sie schenkte dem Vater Kinder, die er ihm schenken wollte. Die Verbindung zwischen der Gegenwart und einem ungelösten Konfliktpunkt seiner sexuellen Entwicklung stellte die Handlungsform des Geld-Gebens und Geld-Nehmens her. Es war die Gleichsetzung von Geld-Geben und Kinder-Schenken, die für ihn die Handlung der Gegenwart mit der sexuellen Wunschkonstellation der Vergangenheit verband. Darin gründete sich sein Vorwurf, die Mutter wollte ihr Geld (ihre Kinder) nur dem Vater schenken.

Freuds zentrale Entdeckung des unbewußten Sinns impliziert, daß in einer systematisch gebrochenen Form des Handelns kindliche Denkweisen und sexuelle Handlungsformen hintergründig verschränkt mit den begrifflichen Denkweisen und sozialen Handlungsformen des Alltags erhalten bleiben, weil sie eine gemeinsame Entwicklungsgeschichte haben.

Er hat eine Bedeutungsgleichsetzung wie die von Kot und Geld mit dem Konzept der Symbolik erklärt. Auf die verschiedenen Einwände, die gegen dieses Konzept vorgebracht wurden, will ich nicht eingehen. Ich will auf eine Problematik aufmerksam machen, die mit der Übersetzungs-Hypothese zusammenhängt, die Freud hier angewendet hat.

Das Wesen des Symbolischen soll darin bestehen, daß zwischen einem manifesten Element und seiner oder seinen Übersetzungen ein konstanter Zusammenhang besteht, der sich wesentlich auf Analogie gründet (vgl. Laplanche/Pontalis, 1967, dt. 1973). Wenn wir als Beispiel die Bedeutungsgleichsetzung von Kot und Geld nehmen, dann wird daran deutlich, daß die Übersetzungs-Hypothese hier zu einer ähnlichen Reifizierung anleitet wie der, die wir im Zusammenhang der Fehlleistungstheorie festgestellt haben.

Der kindliche Denkkomplex für Kot läßt viele Verbindungen zu. Welche dieser Verbindungen das Kind schließlich bevorzugt, entscheidet sich in der Interaktion mit den Bezugspersonen, die dem Kind die gesellschaftlich bevorzugten Bedeutungen vermitteln. Die spätere (unbewußte) Bedeutungsgleichsetzung von Geld und Kot ist vorgezeichnet, wenn das Subjekt in der inneren Struktur

seines Handelns an die anale Phase seiner Entwicklung »fixiert« bleibt.
Das Konzept der Symbolik setzt diesen Zusammenhang stillschweigend voraus, um ihn dann theoretisch falsch zu verorten. Der konstante Zusammenhang zwischen dem Symbol und dem Symbolisierten wird durch die Subjektbildung hergestellt, nicht durch die Symbolik. Diese kann als ubiquitär erscheinen, wenn in einer gesellschaftlichen Epoche (oder einem Kulturkreis) die Subjektbildung in der Grundstruktur immer wieder ähnlich verläuft.
In der sog. Analsprache haben sadistische Phantasien nicht nur im Wortschatz, sondern auch in Formen sprachlichen Handelns eine Verankerung gefunden.
Abraham (1969) berichtet von folgender kindlicher Beschimpfung:

»In einer Budapester Familie bedrohte ein kleiner Knabe seine Bonne mit den Worten: ›Wenn Du mich ärgerst, dann scheiße ich Dich nach Ofen über.‹ (Ofen ist der Stadtteil auf der anderen Seite der Donau). In der Denkweise des Kindes entledigt man sich einer Person, die man nicht mehr liebt, auf dem Wege der Defäkation!« (Abraham, a.a.O., S. 121)

In dieser sprachlichen Äußerung des Kindes sind vermutlich mehrere Denkkomplexe miteinander verbunden worden.
Der erste Denkkomplex bezieht die angegriffene Person in die Kette der Dinge ein, die durch die Übertragung des Merkmals »feindlich« oder »wertlos« gebildet wird. Der Akt der Exkretion kann in einer assoziativen Verbindung als Beseitigung des Feindlichen oder Wertlosen gedacht werden. Die Verwandlung des anderen in ein anales Objekt macht diesen zu etwas Wertlosem und vermittelt damit auch ein Moment der Allmachtsphantasie.
Außerdem kann ein Denkbild über die akommunikative, rein körperliche Phase des Aktionsablaufs vorhanden gewesen sein. Im Gegensatz zum oralen Aktionsablauf, der auf Laute, Gesten oder Mimik angewiesen ist, bestehen zum analen Objekt keine kommunikativen Verbindungen. Die Übertragung des Merkmals des Feindlichen oder Wertlosen ist dann auch eine Übertragung des Merkmals des Akommunikativen. Was scheinbar eine sprachliche Kommunikation der Beschimpfung einer anderen Person ist, drückt tatsächlich ein Denkbild aus, in dem zu dem Beschimpften keine kommunikative Verbindung besteht.
Die beiden Verfahren des komplexen Denkens – der assoziative Komplex und der Kettenkomplex – zeigen eine erstaunliche Ähn-

lichkeit mit den Mechanismen des unbewußten Denkens, die Freud »primärpozeßhaft« genannt hat: der Verdichtung und der Verschiebung. Das legt die Vermutung nahe, daß im (dynamisch) Unbewußten diese Verfahren des vorbegrifflichen Denkens bewahrt bleiben.

In einem anderen Blickwinkel ähneln sie aber auch den Redefiguren der Metapher und der Metonymie. Benveniste (1966) hat den Vorschlag gemacht (der von Lacan aufgegriffen wurde), in diesen (und weiteren) Redefiguren die »Rhetorik« des Unbewußten in Aktion zu sehen. Die berühmt gewordene These, daß das Unbewußte wie eine Sprache strukturiert sei, formuliert für diesen Vorschlag nur dessen logische Konsequenz und entwickelt ihn mit verschiedenen Bezügen weiter (vgl. Lang, 1973).

Aber plausibel ist auch die Auffassung, daß die Sprache in bestimmten Bereichen wie das Unbewußte strukturiert ist. Für die Bildung von Metaphern und Metonymien ist das vorbegriffliche Denken konstitutiv. Und im Wortschatz einer Sprache sind auch kindliche Denkbilder bewahrt (vgl. Kap. 9).

Der Gedanke von der »Rhetorik« des Unbewußten trifft zwar, insofern damit die konflikthafte innere Auseinandersetzung betont wird, ein wichtiges Moment des (dynamisch) Unbewußten. Aber er löst (wie die strukturelle Linguistik de Saussures) Sprache aus dem Zusammenhang, den sie mit dem Prozeß des Handelns hat. Damit wird auch von den Strukturverzerrungen des Handelns abstrahiert, die für neurotische Symptome charakteristisch sind. Deren struktureller Aufbau läßt sich nicht aus Gesetzmäßigkeiten der Sprache erklären.

Mit den Strukturgesetzen der Metaphorik und der Metonymie lassen sich auch nicht die vielfältigen Phänomene analysieren, auf die sich Freuds Begriffe der Verdichtung und der Verschiebung beziehen. An bestimmten Fehlhandlungen konnten wir eine Art von Verdichtung aufdecken, die die Zweck-Mittel-Relation des Handelns betraf. Und wie Wissenselemente im Prozeß der Symptombildung einander überlagern und untereinander verschoben werden können, hat die Untersuchung der Zwangshandlung gezeigt. In der Untersuchung der »Gradiva« fiel auf, daß die Namensgebung das Resultat einer Versetzung (Transformation) war. Freuds Konzept des »pimärprozeßhaften« Denkens unterscheidet offenbar nicht deutlich genug, ob sich diese Vorgänge am Vorbewußten oder am Unbewußten abspielen und welches der Struktur-

elemente des Handelns jeweils durch diese Denkweisen spezifisch umgebildet wird.
Dennoch fragt es sich, warum es gerade diese beiden Arten des vorbegrifflichen Denkens sind, die im Unbewußten eine zentrale Rolle spielen. Möglicherweise liegt die Lösung beim inneren Objekt.
Die Verschiebung und Verdichtung findet vor allem an Bildern vom Objekt und vom Selbst statt. Für das Verdrängte (dynamisch Unbewußte) ist charakteristisch, daß dort ein kohärentes Objekt nicht vorhanden ist. Die vorbegrifflichen kindlichen Denkweisen können im Handeln als fortlaufende Auseinandersetzung mit dem Anderen weiter wirksam sein, weil sie in ihrer Entstehungsgeschichte ein kohärentes Objekt auch nicht vorausgesetzt haben. Die Bedeutungen, zu denen das Kind mit ihnen gelangte, bevor es die Abwehrform der Verdrängung anwandte, hatte es zunächst für sich entwickelt; es hatte sie nicht von vornherein mit anderen geteilt. Die fortgesetzte Auseinandersetzung mit dem Anderen würde dann in Denkbildern verlaufen, die zwar einmal an Sprache gebunden waren, aber nie sichere kommunikative Verbindungen hergestellt haben. Daher kann sich das entsprechende Wissen auch triebdynamisch verselbständigen.
Im Bereich sexuellen Erlebens sind die kommunikativen Verbindungen besonders gefährdet. Hier trifft das Kind – wie beispielsweise der kleine Hans – typischerweise auf Kommunikationssperren.

4.3. Freuds Fallbericht über den kleinen Hans

Meine Untersuchung der Fallstudie Freuds setzt an bestimmten Sprachphänomenen an, die wir den Berichten des Vaters entnehmen und die wir in einen Zusammenhang mit den psychischen Entwicklungsschwierigkeiten bringen können, aus denen heraus Hansens Tierphobie entstanden ist.
Eine ersten Aufschluß hierüber gibt der Gebrauch des Wortes »Wiwimacher«. Freud schreibt:

»Die ersten Mitteilungen über Hans datieren aus der Zeit, da er noch nicht ganz drei Jahre alt war. Er äußerte damals durch verschiedene Reden und Fragen ein ganz besonders lebhaftes Interesse für den Teil seines Körpers, den er als ›Wiwimacher‹ zu bezeichnen gewohnt war.« (Freud, G. W., Bd. VII, S. 245)

Freud bemerkt an späterer Stelle, daß diese Benennung eine der beiden Funktionen dieses Organs, und zwar die, »die in der Kinderstube nicht zu umgehen ist« (a.a.O., S. 341), hervorhebt.
Nach dem, was wir aus der Erforschung des kindlichen Spracherwerbs wissen, hat Hans dieses Wort zur Bezeichnung seines Penis gebraucht, weil seine Eltern es so gebraucht haben. Die Idealsprache, nach der sich Kinder richten, wenn sie die Sprache als Kommunikationsmittel zu gebrauchen lernen, ist die Sprache ihrer Eltern.
Wenn wir an dem Wort »Wiwimacher« die Bezeichnungsfunktion von seiner Bedeutung unterscheiden, dann ist letztere für Hans die Verallgemeinerung einer bestimmten Tätigkeit, die sein Penis ausführen kann – eben das Wiwimachen. Aber der kleine Hans macht zu dieser Zeit an seinem Penis noch andere Wahrnehmungen, die mit dem Wiwimachen unmittelbar nichts zu tun haben. Er nimmt an diesem Organ sexuelle Erregungen und von ihm selbst herbeigeführte Empfindungen der Befriedigung wahr; und er hat dabei Erlebnisse von Stärke und Intakt-Sein, die u. a. mit der Erektion zusammenhängen.
Der »Wiwimacher« kann also in der Wahrnehmung von Hans noch mehr als nur wiwimachen. Aber für das, was dieses »mehr« bedeutet, für diese lustvollen und in seiner Entwicklung für ihn neuen körperlichen Vorgänge findet Hans in der Sprache seiner Eltern keinen Namen. Das Fehlen dieses Namens wird das Verstehen und die Mitteilbarkeit der körperlichen Wahrnehmungen stark eingeschränkt haben.
In dem lebhaften Interesse Hansens für seinen »Wiwimacher« dokumentiert sich auch ein allgemeiner Fortschritt in der kindlichen Entwicklung, der die Organisation der Wahrnehmung im Zusammenhang mit der Sprache betrifft. In Freuds Rekonstruktion der Tierphobie des Kleinen bleibt dieser Zusammenhang unberücksichtigt.
Um das dritte Lebensjahr entsteht nämlich – wenn wir die Arbeiten von Wygotski (1965, dt. 1984) zugrunde legen – die sinnerfassende Wahrnehmung. Sie fußt auf der Erfassung jener allgemeiner Merkmale, die kennzeichnend sind für einen Gegenstand, einen Vorgang oder eine Handlung. Diese Art der Wahrnehmung ist unabhängig von äußeren Umständen und konstant. Sie erfaßt nicht nur einen Teil der unmittelbaren sichtbaren Struktur; dieser

Teil wird auch gleichzeitig als Teil einer anderen möglichen Struktur gesehen.
Indem beim Spracherwerb mit der Aneignung von Wortbedeutungen Verallgemeinerungen entstehen, können Objekte auch in der Verallgemeinerung gesehen werden, die hinter dem jeweiligen Wort stehen, das zur Bezeichnung des Objekts verwendet wird. In der Verallgemeinerung werden nicht nur Merkmale des Objekts herausgesondert; es werden zugleich auch Zusammenhänge zwischen dem jeweiligen Objekt und anderen Objekten hergestellt. Dies geschieht zunächst in Formen des vorbegrifflichen Denkens.
Ein Wort kann mit seiner Bedeutung eine größere Menge von Verbindungen und Vorstellungen über ein Objekt erfassen als die einfache, vorsprachliche Art der unmittelbaren Wahrnehmung. Die sprachlich vermittelte Wahrnehmung kann ein sinnvolles Ganzes wahrnehmen. Und da die Sprache der Eltern, die das Kind erwirbt, Verallgemeinerungen enthält, mittels deren bestimmte Gegenstände, Sachverhalte, Personen usw. bestimmte Bedeutungen konstant tragen, erhalten für das Kind, das sich diese Sprachelemente anzueignen beginnt, auch die entsprechenden Objekte der Wahrnehmung konstant eine bestimmte Bedeutung. Es setzt ein Prozeß ein, in dessen Verlauf weite Bereiche des Wissens zunehmend sprachlich organisiert werden.
Wenn Kinder zu dieser sinnerfassenden Wahrnehmung imstande sind, beginnen sie schlagartig, Fragen zu stellen: »Was ist das?« Auch Hans wird Fragen dieser Art seinen Eltern gestellt haben. Allerdings erfahren wir darüber nichts Näheres. Der Vater berichtet jedoch von Fragen und Feststellungen des kleinen Hans, die seinen »Wiwimacher« betreffen, und die Freud als Ausdruck des sexuellen Forschertriebs Hansens interpretiert.
Hans fragt z. B. seine Mutter, ob sie einen Wiwimacher hat (was diese bejaht); dieselbe Frage stellt er (einige Monate später) seinem Vater und bemerkt auf dessen Antwort: »Aber ich habe ihn nie gesehen, wenn du dich ausgezogen hast.« (Freud, a.a.O., S. 247) Hans sieht in einem Stall, wie eine Kuh gemolken wird, und bemerkt: »Schau, aus dem Wiwimacher kommt Milch.« (Freud, a.a.O., S. 245) Er ruft bei einem Zoo-Besuch mit den Eltern vor dem Löwenkäfig freudig aus: »Ich habe den Wiwimacher vom Löwen gesehen.« Er sieht auf dem Bahnhof (im Alter von 3 3/4 Jahren), wie aus einer Lokomotive Wasser herausgelassen wird, und begleitet diese Wahrnehmung mit den Worten: »Schau,

die Lokomotive macht Wiwi. Wo hat sie denn den Wiwimacher?« (Freud, a.a.O., S. 246)

Im Anschluß an die letztgenannte Wahrnehmung drückt der kleine Hans eine Zusammenfassung bestimmter Wahrnehmungsergebnisse aus, die wir als eine von ihm selbst erarbeitete Verallgemeinerung verstehen können. Er sagt nämlich: »Ein Hund und ein Pferd hat einen Wiwimacher; ein Tisch und ein Sessel nicht.« Freud interpretiert diese Äußerung in der Weise, daß Hans damit einen Schritt in seiner begrifflichen Entwicklung vollzogen hat, denn Hans habe damit »(...) ein wesentliches Kennzeichen für die Unterscheidung des Lebenden vom Leblosen gewonnen« (Freud, a.a.O., S. 247).

Aber Freuds Interpretation sieht diese Fragen und Erkenntnisanstrengungen des kleinen Hans nicht im Zusammenhang einer sprachlichen Kommunikationssperre, die zwischen dem Kleinen und seinen Eltern wahrscheinlich bestanden hat, und die seiner sexuellen Wißbegierde erst die besondere Intensität und Richtung gab, die in den obigen Zitaten dokumentiert ist.

Hans macht mithin neue Wahrnehmungen, deren Sinn er noch nicht erfassen kann, und bei dessen Erfassung ihm die Sprache der Eltern auch nicht behilflich ist. Die körperlichen Wahrnehmungen haben für Hans sowohl mit seinem Vater als auch mit seiner Mutter etwas zu tun; aber er kann noch nicht erfassen, wie beide Beziehungspersonen damit zusammenhängen. So muß z. B. das Empfinden der Stärke (bei der Erektion) etwas mit der Stärke des Vaters zu tun haben (was den Weg eröffnen würde, wie der Vater zu sein); und die sexuelle Lust bzw. das phallische Empfinden des Drängenden ist möglicherweise etwas, an dem die Mutter teilnehmen kann. Aber was dies im einzelnen bedeutet, bleibt für Hans offen.

In Ermangelung geeigneter Wörter, die seine neuen Empfindungen verallgemeinern und in die sprachliche Verständigung mit den Eltern einbeziehen könnten, wird Hans wahrscheinlich die Bedeutung des Wortes »Wiwimacher« selbst um diesen neuen Assoziationskomplex erweitert haben. Er nimmt, so vermute ich, als Folge der genannten Kommunikationssperre in die Bedeutung dieses Wortes die neuen Empfindungen von Stärke und sexueller Lust auf, für die er in der Sprache der Eltern keine gesonderten Sprachelemente vorfindet.

Damit wird diese Kommunikationssperre zu einer Quelle von

Fehlversuchen der Verständigung zwischen Hans und seinen Eltern.
Wenn Hans seine Mutter fragt, ob sie auch einen Wiwimacher hat, dann will er wahrscheinlich wissen, ob sie auch all das kennt und erlebt, was er selbst an seinem Organ erlebt. Das ist für ihn deswegen wichtig zu wissen, da sie dem Augenschein nach ja etwas seinem Glied Vergleichbares nicht hat.
Die Antwort der Mutter – »Natürlich, hast Du das denn nicht gewußt?« – ist mißverständlich, für Hans aber jedenfalls unbefriedigend. Denn zwar hat auch die Mutter ein Genitale, aber eben eines, das verborgen liegt. In der Sprache, die die Eltern gebrauchen, um sich mit Hans über Sexuelles zu verständigen, gibt es offenbar kein Wort, das zur Unterscheidung des männlichen vom weiblichen Genitale dient.
Auch dem Wort »Wiwimacher« kann Hans nicht entnehmen, worin dieser Unterschied besteht, und was er bedeutet.
Die Geburt seiner Schwester – Hans ist 3 1/2 Jahre alt – konfrontiert ihn bald mit der Tatsache, daß an ihr ein Glied nicht beobachtbar ist. Sein Vater berichtet, daß Hans zuschaut, wie seine eine Woche alte Schwester gebadet wird und dazu bemerkt: »Aber ihr Wiwimacher ist noch klein.« Und Hans fügt hinzu: »Wenn sie wachst, wird er schon größer werden.«
Hansens »fehlerhafte Wahrnehmung« versucht Freud mit Rekurs auf den oben erwähnten allgemeinen Satz zu erklären, den Hans sich erarbeitet hatte. Jedes belebte Wesen besitzt im Unterschied zum Unbelebten einen Wiwimacher. Auch das Schwesterchen müsse daher einen solchen haben. Außerdem wurde (so Freud) Hansens Überzeugung durch die bejahende Auskunft seiner Mutter über sich selbst bestärkt. Und allein wegen der einen Beobachtung an seiner Schwester konnte Hans seine begriffliche Errungenschaft nicht einfach aufgeben (Freud, a.a.O., S. 249).
Freud versuchte, Hansens »fehlerhafte Wahrnehmung« noch auf eine andere Weise zu erklären. Er ging davon aus, daß in der Phase der sexuellen Entwicklung, in der sich Hans befindet, das phallische Primat besteht, daß diese Entwicklungsphase also nur ein Genitale kennt, nämlich das männliche (a.a.O., S. 345; ausgeführt in: »Die infantile Sexualorganisation«, G. W., Bd. XIII, S. 294 f).
Diese These von der phallischen Gleichheit beider Geschlechter ist jedoch zweifelhaft. Ihr widerspricht die psychoanalytische Erkenntnis, daß Handlungsformen und die mit ihnen verbundenen

Erlebnisweisen entwicklungsgeschichtlich (ontogenetisch) ein somatisches Substrat haben. Aus der unterschiedlichen körperlichen Beschaffenheit des männlichen und des weiblichen Genitales werden sich auch geschlechtsspezifische Unterschiede in den Handlungsformen und Erlebnisweisen entwickeln.

So wird schon allein der Umstand, daß das männliche Genitale sichtbar ist, in die Hand genommen und anderen gezeigt werden kann, das weibliche hingegen nicht, zu Differenzen in der sexuellen Entwicklung der Geschlechter führen.

Es ist plausibler, Hansens Äußerungen beim Anblick seiner kleinen Schwester – »Aber ihr Wiwimacher ist noch sehr klein. Wenn sie wachst, wird er schon größer werden.« – nicht als Ausdruck einer fehlerhaften Wahrnehmung zu verstehen, sondern als das Ergebnis einer psychischen Abwehrmaßnahme, von der Hans Gebrauch gemacht hat. Er hat durchaus erkannt, daß kein Wiwimacher vorhanden ist, und verleugnet das Ergebnis dieser Wahrnehmung, weil es ihm angst macht.

Hans macht also zu Beginn seiner neuen sexuellen Entwicklungsphase nicht nur lustvolle neue Wahrnehmungen an sich selbst; er macht auch Wahrnehmungen – vor allem hinsichtlich seiner kleinen Schwester -, die ihn beunruhigen.

Weder für die eine noch für die andere Art von Wahrnehmung ist ihm die Sprache seiner Eltern behilflich, das Wahrgenommene in eine Sinnstruktur einzuordnen. Es gab für ihn z. B. kein Wort, das als ein kennzeichnendes Merkmal für das weibliche Genitale hervorhebt, daß es verdeckt liegt.

Auch Beobachtungen an den Eltern und Berührungen ihrer Genitale waren für Hans offenbar nicht ein möglicher – und direkter – Weg, sich hier Klarheit zu verschaffen. Dies können wir aus den Aufzeichnungen seines Vaters schließen. Denn Hans fragt auch seinen Vater, ob dieser einen Wiwimacher habe. Auf dessen positive Antwort bemerkt der Kleine: »Aber ich habe nie gesehen, wenn du dich ausgezogen hast« (Freud, a.a.O., S. 247).

Freud merkt hier zwar an, daß sich die sexuelle Neugierde Hansens ganz besonders auf die Eltern erstreckt; aber er zieht aus den Berichten des Vaters nicht den Schluß, daß diese Neugierde seitens der Eltern offenbar auch ganz besonders enttäuscht wurde.

Diese Enttäuschung macht aber erst das Interesse verständlich, das Hans zu dieser Zeit an dem Wiwimacher von Tieren und von anderen großen Objekten (wie z. B. einer Lokomotive) zeigt.

Denn da die Eltern ihm weder sprachlich noch durch unmittelbaren Körperkontakt dabei behilflich sind, die Bedeutung seiner neuen Wahrnehmungen zu erfassen, bleibt Hans nur die Wahl, sich auf andere Weise selbst Aufschlüsse zu verschaffen. Er geht den Weg der Beobachtung anderer (großer) Objekte.
Hansens Interesse und Beobachtungen sind also nicht, wie Freud annimmt, einfach nur der Ausdruck eines ursprünglichen sexuellen Wiß- und Forschungstriebs; sie sind auch erzwungen und intensiviert durch die Eltern, die Hansens Informationsbedürfnisse bzw. seinen Wunsch, die Eltern möge ihm bei dem Verstehen seiner neuen Erlebnisse und Wahrnehmungen helfen, unbefriedigt lassen.
Ich nehme also an, daß Hans das Ergebnis seiner Wahrnehmung (im Alter von 3 1/2 Jahren) verleugnet, daß sein Schwesterchen keinen Wiwimacher hat. Die begriffliche Erkenntnis, die er – Freud zufolge – sich auf der Grundlage seiner Beobachtungen von Tieren und Gegenständen erarbeitet, haben dann einen Stellenwert im Zusammenhang dieser Abwehrmaßnahme. Aus der Perspektive der Erwachsenen hat Hans (jetzt 3 3/4 Jahre alt) zwar ein wesentliches Kennzeichen für die Unterscheidung des Lebenden vom Leblosen gewonnen – »Ein Hund und ein Pferd hat einen Wiwimacher; ein Tisch und ein Sessel nicht«.
Aber seine Beobachtungen dienten ja auch dazu, die Bedeutung der Tatsache zu klären, daß ein Wiwimacher fehlen kann. Die Abwehrmaßnahme der Verleugnung konnte das Abgewehrte nicht aus der Welt schaffen. Es ist daher anzunehmen, daß Hans weiterhin von dieser Möglichkeit beunruhigt war. Der allgemeine Satz, den er gefunden hatte, resultierte vor diesem Hintergrund auch aus seinem Versuch, das mögliche Nichtvorhandensein eines Wiwimachers psychisch zu bearbeiten.
Wir wissen nicht genug über den konkreten Zusammenhang, in dem Hans diesen allgemeinen Satz geäußert hat. Der genannte Bearbeitungsversuch kann darin in ganz unterschiedlicher Weise ein erstes Ergebnis gefunden haben. Immerhin ist bemerkenswert, daß Hans diesen Satz im Anschluß an die Beobachtung geäußert hat, daß eine Lokomotive »Wiwi macht« (Wasser abläßt), was ihn zu der Frage bringt: »Wo hat sie denn den Wiwimacher?« Auch diese Frage setzt sich mit dem für ihn beunruhigenden Nichtvorhandensein auseinander. Dem, was an der Lokomotive sichtbar ist (das Wasser-Ablassen), steht die Tatsache gegenüber, daß das dafür verantwortliche »Organ« nicht sichtbar ist.

Vielleicht hat sich Hans hier mit der Möglichkeit auseinandergesetzt, daß der Wiwimacher zwar vorhanden ist, aber nicht sichtbar sein muß (wie z. B. bei dem Vater); und er hat dann in die Gruppe des Leblosen die Gegenstände aufgenommen, die ersichtlich keinen Wiwimacher haben. Oder er hat mit dem Merkmal »vorhanden« – »nicht-vorhanden« die Gruppe der für ihn faszinierenden »Tiere« von der Gruppe der »bloßen Gegenstände« unterschieden und in letztere das Schwesterchen eingeordnet und es auf diese Weise entwertet.

Die Kommunikationssperre, die zwischen Hans und seinen Eltern im Erfahrungsbereich des Phallisch-Sexuellen vermutlich bestand, ist nicht zu trennen von der grundlegenderen Interaktionsproblematik, die sich auf beiden Seiten offenbar immer wieder hergestellt hat. Die Berichte des Vaters lassen den Schluß zu, daß Hans in diesem für ihn neuen Erlebnisbereich immer wieder auf Handlungsformen seiner Eltern trifft, die sehr wahrscheinlich durch die Anwendung von Abwehrmaßnahmen seitens seiner Eltern bestimmt sind.

Wenn in Hansens Interaktionen mit der Mutter seine sexuellen Befriedigungswünsche erkennbar werden, treffen sie auf eine unmittelbare Ablehnung.

Als die Mutter einmal bemerkt, daß Hans (im Alter von 3 1/2 Jahren) sein Glied berührt, droht sie: »Wenn du das machst, lass' ich den Dr. A. kommen, der schneidet dir den Wiwimacher ab. Womit wirst du dann Wiwi machen?« Hans darauf: »Mit dem Popo« (Freud, a.a.O., S. 245).

Hansens Antwort auf die Frage der Mutter gibt einen Aufschluß darüber, was der »Kastrationskomplex« bedeutet, den Hans – Freud zufolge – bei diesem Anlaß erwirbt. »Mit dem Popo« ist (aus der Erwachsenen-Perspektive) eine funktionell unsinnige Antwort. Für Hans ist sie jedoch sinnvoll. Denn er versteht das Wort »Wiwimacher« auch schon in dem Sinne, den ich oben analysiert habe – als etwas, mit dem er sich Lust verschaffen kann. Die Drohung der Mutter ist für ihn daher auch die Drohung, daß ihm diese Möglichkeit der Lust weggenommen wird.

Seine Antwort ist in diesem Sinne der (trotzige) Hinweis auf eine Ausweichmöglichkeit: Wenn Du mir das Vergnügen an meinem Wiwimacher nimmst, dann habe ich noch ein anderes, nämlich alles, was mit dem Popo zusammenhängt. Und das kannst du mir nicht nehmen.

Neben dieser Bedeutung hat die Drohung der Mutter für Hans noch eine andere, der er in dieser Weise nicht begegnen kann. Den von Freud etwas mißverständlich als »Kastrationskomplex« bezeichnete Gefühlskomplex kann Hans nicht durch ein Ausweichen auf Lustmöglichkeiten der früheren sexuellen Entwicklung bewältigen. Um diese Bedeutung zu klären, die in der Drohung der Mutter erhalten ist, will ich kurz auf die Darstellung von Grunberger (1963/64) über das Phallische eingehen, da sie ein interessantes Licht auf diesen Zusammenhang wirft.

Im triebhaften Vorgang, der sich am Penis abspielt, ist dieser Träger sexueller Erregungen und zugleich (autoerotisches) Mittel ihrer Befriedigung. Das Kind, das sich – wie Hans – masturbatorisch Lust verschafft, beherrscht den Triebablauf.

Zugleich entwickelt sich ein Selbstwertgefühl, das sich um den Phallus zentriert. In der Gleichsetzung von Körper und Penis, vom Ganzen und vom Teil entsteht ein Selbstwertgefühl von Größe und Allmacht, das auf Allmachtserlebnisse der analen Phase der Triebentwicklung zurückgreifen kann.

Vor dem Hintergrund des Realitätsverständnisses, das für die anale Erlebniswelt charakteristisch ist, erhält das Merkmal der Sichtbarkeit des männlichen Genitales seinen besonderen Stellenwert. Denn in der analen Erlebniswelt ist nur wirklich, was auch sichtbar ist. Die Sichtweise von der Frau als einem »kastrierten Mann« kommt dann dadurch zustande, daß das anale Realitätsverständnis auf den anatomischen Geschlechtsunterschied angewendet wird.

Vor dem phallischen Erlebnishintergrund ist die Drohung der Mutter für Hans eine Bedrohung seiner psychischen Integrität. Seine Allmachtsphantasie und seine Vorstellung von Vollständigkeit werden in Frage gestellt.

Bevor ich näher darauf eingehe, welche Konsequenzen (wahrscheinlich) diese Bedrohung für Hansens weitere psychische Entwicklung gehabt hat, will ich kurz erwähnen, welche Hinweise über andere Formen sexueller Handlungen, Erlebnisse und Phantasien von Hans wir den Berichten seines Vaters entnehmen können.

So hat Hans (kurz bevor sein Schwesterchen geboren wird) bei einem Sommeraufenthalt Vergnügen daran, daß ihm zwei Mädchen (Olga und Berta) beim Wiwimachen zuschauen. Offenbar im Zusammenhang mit der Geburt seines Schwesterchens beschäftigt sich Hans noch ein halbes Jahr nach diesem Sommeraufenthalt lebhaft mit seinen Erinnerungen an seine Spielgefährtinnen, nennt Olga und Berta »seine Kinder«, unterhält sich stundenlang mit ihnen und bemerkt: »Auch meine Kinder, Berta und Olga, hat der Storch gebracht« (Freud, a.a.O., S. 250).

Freud interpretiert Hansens Phantasie über seine eigenen Kinder in dem Sinne, daß dieser damit laut der Behauptung seiner Eltern widerspreche, der Storch habe ein Schwesterchen gebracht. Hans wird mit seinem Spiel aber auch die narzißtische Kränkung bearbeitet haben, die ihm durch seine Zurücksetzung (wegen der Geburt seiner Schwester) und wohl auch durch die (zeitlich vorangegangene) »Kastrationsdrohung« seiner Mutter bereitet wurde. Er unterhält sich mit »seinen Kindern« so, wie die Eltern sich mit »ihrem Kind«, das Hansens Platz der bevorzugten Elternliebe eingenommen hat, unterhalten. Hansens Vater berichtet, daß sich der Kleine einige Male »platonisch« in Mädchen aus der Nachbarschaft oder bei Zufallsbegegnungen verliebt.

Hans (4 Jahre) hat von der elterlichen Wohnung aus in einer gegenüberliegenden Wohnung ein etwa 7-8jähriges Mädchen entdeckt, das dort wohnt. Von einem Beobachtungsposten aus, den er bezogen hat, bewundert er dieses Mädchen in einer »Liebe per Distanz«. Er kann dort stundenlang warten, bis das Mädchen erscheint. Der Vater erklärt sich die Heftigkeit dieser Liebe damit, daß Hans zur Zeit keine Kameraden und keine Gespielinnen hat.
Ein halbes Jahr später (während des zweiten Sommeraufenthaltes in Gmunden) verliebt sich Hans in ein hübsches Mädchen, das er zufällig in einem Gasthaus sieht. Er sucht die Nähe dieses Mädchens, schaut aber verschämt weg, sobald es seinen Blick erwidert. Als der Vater einen Besuch dieses Mädchens arrangiert und es einlädt, zu Hans in den Garten zu kommen, gerät dieser in Erwartung des Besuchs in solche Aufregung, daß er seinen gewohnten Nachmittagsschlaf nicht halten kann; weil es regnet, kommt dieser Besuch dann nicht zustande.
Dem Vater fällt auf, daß Hans sich hier als ein »platonisch schmachtender Liebhaber« verhält, wohingegen er sich gegenüber den Mädchen im Haus, in dem er mit seinen Eltern untergebracht ist, aggressiv benimmt (Freud, a.a.O., S. 254). Der Vater erklärt sich diese Diskrepanz auch damit, daß die Mädchen unterschiedlichen sozialen Schichten angehören. Das 8jährige Mädchen, in das sich Hans »platonisch« verliebt, sei eine »kultivierte Dame«, die Mädchen im Hause jedoch »Dorfkinder«.

Hansens Vater unterstellt hier für den Kleinen Wertkriterien als gültig, die für einen jugendlichen Liebhaber von Bedeutung sein können, aber für seinen kleinen Sohn wahrscheinlich nicht von Belang waren.

Dessen Kategorisierung als ein »platonisch schmachtender Liebhaber« setzt eine komplexe psychische Entwicklung voraus, die Hans noch gar nicht durchlaufen hat.
Es ist eher wahrscheinlich, daß diese »platonische« Form der Liebe genau die Struktur der Liebesbeziehung widerspiegelt, die Hans zu seiner Mutter entwickelt hat. Seine intensive Verliebtheit hat natürlich bei der Mutter ihren Ursprung. Sie wurde auf Ersatzobjekte abgelenkt und »platonisch«, weil die Mutter sexuelle Befriedigungswünsche Hansens energisch zurückwies.
Auch der Versuch Hansens, seine Mutter zu »verführen« – dies ereignet sich ebenfalls während des Sommeraufenthaltes in Gmunden, Hans ist 4 1/2 Jahre alt –, ist als »Verführung« unangemessen kategorisiert. Die Mutter pudert beim Baden vorsichtig Hansens Penis und der Kleine fragt, warum sie nicht den »Finger hingibt«. An der Antwort der Mutter: »Weil das eine Schweinerei ist«, versteht Hans das Wort »Schweinerei« nicht und die Mutter erläutert:« Weil es unanständig ist.« Hans setzt dem lachend das Ergebnis seiner sexuellen Wahrnehmungen entgegen: »Aber lustig.« Dieser »Verführungsversuch« scheint ein Versuch gewesen zu sein, mit der Mutter gemeinsam etwas Lustvolles zu tun. Hans suchte im Medium der Sprache einen Weg zum Triebobjekt. Aber dieser Weg war ihm versperrt.
Dieser Sommeraufenthalt ist für die weitere psychische Entwicklung Hansens wahrscheinlich deshalb so bedeutsam, weil er, wie die spätere Analyse seiner Phobie aufdeckt, in dieser Zeit häufiger mit der Mutter allein ist, da sein Vater geschäftlich zu tun hat. Dieser äußere Umstand hat sicher Hansens Wunsch (und Phantasie) verstärkt, bei der Mutter den Platz des Vaters einzunehmen, sobald dieser abwesend war.
Die Berichte des Vaters geben Aufschluß über ganz verschiedenartige, »polymorphe« Sexualbetätigungen Hansens.

So macht es Hans Vergnügen, die Mutter auf die Toilette zu begleiten und ihr beim »Lumpfmachen« zuzusehen; er hat es gern, wenn der Vater ihm beim Wiwimachen behilflich ist und dabei seinen Penis berührt; außerdem ist es für ihn »eine Quelle erotischer Vergnügungen«, wenn er zu Mutter und Vater ins Bett genommen wird und mit der Mutter »schmeicheln« kann. Während des zweiten Sommeraufenthaltes in Gmunden (so stellt sich später heraus) hat er Spaß daran, wenn eine seiner Spielkameradinnen ihm beim Wiwimachen zuschaut; diese Spielkameradin (Berta) hat ihm auch erlaubt, mit ihr zusammen im Klosett zu sein.

In Gmunden hat Hans mit den Kindern auch Pferd gespielt; er war das Pferd, Berta der Kutscher. Bei diesem Spiel ist ein anderer Junge (Fritzl) auch einmal Pferd gewesen und dabei so schnell gelaufen, daß er auf einen Stein trat und umfiel. – Hans wird sich später in dem Verlauf seiner Analyse daran erinnern, daß er in diesem Zusammenhang »seine Dummheit kriegte« (Freud, a.a.O., S. 292).

Freud hat in den Erscheinungsformen von Hansens Sexualität, über die der Vater berichtet, nicht Entwicklungsrudimente phallisch-sexueller Handlungsformen gesehen. Es ist aber plausibel (auch wenn dies hier im einzelnen nicht analysiert werden kann), daß sich in diesen Erscheinungsformen die sexuelle Entwicklung Hansens dokumentiert, die auf die schon vorhandenen oralen und analen Befriedigungsmuster zurückgreift, um sie mit den neuen phallischen Wünschen und Lustmöglichkeiten zu verbinden.
An den Träumen und Phantasien des Kleinen zeigt sich sehr deutlich, wie kreativ Hans neue Interaktionsmuster entwirft. Freud (und seinem gelehrigen Schüler: Hansens Vater) entgeht an diesen Träumen und Phantasien das handlungskreative Moment auch deshalb, weil sie bei ihrer Analyse von der Übersetzungs-Hypothese Gebrauch machen.
So ist z. B. der (für Freud) »erste durch Entstellung unkenntliche Traum des Kindes« (Freud, a.a.O., S. 256) nicht notwendig das Ergebnis einer (abwehrbedingten) Traumarbeit. Hans teilt seinem Vater diesen Traum folgendermaßen mit: »Du, heute nachts habe ich gedacht: Einer sagt: Wer will zu mir kommen? Dann sagt jemand: Ich. Dann muß er ihn Wiwi machen lassen.«
Vor dem Hintergrund der Pfänderspiele, die Hans zu dieser Zeit mit seinen Freundinnen gerne spielt, gelingt dem Vater die Aufdeckung des Wunsches, daß eine der Freundinnen des Kleinen diesem beim Wiwimachen behilflich sein muß, um das Pfand einzulösen. »Entstellt« an diesem Traum ist aber möglicherweise nur seine Verbalisierung. Hans macht in der sprachlichen Mitteilung nicht deutlich, wer die am Spiel beteiligten Akteure sind. Wir wissen aber, daß er es zu früheren Zeiten gerne hatte, wenn ihm eine seiner Freundinnen beim Wiwimachen zuschaute; außerdem war es für ihn auch lustvoll, wenn der Vater ihm beim Urinieren behilflich war.

Weil Hans zu dieser Zeit seine frühere Exhibitionslust verdrängt hat – er achtet jetzt darauf, daß ihm beim Wiwimacher niemand zuschaut –, schließt der Vater, daß Hansens Traum den weiterhin vorhandenen Exhibitionswunsch nun in entstellter Form, nämlich durch »Einkleidung« in das Pfänderspiel, darstellt. Aber es ist auch möglich, daß Hans in diesem Traum einfach das Vergnügen, das er bislang von Vaters Hilfe auf Spaziergängen kannte, nun bei seinen Freundinnen gesucht hat.

Das Problematische der Übersetzungs-Hypothese wird noch deutlicher am Beispiel der Analyse der Giraffenphantasie, von der der Kleine seinem Vater berichtet. Zu diesem Zeitpunkt ist Hansens Phobie (als Angst, daß ihn auf der Straße ein Pferd beißen werde) schon manifest geworden ist. Hans erzählt:

»In der Nacht war eine große und eine zerwutzelte Giraffe im Zimmer, und die große hat geschrien, weil ich ihr die zerwutzelte weggenommen hab'. Dann hat sie aufgehört zu schreien, und dann hab' ich mich auf die zerwutzelte Giraffe draufgesetzt.« (Freud, a.a.O., S. 272)

Der Vater interpretiert diese Phantasie als eine ins »Giraffenleben transponierte Eheszene« – d. h. den in diesen Tagen sich wiederholenden Ablauf, daß Hans auf seine Bitte hin von der Mutter morgens ins Bett genommen wird, entgegen dem kurzen, erfolglosen Protest des Vaters. Freud ergänzt diese Interpretation: Das »Draufsitzen« sei wahrscheinlich Hansens Darstellung des Besitzergreifens. Als »Trutzphantasie« knüpfe sie an den morgendlichen Sieg über den väterlichen Widerstand an: »Schrei, soviel du willst, die Mammi nimmt mich doch ins Bett und die Mammi gehört mir.« Dahinter stehe Hansens Angst, daß ihn die Mammi nicht mag, weil sich sein Wiwimacher mit dem des Vaters nicht messen kann. (Freud, a.a.O., S. 275)

Für einen außenstehenden Beobachter ist diese Phantasie das Resultat einer Transposition einer allmorgendlichen Eheszene ins Giraffenleben, das Draufsetzen Hansens »Darstellung« eines Besitzergreifens der Mutter. Aber aus der Perspektive von Hans ist dieser Traum ein Ausdruck von Wünschen und Vorstellungen, der in den Formen gebildet ist, die ihm entwicklungsspezifisch verfügbar sind.

Die Handlungsform des Draufsitzens war ihm von dem Pferde- und Kutscherspiel her geläufig (s. o.); er hat sie in dieser Phantasie einfach als eine Form gebraucht, seinen sexuellen Wunsch gegenüber der Mutter zu realisieren.

Auch die Giraffen-Vorstellung basiert wahrscheinlich auf einem Denkbild, das Hans sich von der Mutter als Frau (und von dem

Vater als Mann) geschaffen hat. Er konnte sich ja ein inneres Objekt von der Mutter (als Frau) nicht in unmittelbarer Handlungserfahrung bilden. Die Abwehrmaßnahmen der Mutter ließen dies nicht zu. Und auch die oben analysierte sprachliche Kommunikationssperre trug wahrscheinlich dazu bei, daß Hans sich kein genaueres Bild von der Mutter als Frau machen konnte. Mit einem Denkbild von den »großen Tieren« (wie z. B. Pferde oder Giraffen) waren Vater und Mutter für Hansens Triebwünsche aber konkret faßbar.

Auch vor diesem Hintergrund wird deutlich, warum Freuds Übersetzungs-Hypothese so irreführend ist. Sie verstellt den Blick auf den Entwicklungs-Charakter der Formen, die sie zu erklären versucht. Sie geht von der problematischen Voraussetzung aus, daß Objektvorstellungen und »fertige« Handlungsformen bereits vorhanden sind, so daß ihre veränderte Darstellung (im Traum oder in Phantasien) als das Ergebnis von psychischer Abwehrtätigkeit zu erklären sei. Damit wird das die jeweilige Entwicklung störende Moment falsch lokalisiert: nämlich im psychischen Apparat und nicht dort, wo diese besonderen Formen tatsächlich in ihrer Entstehung zu lokalisieren sind: in den besonderen Interaktionserfahrungen und -problemen mit den Beziehungspersonen.

Was angemessener als eine Form analysiert werden kann, die spezifisch ist für die Entwicklung der kindlichen Sexualität, wird mit dieser Hypothese vorschnell als das Resultat einer Abwehrmaßnahme – einer entstellenden »Übersetzung« – analysiert.

Die Übersetzungs-Hypothese stellt das Verhältnis von Wunsch und Realisierungsform des Wunsches auf den Kopf. Hans hat in seiner Phantasie nicht eine Eheszene ins Giraffenleben transponiert, sondern er hat ein schon vorhandenes sexuelles Denkbild über Vater und Mutter auf diese morgendliche Szene übertragen. Er hat diese Interaktionserfahrung in der Weise bearbeitet, daß er den Ablauf seinem Wunsch entsprechend verändert. Was er in der realen Wirklichkeit mit der Mutter nicht tun kann, tut er in dieser Phantasie. Und er wählt hierzu eine Form, die ihm als Handlungsmöglichkeit von dem Kutscherspiel her vertraut ist.

Wie wichtig für Hansens sexuelle Entwicklung das Kutscherspiel (Draufsitzen) gewesen sein muß, macht eine Episode deutlich, von der sein Vater berichtet. Ein neues Hausmädchen erlaubt dem Kleinen, auf ihr draufzusitzen, während sie das Zimmer reinigt.

Hans nennt sie »mein Pferd« und spielt mit ihr Kutscher. Wenn sie etwas Bestimmtes tut, soll sie sich »zur Strafe« ausziehen (Freud, a.a.O., S. 266).
Freud hat in den infantilen Sexualtheorien Hansens das Haupthindernis dafür gesehen, daß dieser seine sexuellen »Impulse« gegen die Mutter realisieren konnte: die infantile Kloakentheorie der Geburt; und die Vorstellung von der phallischen Gleichheit der Geschlechter. Freud erläutert in seiner Konstruktion der unbewußten Komplexe und Wunschregungen Hansens (die mit dessen Phobie »wiedererweckt« wurden) Hansens Vorstellungen über den sexuellen Bezug des Wiwimachers zur Mutter so:

»Folgte man den Empfindungsandeutungen, die sich da ergaben, so mußte es sich um eine Gewalttätigkeit handeln, die man an der Mama verübte, um ein Zerschlagen, ein Öffnungschaffen, ein Eindringen in einen abgeschlossenen Raum, den Impuls dazu konnte das Kind in sich verspüren; aber obwohl es auf dem Wege war, von seinen Penissensationen aus, die Vagina zu postulieren, so konnte es doch das Rätsel nicht lösen, denn so etwas, wie der Wiwimacher es brauchte, bestand ja in seiner Kenntnis nicht; vielmehr stand der Lösung die Überzeugung im Wege, daß die Mama einen Wiwimacher wie er besitze. Der Lösungsversuch, was man mit der Mama anfangen müßte, damit sie Kinder bekomme, versank im Unbewußten, und beiderlei aktive Impulse, der feindselige gegen den Vater wie der sadistisch-zärtliche gegen die Mutter, blieben verwendungslos, der eine infolge der neben dem Hasse vorhandenen Liebe, der andere vermöge der Ratlosigkeit, die sich aus den infantilen Sexualtheorien ergab.« (Freud, a.a.O., S. 366)

Was Freud hier als ein Rätsel darstellt, das von Hans nicht gelöst werden konnte, läßt sich plausibler als die Folge einer Blockierung der Entwicklung von Handlungsstrukturen rekonstruieren, die in Hansens Interaktion mit seiner Mutter verankert war. Hans fand keinen Ansatz, eine phallisch-sexuelle Handlungsform zur Mutter zu entwickeln. Weil die Mutter seine entsprechenden Versuche zurückwies, konnte er sich selbst nicht als ein kleiner Mann erleben, dessen Wünsche von der Mutter (als Frau) anerkannt wurden.
Im Spiel, da es das Inzesttabu nicht verletzt, wäre diese Erfahrung möglich gewesen. Über spielerische Formen der Verehrung, des Eroberungsversuchs oder der Inbesitznahme der Mutter durch Hans geben uns die Berichte des Vaters keine Auskünfte. Als Frau bleibt die Mutter von Hans in diesen Berichten ganz blaß; sie tritt nur als Mutter in Erscheinung.

In diesem Zusammenhang ist zu berücksichtigen, daß die Berichte des Vaters ja einen Doppelcharakter haben. Sie sind einerseits Dokumente der Vorgänge und Ereignisse, über die der Vater Freud berichtet. Sie sind andererseits aber auch Dokumente der individuellen Subjektivität des Vaters selbst, der in die Vorgänge und Ereignisse, über die er berichtet, auch involviert ist. Seine Berichte sind daher auch aufschlußreich in dem, worüber sie nicht informieren sowie in der Art und Weise, wie sie abgefaßt sind. Wie der Vater durch bestimmte Kategorisierungen, die er gebraucht, falsche Verknüpfungen herstellt, ist schon an der Kategorie des »platonischen Liebhabers« deutlich geworden (s. o.).

Auch die Undeutlichkeit von Hansens Mutter als Frau muß etwas mit dem Berichterstatter und dessen Gefühlsbeziehung zu ihr (seiner Ehefrau) zu tun haben. Wir erfahren auch hier nichts Genaueres. Wir können nur vermuten, daß Hansens Vater selbst auch in die Gefühlskonflikte verstrickt war, die sein kleiner Sohn nicht lösen konnte.

Gesichert ist, daß der Vater lange Zeit die feindseligen Regungen, die Hans ihm gegenüber hegte, nicht wahrgenommen hat. Er nimmt diese Regungen erst im Zusammenhang einer Konsultation Freuds zur Kenntnis, zu der er seinen Sohn (nach dem Ausbruch der Angst) mitnimmt. Obwohl er die Giraffenphantasie Hansens als Reproduktion einer »Eheszene« analysiert hat, ist dem Vater seine damit involvierte Position der Rivalität zu Hans offenbar entgangen. Er fragt nämlich bei Anlaß dieser Konsultation verwundert seinen Sohn, warum dieser denn glaube, daß er böse auf ihn sei. Er unterstellt damit »objektivistisch«, daß Hans einen in der realen Wirklichkeit vorhandenen Grund dafür braucht, sich vor der Wut seines Vaters zu fürchten (Freud, a.a.O., S. 277).

Daß dem Vater seine eigene Rivalitätsposition gegenüber seinem Sohn offenbar längere Zeit entgangen ist, schließt Freud aus einer entsprechenden Frage von Hans (in einer späteren Unterhaltung mit seinem Vater). Dieser deutet seinem Vater gegenüber den Vorwurf an, er hätte ihn auf dieses »Kräftespiel« zwischen seiner Liebe und seiner Feindseligkeit zu ihm doch aufmerksam machen können.

»Der Vater versteht ihn noch nicht ganz, denn er holt sich erst während dieser Unterhaltung die Überzeugung von der Feindseligkeit des Kleinen gegen ihn, die ich bei unserer Konsultation behauptet hatte.« (Freud. a.a.O., S. 279)

Hans konnte seine gegen den Vater gerichteten aggressiven Wünsche und die entsprechenden Phantasien nicht in Handlungsformen integrieren. Es ist zu vermuten, daß entsprechende Abwehrmaßnahmen des Vaters die Erfahrung nicht zuließen, daß feindselige und zärtliche Gefühle nicht ein unversöhnlicher Gegensatz sein müssen, sondern nebeneinander vorhanden sein können. Erst nach gelungener Therapie des Kleinen (die insofern auch einen gewissen Erkenntnisfortschritt des Vaters impliziert) erfahren wir, daß Hans mit seinem Vater »Widder« spielt und ihm den Kopf in den Bauch rennt (Freud, a.a.O., S. 323).
Wir können also davon ausgehen daß Hans in den Interaktionen mit seinen Eltern keinen Ansatz fand, Handlungsformen zu entwickeln, in denen eine Befriedigung möglich gewesen wäre, die seiner Triebentwicklung entsprochen hätte. Diese Entwicklungsblockierung stellt ein wichtiges Erklärungsmoment für die Entstehung seiner Pferdephobie dar. Denn damit lag es für Hans nahe, die Befriedigung in einem anderen Medium als in dem interaktiven Handeln zu suchen. Eine Ausweichmöglichkeit fand er in der Wahrnehmung und im magischen Denken.
Hansens Wunsch, den Vater als Rivalen bei der Mutter zu beseitigen, muß, wenn wir Freuds Analyse dieser Phobie folgen, während des Sommeraufenthaltes in Gmunden entstanden sein, als der Vater öfters (aus beruflichen Gründen) abwesend und der Kleine mit der geliebten Mutter allein war (Freud. a.a.O., S. 345 f). Was Freud nicht näher analysiert, ist die Rolle, die das magische Denken des Kleinen für die Bildung dieses Wunsches gespielt haben muß.
Der Wechsel von An- und Abwesenheit des Vaters hat Hans wahrscheinlich nicht nur auf die »(...) Bedingung hingewiesen, an welche die ersehnte Intimität mit der Mutter gebunden war (...)« (Freud, a.a.O., S. 346); das zeitweilige Weg-Sein des Vaters wird Hans auch als etwas erlebt haben, das er selbst herbeigeführt hatte, weil er es sich wünschte.
Damit hatte Hans diesen Wunsch als erfüllbar erlebt und seine Erfüllung als etwas, das er selbst herbeiführen konnte. Für die Wunschbildung ist ein solches Erlebnis sicher ein wichtiges Entwicklungsmoment.

Hans hatte, um den Vater »weg sein« zu lassen, nicht von Handlungsmitteln Gebrauch gemacht, sondern von seinem Handlungsdenken. Daher ist es verständlich, daß Hans in einer Phase der Analyse seiner Phobie berichtet, daß er bei Gelegenheit des abwesenden Vaters – er lag dann bei der Mutter allein im Bett und fühlte sich als der Vater – auch vor dem Vater Angst hatte (Freud, a.a.O., S. 326). Denn wenn er den Vater in seiner Vorstellung hatte verschwinden lassen, mußte er sich auch vor dessen Vergeltung fürchten.

Der Zusammenhang von Handlungsdenken und Wunschbildung spielt nun wahrscheinlich auch bei der Entstehung seiner Pferdephobie eine wichtige Rolle. Wenn Hans bei dem Kutscherspiel während dieses Sommeraufenthaltes sieht, wie sein Spielkamerad (Fritzl) als »Pferd« hinfällt, dann ist es naheliegend, daß auch dieses Ereignis von ihm als Wunscherfüllung erlebt wurde. Er selbst hatte dafür (in seiner Vorstellung) gesorgt, daß der Vater (das Pferd) sich verletzt. In dem sexuellen Denkbild, das er sich entwickelt hatte, gehörten Vater und Pferd ja eng zusammen.

Im Verlauf der therapeutischen Gespräche, die der Vater mit seinem Sohn führt, bestätigt Hans auch diese Vermutung des Vaters: »Wie der Fritzl gefallen ist, hast du dir gedacht, wenn der Vatti so fallen möchte!« (Freud, a.a.O., S. 326)

In seiner zweiten Angsttheorie, in deren Rahmen Freud auch seine anfängliche Analyse der Phobie des kleinen Hans teilweise umarbeitet, erklärt er die Entstehung dieser Phobie als einen Versuch der Lösung des Ambivalenzkonflikts, in dem Hans sich gegenüber seinem Vater befindet. Mittels des Mechanismus der Verschiebung – der Ersetzung des Vaters durch das Pferd – versuche Hans, diesen Ambivalenzkonflikt zu erledigen (Freud, G. W., Bd. XIV, S. 130f).

Entsprechend seiner neuen Konzeption von Angst als einem Signal, das auf eine Gefahrsituation aufmerksam macht, bestimmt Freud die Angst der Tierphobie als »Kastrationsangst« des Ichs, d.h. die Gefahr, die signalisiert wird, ist die der »Kastration« (Freud, a.a.O., S. 157).

Aber hat Hans den Vater durch das Pferd ersetzt, um den Ambivalenzkonflikt zu lösen? Und warum entsteht diese Kastrationsangst?

Aufschlußreich ist der Zusammenhang, der zwischen der von Hans erlebten Wunscherfüllung (Vater=Pferd verletzt sich; ich habe Vater aus dem Bett von Mutti verschwinden lassen) und der Angst besteht.

Wir können davon ausgehen, daß die Ereignisse, die Hans als Erfüllung seiner aggressiven Wünsche erlebte, in ihm auch Angst auslösten. Aber diese Angst war von vornherein bestimmt dadurch, daß Hans seine Wunscherfüllung nicht im interaktiven Handeln, sondern in der Wahrnehmung (bzw. dem magischen Denken) erlebte. Dieser Unterschied ist deshalb von großer Bedeutung, weil er bestimmte Eigenschaften von Hansens Phobie erklären kann.

Wenn Angst im Zusammenhang des Handelns entsteht, hat sie eine Funktion, die Freud in seiner zweiten Angsttheorie deutlich gemacht hat. Sie ermöglicht (was ich in Kap. 7. näher ausführen werde) die Antizipation eines gefährlichen Ablaufs oder Resultats einer Handlung. Das Handlungssubjekt gewinnt damit einen gewissen Entscheidungsfreiraum. Es kann die gefährliche Entwicklung (oder das gefährliche Handlungsresultat) in der Antizipation für seine Entscheidung nutzen und z. B. auf eine Handlung ganz verzichten.

Wenn eine Wunscherfüllung in der Wahrnehmung erfolgt, kann die Angst diese Funktion nicht erfüllen. Der Wunsch und seine Erfüllung fallen ja zusammen. Die Erfüllung eines Wunsches, die im Handlungsdenken als selbst herbeigeführt erlebt wird, überspringt gleichsam die Entwicklungsphasen, die beim Handeln zwischen dem Auftauchen eines Wunsches und seiner Erfüllung in der Wirklichkeit liegen – vor allem die der Antizipation und der Handlungsentscheidung.

Wenn mit der wahrgenommenen Wunscherfüllung eine Gefahrsituation verbunden ist, dann wird die Gefahrsituation auch unmittelbar erlebt, wenn es zu der Wahrnehmung kommt. Die einzig mögliche Art, die Angst zu bewältigen, ist dann die, die Wahrnehmung zu vermeiden.

Dies erklärt, warum die Angst der Phobie, wie Freud bemerkt, eine fakultative ist, warum sie nur auftritt, wenn ihr Objekt Gegenstand der Wahrnehmung ist.

Freud erklärt diesen Umstand damit, daß Hans von einem abwesenden Vater die »Kastration« nicht befürchten muß; diese Gefahrsituation sei nur vorhanden, wenn der Vater anwesend, also wahrnehmbar sei (Freud, a.a.O., S. 156).

Der Anfangspunkt einer Fehlentwicklung Hansens lag aber vermutlich in den Interaktionsstörungen, die wir in den Berichten des Vaters angedeutet finden. In der Tierphobie, ein Pferd werde ihn beißen, fand diese Fehlentwicklung nur ihren vorläufigen Endpunkt.

Hans hatte eine Form aggressiver Befriedigung gefunden, in der er keine Erfahrungen mit dem Objekt machen konnte. Was von seiten des Objekts in diesem Vorgang geschieht, ist nur das, was Hans selbst in die Wahrnehmung des Objekts hineinlegt. Er mußte sich aber vor der Vergeltung des Vaters fürchten und sich als zu klein und hilflos ihm gegenüber fühlen. Er erlebte in dem hinfallenden Vater also etwas Befriedigendes und zugleich etwas sehr Beängstigendes.

Wie wichtig dieser Zusammenhang von Wunsch und Wahrnehmung ist, zeigt der Fortgang der therapeutischen Gespräche, die der Vater mit seinem Sohn führt. Denn tatsächlich dokumentiert sich der therapeutische Erfolg auch darin, daß Hans die angstauslösenden Objekte (Pferde mit Scheuklappen, mit Stellwagen usw.) kategorial anders wahrnimmt als zuvor.

Es scheint unter diesen Voraussetzungen nicht sinnvoll, mit Freud anzunehmen, daß Hans seinen Ambivalenzkonflikt durch den Mechanismus der Verschiebung zu lösen versuchte. Das Angstbzw. Aggressionsobjekt »Pferd« war für ihn ja schon zu Beginn ein Denkbild, mit dem er die neuen phallischen Sensationen und Regungen, die seinen Eltern galten, aber von ihnen nicht aufgenommen und strukturiert wurden, konkret fassen konnte. Hans mußte also gar nicht erst ein Objekt durch ein anderes ersetzen. Er hat lediglich eine Entwicklung fortgesetzt, deren Richtung schon vorgezeichnet war.

Hans konnte sich von seinem Vater, der seine feindseligen Regungen gegen ihn ablehnte bzw. nicht zur Kenntnis nahm, kein inneres Objekt bilden, das beide Regungen, die liebevollen wie die aggressiven, als miteinander verträgliche Gefühle zuließ. Der Ambivalenzkonflikt Hansens entstand also nicht von Anfang an; er wurde für den Kleinen deshalb schwer erträglich, weil ihm der Vater nicht zeigte, wie er in der Interaktion mit ihm beide Regungen zulassen konnte.

Mit der Umarbeitung der ersten Angsttheorie wurde auch der Zusammenhang von Angst und Verdrängung bei der Entstehung einer Phobie anders gefaßt. Während Freud zunächst die Angstzustände des kleinen Hans als das Resultat von Verdrängungsvorgängen auffaßte, kehrt er in der überarbeiteten Fassung dieses Verhältnis um. Die Angst (die Kastrationsangst) ist der Motor der Verdrängung. Die Abwehrmaßnahme macht sich darin bemerkbar, daß sie Hansens Angstinhalt für sein Bewußtsein entstellt. Freud sah in dem Angstinhalt, vom Pferd gebissen zu werden, einen Entstellungsersatz, vom Vater kastriert zu werden; und er meinte:

»Dieser Inhalt ist es eigentlich, der die Verdrängung an sich erfahren hat. (...) Ausdruck einer Reaktion, welche die Aggression in ihr Gegenteil umwandelte.« (Freud, a.a.O., S. 137)

Aber nicht nur die feindseligen Regungen des kleinen Hans in bezug auf seinen Vater unterliegen – Freud zufolge – der Verdrängung; auch seine zärtliche Regung gegen den Vater und die zärtliche für die Mutter sind von der Abwehrform der Verdrängung betroffen (Freud, a.a.O., S. 135). Da er das für diese Abwehrmaßnahme Wesentliche darin sah, daß vorhandene Objektvorstellungen vom Bewußtsein abgewiesen werden, muß Freud annehmen, daß Hans die entsprechenden Vorstellungen schon gebildet hatte.

Diese Annahme ist nicht haltbar. Freud unterstellt dem Kleinen schon fertige Objektvorstellungen und Bedürfnisstrukturen, die dieser gar nicht entwickeln konnte.

Die Bildung der Pferdephobie verlagert den Ambivalenzkonflikt Hansens nur, sie löst ihn nicht. Sie ist die Form, in der Hans seine ungelösten psychischen Konflikte bearbeitet. Für sein Selbstwertgefühl ist beides gleich bedrohlich: die Liebe des Vaters zu verlieren und von diesem in seiner psychischen Integrität verletzt zu werden. In seiner Angstvorstellung von dem Pferd, das ihn beißt, wird die zweite Bedrohung als Gefahrsituation dargestellt. Aber die andere Bedrohung, die Liebe des Vaters zu verlieren, wird damit verbunden sein, weil sie ebenfalls eine Verletzung des Selbstwertgefühls ist.

Nur wenn man die Bildung dieses Symptoms abtrennt von dem konflikthaften Verlauf, den Hansens Interaktionen mit den Eltern offenbar oft genommen haben, ist die theoretische Vorstellung plausibel, daß Hans seine Aggression auf Pferde verschoben hatte und mit der Maßnahme der Verdrängung seine Vorstellung vom Bewußtsein fernhielt, der Vater würde ihm etwas Schlimmes antun.

Freud macht zwar darauf aufmerksam, daß die Verschiebung der aggressiven Objektvorstellung für Hans dadurch erleichtert wurde, daß in seinem kindlichen Denken »(...) die Kluft zwischen Mensch und Tier (...)« noch nicht anerkannt und gewiß nicht so überbetont wird wie später (Freud, a.a.O., S. 132). Aber er sieht diese Verschiebung nicht vorgezeichnet durch den Anfang der Fehlentwicklung, der letztlich in den Abwehrmaßnahmen von Hansens Bezugspersonen begründet war. Hans führt in der Bildung seines Symptoms nur konsequent weiter, was in den Interaktionsstörungen mit Vater und Mutter und in den Entwicklungsrudimenten sexuellen Handelns, mit denen seine Wünsche notgedrungen vorliebnehmen mußten – vor allem dem Kutscherspiel –, schon angelegt war.
Hansens Tagträume und Phantasien, von denen der Vater berichtet, können wir als Versuche des Kleinen analysieren, für seine psychischen Konflikte Lösungen zu finden. Hans erzählt seinem Vater einen Tagtraum.

»›Du, heut hab' ich mir zwei Sachen gedacht. Die erste? Ich bin mit dir in Schönbrunn gewesen bei den Schafen, und dann sind wir unter den Strikken durchgekrochen, und das haben wir dann dem Wachmanne beim Eingang des Gartens gesagt, und der hat uns zusammengepackt.‹ (Das zweite hat er vergessen.).« (Freud, G. W., Bd. VII, S. 275)

Er bearbeitet den Konflikt zwischen seinem sexuellen Wunsch, bei der Mutter »einzudringen« und der Angst, dafür vom Vater bestraft zu werden. Seine Phantasie findet einen Weg, wie er die bedrohliche Rivalität mit dem Vater um die Gunst der Mutter bewältigen kann. Er macht den Vater zum Verbündeten einer verbotenen Handlung und delegiert den Vater-Aspekt der Bestrafung an einen Wachmann. So hat Hans beides gewonnen: die Stärke des Vaters ist auf seiner Seite (und er muß sich nicht als »zu klein« für das Vorhaben des Eindringens fühlen), und er hat die Rivalität mit dem Vater beseitigt, die so bedrohlich für ihn ist. So muß er auch nicht befürchten, dessen Zuneigung zu verlieren.
Eine weitere Angstvorstellung Hansens richtet sich ebenfalls auf Pferde, von ihrem Ursprung her gilt sie aber der Mutter. Er hat Angst vor Pferden, die Stellwagen, Möbel- und Kistenwagen ziehen. Hier ist es das Umfallen der Pferde, das Hans als bedrohlich erlebt.
Ein tatsächlich vorgefallenes Ereignis – Hans hat ein Pferd auf die

Straße fallen gesehen – hat er mit seinem magischen Denken so verarbeitet daß er in diesem Geschehen die Erfüllung seines Wunsches erlebt, der Mutter ein Kind zu machen.
Bei dieser Wunsch- bzw. Angstvorstellung geht er von seiner Kloakentheorie der Geburt aus. Kinder kommen zur Welt wie »Lumpfe«. Er wandelt diese Vorstellung ab durch die Konstruktion der »Storchenkiste«, die die körperliche Erscheinung der graviden Mutter mit einem anderen Bild verbindet, das Hans in einem Märchenbuch gesehen hat.
Freud vermutet, daß Hans diesen Angstinhalt ebenfalls aus dem schon erwähnten Pferde- und Kutscherspiel abgeleitet hat. Er folgt hier einer Vermutung von Hans selbst, der sich daran erinnert, daß bei diesem Spiel sein Freund Fritzl hingefallen ist. Hans denkt, er habe dort »seine Dummheit gekriegt«, weil die Spielkameraden immer gesagt haben »wegen dem Pferd«.
Freud nimmt an, daß das Wort »wegen« aufgrund des Wortgleichklangs mit »Wägen« die Ausbreitung der Phobie vom Pferde auf die Wagen den Weg eröffnet habe (Freud, a.a.O., S. 293).
Es scheint wenig plausibel, daß ein Gleichklang zweier Wortformen die Entwicklung eines so intensiven Angstinhaltes bestimmen kann.
Für wahrscheinlicher halte ich es, daß Hans auch bei diesem Angstinhalt von einer Wunscherfüllung ausging, die er in der Wahrnehmung erlebt und in seinem Denken als durch ihn selbst herbeigeführt erlebt hat. Naheliegend ist, daß er den sexuellen Verkehr der Eltern im Schlafzimmer beobachtet hatte. Das »Zappeln mit den Beinen«, das in seiner Angstvorstellung vor den Pferdewagen eine Rolle spielt, könnte von dort her aufgenommen sein. Diese Wahrnehmung wurde zu einer der Vorstellungen, die Freud die »Urphantasien« genannt hat (vgl. Kap. 4.4.).
Die Gefahrsituation, die für Hans mit einer solchen Wahrnehmung verbunden war, ist ähnlich der, die er mit dem Angstobjekt Vater=Pferd erlebt haben wird. Er ist »zu klein«, hat die Möglichkeiten nicht verfügbar, die er braucht, um der Mutter als kleiner Mann gewachsen zu sein.
Wie in seiner Angstvorstellung, der Vater/das Pferd könnte ihn beißen, ist auch in der Angstvorstellung, Pferde mit Stellwagen könnten umfallen, nur eine Seite der (in der Wahrnehmung kondensierten) Interaktion mit dem Objekt seiner Wünsche manifest. Die Vorstellung beinhaltet nur die jeweilige Handlung des Ob-

jekts seiner Wünsche. Dort, wo sein eigener Wunsch sein müßte, hatte Hans sich als Subjekt negiert.

In seiner Angst vor dem Vater/Pferd ist nur die drohende Vergeltung für seine aggressiven Wünsche in die Vorstellung aufgenommen worden; in der Angst, die sich auf Pferde mit Stellwagen bezieht, ist in ihrem Inhalt nur die Reaktion auf seine sadistische Bemächtigung der Mutter vertreten.

Das therapeutische Gespräch, das der Vater unter Freuds Anleitung mit seinem Sohn führt, hebt in seinem Fortgang die von Hans notgedrungen gewählten Substitute auf, indem es Hansens Entwicklung dort fortsetzt, wo diese Substitute gewählt wurden. Wenn z. B. Hans von seinem Vater erfährt, daß dieser seine feindseligen Regungen wahrnimmt, kann er auch seinen Vater (als inneres Objekt) anders erleben. Die vorhandenen zärtlichen Gefühle und eine gelegentliche Wut auf ihn müssen sich nicht widersprechen. Diese Objektbildung war für Hans zuvor nicht möglich.

Die Berichte, die der Vater für Freud abgefaßt hat und diesem zukommen läßt (Freud gibt sie so wieder, wie er sie erhalten hat), lassen nicht auf den ersten Blick erkennen, daß Hansens Fehlentwicklung in Interaktionsstörungen mit den Eltern ihren Ausgangspunkt hatten. Auch Freuds Information, die Eltern »waren übereingekommen, ihr erstes Kind mit nicht mehr Zwang zu erziehen, als zur Erhaltung guter Sitte unbedingt erforderlich werden sollte« (Freud, G. W., Bd. VII, S. 244), wecken nicht den Verdacht, daß die Genese der Störung in der Interaktion zu suchen ist.

Der Bericht des Vaters, mit dem die Reihe von »Beiträgen zu einer Krankengeschichte« eröffnet wird, enthält das Bekenntnis, daß ihn selbst (und seine Ehefrau) die Entwicklung der nervösen Störung ihres Sohnes beunruhigt und ratlos macht. Aber es ist der schon erwähnte Doppelcharakter der väterlichen Berichte, der es uns erlaubt, neben der darin bekundeten Ratlosigkeit und Besorgnis noch einen anderen Handlungszusammenhang zu entschlüsseln, in dem die Eltern an der Entwicklung der Tierphobie unbewußt beteiligt waren.

Der Vater, der Freud Bericht erstattet, ist selbst als Handlungssubjekt in die Prozesse einbezogen, über die er berichtet. Die Beobachtungen, die er an seinem Sohn macht, und die er für Freud zusammenfaßt, sind präformiert durch dieselben psychischen Abwehrformen, die auch in der Interaktion mit Hans wirksam werden. Die Kommunikationssperre, die Hans gegenüber unbewußt errichtet wurde, setzt sich in den Berichten fort, die Freud erhält. Die Interaktionsstörung reproduziert sich darin in der Form von Auslassungen, falschen Verknüpfungen und Fehlkategorisierungen, von denen wir einige feststellen konnten.

Sie konstituieren in den Berichten des Vaters über eine Krankengeschichte seines Sohnes einen ganz anderen Bericht. Der gibt Auskunft darüber, wie die Eltern von Hans systematisch in die Entstehung seiner Fehlentwicklung einbezogen waren.

Weil die Theoriemodelle, auf die sich Freud stützte, um die psychische Störung von Hans rekonstruieren zu können, an dem Prozeß der Subjektbildung dessen kommunikative Zusammenhänge weitgehend ausblenden, ist ihm dieser in den Mitteilungen des Vaters verdeckt enthaltene zweite Bericht entgangen.

4.4. Urphantasien

Freud hat in den Urphantasien – die Szenen von Beobachtung des elterlichen Sexualverkehrs, von Verführung in der Kindheit und von Kastrationsdrohung – bekanntlich ein phylogenetisch vermitteltes Erbteil gesehen.

Er gelangte u. a. zu dieser Annahme, weil es – z. B. im Zusammenhang der Rekonstruktion der Fallgeschichte des »Wolfsmanns« – fragwürdig war, ob in der frühen Kindheit eine Urszene Phantasie oder reales Erlebnis des Kindes war. Wo eine jeweilige Urszene, die rekonstruiert wurde, in eine so frühe Phase der kindlichen Entwicklung fiel, daß sie nicht tatsächlich vom Kind erlebt sein konnte, ging Freud davon aus, daß die »Lücken der individuellen Wahrheit mit prähistorischer Wahrheit« ausgefüllt wurden (Freud, a.a.O., S. 131).

Freud läßt hier einen Aspekt der Urphantasien unberücksichtigt, der zur Erklärung des Umstands beitragen kann, warum diese Phantasien einerseits kollektiv, andererseits aber nicht das Ergebnis der Abwehrmaßnahme der Verdrängung sind.

Wenn wir annehmen, daß ein Kind – etwa im 2. Lebensjahr – die Eltern beim Sexualverkehr beobachtet, dann ist wahrscheinlich, daß diese Beobachtung eine kategoriale Wahrnehmung ist: Das

Kind nimmt dieses Ereignis als etwas Bestimmtes wahr. Dazu gelangt es aber nur auf dem Wege, daß es das Wahrgenommene einordnet in das schon Bekannte. Das ist für das Kind aber – im analen Erfahrungszusammenhang dieser Zeit – die Erfahrung des lustvollen Beherrschens.

Es ist daher plausibel, wenn Freud davon ausgeht, daß das Kind den Sexualakt ganz allgemein als eine Art von Mißhandlung oder Überwältigung versteht (Freud, G. W., Bd. V, S. 97).

Dieses Verstehen muß nun seitens des Kindes einen Kommunikationskonflikt herbeiführen. Einerseits hat es ein Bedürfnis, zu fragen, was da geschieht; zugleich hat es Angst, ebendies zu erfahren.

Sein Nicht-Wissen ist ja komplementär zu seinem Wissen. Sein Wissen ordnet das Wahrgenommene ein in Denkbilder, denen das anal-sadistische Überwältigens gemeinsam ist. Das Nicht-Wissen auf dem Wege einer Frage zu beseitigen bedeutet, über das Feindselige dieses Überwältigens mehr zu erfahren – z. B. seinen Namen. Dieses Bedürfnis widerspricht aber den anderen inneren Bildern, die das Kind von seinen Beziehungspersonen hat und dem Wunsch, von ihnen geliebt werden.

Unter diesem Aspekt liegt den Urphantasien ein ungelöster Kommunikationskonflikt des Kindes zugrunde. Seiner Wißbegier steht die Angst gegenüber, zu fragen, was es da sieht. Eine solche »Urphantasie« wäre demnach eine dekommunikative, vom Kind selbst aus der sprachlichen Verständigung mit seinen Beziehungspersonen ausgeschlossene Wissensform.

Ich habe nur einige interaktive Aspekte der Entwicklung der kindlichen Sexualität aufgezeigt. Aber es wurde deutlich, daß die genetische Entwicklung von Formen des interaktiven Handelns im psychoanalytischen Sinn ein Prozeß ist, in dem mit der Subjektbildung zugleich auch das (dynamisch) Unbewußte konstituiert wird.

Dieser Prozeß kann im Rahmen von Ansätzen einer Sozialisationstheorie nicht bruchlos rekonstruiert werden. Diese Ansätze begreifen die Subjektbildung üblicherweise als einen Prozeß der Aneignung von Kompetenzen eines sprach- und handlungsfähigen Subjekts (vgl. Geulen, 1977). Freuds Entdeckung der Widersprüchlichkeit von Wissen kann in diesem Rahmen nicht sinnvoll interpretiert werden.

Ich habe in den bisherigen Untersuchungen mehrfach schon deutlich gemacht, daß wir psychische Abwehrformen theoretisch nicht befriedigend erklären können, wenn wir sie aus dem jeweiligen Handlungszusammenhang herauslösen, in dem sie entstehen und in dem sie ihre Wirkung erzielen. Für die psychoanalytische Abwehrlehre ergeben sich daraus Konsequenzen, auf die ich nun näher eingehen möchte.

Eine psychoanalytische Abwehrlehre muß erklären können, wie es möglich ist, daß die Wunschkonstellationen, in denen das Subjekt sich negiert und in denen es die Position des Anderen fest verankert hat, verbunden bleiben mit dem praktischen Wissen, das über interaktive Formen des Handelns ausgebildet wird. Auch sind die verschiedenen Weisen zu analysieren, in denen das Abgewehrte und die Mittel der Abwehr miteinander verbunden sein können.

5. Zur interaktiven Logik der psychischen Abwehrmechanismen

In Freuds Konzept der Abwehrmechanismen – und ebenso in Anna Freuds (1936) Versuch, die Abwehrlehre zu klären – wird der Zusammenhang, der zwischen den Abwehrmechanismen und dem Wissenssystem besteht, verdeckt. Freud setzt aber, wie ich exemplarisch gezeigt habe, in seinen konkreten Fallanalysen diesen Zusammenhang implizit voraus.

Wie wir einen psychischen Abwehrmechanismus als eine Umwandlung (Transformation) analysieren können, wurde am Beispiel der Namensgebung »Gradiva« deutlich. Der junge Archäologe hatte den Familiennamen des geliebten Mädchens über Ort und Zeit transformiert und so der Abwehrform der Verdrängung Genüge getan. Diese Transformation konnte die Verdrängung sichern helfen. Zugleich blieb aber im Ergebnis der Transformation der verdrängte Wunsch, die Sehnsucht nach der Geliebten in einem Wissenselement – dem Wissen über den charakteristischen Gang der Namensträgerin – verdeckt vertreten.

Anna Freud hat die Wirkung der Abwehrmechanismen darin gesehen, daß diese die Ansprüche des Triebs in zweierlei Weise zurückweisen. Sie halten die Vorstellungen, die den Trieb repräsentieren, davon ab, bewußt zu werden; und sie bewirken eine Umwandlung der Affekte, die mit einem Triebimpuls verbunden sind. Über diese Affektumwandlung schreibt Anna Freud:

»Das Ich steht nicht nur im Kampf mit den Triebabkömmlingen, die auf seinem Boden den Zutritt zum Bewußtsein und zur Befriedigung finden möchten. Es entfaltet dieselbe aktive und energische Gegenwehr auch gegen die Affekte, die an diese Triebimpulse gebunden sind. Bei einer Zurückweisung der Triebansprüche ist es immer seine nächste Aufgabe, sich mit diesen Affekten auseinanderzusetzen. Liebe, Sehnsucht, Eifersucht, Kränkung, Schmerz und Trauer als Begleiter der sexuellen Wünsche, Haß, Zorn und Wut als Begleiter der aggressiven müssen sich, wenn der Triebanspruch, dem sie zugehören, abgewiesen wird, vom Ich Bewältigungsversuche aller Art, d. h. Verwandlungen gefallen lassen. Wo immer innerhalb oder außerhalb der Analyse Affektumwandlungen vorfallen, war das Ich aktiv.«(A. Freud, a.a.O., S. 27)

Wenn die Affekte und deren Umwandlung in der theoretischen Betrachtung abgelöst werden von der Bezugsperson, der sie doch gelten, ist nicht mehr zu erkennen, daß diese Prozesse etwas mit dem Handeln zu tun haben. Eine Klärung der Abwehrlehre ist aber nur möglich, wenn dieser Handlungsbezug systematisch entfaltet wird. Die von Anna Freud genannten Affekte sind alle an bestimmte Wissensformen gebunden, die das Handeln, wenn zumeist auch nur indirekt, leiten.

Für die theoretische Erklärung der Abwehrformen ist deren Wirkung, bestimmte Wünsche und Vorstellungen, die den Trieb repräsentieren, vom Bewußtsein fernzuhalten, nur von sekundärer Bedeutung. Entscheidend ist, daß psychische Abwehr immer auf die Verhinderung von Handlungen gerichtet ist. Entweder sollen Handlungen, die einen Triebanspruch repräsentieren, ganz unterbunden werden; oder die Abwehr richtet sich gegen bestimmte Prozesse, die in einer der subjektiven Dimensionen des Handelns ablaufen und mit Angst oder Unlust verbunden sind.

Es ist in der handlungsleitenden Funktion des Wissens begründet, warum psychische Abwehr dieses Wissen transformiert. Hieraus erklärt sich die dominante Stellung der Abwehrform der Verdrängung, auf die Waelder (1967, dt. 1970) hinweist. Diese Abwehrmaßnahme ist dadurch gekennzeichnet, daß sie an dem Anfangspunkt der Strukturbildung von Handlungsformen ansetzt – der Bildung eines Wunsches. Die anderen Abwehrmaßnahmen setzen hingegen voraus, daß diese Strukturbildung bereits bis zur Verfügung über Handlungsformen fortgeschritten ist, die Verdrängung in diesem Bereich die Prozesse der Wunschbildung und der Aneignung von handlungsrelevantem Wissen also nicht nachhaltig blockieren konnte. Als Folge davon werden andere Abwehrmaßnahmen notwendig.

In dem Bereich, in dem die Wunschbildung blockiert wurde, entsteht eine Erfahrungslücke. Das Abgewehrte ist dann das, was in der kindlichen Entwicklung nicht verwirklicht werden konnte. Daher ist die Vermeidung des Kontakts mit Dingen oder mit Aspekten von Personen vielleicht der Ursprung aller Abwehrmechanismen.

Eine Gruppe von Abwehrmechanismen ist dadurch charakterisiert, daß diese Handlungswissen in spezifischer Weise transformieren. Das »Ich« ist im Wissenssystem des Handelnden also nicht nur der »Ort«, an dem Handlungswissen über Befriedigungsmöglichkeiten aktualisiert wird; es ist auch der Ort, an dem die Verfahren angewendet werden, die an dem verfügbaren Handlungswissen das beseitigen (und nicht mehr verfügbar machen) sollen, was mit den Befriedigungsmöglichkeiten unverträglich ist.

Das Resultat dieser psychischen Abwehr ist in sich widersprüchlich. Das Wissenselement, das eine Konstituente eines psychischen Konflikts ist, der bewältigt werden soll, wird so transformiert, daß im Ergebnis der Transformation das Abgewehrte in abgewandelter Form erhalten bleibt. Daher bleibt auch diese Konfliktstruktur erhalten. Das Abgewehrte bleibt also in der Form der Abwehr präsent. Darin unterscheidet sich diese Art der Transformation von anderen Arten der Wissensumwandlung.

Die Anwendung einer solchen Abwehrmaßnahme verändert für den Betreffenden die Erfahrung, weil sie das Wissen, das seine Erfahrung organisiert, verändert.

Weil dieses handlungsleitende Wissen sich gewöhnlich im Zustand des Vorbewußten befindet, ist auch der Gebrauch der Abwehrmaßnahme, von der dieses Wissen erfaßt wird, dem Bewußtsein entzogen. Was der Bewußtmachung einer Abwehrmaßnahme vor allem entgegensteht, ist ihre Verbindung zur Angst bzw. Unlust, zu deren Bewältigung sie dienen soll.

Bei diesen Abwehrmaßnahmen, die vorhandenes Wissen transformieren, wäre jeweils zu unterscheiden, zu welcher Dimension (d. h. zu welchem Strukturtyp) von Wissen das Wissenselement gehört, das transformiert wird; in welcher Weise diese Transformation geschieht; und mit welchen Mitteln sie vollzogen wird.

Für eine andere Gruppe von Abwehrmaßnahmen ist kennzeichnend, daß sie das praktische Handlungswissen unverändert belassen. Sie bedienen sich vielmehr dieses Wissens als Grundlage für Abwehrhandlungen oder Handlungsstrategien der Abwehr.

Zu dieser Gruppe gehören die Abwehrmaßnahmen der Rationalisierung, der Vermeidung und des Ungeschehen-Machens

Die Rationalisierung ist eine Handlungsstrategie der Abwehr. Sie macht von der sprachlichen Handlungsform des Argumentierens Gebrauch. Eine individuelle Handlungsgewohnheit, eine Entscheidung, eine Vorstellung usw., die von unbewußten Prozessen bestimmt werden (Abwehrmechanismen oder Symptome), werden rational begründet.

Die Vermeidung ist ebenfalls eine Handlungsstrategie der Abwehr. Notwendige Voraussetzung, um diese Strategie anzuwenden, ist die Antizipation eines zukünftigen Ereignisses, das angstmachend oder sonstwie unlustvoll ist. Entweder werden bestimmte Handlungen, die in ihren Konsequenzen zu diesem Ereignis führen, ganz unterlassen; oder ein bestimmter Handlungsablauf, der bereits in Gang gesetzt wurde, und dessen weitere Entwicklung der Aktant als für ihn bedrohlich antizipiert, wird so abgeändert, daß diese Entwicklung nicht zustandekommt.

Die Abwehrmaßnahme des Ungeschehen-Machens sah Freud besonders bei den Zwangsritualen wirksam. Hier soll das Resultat einer Handlung, die ausgeführt wurde, in magischer Weise rückgängig gemacht werden durch eine andere Handlung, die ein konträres Ziel verfolgt; das Rückgängig-Machen kann sich (in der Form eines Zeremoniells) auch auf ein Ereignis oder ein Erlebnis beziehen – eine Art von negativer Magie.

Diese Gruppe von Abwehrmaßnahmen teilt mit den wissenstransformierenden Abwehrformen und der Maßnahme der Verdrängung das Kennzeichen, daß sich das Subjekt in dem jeweils davon betroffenen Bereich von Wissen bzw. Erfahrung selbst negiert. Die Abwehrmaßnahmen haben auch alle denselben Zweck. Sie sollen die Angst neutralisieren, die entsteht, wenn das Abzuwehrende realisiert werden würde.

Freuds Konzentration auf das energetische Konzept von Besetzung und Gegenbesetzung und auf den dynamischen Gesichtspunkt der metapsychologischen Betrachtungsweise verstellt den theoretischen Zugang zu den Mentalitätsstrukturen, die bei den Abwehrmaßnahmen eine Rolle spielen.

Allerdings sollte die sprachliche Form der Aussage, mit der das entsprechende Wissenselement mitgeteilt werden kann, nicht mit diesem Wissen verwechselt werden.

Diese Verwechslung legt eine Idee Freuds nahe, die er in seiner Untersuchung des Falls Schrebers dargelegt hat:

»(...) der Satz ›ich hasse ihn ja‹ (verwandelt sich) durch Projektion in den anderen: er haßt (verfolgt) mich, was mich dann berechtigen wird, ihn zu hassen.«(Freud, G. W., Bd. VIII, S. 299)

Dies könnte so verstanden werden, als würde die Abwehrform der Projektion syntaktisch operieren. Tatsächlich verwandelt diese Abwehrform aber nicht einen Satz – oder eine Satzaussage –, sondern das Wissenselement, das in einer Satzaussage mitteilbar ist. Dies gilt auch für die Abwehrform der Reaktionsbildung, die hier wirksam geworden ist, und die das Gefühl ›Ich liebe ihn‹ umgewandelt hat in ›Ich hasse ihn‹.

Auch die von Suppes und Warren (1975) vorgeschlagene satzsemantische Interpretation, die an dieser Idee Freuds anknüpft, wird der inneren Logik der Abwehrmechanismen nicht gerecht. Der Systematisierungsvorschlag der Autoren übernimmt unkritisch Freuds Vorstellung, daß die Mechanismen psychischer Abwehr primär von ihrer Wirkung her zu bestimmen sind, Wünsche und Vorstellungen von dem Bewußtsein fernzuhalten. Mit dieser Vorstellung geht aber das für die psychische Abwehr eigentümliche Moment verloren, daß sie mit dem Abgewehrten, auch wenn dies »ins Unbewußte verbannt« wird, strukturell verbunden bleibt.[1]

Ich möchte im folgenden einige elementare Abwehrmechanismen

1 Suppes und Warren nehmen die Satzbedeutung (Proposition) zum Ausgangspunkt, um zu zeigen, wie die verschiedenen elementaren Abwehrmechanismen als Transformationen einer Satzbedeutung der Form: Akteur – Handlung – Objekt – erzeugt werden können. So kann z. B. an der Bedeutungskomponente des Akteurs das Selbst umgewandelt werden in den anderen (wie im Falle der Projektion); oder die Komponente der Handlung kann so transformiert werden, daß eine entsprechende Handlung verleugnet wird. In dieser Weise gewinnen die Autoren 8 elementare Abwehrmechanismen, deren Kombination 29 verschiedene Abwehrformen ermöglicht. Weitere 15 Abwehrformen werden durch die Klasse der Abwehrmechanismen der Identifizierung gewonnen. Dieses Abwehrmodell trägt dem Umstand, daß psychische Abwehrformen in Handlungsstrukturen eingreifen, nur vordergründig Rechnung. Zwar betonen die Autoren, daß eine Proposition nicht sprachlich ausgedrückt sein muß, daß sie auch durch die Erinnerung an eine visuelle Szene repräsentiert sein kann. Aber der für die Klassifikation entscheidende Gesichtspunkt ist, welche der Komponenten einer Satzbedeutung als Resultat der Transformation im Bewußtsein nicht mehr vertreten ist. Da auch die jeweiligen Mittel der Transformation nicht eigens analysiert werden, verselbständigen sich die Abwehrformen zu formalen Operationen, an denen nicht mehr zu erkennen ist, daß sie Konfliktbewältigungsversuche sind. – In ähnlicher Weise blendet auch die These von Löw-Beer (1990), daß psychische Abwehr im Bewußtsein von bestimmten psychischen Zuständen resultiert, den Handlungsbezug der Abwehrformen aus.

mit den oben genannten Unterscheidungskriterien charakterisieren. Um die innere Logik der Abwehrformen zu verdeutlichen, nehme ich in Kauf, daß die Darstellung etwas schematisch ausfällt. Besonders interessiert mich die Frage, wie zu erklären ist, daß in (oder hinter) dem Mittel einer psychischen Abwehr das Abgewehrte erhalten bleiben kann, so daß es mit der Form der Abwehr hintergründig verbunden ist.

Ich gehe außerdem davon aus, daß eine Abwehrmaßnahme, die eine Transformation von Erfahrungswissen ist, strukturell bestimmt wird durch die jeweilige Form, in der das Abzuwehrende repräsentiert ist. Diese Abwehrmechanismen wären unwirksam, wenn die Art der Transformation nicht auch der Wissensform entsprechen würde, in der das Abzuwehrende jeweils gegeben ist.

Zu klären ist jeweils, welcher Mittel sich eine solche Transformation bedient, d. h. von welchen dem Subjekt verfügbaren Erfahrungen und Aktionsformen eine Transformation jeweils abgeleitet ist. Dies können nicht Formen interaktiven Handelns sein; davon geht Freuds Abwehrlehre implizit aus. Es charakterisiert ja gerade verschiedene Formen psychischer Abwehr, daß ein Konflikt, der interaktiv mit der Bezugsperson entsteht, nicht auch interaktiv bewältigt werden kann. Das Subjekt versucht dann, den Konflikt in anderer Weise zu bewältigen – z. B. durch Transformation von Wissen. Die Mittel dafür müssen Vorgängen bzw. Erfahrungen entnommen werden, die dem Subjekt unmittelbar zur Verfügung stehen.

5.1. Abwehr als Transformation von Wissen

a) Verdrängung

Mit dieser Abwehrmaßnahme versucht das Subjekt, einen Konflikt, der in der Interaktion mit der primärem Bezugsperson entsteht, dadurch zu bewältigen, daß es einen eigenen Wunsch, der eine Konstituente dieses Konflikts ist, negiert. Es vollzieht damit an sich selbst die Negation, die im Handeln der Bezugsperson vorgegeben ist. Das Handeln des Kindes zeigt etwas, das die betreffende Bezugsperson selbst abwehren muß – z. B. in der Weise, daß dessen Spuren im kindlichen Handeln eliminiert werden sollen.

Was Freud »Verdrängung« nannte, ist in diesem Sinn eine Art von Nach-Vollzug der Negation des kindlichen Wunsches, die von der Bezugsperson im Handeln schon vollzogen wurde. Das Trennungserlebnis, aus dem der Konflikt entstanden ist, soll mit diesem Abwehrvorgang beseitigt werden.

Er kann dadurch stabilisiert werden, daß das jeweilige Bedürfnis der Bezugsperson, das im Widerspruch steht zum eigenen Wunsch, an dessen Stelle gesetzt wird. Insofern hängen »Verdrängung« und (primäre) »Identifizierung« eng zusammen (vgl. Freud, G. W., Bd. XIII, S. 117).

Das wichtigste Resultat dieses Vorgangs ist, daß das Subjekt fortan nicht mehr wollen kann, was es einmal »verdrängt« hat.

Wenn der negierte Wunsch nicht einfach aufgegeben werden kann, sondern virulent bleibt, erfordert seine »Verdrängung« einen besonderen psychischen Aufwand. In Freuds ökonomischer Theorie der Verdrängung soll der Begriff der Gegenbesetzung diesem Umstand Rechnung tragen.

»Man darf sich den Verdrängungsvorgang nicht wie einmaliges Geschehen mit Dauererfolg vorstellen, etwa wie man etwas Lebendes erschlagen hat, was von da an tot ist; sondern die Verdrängung erfordert einen anhaltenden Kraftaufwand, mit dessen Unterlassung ihr Erfolg in Frage gestellt wäre, so daß ein neuerlicher Verdrängungsakt notwendig würde. Wir dürfen uns vorstellen, daß das Verdrängte einen kontinuierlichen Druck in der Richtung zum Bewußtsein hin ausübt, dem durch unausgesetzten Gegendruck das Gleichgewicht gehalten werden muß.« (Freud, G. W. Bd. X, S. 253)

Das Element des Systems Vorbewußt-Bewußt, das mit einem Quantum seelischer Energie versehen wird, um das Aufkommen »verdrängter Vorstellungen« zu verhindern, ist typischerweise ein Element, das dem Handeln der Bezugsperson entnommen wird. Der Begriff der (primären) Identifizierung bezieht sich auf diesen Prozeß; aber er macht nicht deutlich, daß die Gegenbesetzung ein Handlungs-Korrelat hat, das im Wissen verankert wird.

Wie das Kind schon in einer sehr frühen Entwicklungsphase einem unbefriedigenden Handlungsablauf der Mutter ein Element entnehmen kann, um daraus einen neuen Ablauf zu entwickeln, der eine Ersatzbefriedigung ermöglicht und die gestörte Einheit mit der »guten Mutter« wiederherstellen kann, wurde an dem von Spitz untersuchten Fall des kleinen Jerry deutlich.

Wenn ein solches Handlungselement in das Wissenssystem inkorporiert wird, um die Negation eigener Wünsche und Vorstellungen aufrechtzuerhalten, die im Widerspruch stehen zu den Bedürfnissen und Erwartungen der Bezugsperson, wird eine Subjekt-Spaltung vollzogen.

Was Freud als ein Wechselverhältnis von einander entsprechenden Energie-Mengen, von Kraft und Gegenkraft dargestellt hat, impliziert dann eine Prozeßdynamik der Widersprüchlichkeit von Wissen.

Diese Widersprüchlichkeit erklärt, warum das Verdrängte gerade in dem Mittel wiederkehren kann, das zur Sicherung des Verdrängten gewählt worden ist. Das Wissenselement, das die Negation eigener Wünsche und Vorstellungen sichern helfen soll, ist für den abgewehrten Wunsch auch gerade das Element, durch das er sich Geltung verschaffen kann, weil dieses Element nicht problemlos in das Wissenssystem aufgenommen wurde. Der innere Widerspruch, der in der Situation seiner Inkorporierung Bestand hat, bleibt daran haften.

Die Entwicklung der neurotischen Störung des jungen Archäologen (Kap. 3.) folgte dieser Prozeßdynamik des in sich widersprüchlichen Wissens. Und auch die Zwangshandlung, die von der Frau entwickelt wurde, (Kap. 2.6.) wurde so zu einer Verlaufsform ihrer ungelöster Konflikte.

Für die Rekonstruktion der Entstehung dieser Zwangshandlung war die Abwehrform der »Verdrängung« daher von zentraler Bedeutung. Sie konnte erklären, warum die Kranke an die Szene, die sie in ihrer Hochzeitsnacht erlebt hatte, fortan psychisch gefesselt war. Sie hatte ihren Konflikt nicht in der Interaktion mit ihrem Gatten bewältigen können. Die im Handeln ihres Gatten schon vorgezeichnete Negation ihrer sexuellen und aggressiven Wünsche sollte diesen Konflikt lösen. Seinem Handeln, das ihren psychischen Konflikt hervorgebracht hatte, entnahm sie auch die Mittel, um diesen zu bewältigen (d. h. diese Negation an sich selbst zu vollziehen und sie abzusichern). Sie machte sich die Bedürfnisse des Gatten zu eigen, bezog seine Position in der Handlung des Vortäuschens seiner sexuellen Potenz und übernahm auch sein Bild von ihr, an dem ihr eigenes sexuellen Verlangen ausgeblendet war. Da sie ihre eigenen Wünsche nicht eliminieren konnte, blieb sie fixiert an den Anderen, den sie in der inneren Struktur der Handlung etabliert hatte. Sie hatte auf diese Weise einen interaktiven Konflikt nach innen verlagert, wo er nun fort-

laufend – im »Wiederholungszwang« – reproduziert wurde, während sie – äußerlich betrachtet – von ihrem Gatten getrennt lebte.
Der Prozeß der Auseinandersetzung, die sie nun führte, war nicht mehr primär auf die Person ihres Gatten bezogen. Indem sie – was Freud als charakteristisch für die Symptombildung ansah – eine innere Aktion an die Stelle einer äußeren gesetzt hatte, war auch die Voraussetzung dafür geschaffen, daß die psychische Realität der Phantasie die für sie maßgebliche Wirklichkeit war (vgl Freud, G. W., Bd. XI, S. 385).
Abgelöst vom interaktiven Handeln, hefteten sich ihre verdrängten Wünsche an Befriedigungserlebnisse, die im Gedächtnis gespeichert waren, und an Vorstellungsbilder des kindlichen Denkens. Mit der Ablösung vom Handlungsprozeß wurden die Wunschvorstellungen zu einem triebdynamisch verselbständigten Wissen. – Die Maßlosigkeit unbewußter Wunschvorstellungen entspricht dieser Eigenart der psychischen Phantasie. In ihr kann die Befriedigung als eine vollkommene vorgestellt werden, weil die Welt nicht durch Widerständigkeiten anderer Personen und durch physische Umstände des Handelns eingeengt ist.
Auch Freuds Feststellung, daß die unbewußten Vorgänge keine Beziehung zur Zeit haben (Freud, G. W., Bd. X, S. 287), können wir in diesem theoretischen Zusammenhang interpretieren. Dem Handeln ist als einem Prozeß des Übergangs von einem Zustand in einen anderen Zustand der Bezug zur Zeit immanent. Handeln verändert Realität in der Weise, daß ein antizipiertes Ziel erreicht wird. Darin findet eine Handlung ihren Abschluß.
Wenn das Bedürfnis und andere interaktive Aspekte des Anderen an die Stelle eigener Wünsche und Vorstellungen gesetzt werden, ist Realität in dieser Weise nicht mehr veränderbar, da sie überwiegend von dem Anderen bestimmt ist.
Das Subjekt findet keinen Anhaltspunkt mehr, die Realität im Widerspruch zu dem Anderen zu verändern und so den Konflikt zu lösen. Denn nun verläuft die Auseinandersetzung unter Bedingungen, unter denen der psychische Konflikt und die Realität, in der er auftritt, weitgehend zusammenfallen. Die unbewußten (verdrängten) Vorstellungen sind dann deshalb »zeitlos«, weil der Konflikt unter diesen Bedingungen nicht gelöst, die Auseinandersetzung mit dem Anderen keinen Abschluß finden kann.
Indem die Frau in der Hochzeitsnacht ihre eigenen Wünsche verdrängte, vollzog sich die Spaltung des Subjekts. Wie ich oben

erläutert habe, befand sie sich im Prozeß ihrer Zwangshandlung, in deren innerer Struktur sie die Auseinandersetzung mit dem Gatten fortführte, gleichzeitig an zwei verschiedenen Orten ihrer subjektiven Entwicklung. Daher konnte sie auch die Bedingung dieser Handlung nicht reflektieren, sie konnte über deren »Sinn« keine Auskunft geben, weil das, was sie an dem einen Ort negiert hatte, an dem anderen Ort fortbestand und sich Geltung verschaffte.

Das Unbewußte (im Sinne des Verdrängten) ist eine Prozeß-Kategorie eines Handelns, das einer Subjekt-Spaltung unterliegt. Die Kategorie erfaßt an einer systematisch gebrochenen Form interaktiven Handelns die darin sich abspielende Gleichzeitigkeit zweier lebensgeschichtlich ungleichzeitiger Orte (oder Phasen) der Entwicklung des Subjekt, die sein Handeln bestimmen.

Freud hat bekanntlich die »Urverdrängung« von dem »Nachdrängen« unterschieden. Er beschreibt diese beiden Phasen der Verdrängung folgendermaßen:

»Wir haben also Grund, eine *Urverdrängung* anzunehmen, eine erste Phase der Verdrängung, die darin besteht, daß der psychischen (Vorstellungs-) Repräsentanz des Triebes die Übernahme ins Bewußte versagt wird. Mit dieser ist eine *Fixierung* gegeben; die betreffende Repräsentanz bleibt von da an unveränderlich bestehen und der Trieb an sie gebunden. Dies geschieht infolge der später zu besprechenden Eigenschaften unbewußter Vorgänge. Die zweite Stufe der Verdrängung, die *eigentliche Verdrängung*, betrifft psychische Abkömmlinge der verdrängten Repräsentanz, oder solche Gedankenzüge, die, anderswoher stammend, in assoziative Beziehung zu ihr geraten sind. Wegen dieser Beziehung erfahren diese Vorstellungen dasselbe Schicksal wie das Urverdrängte. Die eigentliche Verdrängung ist also ein Nachdrängen. Man tut übrigens unrecht, wenn man nur die Abstoßung hervorhebt, die vom Bewußten her auf das zu Verdrängende wirkt. Es kommt ebensosehr die Anziehung in Betracht, welche das Urverdrängte auf alles ausübt, womit es sich in Verbindung setzen kann.« (Freud, G. W., Bd. x, S. 250 f)

Freud hat, vermutlich als Folge der dynamischen Betrachtungsweise der Metapsychologie, einen Effekt der »Verdrängung« – das Fernhalten vom Bewußten – mit dem Mechanismus dieser Abwehrform verwechselt. Die dynamische Betrachtungsweise, die in der Bezeichnung dieser Abwehr zum Ausdruck kommt, kann diese Verwechslung begünstigen. Weil damit das Vorhandensein einer Kraft vorausgesetzt wird, liegt es nahe, entsprechend auch das Vorhandensein fertiger Vorstellungen und einer »erwachsenen« Bedürfnisstruktur anzunehmen. Wunschphantasien – z. B. die, welche der kleine Hans über seine Mutter entwickelt hatte – werden mit dieser Voraussetzung als Entstellungen und »psychische Abkömmlinge« der verdrängten Repräsentanzen analysiert.

Die von mir skizzierte Rekonstruktion seiner Tierphobie macht eine andere Erklärung plausibler. Hansens Wunschphantasien waren Resultate seines Versuches, eine Erfahrungslücke zu füllen. Er konnte kein inneres Objekt von der Mutter als Frau entwickeln. Er mußte im Rückgriff auf Wahrnehmungen und Gedächtniselemente Ersatzvorstellungen bilden, an die der Triebanspruch sich heften konnte. Die entsprechenden Wunschphantasien mußten dann, weil sie mit Angst verbunden waren, durch »Verdrängung« umgewandelt werden – z. B. die Phantasie von dem Zu-Fall-Bringen eines Pferdes mit Stellwagen (d. h. der Mutter). An dieser Vorstellung hatte Hans sich an der Subjekt-Position negiert.

Furth (1987, dt. 1990) hat Freuds Voraussetzung in Frage gestellt, daß die Urverdrängung schon zu einem frühen Zeitpunkt in der Entwicklung des Kindes geschieht, in der »Ich« und »Es« noch gar nicht klar geschieden sind. Er bezweifelt, daß zu diesem Zeitpunkt der kindlichen Entwicklung die Urverdrängung durch eine Gegenbesetzung zustandekommt, da das dafür notwendige »System Vbw« noch kaum entwickelt sein kann. Außerdem setze die Gegenbesetzung das Andrängen von unbewußten Vorstellungen voraus, die jedoch durch die Urverdrängung erst geschaffen werden, mithin zum Zeitpunkt dieser Abwehrmaßnahme noch gar nicht vorhanden sein können.

Vor dem Hintergrund der genetischen Epistemologie von Piaget regt Furth an, die Urverdrängung aufzufassen als

> »das obligatorische Gegenstück zu dem, was man Ursymbolisierung, den erstmaligen Aufbau einer symbolischen Welt durch das Kind nennen kann« (Furth, a.a.O., S. 77).

Ich will kurz auf diese These eingehen.

Freuds Konzept der Urverdrängung setzt voraus, daß psychische Repräsentanzen des Triebes bereits vorhanden sind. Das ist aber, Furth zufolge, erst dann der Fall, wenn das kindliche Denken die Entwicklungsstufe der symbolischen Fähigkeit erreicht hat, d. h. die allgemeine Fähigkeit, das Erkenntnisobjekt, das von der jeweils ablaufenden Aktion getrennt ist, sich psychologisch (in der Vorstellung) gegenwärtig zu halten. Die hierfür entscheidende kognitive Voraussetzung ist die Konstruktion eines permanenten Objekts, d. h. die systematische Erkenntnis, daß Gegenstände, die physisch weggeschafft werden und damit außerhalb des Handlungsschemas liegen, in dem sie bislang verfügbar waren, auch abgelöst von diesem Schema eine konstante Existenz in Raum und Zeit haben.

Aus kognitionspsychologischer Sicht ist der Aufbau des permanenten Objekts der entscheidende Mechanismus, der es Kindern – etwa im 2. Lebensjahr – ermöglicht, eine Bezugsperson als begehrenswertes Objekt zu erkennen. Diese Verbindung von Wunschobjekt und symbolischer Fähigkeit des Denkens hat weitreichende Konsequenzen für die weitere Entwicklung des Kindes.

Es konstruiert sich eine »geistige Welt«, die nicht mehr durch die gegenwärtige Aktion oder durch physische Kausalität eingeengt ist; die konstruierte Welt innerer Vorstellungsbilder ist unbegrenzt. In ihrem Zentrum stehen, Furth zufolge, die hochaffektiven Wünsche des Kindes, die sich umschreiben lassen als: »Ich will mein Objekt!« – bzw., da entwicklungstheoretisch im Alter von 2 Jahren noch kein »Ich« des Kindes vorauszusetzen ist: »Will mein Objekt!«

Die Urverdrängung faßt Furth nun im theoretischen Zusammenhang der Entwicklung von Objekterkenntnis als integralen Bestandteil der ersten symbolischen Welt des Kindes auf. Wenn nämlich das Kind seine symbolischen Produktionen in bestimmten Bereichen nicht mit anderen teilen kann – z. B. deshalb, weil die damit verbundenen Wünsche von den Beziehungspersonen abgelehnt werden –, dann wird der Mechanismus der Urverdrängung wirksam:

»An diesem Punkt wird die Urverdrängung zu einem funktional relevanten Mechanismus, um abzutrennen, was schließlich als unbewußtes Es im Gegensatz zum bewußten Ich etabliert wird.« (Furth, a.a.O., S. 73)

Das Ergebnis dieser Urverdrängung sind unbewußte Symbole, eine bestimmte, im Unbewußten fixierte Symbol-Trieb-Verbindung,

»(...) die dann wuchern und sich zu einem unbewußten, symbolischen Leben selbständig organisieren kann, ohne Störungen durch bewußte Einflüsse« (Furth, a.a.O., S. 75 f).

Der Mechanismus der Urverdrängung ist mit diesen Überlegungen noch nicht analysiert. Furths Antwort auf die Frage nach der psychischen Instanz, die verdrängt, bleibt theoretisch unbefriedigend: es seien die Kinder selbst (Furth, a.a.O., S. 74). Auch ist die theoretische Gleichsetzung des Systems Vorbewußt mit der Kognition nicht überzeugend. Die Untersuchungen von Spitz (1965, dt. 1967) legen den Schluß nahe, daß schon in der zweiten Hälfte des ersten Lebensjahres ein inneres Objekt sich entwickelt, das ein emotionales Wissen des Kindes von der Mutter voraussetzt. Dieses emotionale Wissen sollte nicht mit der kognitiven Leistung des permanenten Objekts verwechselt werden.[2]

2 Furths Orientierung an der genetischen Erkenntnistheorie Piagets macht verständlich, warum er die Urverdrängung in der Weise von der eigentlichen Verdrängung unterscheiden will, daß erstere eine übergreifende Entwicklungsfunktion habe, da sie den Aufbau und die Konsolidierung einer unbewußten Wunschwelt ermöglicht, wohingegen die sekundäre Verdrängung an spezifische neurotische Symptome gebunden sei (Furth, a.a.O., S. 76). Unter der leitenden Fragestellung, wie die Kinder die Fähigkeit der Konstruktion ihrer Erkenntnisobjekte erlangen, kann die Triebentwicklung des Kindes nicht als die Entwicklung eines Handlungspotentials, sondern nur als eine Entwicklung der Verbindung von Wunsch und Erkenntnisobjekt erfaßt werden. Vor diesem theoretischen Hintergrund deutet Furth Freuds Begriff des Ödipuskomplexes (und damit auch die Bedeutung der Phasen der infantilen Sexualität) um: »Der Ödipuskomplex (und entsprechende Phantasien) kann als Freuds Bezeichnung für eine etwa vier bis fünf Jahre andauernde psychologische Aktivität (von etwa zwei bis sechs Jahren) gelten. Dabei versuchen die Kinder, sich selbst als Personen sinnvoll in Beziehung zu setzen zu der Nahwelt, in der sie leben.« (Furth, a.a.O., S. 72). Da Furth die Triebentwicklung des Kindes allein von der Entwicklung seines Denkens und nicht auch von der Entwicklung seiner sexuellen Handlungsmöglichkeiten und emotionalen Beziehungen her begreift, nivellieren sich diese verschiedenen Entwicklungsschritte der infantilen Sexualität zu einer einzigen »psychologischen Aktivität«: zum zeitglei-

b) Projektion

Laplanche/Pontalis (1967, dt. 1973) bemerken zu Freuds Begriff der Projektion:

»Es handelt sich immer darum, etwas nach außen zu werfen, was in sich selbst zu erkennen oder selbst zu sein man sich weigert.« (Laplanche/Pontalis, a.a.O., S. 406)

Diese Abwehrmaßnahme betrifft den Wissenstyp des Selbstbildes, das sich in der Entwicklung des Kindes (auf Wegen, die hier vernachlässigt werden sollen) organisiert.
Die Veränderung, die die Abwehrmaßnahme der Projektion an diesem Wissen vornimmt, läßt sich verdeutlichen, wenn wir die triadische Struktur von Wissen zugrunde legen: Subjekt des Wissens – Thema des Wissens – Gewußtes.
Mittels der Projektion wird aus einem Wissen, das als Selbstbild unerträglich ist, ein Bild von einer anderen Person, einer sozialen Gruppe oder – im magischen Denken – von einem Gegenstand. Dies geschieht in der Weise, daß das Handlungssubjekt, das selbst Thema dieses Wissens ist, die betreffende Person, Gruppe oder den Gegenstand an diese Stelle setzt. Damit ist das negierte Wissenselement aus dem Selbstbild entfernt.
Das Abgewehrte bleibt im Ergebnis der Abwehr insoweit erhalten, als das, was nach Durchführung der Abwehr gewußt wird, weitgehend identisch ist mit dem ursprünglich Gewußten. Verändert wurde nur das Thema des Wissens. Dies kann vielleicht zur Erklärung der Tatsache beitragen, daß soziale Vorurteile und Stereotype, wenn sie Projektionen zur Grundlage haben, so schwer korrigierbar sind.
Untersuchungen, die sich mit diesen Phänomenen befassen, he-

chen Aufbau zweier verschiedener Symbolwelten – der privaten Symbolwelt der unbewußten Wünsche und der Symbolwelt der interpersonellen Beziehungen. In diesem theoretischen Kontext wird Freuds Konzept des (dynamischen) Unbewußten notwendig umgedeutet: Es wird zu einem Ort, an dem das (in dieser Entwicklungsstufe) »egozentrische« Denken des Kindes eine private Symbolwelt konstruiert, weil es die Wünsche, die sozial nicht akzeptiert werden, nur in dieser Welt (ersatzweise) befriedigen kann – »(...) eine Welt von persönlichen Begierden und tiefen sozialen Bindungen, eine Privatwelt, die in der Regel nicht bewußt mit anderen geteilt wird und die der Urverdrängung geweiht ist« (Furth, a.a.O., S. 149).

ben daran gewöhnlich die sachlich ungerechtfertigte Verallgemeinerung (z. B. eines Urteils über eine soziale Gruppe) und die unerschütterliche Überzeugung des Subjekts hervor (vgl. Quasthoff, 1973). Die Kategorie der Transformation von Wissen kann verdeutlichen, wie diese beiden Kennzeichen mit der Eigenart des Abwehrvorganges der Projektion zusammenhängen.

Die Verallgemeinerung, die in einem Vorurteil zum Ausdruck kommt, ist oft (in vorbegrifflicher oder begrifflicher Form) als ein Verarbeitungsversuch des jeweiligen Konflikts schon vorhanden, bevor das entsprechende Wissenselement vom Selbstbild ausgeschlossen wird – z. B. im Zusammenhang eines Gefühls von Selbstentwertung. Wird dieses Gefühl, weil es anders nicht bewältigt werden kann, in ein Wissen über eine soziale Gruppe umgewandelt, erscheint die Verallgemeinerung, die in einem entsprechenden Urteil ausgedrückt wird, als ungerechtfertigt. Ein solches Urteil differenziert z. B. nicht reale Gegebenheiten innerhalb der betreffenden Gruppe.

Eine Verallgemeinerung dieser Art basiert aber nicht auf Erfahrungen mit dieser sozialen Gruppe, sondern auf inneren Wahrnehmungen. Was als Verallgemeinerung ausgedrückt wird, ist zunächst eine Verallgemeinerung dieser inneren Wahrnehmungen. Erst ihre Weiterentwicklung stellt dann einen verzerrten Bezug zu Aspekten der äußeren Wirklichkeit her.

Da an der Strukturstelle des Themas dieses Wissens das Subjekt durch eine soziale Gruppe ersetzt wurde, ist diese in dem Wissen, das ein Resultat der Abwehr ist, nur insoweit repräsentiert, als sie dazu dient, die Negation unerwünschter eigener Regungen und Eigenschaften in der äußeren Wirklichkeit zu verankern.

Gesichert werden muß dieses Wissen, weil es von zwei Seiten gefährdet ist. Einerseits bleibt das Abgewehrte virulent; andererseits können Wahrnehmungen und von anderen vermittelte Informationen den Vorurteilen und Stereotypen widersprechen.

Durch Erfahrung kann dieses Wissen nicht gesichert werden. Es kann aber eine starke Absicherung in sich selbst finden. Gewißheit – als eine Modalität von Wissen – hat eine reale Basis in den psychischen Vorgängen, die das jeweilige Vorurteil hervorgebracht haben. Das Gewußte ist in der psychischen Realität vorhanden; es erhält von dort eine starke Überzeugung. Je unerträglicher das Abgewehrte, desto unerschütterlicher die Überzeugung von der Richtigkeit eines Vorurteils.

Die genetische Herkunft dieser Abwehrform sah Freud bekanntlich in der oralen Phase der sexuellen Entwicklung. Den Vorgängen von Introjektion und Projektion liegt »in der Sprache der ältesten, oralen Triebregung« (Freud, G. W., Bd. XIV, S. 13) der Gegensatz von einführen – ausschließen zugrunde. Die Aktion des Aussspuckens von etwas, das als unlustvoll erlebt wird, und das dem »purifizierten Lust-Ich« widerspricht, dient als Vorbild für diese Abwehr.
Die Auffassung, daß diese Abwehrmaßnahme von einer aggressiven Aktionsform der Oralität abgeleitet ist, entspricht der entwicklungstheoretischen Sichtweise der Psychoanalyse, derzufolge auch die höher organisierten mentalen Prozesse in leibgebundenen Vorgängen fundiert sind. Es bleibt aber erklärungsbedürftig, wie sich diese Art der Transformation, die ein Selbstbild umwandelt, aus der oralen Aktionsform genau entwickelt.

c) Identifizierung mit dem Angreifer

Anna Freud veranschaulicht diese Abwehrform an dem Beispiel eines sechsjährigen Patienten, der nach einem Zahnarztbesuch »außerordentlich verstimmt« zur Therapiestunde kommt:

»Der Zahnarzt hat ihm soeben weh getan. Er ist böse und unfreundlich und läßt es an den Dingen meines Zimmers aus. Ein Radiergummi ist sein erstes Opfer. Er will ihn zum Geschenk haben. Da ich das verweigere, nimmt er ein Messer und will ihn mitten auseinanderschneiden. Dann richtet sich seine Begehrlichkeit auf eine große Spagatrolle. (...) Da ich die ganze Rolle verweigere, greift er zum Messer und schneidet wenigstens ein großes Stück davon ab. Aber er verwendet es nicht; statt dessen wird es nach kurzer Zeit noch einmal in lauter kleine Stücke zerschnitten.« (A. Freud, a.a.O., S. 86f)

Ihr Hinweis auf die Art der Identifizierung, die hier vorliegt, deutet den zugrundeliegenden Mechanismus dieser Abwehr an:

»Es wäre falsch zu sagen, daß er ›Zahnarzt‹ spielt. In seinem Benehmen ist das Bild des Arztes gar nicht mitenthalten. Seine Identifizierung betrifft nicht die Person des Gegners, nur dessen Aggression.« (A. Freud, a.a.O., S. 87)

Die Wissens-Transformation besteht hier offenbar darin, daß eine Verletzung des Selbstwertgefühls – eine Kränkung, ein Ohnmachtserlebnis u. ä. –, die in der Position des Opfers einer aggressiven Handlungsform erlitten wurde, dadurch abgewehrt wird, daß anstelle dieser Position nun die des Aggressors eingenommen wird. Die Negation ist bei dieser Abwehrform eine unmittelbar handlungspraktische. Dieselbe Handlung, in deren Ablauf der Betreffende die Position des Opfers innehatte, wird in der Position des Aggressors wiederholt. In dieser Position kann das Ohnmachtsgefühl beseitigt werden, weil nun eine andere Person oder Gegenstände zum Opfer gemacht, sie also in dieselbe Lage versetzt werden, in der sich das Subjekt zuvor befand. Daher bleibt auch das Abgewehrte mit dem Mittel der Abwehr verbunden. Für diese Abwehrform ist, wie Anna Freud betont, nicht das Bild von der Person des anderen maßgeblich, sondern die mit den Handlungs-Positionen verbundenen Gefühle von Macht und Ohnmacht.

d) Verkehrung ins Gegenteil – Wendung gegen die eigene Person

Beide Abwehrformen hat Freud zu den »Triebschicksalen« gerechnet (Freud, »Triebe und Triebschicksale«, G. W., Bd. x). Charakteristisch für beide Formen ist die Transformation einer sexuellen oder aggressiven Handlungsform. Bei der »Verkehrung ins Gegenteil« wird eine Position der Aktivität umgewandelt in eine passive. Bei der Umwandlung des Sadismus in Masochismus, die Freud als Beispiel anführt, tritt die »Wendung gegen die eigene Person« als eine weitere Transformation hinzu.

In seiner Analyse des Masochismus deutet Freud an, wie das Abgewehrte – die ursprünglich aktive Position des Sadismus – im Ergebnis der Umwandlung in veränderter Form erhalten bleibt.

»Die Befriedigung erfolgt (...) auf dem Wege des ursprünglichen Sadismus, indem sich das passive Ich phantastisch in seine frühere Stelle versetzt, die jetzt dem fremden Subjekt überlassen ist.« (Freud, a.a.O., S. 220)

Das sadistische Befriedigungsmuster bleibt erhalten. Verändert hat sich die Art seiner Realisierung. Das Subjekt übernimmt nun (Freud zufolge) beide Positionen zugleich, die des Gequälten und – in der Phantasie – die aktive Position in diesem Geschehen, die es früher selbst innehatte.

e) Reaktionsbildung

Anna Freud erläutert diese Abwehrmaßnahme, die als charakteristisch für die Zwangsneurose gilt, am Beispiel der psychischen Aufgabe eines Mädchens, seinen Haß auf die Mutter zu bewältigen.

»Auch bei der Zwangsneurose erfahren Mutterhaß und Penisneid zuerst eine Verdrängung. Im weiteren Verlauf sichert sich das Ich gegen Rückkehr des Verdrängten durch Reaktionsbildungen. Das gegen die Mutter aggressive Kind wird überzärtlich und um das Leben der Mutter besorgt, Neid und Eifersucht werden in Selbstlosigkeit und Fürsorge für die anderen verwandelt. Die Einführung von zwanghaften Handlungen und Vorsichtsmaßregeln schützt die geliebten Objekte vor dem Ausbruch der eigenen Aggressionen, eine strenge Übermoral überwacht die sexuellen Äußerungen.« (A. Freud, a.a.O., S. 38f)

Die Umwandlung der Affekte, von der Anna Freud hier spricht, scheint nicht der zentrale Mechanismus dieser Abwehrform zu sein; wichtiger ist die »(...) Überbetonung des Gegenteils der verdrängten Triebimpulse als ein Mittel der Gegenbesetzung« (Waelder, 1970, S. 98).
Ich habe im Zusammenhang der Abwehrform der »Verdrängung« darauf hingewiesen, daß die von Freud angenommene »Gegenbesetzung« ein Handlungs-Korrelat hat, wenn eine (primäre) Identifizierung mit der Bezugsperson stattgefunden hat. Daß ein solches Handlungs-Korrelat auch in einer anderen Weise entwickelt werden kann, zeigt die Abwehrform der »Reaktionsbildung«.
Das Subjekt macht von Handlungsformen Gebrauch – wie z.B. der Fürsorge, der Sauberkeit usw. –, deren Zweck in einem genauen Gegensatz steht zu dem Wunsch, der abgewehrt werden soll. Wenn der jeweilige Wunsch, den die Verdrängung nicht in Schach halten kann, zur Realisierung drängt, muß an den Handlungsformen, die ihn überlagern, die Negation dieses Wunsches betont werden.
Daher hat die Realisierung dieser Handlungen ein Moment von Übertreibung – Überzärtlichkeit, übertriebene Sauberkeit usw. –, weil der primäre Zweck dieser Handlungen nicht in ihnen selbst liegt, sondern in ihrer Funktion, die Abwehr zu stärken.
Abgeleitet ist diese Abwehrmaßnahme von der kindlichen Ambivalenz von Liebe und Haß. Wenn beide Gefühle eng miteinander verbunden sind, kann das eine Gefühl für das andere stehen und es überlagern.

f) Isolierung

Das für diese Abwehrform Kennzeichnende scheint zu sein, daß bestimmte emotionale Wissenselemente, die verpönt sind, aus ihrem Zusammenhang mit dem anderen Wissen herausgelöst werden. Freud bemerkt zu diesem Abwehrmechanismus:

»Die andere der neu zu beschreibenden Techniken ist das der Zwangsneurose eigentümlich zukommende Isolieren. Es bezieht sich gleichfalls auf die motorische Sphäre, besteht darin, daß nach einem unliebsamen Ereignis, ebenso nach einer im Sinne der Neurose bedeutsamen eigenen Tätigkeit, eine Pause eingeschoben wird, in der sich nichts mehr ereignen darf, keine Wahrnehmung gemacht und keine Aktion ausgeführt wird. Dies zunächst sonderbare Verhalten verrät uns bald seine Beziehung zur Verdrängung. Wir wissen, bei Hysterie ist es möglich, einen traumatischen Eindruck der Amnesie verfallen zu lassen; bei der Zwangsneurose ist dies oft nicht gelungen, das Erlebnis ist nicht vergessen, aber es ist von seinem Affekt entblößt und seine assoziativen Beziehungen sind unterdrückt oder unterbrochen, so daß es wie isoliert dasteht und auch nicht im Verlauf der Denktätigkeit reproduziert wird. (...) Was so auseinandergehalten wird, ist gerade das, was assoziativ zusammengehört, die motorische Isolierung soll eine Garantie für die Unterbrechung des Zusammenhangs im Denken geben.« (Freud, »Hemmung, Symptom und Angst«, G.W., Bd. XIV, S. 150f).

Die Phänomene, die Freud beschreibt, sind als Manifestationen der genannten Umorganisation des Wissens verständlich: ein erinnertes Erlebnis, das erzählt werden soll, ist in seinem Gefühlszusammenhang nicht mehr verfügbar; ein Handlungsprozeß wird an der Stelle seines Ablaufs durch eine Pause unterbrochen, an der Emotionen entstehen können, die abgelehnt werden müssen.
Wie im Falle der Abwehrform der Projektion sieht Freud die Isolierung von einer bestimmten materiellen Handlung abgeleitet: der Vermeidung einer körperlichen Berührung.

»Indem es (d. h. das »Ich«, D. F.) aber Assoziationen, Verbindung in Gedanken, zu verhindern sucht, befolgt es eines der ältesten und fundamentalsten Gebote der Zwangsneurose, das Tabu der Berührung.« (Freud, a.a.O., S. 152)

In Freuds Konzept des Denkens als einem »Probehandeln« ist diese Auffassung der Isolierung gut integrierbar. Im Prozeß der Bildung von Vorstellungen über mögliche Handlungsziele, Handlungsabläufe, aber auch über abstrakte Zusammenhänge der Rea-

lität muß die Nähe zu den Vorstellungsinhalten vermieden werden, die verpönt sind oder mit verpönten anderen Inhalten im Zusammenhang stehen.
Charakteristisch für diese aus dem Berührungsverbot abgeleitete Abwehrform ist das Vermeiden einer solchen strukturellen Verknüpfung.

g) Verleugnung

Ansatzpunkt dieser Abwehrform ist das Erkennen eines Sachverhalts der äußeren Wirklichkeit, der als unlustvoll oder angstmachend erlebt wird. Dieser Sachverhalt ist entweder im Wahrnehmungsfeld des Handlungssubjekts konstant vorhanden, oder er tritt darin immer wieder auf.
Die Wahrnehmung wird verhindert, indem der betreffende Sachverhalt in der Vorstellung in einen als lustvoll erlebten Sachverhalt umgewandelt wird. Ermöglicht wird diese Umwandlung durch die Symbolfunktion des Denkens, der Sprache und anderer verfügbarer Kommunikationssysteme.
Wie auch Kleidungsstücke – als Elemente eines bestimmten Kommunikationssystems – dieser Abwehrform dienlich sei können, beschreibt Anna Freud am Beispiel eines kindlichen Patienten, »bei dem jede Beobachtung eines größeren und stärkeren Mannes die intensivste Verstimmung hervorruft« (A. Freud, a.a.O., S. 69). Die Tatsache, daß seine Körpermaße – vor allem die seines Genitales – geringer sind als die der Männer, wurde dem Jungen bei jeder Begegnung mit einem Mann schmerzlich vor Augen geführt.
Er fand ein einfaches, aber wirksames Mittel, um mit diesem unangenehmen Sachverhalt fertig zu werden:

> »Er setzt den Hut des Vaters auf und spaziert damit herum. Solange ihn niemand dabei stört, ist er zufrieden und glücklich.« (A. Freud, a.a.O., S. 69f)

An die Stelle der Wahrnehmung eines Sachverhalts, den der Junge als sehr unangenehm erlebt, weil er für ihn eine Insuffizienz bedeutet, tritt eine symbolisch vermittelte Vorstellung, in der diese Insuffizienz in eine Suffizienz umgewandelt wird.
Die Identifizierung eines Sachverhalts ist eine Hauptfunktion des

Wahrnehmungsmechanismus (vgl. Rehbein, 1977). Wie greift die Abwehrmaßnahme der Verleugnung in diesen Mechanismus ein? Diese Frage kann durch eine Analyse des Identifizierungsaktes etwas genauer geklärt werden.

Schematisch vereinfachend (und an Rehbein orientiert) dargestellt, wird der Identifizierungsakt folgendermaßen realisiert. Das Handlungssubjekt hat bereits ein Vorwissen über einen Bestandteil der Wirklichkeit (d. h. über eine Person, ein Objekt, einen Tatbestand etc.). Dieses Vorwissen hält in einer Art von innerer Liste diejenigen Merkmale fest, durch die für das Subjekt die Identität eines Bestandteils fixiert ist. In einem Wahrnehmungsfeld wird ein dort auftretender Reiz, ein Geräusch usw. zu einem Indikator (»cue«) für ein Element eines Sachverhalts – »Sachverhalt« als ein umfassender, sinnvoller Zusammenhang –, weil er ein Merkmal aus der inneren Liste des Vorwissens repräsentiert.

Der zunächst nicht beachtete Ausschnitt des Wahrnehmungsfeldes, der den »cue« enthält, rückt ins Zentrum der Aufmerksamkeit, weil der »cue« anzeigt, daß in diesem Ausschnitt handlungsrelevante Sachverhalte gegeben sind. Das jeweilige Element wird in dem nächsten Schritt zu einem »cue« des entsprechenden Sachverhalts insgesamt, insofern eine Menge von Merkmalen diesen Sachverhalt mit der inneren Liste aus dem Vorwissen über das Element gemeinsam hat. Dadurch wird das Vorwissen über dieses Element der Wirklichkeit vollständig aktualisiert.

Wenn schließlich eine Befragung der Merkmale des handlungsrelevanten Sachverhalts eine Übereinstimmung ergibt mit den Merkmalen der inneren Liste, wird das Element des Sachverhalts auf dem gegenwärtigen Wahrnehmungsfeld identifiziert mit dem Element der Wirklichkeit, das aufgrund des Vorwissens schon bekannt ist.

Diese Darstellung des Identifizierungsaktes in der Wahrnehmung macht deutlich, worin das Unlust-bereitende Moment der Wahrnehmung besteht, gegen das sich die Abwehrform der Verleugnung richtet. Die Aktualisierung des Vorwissens über ein Element der Wirklichkeit, das zu einem als sehr unangenehm erlebten Sachverhalt gehört, muß selbst als sehr unangenehm empfunden werden. Und da die Wahrnehmung im Ergebnis die Person oder den Tatbestand, die Elemente dieses Sachverhalts sind, in dem gegenwärtigen Wahrnehmungsfeld mit dem Vorwissen darüber identifiziert, wird dieses Vorwissen durch die äußere Wirklichkeit auch bestätigt. Anders ausgedrückt: Die Wahrnehmung »erinnert« den Betreffenden nicht nur an etwas Unlustvolles oder Angstmachendes; der Betreffende findet es mit der Wahrnehmung auch wieder in der Wirklichkeit vor.

Am Beispiel des kleinen Jungen, von dem Anna Freud berichtet, sei dies kurz veranschaulicht. Der körperliche Größenunterschied, der zwischen ihm und den erwachsenen Männern besteht, ist als ein Tatbestand Element einer Insuffizienz, die der Junge als Unterlegenheit erlebt, und die er insbesondere auf sein Genitale bezieht. Dieser Sachverhalt ist in seinem Vorwissen repräsentiert. In seiner inneren Liste, durch die für ihn die Identität dieses Tatbestandes fixiert ist, sind also auch die Merkmale der »Unterlegenheit« enthalten. Bei jeder Begegnung mit einem Mann wird in der Wahrnehmung sein Vorwissen über diesen unangenehmen Sachverhalt gleichzeitig aktualisiert und bestätigt.

Freud hat den Begriff der Verleugnung überwiegend in dem Sinne gebraucht, daß eine Wahrnehmung verleugnet wird bzw. daß der Betreffende sich weigert, die Realität einer traumatisierenden Wahrnehmung anzuerkennen. Die Insuffizienz, die er als ein besonders typisches Beispiel für einen Sachverhalt ansah, der in der Kindheit verleugnet wird, ist der als »Kastration« erlebte Penismangel der Frau:

»(...) es tritt der Vorgang ein, den ich als Verleugnung bezeichnen möchte, der im kindlichen Seelenleben weder selten noch sehr gefährlich zu sein scheint, der aber beim Erwachsenen eine Psychose einleiten würde. Das Mädchen verweigert es, die Tatsache ihrer Kastration anzunehmen, versteift sich in der Überzeugung, daß sie doch einen Penis besitzt, und ist gezwungen, sich in der Folge so zu benehmen, als ob sie ein Mann wäre.« (Freud, G. W., Bd. XIV, »Einige psychische Folgen des anatomischen Geschlechtsunterschieds«, S. 24)

Laplanche/Pontalis problematisieren in diesem Zusammenhang Freuds Begriff der Realität:

»Wenn die Verleugnung der Kastration das Vorbild und vielleicht sogar der Ursprung der anderen Realitätsverleugnungen ist, dann empfiehlt es sich zu fragen, was Freud unter ›Realität‹ der Kastration oder Wahrnehmung dieser Kastration versteht. Wenn es der ›Penismangel‹ der Frau ist, der verleugnet wird, ist es schwer, von Wahrnehmung oder von Realität zu sprechen, denn ein Fehlen als solches wird nicht wahrgenommen, es wird nur in dem Maße Realität, in dem es mit einer möglichen Präsenz in Beziehung gesetzt wird. Wenn es die Kastration selbst ist, die verworfen wird, würde sich die Verleugnung nicht auf eine Wahrnehmung beziehen (da die Kastration als solche niemals wahrgenommen wurde), sondern auf eine Theorie zur Erklärung der Tatsachen (eine ›infantile Sexualtheorie‹) (...) Danach kann man sich fragen, ob die Verleugnung, deren Folgen in der Realität so offenkundig sind, sich nicht eher auf ein Grundelement der menschlichen Realität als auf eine hypothetische ›Wahrnehmungstatsache‹ bezieht.« (Laplanche/Pontalis, a.a.O., S. 597f)

Das Grundelement der menschlichen Realität, auf die die Abwehrform der Verleugnung sich bezieht, läßt sich handlungstheoretisch genauer bestimmen. Nur durch die Aktualisierung eines Vorwissens über ein Element der Wirklichkeit können wir in der Wahrnehmung eine Person, ein Objekt oder einen Tatbestand identifizieren. Verleugnen läßt sich daher nur etwas, worüber ein Vorwissen bereits vorhanden ist. Dies ist, wie oben ausgeführt, aber nicht nur ein Vorwissen über ein Objekt, sondern zugleich auch ein Vorwissen über den komplexeren Zusammenhang, dessen Element das jeweilige Objekt ist.

Freuds Redeweise von der »Tatsache« der »Kastration«, die das Mädchen sich weigert anzunehmen, stellt den Vorgang der Verleugnung ebenso wie den der Wahrnehmung verkürzt dar. Freuds Begriff der Wahrnehmung unterscheidet nicht zwischen dem Tatbestand im Wahrnehmungsraum, dem Vorwissen und dem komplexen sinnvollen Zusammenhang, in den der Tatbestand integriert ist. »Kastration« ist ja eine (eher unglücklich gewählte) Metapher für eine bestimmte Art von Insuffizienzerlebnis. Wie intensiv für Mädchen dieses Erleben ist, wird auch davon abhängen, wie ihre elterlichen Beziehungspersonen das bewerten, was Freud den »Penismangel« nannte – eine Bezeichnung, die allerdings selbst schon die Defizienz impliziert, die mit »Kastration« grell ausgemalt ist.

Zwischen dem Vorwissen, das nicht in der Wahrnehmung aktualisiert und bestätigt werden soll, und dem jeweiligen symbolischen Mittel, das in der Vorstellung die Insuffizienz in eine Suffizienz verwandelt, besteht ein Spannungsverhältnis. Auch bei dieser Form der psychischen Abwehr ist die innere Dynamik im Wechselverhältnis von Abwehr und dem Abgewehrten wirksam, die wir bei den anderen Abwehrmechanismen gefunden haben. Anna Freuds Bericht über den »kleinen Gernegroß« macht dies sehr deutlich:

»Der Mützenträger hält den Männern der Umwelt, die unaufhörlich seinen Neid herausfordern, ebenso unaufhörlich Hut, Mütze oder Rucksack entgegen, die ihm handgreiflich seine eigene Männlichkeit beweisen.« (A. Freud, a.a.O., S. 71)

Ihr weiterer Bericht über den Entwicklungsgang, den das symbolische Mittel nimmt, dessen sich der Junge bedient, deutet eine bestimmte Prozeßdynamik an:

»Was mit dem Hut des Vaters beginnt, verschiebt sich dann auf eine erwachsen aussehende Schirmmütze, die er zum Geschenk erhält. Er trägt die Mütze überallhin mit sich, hält sie krampfhaft in der Hand, wo es nicht erlaubt ist, sie auf dem Kopf zu tragen. Allerdings macht er immer wieder auch die Erfahrung, daß man die Hände manchmal auch zu anderen Zwecken gebraucht. Bei einer solchen Gelegenheit, bei der er ängstlich nach Unterkunft für seine Mütze sucht, entdeckt er die Möglichkeit, die der Vorderlatz seiner Lederhose ihm bietet. Er schiebt die Mütze mit plötzlichem Entschluß in die Hosentür, hat die Hände frei und konstatiert erleichtert, daß sie jetzt immer bei ihm bleiben kann. Sie ist auch offenbar dort angekommen, wohin sie ihrer symbolischen Bedeutung nach von Anfang an gehört: in der nächsten Nähe seines Genitales.« (A. Freud, a.a.O., S. 70)

Anna Freud betont vornehmlich ein Moment dieser Entwicklungsdynamik: die Sicherheit, die der kleine Junge dadurch gewonnen hat, daß er das symbolische Mittel zur Darstellung seiner Männlichkeit ein für alle Mal bei sich unterbringen konnte. Damit ist noch nicht die Voraussetzung dafür erklärt, warum das symbolische Mittel, das die erlebte Insuffizienz in eine Suffizienz umwandeln sollte, dort anlangen konnte, wo diese Insuffizienz bislang erlebt wurde. Anna Freuds Beobachtung ist zu trennen von den Gründen der theoretischen Rekonstruktion dieses Entwicklungsschritts.

Wir erfahren nichts weiter über die inneren Prozesse, die hier stattgefunden haben und die erklären könnten, warum die Abwehrform der Verleugnung nicht länger notwendig war. Ein Moment dieser psychischen Entwicklung kann in der Symbolfunktion der Mütze begründet gewesen sein. Wenn die Mütze in den Vorderlatz der Lederhose geschoben wird, überspitzt dies das Mittel der Abwehr so sehr, daß das Objekt, das Träger dieser Funktion war, unabhängig davon anerkannt werden kann. Das bislang Verleugnete und das Mittel seiner Verleugnung kamen einander so nahe, daß an derselben Stelle die symbolische Umwandlung faktisch aufgehoben wurde. Der kleine Junge hätte dann auf die symbolische Funktion von Hüten und Mützen verzichten können, weil er auf diese Umwandlung nunmehr verzichten konnte.

5.2. Die Absicherung von Abwehr im Handeln

Die Abwehrmechanismen, die Wissen transformieren, verändern die Erfahrung, die durch dieses Wissen organisiert wird.

Psychische Abwehr wird zu einer Grundlage sozialer Erfahrungen, wenn Handlungssubjekte in dem, was sie abwehren müssen, im hohen Maße übereinstimmen. Was der Einzelne nicht mehr wollen kann oder was er entschieden ablehnt, ist dann genau das, worin er durch andere bestätigt wird, die Ähnliches abwehren müssen. Sie sind vorverständigt über bestimmte Bereiche sozialer Wirklichkeit, weil die psychische Abwehr, von der sie Gebrauch machen, ihre Erfahrungen in ähnlicher Weise organisiert. Die Bedingung dieser Vorverständigung ist allerdings der Reflexion nicht zugänglich.

Die Verhinderung bestimmter Handlungen, auf die psychische Abwehr letztlich gerichtet ist, bleibt als solche der Erkenntnis entzogen und wird zu einer Voraussetzung dessen, was als Normalität erfahren wird.

Kirsch/Mackscheidt (1985) haben auf eine Konsequenz der psychischen Abwehrdynamik für das politische Handeln aufmerksam gemacht. Wenn sich in einer politischen Auseinandersetzung soziale Gruppen gegenüberstehen, die sich gegenseitig als Bedrohung erleben, weil die eine Seite die Befriedigung von Wünschen anstrebt, die die andere Seite nicht haben darf, dann repräsentiert der politische Gegner die mühsam abgewehrten eigenen Wünsche und Phantasien. Der politische Gegner wird zur Bedrohung der eigenen Abwehr und damit zum Feind. Wenn eine derart psychisch bedrohte soziale Gruppe die Möglichkeiten dazu hat, wird sie versuchen, ihrem eigenen Bedarf an Unfreiheit auch durch Gesetzgebung Geltung zu verschaffen.

Der Bedarf an Unfreiheit scheint gegenwärtig in unserer Gesellschaft allgemein sehr groß zu sein, größer jedenfalls, als der Bedarf an Freiheit. Es fragt sich aber, wie die strukturellen Verzerrungen und Brüche interaktiven Handelns, die im Zusammenhang von Abwehr unvermeidlich sind, im Alltag normalisiert werden. Neben anderen gesellschaftlichen Formen der Absicherung spielt hier einer der Mechanismen des Handelns eine Rolle, den ich kurz erläutern möchte.

An dieser Stelle sei noch einmal betont, daß es dem theoretischen Ansatz, der hier vertreten wird, widersprechen würde, die seelischen Strukturzusammenhänge, die Freud entdeckt hat, dem Prozeß des Handelns gegenüberzustellen, so als wenn es sich dabei um zwei verschiedene Realitätsbereiche handeln würde.

Formen und einzelne Strukturelemente des Handelns, die zur Sicherung der »Verdrängung« von der primären Bezugsperson übernommen wurden, können durch den Glaubensmechanismus des Handelns stärker in das Handlungswissen integriert werden. Mit ihm wird ein fester Bezug zwischen diesen Handlungsformen und bestimmten Situationen etabliert, d. h. an das System von »beliefs« des Handelnden gebunden. Ich will diesen Zusammenhang kurz erläutern.

Die »beliefs« sind allgemein die Resultate der Vorgeschichte eines Individuums. Sie haben die Funktion, das Subjekt bei seinen Handlungen zu leiten. Die zentrale Leistung des Glaubensmechanismus ist die Vorauskonstruktion des Handlungsfeldes (vgl. Rehbein, 1977). Das Handlungssubjekt gelangt auf der Grundlage von Daten, die in der gegenwärtigen Handlungssituation gegeben sind, zu der Interpretation, daß ein bestimmter Typ von Situation vorliegt, weil dieselben Bedingungen vorhanden sind, die in der Vergangenheit bei einer Situation dieses Typs stets mitgegeben waren.

Da in seinem Wissen Situationstypen mit bestimmten Reaktionsverläufen verknüpft sind, erscheint ihm die Antizipation der Ereignisse als »selbstverständlich«; mögliche Handlungsalternativen werden ausgeschaltet. Statt dessen legt sich das Handlungssubjekt »wie automatisch« auf eine einzige Möglichkeit fest. Auf diese Weise gewinnt es eine Handlungssicherheit. Durch die Vorauskonstruktion des Handlungsfelds ergibt sich ein Handlungsziel gleichsam von selbst.

Für die selbstverständliche Antizipation der Ereignisse ist die Verknüpfung von Situationstyp und Reaktionsabläufen entscheidend. Eine solche Verknüpfung stellen die »beliefs« als lebenspraktische Annahmen her. Wenn die Handlungsformen, die zur Sicherung für das Abgewehrte dienen, an dieses System von Annahmen angeschlossen werden, erhalten sie den Charakter des Selbstverständlichen, der das ursprünglich Konflikthafte dieser Handlungsformen überdeckt.

5.3. Zwei Beispiele aus der psychoanalytischen Praxis

Nachfolgend werden Protokollnotizen und Kommentare des Psychoanalytikers W.-D. Grodzicki zu zwei ausgewählten Therapiestunden (mit zwei verschiedenen Patienten) wiedergegeben. Diese Notizen und Kommentare verdeutlichen exemplarisch, wie Abwehroperationen eines Patienten für den Psychoanalytiker erkennbar werden.

1. Beispielfall

Die Patientin kommt in die Analyse-Stunde. Sie habe heftiges Herzklopfen, das habe schon auf der Treppe zu meiner Praxis begonnen.
Sie habe geträumt. Der Traum: »Meine Mutter ist gestorben. Ich muß ihren Dackel übernehmen.« Die Patientin unterbricht sich: »Den Traum habe ich Ihnen doch schon erzählt – oder nicht?« (Sie hat ihn noch nicht erzählt.) »Ich weiß das nicht, doch, ich habe ihn schon erzählt – oder!?«
Ich sage nichts dazu, weise aber darauf hin, daß ihre Unsicherheit sicher etwas bedeute.
Ihr falle nichts ein. Doch, die Nachbarin, die einen Dackel hat. Die zieht sich viel zu jugendlich an, mit bunten Leggings und rosa Pullover. Sieht gut aus, aber an ihren Bewegungen sieht man, daß sie eine alte Frau ist.
Hier bricht die Patientin die Beschäftigung mit der Frau ab und will nur noch von mir wissen, ob sie den Traum schon erzählt hat oder nicht.
Zu der Situation: Die Mutter ist bereits vor längerer Zeit gestorben. Sie besaß nie einen Dackel. Der Analytiker besitzt einen solchen. Während die Analysandin den Traum berichtete, bellte dieser Dackel.
Zu der alten Frau (Nachbarin), die einen Dackel hat: Seit einiger Zeit taucht in der Analyse immer wieder auf, daß die Patientin so großen Wert auf das Äußere legt. Sie zieht sich sehr jugendlich an, sie ist Mitte 40, trägt bunte Leggings, rosa Pullover, gefärbte, lange Haare.
Zwei Stunden vor dieser Stunde, in der sie den Traum erzählt, sagte sie: Sie müsse über den Analytiker grinsen.
Er habe eine Wolljacke an, die sehr schick sei, aber eigentlich für einen jungen Mann gedacht. Ich kaufte mir also auch solche eleganten, jugendlichen Sachen.

Weiter ging sie darauf nicht ein.
Ich sagte ihr, daß sie mir damit sage, daß ich genauso sei wie sie, ich wollte auch damit etwas verdecken. Aber auch: Sie habe mich wieder so erlebt, als kritisierte ich sie heftig (sich so zu kleiden usw.) und meinte, sie sollte das lassen und sich altersgerecht anziehen. Nun sage sie mir, ich machte dasselbe wie sie, hätte also überhaupt keinen Grund, in dieser Frage an ihr herumzukritteln (was ich natürlich nie getan habe.)
Sie stimmt zögernd zu: Ja, das könnte so sein.
Nun fällt ihr die alte Frau mit dem Dackel ein, die zu jugendlich angezogen ist, und an der man, wie bei mir, an der Bewegung sieht, daß es ein alter Mensch ist.
Ich täusche also etwas vor, wie die Patientin auch. Dahinter liegt also etwas anderes.
Seit Wochen ist deutlich, daß die Patientin in mir ihre Mutter sieht. Sie sagt das nicht, aber sie geht mit mir um, wie sie mit ihrer Mutter umgegangen ist. Dabei wurde etwas immer deutlich: Die Patientin gab mir ständig zu verstehen, d. h. sie verhielt sich so, daß ich aus diesem Verhalten erschließen mußte, daß das, was ich zu ihr sagte, bei ihr nicht ankam, oder sozusagen durch sie durchfiel.
Über Bereiche, über die ausführlich gearbeitet worden war, sagte sie, wenn sie wieder auftauchten: das sei ihr ganz neu, daran hätte sie noch nie gedacht, oder davon hätte sie noch nie gehört.
Sie behandelte mich, wie wenn ich tot wäre.
In dem obigen Traum ist die Mutter gestorben. Also zweifelsfrei ich. Wichtig ist, daß sie, als sie diesen Traumteil erzählt hat, sofort unterbricht und in Zweifel gerät, ob sie den Traum schon erzählt hat.
Da sie den Traum in der Nacht vor der Analysestunde hatte, die davor liegende Stunde aber zwei Tage zurücklag, war die reale Situation klar. Was sagt dieser Zweifel aus?
Einmal, daß sie den Traum nicht erzählen möchte. Wenn sie ihn schon erzählt hat, braucht sie ihn nicht noch einmal zu erzählen.
Dann aber: Im Traum ist die Mutter (Analytiker) gestorben. Ein Wunsch der Patientin ist in Erfüllung gegangen. Ich bin tot. Auch dann braucht sie mir den Traum nicht zu erzählen. Einem Toten kann man nichts mehr sagen.
Dieser Zweifel drückt also aus, daß die Patientin mir den Traum mit seinem Todeswunsch nicht erzählen möchte, und daß sie sich wünscht, ich wäre tatsächlich tot.
Vor diesem Bereich hat sie ganz offensichtlich große Ängste. Sie versucht also, ihre Todeswünsche abzuwehren. Das hat zweierlei Bedeutung: Sie möchte nicht, daß durch die Bearbeitung des Traums ihre Todeswünsche ihr und mir sichtbar werden, aber auch: Da sie mir den Traum schon erzählt hat und ich wiederum hinter ihr sitze, bin ich doch nicht tot. Ihr Todeswunsch ging nicht in Erfüllung.

Die seit etlichen Stunden immer deutlicher werdende haßerfüllte Mutterübertragung drückte sich bisher so aus, daß sie mich nicht mehr zur Kenntnis nahm, von mir Gesagtes behandelte, als sei es nicht gesagt worden, d. h. daß sie sich von mir, der Mutter, nichts sagen lassen wollte, und daß, was die Mutter gesagt hatte, wertlos sei. Der wirklich immense Haß der Patientin, der auch spürbar ist, fand nun im Traum seinen Ausdruck. Der aber ist so, daß die Mutter (Analytiker) gestorben ist. Nicht die Patientin hat ihn getötet, sondern er ist gestorben. Das drückt die Dislozierung (Abwehr) der Patientin vom eigenen (ich-haften) Tun aus. »Es« ist passiert, nicht »ich« habe es gemacht. Dieses Stück Traumerzählung spiegelt schon die Abwehr wieder.
Nun erzählt sie den Traum, mit dem sie sich nun »ich-haft« beschäftigen muß. In dieser Konfrontation mit ihren Todeswünschen, die nun als *ihre* Todeswünsche sichtbar werden würden, greift sie zu dem gleichen Mittel wie bei der Traumarbeit: sie hat den Traum schon erzählt, braucht ihn nicht noch einmal zu erzählen und muß sich nicht mit ihren Todeswünschen konfrontieren.

Diese Protokollnotizen und der Kommentar machen recht deutlich, daß der behandelnde Analytiker in der Anwendung des Abwehr-Konzepts sehr differenziert von dem Wissen über Handlungsstrukturen Gebrauch gemacht hat. Meine These, daß ein solches Wissen implizit in diesem Konzept enthalten ist, findet hier einen praktischen Beleg.
Als ein Erklärungsmoment für die Unsicherheit der Patientin, ob sie den Traum nicht schon erzählt habe, wird der Abwehrmechanismus der Vermeidung herangezogen. Sein Handlungsbezug ist leicht zu erkennen: Wenn die Patientin den weiteren Fortgang des Traumberichts, den sie begonnen hat, als gefährlich (und angstmachend) antizipiert, wird die Selbstunterbrechung zu einem probaten Mittel, diese Gefahr zu vermeiden. Im Fortgang dieses Berichts würde sie unweigerlich konfrontiert werden mit ihrem Haß auf die Mutter, da dieser der wesentliche Inhalt des Traums ist.
Der geträumte Sachverhalt – die Mutter ist gestorben – wird mit einer anderen Abwehrmaßnahme in Verbindung gebracht. Die Patientin hatte ihren eigenen Wunsch, dessen Erfüllung sie geträumt hatte, vom eigenen Handeln ausgeschlossen, sie hatte ihn negiert. Damit war an der Art und Weise, in der ihr Todeswunsch im Traum in Erfüllung geht, ihre Urheberschaft an diesem Sachverhalt unkenntlich gemacht. Was in ihrem Wunsch das (vorgestellte) Resultat ihres Handelns ist – die Mutter umzubringen –, wird im Traum umgewandelt in einen Todesfall, der sich ereignet hat.

Von daher wird auch evident, warum der Fortgang des Traumberichts für die Patientin gefährlich ist: Dadurch (und durch die weitere therapeutische Bearbeitung) würde die Abtrennung des Wunsches von dem Sachverhalt seiner Realisierung wieder rückgängig gemacht, die Abwehrmaßnahme also gefährdet werden.
Die Interpretation derselben Abwehrmaßnahme steht im Zusammenhang mit der Analyse der Übertragung von Aspekten des Mutterbildes der Patientin auf den Analytiker. In diesem Zusammenhang wird ein weiteres Erklärungsmoment für den Zweifel der Patientin (ob sie den Traum schon erzählt habe) gewonnen.
Der Analytiker interpretiert diese Übertragung so, daß die Patientin ihren Todeswunsch gegenüber der Mutter nun auf ihn so überträgt, daß sie ihn als Gesprächspartner nicht akzeptiert bzw. nicht wirklich zur Kenntnis nimmt. Der Todeswunsch realisiert sich im Medium des sprachlichen Handelns, und zwar in der krassen Form, daß die Patientin Informationen des Analytikers nicht mehr aufnimmt.
Der Analytiker führt nun ein Erklärungsmoment für den Zweifel der Patientin an, das sich auf dieselbe Art der Dissoziierung des eigenen Wunsches von seiner Erfüllung im Handeln bezieht, die am Traum auffällig war. Es hat in diesem Zusammenhang die Form einer handlungspraktischen Begründung: Wenn der Analytiker schon tot ist, muß man ihm den Traum nicht erzählen. Andererseits wird dieser Zweifel durch die reale Wirklichkeit genährt, in der der Analytiker weiterhin hinter ihr sitzt.
Beide Phänomene – den kurzen Traumteil und die eigenartige Gesprächsbeteiligung der Patientin – interpretiert der Analytiker in der Weise, daß er zur Erklärung dieser Phänomene das Konzept der Symptombildung bzw. der Symptommanifestation (im Sinne Freuds) heranzieht. Er analysiert diese Phänomene als Resultat eines ungelösten Konflikts zwischen dem Wunsch und der Angst (diesen zu realisieren) sowie einer Abwehrmaßnahme, mit der dieser Konflikt bearbeitet wird.
Der behandelnde Analytiker – dies machen die Notizen und sein Kommentar deutlich – stellt dabei die »dynamische« Sichtweise der Theorie in den Hintergrund. Er analysiert das Zustandekommen dieser beiden Phänomene nicht als einen Ausgleich einander widersprechender Kräfte. Er analysiert sie vielmehr so, daß sie einen Zusammenhang mit Strukturelementen des Handelns haben.

2. Beispielfall

Der Patient kommt in die Stunde und berichtet, daß es mit seiner Freundin wieder ein Problem gäbe. Sie habe ihm erzählt, sie hätte mit mehreren Kollegen ein Geschäftsessen, könne also an dem Nachmittag nicht zu ihm kommen.
Ihm kam das merkwürdig vor, und er fuhr mit seinem Auto zu der Wohnung des Mannes, von dem der Patient weiß, daß seine Freundin ihn oft getroffen hat, ihm Briefe geschrieben hat, einmal eine Nacht bei ihm war, was sie ihm als völlig harmlos hingestellt hatte usw.
Vor dieser Wohnung stand das Auto seiner Freundin. Ihm war es möglich, sein Auto so vor das der Freundin zu parken, daß sie aus der Parklücke nicht raus kam. Er ging dann nach Hause. Spätabends rief die Freundin ihn an, er möchte sein Auto wegfahren, sie käme aus der Lücke nicht raus.
Die Freundin beschimpfte ihn aufs schwerste, er hätte sich nur davorgestellt, um ihr zu zeigen, was er wirklich wolle, nämlich sie nicht heiraten, deshalb konstruiere er jetzt, daß sie mit einem anderen Mann was habe. Dabei hätte sie sich mit ihm nur unterhalten und Karten gespielt. Der Einwand, daß sie ihn mit dem »Geschäftsessen« belogen habe, wurde als lächerlich abgetan.
Der Patient sagt, daß er seiner Freundin glaube und es ihm jetzt etwas unangenehm ist, daß er so mißtrauisch war.
Dann sagt er mir, daß aber etwas viel Schlimmeres passiert sei, was vielleicht die ganze Analyse in Frage stelle. Er habe erfahren, daß ein weitläufiger Bekannter seiner Freundin, den er nicht kenne, nur vom Erzählen, bei mir auch in Analyse sei. Wenn er den nun träfe, sei doch keine Analyse mehr möglich. Das bekümmere ihn ungeheuer, er wolle die Analyse nicht aufgeben, er brauche sie doch so sehr, und nun das!
Er kann nicht formulieren, was er an der Sache für so katastrophal hält. Er kennt den Mann nicht, der ihn nicht, was solle da unangenehm sein.
Es ist deutlich, daß der Patient sehr beunruhigt ist durch die unklare Situation mit seiner Freundin. Er hat große Angst, verlassen zu werden, was er sich und mir nicht zugeben kann. Er kann nur sagen, daß er die Freundin nicht aufgeben wolle.
Er stammt aus einem Elternhaus, in dem eine extrem hohe Unverbindlichkeit, genau genommen Beziehungsarmut zwischen den Familienmitgliedern herrschte. Die gleiche Beziehungsarmut hat er zu seiner Freundin. Er kann nichts benennen, was sie beide gemeinsam hätten oder täten. Sie haben beide den gleichen Beruf, unterhalten sich aber nie darüber. Sexualität findet keine statt, sonstige Interessen gemeinsamer Art sind nicht vorhanden. Sie leben nebeneinander, jeder in seiner Wohnung. Es ist eine Atmosphäre wie im Elternhaus. Er hält aber daran fest, weil das die einzige Person ist, zu der er eine »nähere« Beziehung hat. Es ist das Anklammern, das auch im Hinblick auf seine Eltern noch immer gegeben

ist. Wenn er verlassen wird, ist alles aus. So muß er alle Gedanken und alle real vorstellbaren Anhaltspunkte beiseite schieben, »verdrängen« und für unwesentlich erklären, damit keine Gefahr entsteht.
Seine Trennungsängste verschiebt er auf den weitläufigen Bekannten seiner Freundin, der angeblich bei mir auch in Analyse ist. Dadurch ist die Beziehung zu mir schwer gefährdet. Er ist unglücklich und hat deswegen Angst.

Auch dieser Kommentar des Analytikers macht deutlich, daß sein Gebrauch des Abwehr-Konzepts – hier vor allem das der Abwehrform der Verdrängung – implizit von einem Wissen über Handlungsstrukturen geleitet wird.
Die starken Trennungsängste des Patienten lassen eine Veränderung der unklaren Situation, in der er sich mit seiner Freundin befindet, nicht zu. Die »Beziehungsarmut« dieses Verhältnisses, die als Wiederholung des Bindungsdefizits der Familienmitglieder aus dem Elternhaus analysiert wird, dokumentiert sich darin, daß Formen eines wechselseitig befriedigenden Miteinanders nicht vorhanden sind – weder im Sexuellen, noch in der Arbeit.
Zur Erklärung, warum der Patient an dieser für ihn beunruhigenden Unklarheit festhält, wird u. a. die Abwehrform der »Verdrängung« herangezogen, und zwar in der Weise, daß ein Defizit an Handlungsmöglichkeiten betont und eine bestimmte Wissensform des Patienten als Absicherung seiner Abwehr interpretiert wird. Der Patient entwertet z. B. reale Anhaltspunkte für die Untreue seiner Freundin als unwichtig. Andererseits hat er offenbar selbst keine Möglichkeiten, eine eindeutigere, feste Beziehung zu einer anderen Frau anzuknüpfen.
In der Aktion, sein eigenes Auto vor das seiner Freundin zu stellen und sie so in der Parklücke festzuhalten, dokumentieren sich möglicherweise zwei der Bewältigungsformen, die er hinsichtlich seiner starken Trennungsängste entwickelt hat. Einerseits kann er sic bzw. ihr Auto auf diese Weise festhalten (anklammern), andererseits führt er damit auch eine Art von Beweis hinsichtlich der befürchteten Untreue der Freundin und kann so seinen Zweifel bestätigen.

6. Das Über-Ich – ein Konzept der Moralität oder der Moralpathologie?

Die Entdeckungen, die Freud im Zusammenhang dessen machte, was er das Über-Ich nannte, sind sowohl in der Psychologie als auch in der Soziologie mit einem besonders großen Interesse aufgenommen worden. Bemerkenswert dabei ist, daß dieses Konzept von Vertretern der beiden Disziplinen, die mit seiner Hilfe den Zusammenhang von Sozialisation und gesellschaftlich vorgegebenen moralischen Verhaltensstandards erklären wollen, nicht nur unterschiedlich, sondern geradezu gegensätzlich interpretiert wurde (und wird).

Für Parsons (1964) ist das Über-Ich diejenige Instanz in der Persönlichkeit, die durch die Internalisierung der moralischen Standards des kulturellen Systems einer Gesellschaft gekennzeichnet ist. Parsons hält die Einsichten Freuds im Zusammenhang des Über-Ichs deshalb für grundlegend richtig, weil dieser sich auf das Element der moralischen Standards konzentriert habe. Die theoretische Leistung dieses Konzepts bestehe darin, daß mit seiner Hilfe erklärt werden kann, wie ein stabiles System sozialer Interaktion gesellschaftlich möglich ist. Entsprechend sieht Parsons in dem Über-Ich-Konzept einen der wichtigsten Anhaltspunkte dafür, wie in einer Theorie sozialen Handelns direkte Verbindungen von Soziologie und Psychoanalyse hergestellt werden können.

Auch Untersuchungen in der Sozialisationsforschung stützten sich auf das Konzept des Über-Ich, um die Entwicklung des moralischen Verhaltens des Kindes im Zusammenhang mit kulturellen und individuellen Unterschieden der elterlichen Erziehungspraktiken zu klären; auch dabei galt die Verinnerlichung moralischer Standards als das für die Über-Ich-Bildung entscheidende Moment. Kohlberg faßt die Grundannahmen dieser Studien bündig so zusammen:

»Hinsichtlich der Moralität wird die hypothetische Persönlichkeitsstruktur, der unser Interesse gilt, für gewöhnlich als ›Gewissen‹ oder ›Überich‹ bezeichnet. Diese ›Struktur‹ wurde als Verhalten mit Hilfe von Maßstäben der ›Resistenz gegen Versuchung‹ (Nicht-Abweichung von kulturellen Standards unter Bedingungen geringer Überwachung) sowie als Affekt mit Hilfe von Schuld-Maßstäben (selbstkritische oder selbstbestrafende symbolische Reaktion nach der Abweichung von diesen kulturellen Standards) untersucht. Das untersuchte Gewissen oder Überich glich also in etwa den geläufigen Vorstellungen vom moralischen Charakter (begriffen als ein System von Tugenden wie Ehrlichkeit, Dienstbereitschaft und Selbstkontrolle), wie von Hartshorne und May (1928-30) verwendet, während die Sozialisationsstudien häufig Maßstäbe ›des moralischen Charakters‹ als Maßstäbe für ›Gewissen‹ verwendeten.« (Kohlberg, 1969, dt. 1974, S. 34)

An der groß angelegten Sozialisationsstudie von Miller und Swanson (1960), die sich bei der Untersuchung der Phänomene moralischer Sozialisation auf innere Konflikte des Kindes und Konfliktbewältigungsstrategien im Zusammenhang schichtspezifischer Differenzen der Erziehungspraktiken konzentrierten und dazu intensiv von psychoanalytischen Konzepten Gebrauch machten, wird diese Interpretation des Über-Ich-Konzepts beispielhaft deutlich.
Die Autoren definieren Moralität mit einem Begriff des moralischen Standards, der vier Kriterien involviert. 1.) Es sind immer Verpflichtungen des Handelns oder des Unterlassens einer Handlung involviert. 2.) Damit eine Aktivität in moralischen Begriffen erfaßt werden kann, muß sie an eine vorsätzliche Wahl oder Zurückweisung gebunden sein. 3.) Diese Wahl muß letztendlich von Bedeutung sein für das Wohl der Gemeinschaft oder eines größeren Teils davon. 4.) Die Handlung wird entsprechend einer Reihe gemeinsam geteilter Werte beurteilt.
Die Autoren führen dann zur Gewissensbildung aus:

»Wenn das Kind einmal moralische Standards internalisiert hat, unternimmt es einen großen Schritt in Richtung darauf, ein kooperatives Mitglied seiner Gemeinschaft zu werden. Es kann seine Impulse zugunsten des Allgemein-Nützlichen hemmen, auch wenn äußerliche Druckmittel nicht vorhanden sind. Es ist dazu motiviert aufgrund der vielen Belohnungen, die es durch Konformität und konstruktives Handeln erhält.« (Miller und Swanson, a.a.O., S. 136; übersetzt von D. F.)

Dieser Begriff der Moralität bzw. der moralischen Standards stimmt nicht mit Freuds Über-Ich-Konzept überein. Das Kriterium der freien Wahl steht im Widerspruch zum klinisch gesicherten Tatbestand, daß die Gewissensinstanz auch unbewußt wirksam sein kann und z. B. für ein unbewußtes Schuldbewußtsein ebenso verantwortlich ist wie für ein unbewußtes Strafbedürfnis;

auch wird das Kriterium einer »Reihe gemeinsam geteilter Werte« fragwürdig, wenn wir den Standpunkt des Subjekts (des Kindes) einnehmen und nicht den der elterlichen Beziehungsperson, die z. B. das Handeln des Kindes nach dem Maßstab des Erfolges ihrer Erziehungspraktiken beurteilen. Wir können dann nicht ohne weiteres davon ausgehen, daß eine solche Gemeinsamkeit der Werte schon mit der Bildung des Über-Ichs vorhanden ist. Auch lassen es Freuds Erkenntnisse über dessen Entstehungsgeschichte zweifelhaft erscheinen, daß diese als eine »Verinnerlichung« von Werten begriffen werden kann.

Für Freud war das Über-Ich vor allem das Erbe des Ödipuskomplexes, das Ergebnis einer Identifizierung mit dem Vater-Bild. Dieses Vater-Bild ist für Freud in mehr und in differenzierteren Zusammenhängen zu sehen als nur in dem, daß es Werte repräsentiert, die für das Gemeinwohl relevant sind.

So nimmt Freud z. B. den neurotischen Fall der Melancholie als einen Hinweis auf eine spezifische Beziehung, die zwischen Ich und Über-Ich besteht, und die von allgemeiner (nicht nur pathologischer) Bedeutung für das »Gewissen« ist:

»Die Todesangst der Melancholie läßt nur die eine Erklärung zu, daß das Ich sich aufgibt, weil es sich vom Über-Ich gehaßt und verfolgt anstatt geliebt fühlt. Leben ist also für das Ich gleichbedeutend mit Geliebtwerden, vom Über-Ich geliebt werden, das auch hier als Vertreter des Es auftritt. Das Über-Ich vertritt dieselbe schützende und rettende Funktion wie früher der Vater, später die Vorsehung oder das Schicksal.« (Freud, »Das Ich und das Es«, G. W., Bd. XIII, S. 288)

Freuds Konzept involviert komplizierte Beziehungen, die mit dem Alltagskonzept von »Gewissen« wenig gemeinsam haben. Er hat sich – in der dynamischen und der ökonomischen Betrachtungsweise – vor allem für die Frage interessiert, wie das Über-Ich mit dem Triebverzicht zusammenhängt. Und er gelangte hier zu einer Erkenntnis, zu der er in der Schrift »Das Unbehagen in der Kultur« (Freud, G. W., Bd. XIV, S. 488) bemerkt, daß sie dem »gewöhnlichen Denken der Menschen fremd ist.« Diese Erkenntnis formuliert er folgendermaßen.:

»Sie sagt (...), anfangs ist zwar das Gewissen (richtiger: die Angst, die später Gewissen wird) Ursache des Triebverzichts, aber später kehrt sich das Verhältnis um. Jeder Triebverzicht wird nun eine dynamische Quelle des Gewissens, jeder neue Verzicht steigert dessen Strenge und Intoleranz (...).«

Von diesem Zusammenhang abstrahiert die soziologische Interpretation. Er paßt nicht so recht in das Konzept von Moralität. Er ist aber, wie ich später noch zeigen möchte, für das bessere Verständnis der internen Organisation des Über-Ichs von besonderer Bedeutung.

Psychologischen Interpretationen des Über-Ich-Konzepts liegt oft ein Vorurteil zugrunde, das allgemein der Psychoanalyse gilt: Diese sei für pathologische Sonderfälle zuständig; zur Erklärung normaler psychischer Prozesse und Funktionen könne sie nur wenig oder gar nichts beitragen.

Kohlberg vertritt in seinen Arbeiten zur Entwicklung des moralischen Urteils eine etwas differenziertere Auffassung. Er konzediert, daß die psychoanalytische Theorie z. T. eine Theorie der Gesetze der psychischen Funktionen bei allen Menschen ist, und z. T. eine Theorie der Entwicklung und Reifung (Kohlberg, a.a.O., S. 43); aber als relevant für die Phänomene moralischer Sozialisation sieht er sie nur im Sinne einer Theorie der Psychopathologie:

»Freuds (1938) Argument, daß das pathologische Gefühl, von anderen getadelt zu werden (Paranoia), oder des Selbst-Tadels (Depression) die Annahme einer festen selbst-tadelnden Struktur erfordert, welche zwar etwas Ich-fremd, gleichzeitig aber in die Psyche internalisiert ist und auf Identifikation beruht, erscheint immer noch überzeugend. Selbstkritik und Selbstbestrafung setzen per definitionem eine Identifikation im weiteren Sinn der Übernahme der Rolle des anderen voraus, und schwere Formen der Selbstbestrafung und des Selbsttadels müssen irgendwie in der früheren Kindheit am Vorbild elterlicher Reaktionen gebildet werden, denn die Eltern sind für gewöhnlich der einzige Agent, der eine intensive strafende und tadelnde Aktivität ausübt. Pathologische Schuldgefühle (d. h. Schuldgefühle bei Fehlen einer schweren Übertretung der vom Ich akzeptierten Normen) lassen sich ursächlich mit einer idiosynkratischen Familien- und Kindheitserfahrung erklären; für die Erklärung normaler Schuldgefühle (Schuldgefühle wegen der Überschreitung vom Ich akzeptierter moralischer Normen) gilt dies nicht.« (Kohlberg, a.a.O., S. 241)

Nun beziehen sich Freuds Entdeckungen über Zusammenhänge des unbewußten Seelenlebens gar nicht auf den Prozeß der Sozialisation (im Sinne der Herausbildung von Sprach- und Handlungsfähigkeiten sowie der Entwicklung moralischer Urteile). Der Erwerb von Kompetenzen ist nicht der Gegenstand seiner Grundlagentheorie. So ist es auch nicht möglich, den psychoana-

lytischen Begriff der Identifizierung, der für das Über-Ich-Konzept grundlegend ist, mit Begriffen der kognitiven Entwicklung moralischer Urteile zu integrieren (wie Kohlberg dies versucht). Für die Zusammenhänge, die Freud an der Bildung des Gewissens aufgedeckt hat, sind die Muster des moralischen Denkens, die Kohlbergs Theorie identifiziert hat, irrelevant. Dies nicht nur, weil die Urteils-Kompetenz des Kindes sich in bezug auf soziomoralische Probleme erst im Vorschulalter zu entwickeln beginnt. Wichtiger noch ist, daß der als Konstruktivismus bezeichnete Ansatz, dem Kohlbergs Theorie verpflichtet ist, mit dem psychoanalytischen Forschungsansatz nicht kompatibel ist.
Dem Konstruktivismus zufolge baut das Kind seine Weltsicht selbst auf. Als erkennendes und selbstreflektierendes Wesen konstruiert es seine dingliche und soziale Welt. So macht es z. B. auch mit bestimmten moralischen Konfliktsituationen Erfahrungen, die es verarbeitet. Im moralischen Urteil drücken sich die Lehren aus, die es aus diesen Erfahrungen gezogen hat.
Im Gegensatz dazu setzen Freuds Entdeckungen voraus, daß das Kind immer wieder Erfahrungen macht, die es nicht verarbeiten kann, und die es in einer ganz anderen Weise, als der Konstruktivismus dies vorsieht, zu bewältigen versucht. Damit hängt zusammen, daß sich beide Ansätze auch von vollkommen verschiedenen Entwicklungsbegriffen leiten lassen. Ich will kurz einen Aspekt dieses Unterschieds verdeutlichen, der für das Verständnis des Über-Ich-Konzepts besonders wichtig ist.
Im Stufenmodell der kognitiven Entwicklung ist (in der Piaget-Tradition) jede neue Stufe der Entwicklung der unmittelbar vorangegangenen Stufe überlegen; sie überwindet deren Begrenztheit, bewahrt aber das Strukturpotential dieser Stufe. Die entsprechende Charakterisierung von Entwicklungsstufen setzt voraus, daß man das Ziel der Entwicklung kennt – z. B. das Ziel moralischer Entwicklung im Sinne einer Urteils-Kompetenz.
Die Vorstellung von psychischer Entwicklung, die Freud aus seinen Entdeckungen abgeleitet hatte, ist ganz anderer Art. Zwar liegt eine psychoanalytische Entwicklungstheorie nicht vor. Aber Freud macht in seinem berühmten Gedankenexperiment, sich die Erhaltung des Vergangenen im Psychischen im Vergleich zur Entwicklung der Ewigen Stadt vorzustellen, seinen Entwicklungsbegriff deutlich genug. Was am Beispiel einer Stadt schwer vorstellbar ist – das historische Nacheinander verschiedener Gebäude als

Ausfüllung desselben Raums –, sei für das Seelenleben nicht eine befremdliche Ausnahme, sondern die Regel:

»Auf seelischem Gebiet (...) ist die Erhaltung des Primitiven neben dem daraus entstandenen Umgewandelten so häufig, daß es sich erübrigt, es durch Beispiele zu beweisen. Meist ist dieses Vorkommen Folge einer Entwicklungsspaltung.« (Freud, a.a.O., S. 426)

Wie wir diese Erhaltung des Vergangenen auf die innere Struktur des Handelns beziehen und entsprechend analysieren können, habe ich in den vorangegangenen Kapiteln gezeigt. Es ist dabei auch deutlich geworden, warum, wie Freud an dieser Stelle betont, es so schwierig ist, sich das Vorkommen des Vergangenen neben dem daraus entstandenen Umgewandelten vorzustellen. Es handelt sich stets um ein strukturelles Verhältnis. In den Formen interaktiven Handelns bleibt immer auch deren konflikthafte Bildungsgeschichte bewahrt und kann – unter bestimmten Bedingungen – wiederbelebt werden.
Freud geht also nicht – wie der Konstruktivismus – von einer fundamentalen Transformation von Strukturen aus (die dann, wenn sie einmal gebildet wurden, auch nicht mehr reversibel sind). Vielmehr bleiben für ihn Vorstufen der Entwicklung neben der Endgestaltung erhalten, sie gehen darin nicht auf.
Das Über-Ich hat eine Eigenart, die den Schluß zuläßt, daß es nicht – oder nicht allein – das Resultat von Lernprozessen sein kann. Klinische Erfahrung lehrt, »(...) daß die Strenge des Über-Ichs, das ein Kind entwickelt, keineswegs die Strenge der Behandlung, die es selbst erfahren hat, wiedergibt.« (Freud, a.a.O., S. 489) Und Laplanche/Pontalis (1976, dt. 1973, S. 540) betonen, »(...) daß es weit entfernt sei von den durch die Eltern und Erzieher real ausgesprochenen Verboten und Geboten (...).«
Schwere Formen der Selbstbestrafung und des Selbsttadels können dann in der frühen Kindheit nicht einfach nach dem Vorbild elterlicher Reaktionen gebildet sein, wie Kohlberg annimmt.
Für Freud waren die psychopathologischen Phänomene – z. B. die oben genannte Todesangst im Fall der Melancholie oder unbewußte Strafbedürfnisse – theoretisch relevant im Sinne seiner Forschungsstrategie des pathologischen Falls. An diesem lassen sich Vorgänge und Inhalte leichter erforschen, die im nicht-pathologischen Fall gewöhnlich verdeckt und daher schwerer zugänglich sind.

Die beiden gegenläufigen Interpretationen des Über-Ich-Konzepts seitens der Soziologie und seitens der Psychologie sind in jeweiligen unterschiedlichen theoretischen Voraussetzungen begründet; aber sie lassen sich doch beide von bestimmten Aspekten dieses Konzepts leiten, auf die sie sich auch stützen können. Freud hat ja in der Tat die Erstarkung des Über-Ichs als einen höchst wertvollen Kulturbesitz angesehen; andererseits hat er auf den konservativen Charakter dieser seelischen »Instanz« aufmerksam gemacht; für ihn war

»(...) die Sonderung des Über-Ichs vom Ich nichts Zufälliges, sie vertritt die bedeutsamsten Züge der individuellen und der Artentwicklung, ja, indem sie dem Elterneinfluß einen dauernden Ausdruck verschafft, verewigt sie die Existenz der Momente, denen sie ihren Ursprung verdankt.« (Freud, »Das Ich und das Es«, a.a.O., S. 263)

Das der psychologischen wie der soziologischen Interpretation gemeinsame Mißverständnis sehe ich darin, daß beide Seiten den widersprüchlichen Charakter des Über-Ichs, der in Freuds Konzept angedeutet ist, verfehlen. Sie versuchen, diesen Gehalt in der Opposition von Funktionalität und Dis-Funktionalität, Autonomie und Nicht-Autonomie zu erfassen und sehen nicht beides zusammen darin verbunden.

Freuds Metapher vom Über-Ich als dem »Erben« des Ödipuskomplexes ist erklärungsbedürftig. Eine Klärung ist auch deshalb von Interesse, weil das Über-Ich das innerseelische Korrelat dessen ist, was Freud die »Kulturleistungen« nannte. Daß deren Fortschritt durch ebendie Bedingungen permanent gefährdet und in Frage gestellt ist, die ihn erst ermöglichen – den Triebverzicht, den die Gesellschaft den Einzelnen abverlangt –, hat er in seinen kulturkritischen Schriften deutlich gemacht. In diesem Zusammenhang hat er auch auf die Bewahrung vergangener Entwicklungsphasen neben der letzten Entwicklungsphase, die ich oben erläutert habe, als für das Über-Ich charakteristisch hingewiesen.

Der Errichtung des Über-Ichs geht eine infantile Stufe des Gewissens voraus. Auf dieser Stufe ist das »Böse« dasjenige, wofür ein Liebesverlust droht. Von dieser frühen Stufe des Gewissens sagt Freud, daß sie »nach der Introjektion ins Über-Ich nicht verlassen wird, sondern neben und hinter ihr fortbesteht« (Freud, »Das Unbehagen in der Kultur«, G. W., Bd. XIV, S. 486).

Allein diese Eigenart, daß die primitive Stufe der Gewissensbildung neben dem Über-Ich erhalten bleibt, macht deutlich, das Freuds Konzept weder eines der Moralität noch eines der Moralpathologie ist.
Nach meiner Interpretation des Strukturmodells (Kap. 1.) liegt diesem Konzept die Erkenntnis zugrunde, daß an den moralischen Werten und Grundsätzen (weil sie Bestandteil des inneren Strukturzusammenhangs des Handelns sind) Spuren ihrer konfliktreichen Entwicklungsgeschichte in der frühen Kindheit bewahrt bleiben. Die Gewissensinstanz ist in ihrer Entwicklung von derselben Auseinandersetzung zwischen der Triebnatur des Kindes und den von den Beziehungspersonen auferlegten Einschränkungen betroffen wie die Bildung von Formen des interaktiven Handelns insgesamt.
Die Eigenart des Wissens, das das Kind in diesem Zusammenhang erwirbt, wird wesentlich dadurch bestimmt sein, wie es den Grundkonflikt zwischen seinen Triebansprüchen und seiner Hilflosigkeit, der im Zusammenhang elterlicher Verbote und Gebote immer wieder auftritt, zu bewältigen versucht. Es ist anzunehmen, daß mit diesen Bewältigungsversuchen auch Formen eines prä-reflexiven, in sich widersprüchlichen Wissens entwickelt werden. Wenn wir das Über-Ich als eine in sich widersprüchliche Wissensform analysieren könnten, würde sich die Möglichkeit bieten, einige der Phänomene besser zu verstehen, die in diesem Zusammenhang auftreten. Warum erkennt das Subjekt in der Strenge seines Gewissens nicht die eigene Aggression? Letztere wird ja nicht verdrängt, sondern unterdrückt, wenn ihre Befriedigung unterbleibt und sie vom Über-Ich übernommen wird und dessen Aggression (Strenge) gegen das Ich steigert (Freud a.a.O., S. 488). Die Kategorie der Unterdrückung, die Freud hier gebraucht, kann diese Frage nicht hinreichend klären, da sie sich auf ein Kräfteverhältnis und nicht auf eine Struktur von Wissen bezieht.
Die Frage, warum das Über-Ich weitgehend unbewußt bleibt, hat Freud selbst als ein Rätsel bezeichnet, das er unter dem energetischen Gesichtspunkt der Betrachtung zu lösen versuchte.

»Die Entstehungsgeschichte des Über-Ichs macht es verständlich, daß frühe Konflikte des Ichs mit den Objektbesetzungen des Es sich in Konflikte mit deren Erben, dem Über-Ich, fortsetzen können. Wenn dem Ich die Bewältigung des Ödipuskomplexes schlecht gelungen ist, wird dessen dem Es entstammende Energiebesetzung in der Reaktionsbildung des Ich-Ideals wieder zur Wirkung kommen. Die ausgiebige Kommunikation dieses Ideals mit diesen ubw Triebregungen wird das Rätsel lösen, daß das Ideal selbst zum großen Teil unbewußt, dem Ich unzugänglich bleiben kann.« (Freud, »Das Ich und das Es«, a.a.O., S. 267)

Diese »ausgiebige Kommunikation« zwischen dem Über-Ich (Freud gebraucht hier diesen Ausdruck synonym mit »Ich-Ideal«) und den unbewußten Triebregungen setzt das Vorhandensein eines Wissens voraus. Und es liegt nahe, eine Erklärung der weitgehenden Unbewußtheit des Über-Ichs in der Eigenart dieses Wissens zu suchen. Mit Kategorien der Energieverteilung können wir dieses Wissen nicht analysieren.

Auch Freuds Kompromißmodell, das Lincke (1970) auf die Bildung des Über-Ichs anwendet, um dessen Widersprüchlichkeit zu kennzeichnen, klärt nicht dessen Unbewußtheit.

»Mit der Charakterisierung des Überichs als einer Kompromißbildung hebe ich die Tatsache hervor, daß diese gleichzeitig den endgültigen Verzicht auf die inzestuösen Liebesobjekte und das lebenslängliche Festhalten an ihnen, nämlich in introjizierter Form, verkörpert; es strebt nach außen Unabhängigkeit durch Befreiung von den Bindungen an die Objekte der Kindheit an und fordert gleichzeitig nach innen das Gegenteil, nämlich Unterwerfung unter die Gebote dieser Objekte. (...) Was dieses ›Symptom‹ aber zu einem ganz besonders tückischen macht, ist der Umstand, daß sein Fehlen in unserer Kultur noch schlimmere Folgen hat als sein Besitz.« (Lincke, a.a.O., S. 381 f)

Diese Interpretation können wir präzisieren, wenn wir (wie ich in Kap. 2.6. vorgeschlagen habe) ein neurotisches Symptom als Verlaufsform eines ungelösten Konflikts begreifen. Der Grundkonflikt ist der zwischen den Triebansprüchen des Kindes und seinem Bedürfnis, das Selbstwertgefühl zu regulieren. Das Über-Ich ist dann im Entwicklungsverlauf dieser Konfliktbewältigungsversuche die Form, die dieser Verlauf in seiner letzten Phase als ein teil-autonomes psychisches System hervorbringt. Der Grundkonflikt wird darin nicht gelöst; er wird – wenn auch in einer neuen Form – immer wieder reproduziert. Darum bleiben in dieser neuen – und letzten – Entwicklungsstufe auch die Formen der vorangegangenen infantilen Stufe der Gewissensbildung erhalten.

Das Kompromißmodell Freuds, von dem Lincke hier Gebrauch macht, kann aber die interne Organisation des Über-Ichs, die in-

nere Struktur dieses Systems nicht analysieren. Bestimmte Eigenarten des Über-Ichs hängen aber mit dieser internen Organisation zusammen; sie können in einer dynamischen Betrachtungsweise nicht hinreichend geklärt werden.
Dazu gehört, daß im subjektiven Erleben (oder in Phantasien, die davon abgeleitet sind) das Über-Ich oft mit persönlichen Eigenschaften wie »streng«, »grausam« usw. ausgestattet ist.
In der theoretischen Diskussion wird die Personalität des Über-Ichs oft als fragwürdig und als ein kritischer Einwand gegenüber Freuds Konzept herausgestellt. Lichtman (1986, dt. 1990) formuliert diese Kritik im Rahmen seines Vorschlags, die Metapsychologie Freuds auf der Grundlage des an Marx orientierten Begriffs der Selbstentfremdung theoretisch neu zu fassen, folgendermaßen:

»Es ist notwendig, die Personalisierung der verschiedenen Regionen des Selbst zu vermeiden. Es bringt uns nicht nur keinen Gewinn, wenn wir uns die verschiedenen Teile des Selbst als Ich, Es und Überich vorstellen, die wie verfeindete Familienmitglieder miteinander streiten. Mehr noch: sobald wir anfangen, vom Überich als von einem Beobachter und Kritiker des Selbst zu sprechen, wird es sehr schwer, den Eindruck zu vermeiden, daß eine ›Person‹ über eine andere urteilt. Hinzuzufügen, daß das Überich aus den verinnerlichten Befehlen der Eltern besteht, trägt auf der analytischen Ebene, um die es hier geht, nichts zu unserem Verstehen bei. Denn wir fragen nicht nach den Inhalten der an das Überich ergangenen Befehle, sondern nach seiner Struktur. Und der Begriff ›Verinnerlichung‹ ist eine bloße Metapher ohne Erklärungskraft. Die Eltern sind nicht im wörtlichen Sinne im Selbst gegenwärtig. Was jedoch noch wichtiger ist: da das Selbst der einzige Sprecher ist, sind die gehörten Stimmen auch die gesprochenen Stimmen, so daß das Problem bleibt, wie der Sprecher mit sich selbst so kommunizieren kann, daß er sich nicht als seinen eigenen Urheber erkennt.« (Lichtman, a.a.O., S. 237)

Mit dem Hinweis auf die Selbst-Fremdheit der »inneren Stimme«, die im Über-Ich wirksam wird, spricht Lichtman ein Phänomen an, das in der Tat erklärungsbedürftig ist. Allerdings übersieht er, daß mit der Handlungskategorie des Befehls, die er lediglich auf die Inhalte des Über-Ichs bezieht, sich auch eine Möglichkeit bietet, dieses Phänomen – und darüber hinaus wichtige Aspekte des Strukturzusammenhangs des Über-Ichs – zu erhellen. Denn kennzeichnend für die Position, in der ein Befehl ausgeführt wird, ist die Unterbindung der Reflexion eigener Ziele. Das Befolgen eines Befehls wird geleitet von dem Wollen eines anderen. Dieses

Wollen bleibt den eigenen Wünschen gegenüber fremd. Von daher drängt sich die Überlegung auf, daß mit dieser Handlungsstruktur eines Befehls die Fremdartigkeit der »inneren Stimmen« des Über-Ichs eng zusammenhängt.
Vor allem: Diese Kritik an der Metaphorik Freuds bringt leicht mit dem berechtigten Hinweis auf die theoretische Schwäche dieses Erklärungsversuchs auch das Explanandum zum Verschwinden. Für Lichtman stellt sich die Beziehung zwischen dem Über-Ich und dem Es als eine Wechselbeziehung von Überforderung und Maßlosigkeit dar:

»Das Es entwickelt sich aus den Anforderungen, die die Gesellschaft dem Individuum durch die Vermittlung des Überichs auferlegt. Freud kehrt das Verhältnis um, weil sein Energie-Modell verlangt, daß er die Aktivität des Überichs aus dem Ursprung der in ihm wirkenden Kraft erklärt. Die einzige Quelle. die er als etwas Eigenständiges lokalisieren kann, ist das Es, so daß die tatsächliche Beziehung (das Aufstellen von unrealisierbaren Überich-Forderungen schafft ein unersättliches, kategorisch forderndes Es) irrtümlicherweise für das Bedürfnis des Es gehalten wird, seine eigene Maßlosigkeit mit Hilfe des Überichs zu zügeln.« (Lichtman, a.a.O., S. 254)

Aber wir müssen wohl davon ausgehen, daß der Grundkonflikt, dessen Bearbeitung letztlich das Über-Ich hervorbringt, gar nicht vermeidbar ist. Auch bei liebevollen und freundlichen Bezugspersonen des Kindes wird die Diskrepanz unvermeidbar sein, die zwischen der Höhe der Anforderungen besteht, die an das Kind gestellt werden, und dem Entwicklungsniveau seiner Möglichkeiten, diesen Anforderungen zu entsprechen.
Wir können, wie Freud dies ja auch angedeutet hat, die persönlichen Eigenschaften und die »Aktivität« des Über-Ichs auf die typischen Phantasien und Wissensstrukturen zurückführen, die das Kind auf der frühen Stufe der Gewissensbildung entwickelt hat, und die es gewissermaßen mitbringt, wenn es den genannten Konflikt durch Errichtung des Über-Ichs zu bewältigen versucht. Wenn wir klären können, wie diese Phantasien und Strukturen in der internen Organisation des Über-Ichs bewahrt bleiben, kann dies ein Beitrag zur Klärung des »Rätsels« sein, warum das Über-Ich weitgehend unbewußt ist. Denn dessen Unbewußtheit wird mit der Erhaltung der infantilen Stufe der Gewissensbildung zusammenhängen.
Einen erfolgversprechenden Weg, Wissensstrukturen dieser Stufe zu analysieren, sehe ich in der Untersuchung der Kommunika-

tionsphänomene, die für die Entwicklungsgeschichte des Über-Ichs charakteristisch sind. Ihre Analyse kann auch dazu beitragen, daß die interne Wissens-Organisation des Über-Ichs transparent wird.
Ich werde mich für die folgenden Überlegungen zu den genannten Fragen auf Sandlers (1964) Untersuchungen zum Über-Ich stützen. Sie sind in reichhaltigem klinischen Material fundiert; und sie bieten einer handlungstheoretischen Interpretation einige interessante Anhaltspunkte.

6.1. Kommunikative Aspekte in der Entwicklung des Über-Ichs

Sandler (1964) konzipiert das Über-Ich als ein System, das sowohl Autoritätsfiguren (entweder wirkliche Personen oder »introjizierte«), als auch die Reaktionen des Ichs auf diese Figuren umfaßt. Was im Prozeß der Bildung des Über-Ichs »introjiziert« wird, ist weder die Persönlichkeit der Eltern, noch ihr Verhalten, sondern ihre Autorität. Sandler geht davon aus, daß sich dieses »Introjekt« aus den schon im Kind vorhandenen inneren Eltern-Bildern entwickelt; er macht aber auch deutlich, daß bislang nicht geklärt ist, »(...) was sich wirklich abspielt, wenn die elterliche Autorität im Introjektionsprozeß von den realen Eltern auf das Über-Ich-Schema übergeht« (Sandler, a. a. O, S. 743).
Sandler stellt seinen klinischen Untersuchungen theoretische Überlegungen und Begriffsklärungen voran, die sich mit den Prozessen befassen, die für die infantile Vorstufe der Gewissensbildung und für die darauf folgende Errichtung des Über-Ichs eine Rolle spielen. Ich konzentriere mich zunächst auf seine Ausführungen zur infantilen Stufe, die er das prä-autonome Über-Ich-Schema nennt. Diese Ausführungen sind deshalb so interessant, weil sie implizit bestimmte Handlungsstrukturen voraussetzen und andeuten, daß in den Situationen, in denen das Kind sich mit dem erzieherischen Handeln der Eltern auseinandersetzt, bestimmte Elemente sich immer wiederholen.
Sandler geht davon aus, daß das Kind in seinem Bedürfnis nach Wohlbefinden eine Einschränkung seines Wunsches nach Bedürfnisbefriedigung in Kauf nimmt, wenn es dabei mit der Liebe der Eltern rechnen kann. Das Kind entwickelt innere Bilder (von

Mutter und Vater), die ihm anzeigen, welches Verhalten ihre Liebe und Billigung und welches ihre Mißbilligung hervorruft; außerdem entwickelt es »Techniken«, die den Zustand des Wohlbefindens wiederherstellen können, wenn dieser aufgrund eines von den Eltern mißbilligten Verhaltens bedroht ist.
Sandler führt hier zwei dieser Techniken des Kindes als besonders wichtig an: sein Gehorsam und Sich-Fügen gegenüber den Wünschen der Eltern; und seine Identifizierung mit den Eltern und das Nachahmen ihres Verhaltens.
Sowohl die Herstellung der Eltern-Bilder als auch die Anwendung der genannten Techniken müssen an Wissen gebunden sein. Dieses Wissen wird bestimmte strukturelle Besonderheiten aufweisen, die wir erschließen können, wenn wir die sich wiederholenden Situationselemente rekonstruieren.
Die Gehorsams-Technik des Kindes hängt mit einem Situationselement zusammen, das wir den kommunikativen Notstand des Kindes (Flader und Grodzicki, 1982 a) nennen können. Das Kind entnimmt den elterlichen Reaktionen – »Laß das!«, »Igitt!«, »Nicht!«; »Weg damit« usw. –, daß es etwas Bestimmtes nicht tun soll; es weiß aber nicht, warum. Es versteht das jeweilige elterliche Verbot in dem Sinne, daß es eine Handlung, die es gerade tun will, unterlassen soll; aber es kennt nicht den Bedeutungshintergrund, vor dem das, was es als angenehm empfindet, als »schlecht« bewertet wird. Dasselbe gilt für die Anweisungen der Eltern, denen zufolge das Kind etwas tun soll, das es als unangenehm oder gar unlustvoll empfindet.
Das Kind sucht nach einem wechselseitig befriedigenden Kommunikationsmuster, in dem sein Bedürfnis, informiert zu werden und zu verstehen, komplementär ist zum Bedürfnis der Bezugsperson, ihm etwas Wichtiges mitzuteilen und beim Verständnis behilflich zu sein. Statt dessen trifft es auf ein Informations-Desinteresse, das in einer ungelösten Problematik der Bezugsperson begründet ist; oder es erhält Begründungen, die seine sprachlichen oder emotionalen Möglichkeiten übersteigen (z. B. eine Begründung durch eine Maxime wie Rücksichtnahme auf Interessen anderer, deren Bedeutung das Kind noch nicht versteht).
Dieser Notstand des Kindes ist aufgrund seiner narzißtischen Bedürfnisstruktur unvermeidbar. Er wird noch verstärkt, wenn die Bezugsperson die kommunikative Kooperativität gänzlich verweigert. Die »Vermittlung« des Verbotes und die Sanktionshand-

lung (also die Bestrafung seiner Nicht-Beachtung) fallen dann zusammen.

Wenn das Kind seinen Wunsch, dessen Befriedigung unterbunden wird, nicht in anderer Weise realisieren und abwandeln kann, wird sich leicht eine Situation ergeben, die für den Gebrauch einer Form psychischer Abwehr charakteristisch ist. Dann wird der Konflikt zwischen dem Wunsch (der nach Lustempfinden trachtet) und dem Bedürfnis, die bedrohte Einheit mit dem Liebesobjekt wiederherzustellen, so intensiv, daß das Kind gezwungen ist, ihn durch die Anwendung einer Abwehrmaßnahme zu bewältigen (vgl. Kap. 5.). Die Technik des Gehorsams und des Sich-Fügens gegenüber den Wünschen der Eltern impliziert dann auch die Anwendung einer psychischen Abwehrform.

Die Angst des Kindes, die Liebe der Eltern zu verlieren, motiviert seinen Gehorsam. Es integriert ein fremdes Wollen in seine Welt als ein Sollen. Sein Wissen, was es tun (oder unterlassen) soll, bleibt aber verbunden mit dem Nicht-Verstandenen, das den Bedeutungshintergrund der elterlichen Verbote und Anweisungen betrifft. Von daher ist anzunehmen, daß diese Verbote und Anweisungen für das Kind den Charakter von etwas ihm selbst Fremdartigen erhalten und diesen Charakter auch bewahren. In der Auseinandersetzung mit den erzieherischen Handlungen der Eltern eignet es sich ein praktisches Wissen an, das zugleich ein Nicht-Wissen impliziert.

Die zweite Technik des Kindes, die Sandler anführt, hängt mit der ersten eng zusammen. Sandler zufolge

»(...) funktionieren Identifizierung und Gehorsam keineswegs getrennt voneinander. Viele Tätigkeiten des Kindes laufen auf doppelte Bereicherung hinaus, insofern, als es sich mit den Eltern identifiziert und zugleich ihren Anweisungen gehorcht. So profitiert ein Kind, das sich ernsthaft die Hände wäscht, nachdem es im Sand gespielt hat, in zweifacher Hinsicht, einmal, indem es ›tut, was Mutter will‹ und zum anderen, indem es ›wie Mutter ist‹.« (Sandler, a.a.O., S. 738)

Die Identifizierung hat für das Kind die Bedeutung, daß es sich auf diesem Wege mit einem bewunderten Aspekt der Beziehungsperson gleich fühlen kann. Die Einbußen des eigenen Allmachtsgefühls, die es in diesen Situationen erlebt, kann es ja dadurch ausgleichen, daß es in seiner Phantasie die Eltern mit Allmacht ausstattet und in der Identifizierung daran wieder teilhat.

Sie ist aber auch ein Versuch, die oben erwähnte kommunikative Notsituation zu bewältigen. Das Kind kann auf diese Weise die Verbots- und Gebotsaspekte als Ersatz für das Nicht-Verstandene nehmen und so die bedrohte Einheit mit dem Liebesobjekt wiederherstellen.

Mit beiden Techniken gelangt das Kind zu einem Wissen, das sein Handeln so leiten kann, daß das Gefühl des Geliebt-Werdens wiedergewonnen wird; zugleich impliziert dieses Wissen aber auch das Nicht-Wissen des Bedeutungshintergrunds der elterlichen Verbote und Gebote – letztlich das fehlende Wissen (und damit die Reflexionsmöglichkeit) ihres Zwecks. Mit diesen Konfliktbewältigungsformen gelangt das Kind zu einem Wissen, das praktisch ist und zugleich ein Nicht-Wissen hinsichtlich der moralischen Wertvorstellungen der Eltern, des Zweckbezugs ihrer Gebote. Insofern ist die Ausschaltung von Wissen und Reflexion in den Wissenselementen dieser Vorstufe der Gewissensbildung fest verankert.

Besonders aufschlußreich sind Sandlers Ausführungen zu den inneren Bildern, die das Kind auf dieser infantilen Stufe von den Eltern entwickelt. Hier ist angedeutet, daß wir das prä-autonome Über-Ich als ein Kontrollsystem des Handelns auffassen können, das auf seiten des Kindes vor allem in der interaktiven Dimension verankert ist.

Sandler betont, daß das Bild der Mutter (und später das des Vaters) ein unerläßlicher Teil der Objektbeziehung des Kindes ist. Diese Elternbilder erfüllen für das Kind zwei Funktionen. Sie ermöglichen es, Handlungen, Eigenschaften usw. als charakteristisch für die Bezugsperson zu erkennen, von der ein inneres Bild vorhanden ist; und sie ermöglichen es, bestimmte Handlungen bzw. Reaktionen dieser Person vorauszusehen.

Die Elternbilder, die für das prä-autonome Über-Ich-Schema zentral sind, repräsentieren die gefürchteten und bewunderten Eigenschaften der Eltern. Darin sind sie z. T. unrealistisch, insofern das Kind sie mit Allmacht ausstattet und ihnen, wenn es aggressive Regungen seines Selbst nicht erträgt, diese Regungen zuschreibt (sie also »projiziert«); z. T. haben diese inneren Bilder aber auch eine handlungspraktische Funktion. Sie leiten das Kind an, welche Handlungen die Bewunderung und Liebe der Eltern und welche ihre Mißbilligung hervorrufen. Sandler spricht in diesem Zusammenhang von dem »(...) Warnsignal für bevorstehende

Bestrafung oder Verlust der Zuneigung, welche das vor-autonome Über-Ich-Schema aussendet«. (Sandler, a.a.O., S. 738)

Diese Elternbilder haben eine Entsprechung zu bestimmten Selbst-Aspekten des Kindes. Die positiven Aspekte entwickeln sich in diesem Zusammenhang vor allem aus dem Verzicht auf bestimmte Handlungen (oder dem endgültigen Ausschluß bestimmter Wünsche vom Handeln) und aus den Erfahrungen, die in den Handlungen gemacht werden, die die verbotenen abwandeln oder an deren Stelle treten.

Als ein Kontrollsystem des kindlichen Handelns dient dieses Schema dazu, das Selbstwertgefühl zu regulieren – nicht nur das des Kindes, sondern auch das der Eltern (die ihrerseits bestimmte Vorstellungen und unbewußte Phantasien darüber haben, wie ihr Kind sein sollte.) Die Eltern sind Teil dieses Systems. Ihre Reaktionen auf Handlungen des Kindes, die Verbote, aber auch die liebevollen Zuwendungen sind Bestandteil des Systems. Es »arbeitet« nur unter Aufsicht der Eltern.

Die praktische Funktion dieser inneren Bilder des Kindes setzt eine Konstanz und Verallgemeinerung voraus, ohne die das Kontrollsystem nicht funktionieren könnte. Wie dies erreicht wird, bleibt in Sandlers Darstellung offen. Er läßt auch offen, inwieweit diese Bilder sprachlich organisiert sind.

Es reicht für den Erhalt des Wohlbefindens des Kindes ja nicht, daß es in Übereinstimmung mit den im inneren Bild festgehaltenen Eltern-»Erwartungen« handelt; die Eltern selbst müssen auch entsprechend den vom Kind hergestellten Bildern reagieren.

Das Kind kann – worauf auch Sandler aufmerksam macht – in dieser Entwicklungsphase noch nicht entscheiden, ob die Einschränkungen und Versagungen, die die Gebote und Verbote der Eltern ihm auferlegen, von deren persönlicher Problematik abhängen, oder ob diese Versagungen auf reale Anforderungen der Gesellschaft vorbereiten. Einen überwiegenden Anteil seiner Kenntnis der realen Wirklichkeit erwirbt das Kind ja durch die Wirklichkeitsinterpretationen seiner Liebesobjekte.

Die Anleitung der Elternbilder, die anzeigen, unter welchen Bedingungen das Handeln auf Billigung und Bewunderung, und unter welchen es auf Ablehnung trifft, wird vom Kind gleichsam als Information über Kooperationsbedingungen des Handelns verwertet. Es wird diese Anleitung als ein unbedingtes Sollen verstehen. Obwohl die moralischen Wertvorstellungen der Eltern

gewöhnlich eine Verbindung von persönlichen, z. B. in neurotischen Schuldgefühlen fundierten, Wertvorstellungen und verallgemeinerbaren moralischen Werten sind, muß das Kind die Anleitung der Elternbilder gleichsam kategorisch verstehen.
Auch unter diesem Aspekt werden die elterlichen Gebote und Verbote also der Reflexion entzogen. Damit werden die moralischen Wertvorstellungen der Eltern zu Handlungspräsuppositionen des Kindes (d. h. zu Erwartungen, die den Charakter des Selbstverständlichen haben).
Welche Vorgänge sind nun maßgeblich daran beteiligt, daß sich aus diesem System der Handlungskontrolle das Über-Ich entwikkelt?
Freud betrachtete diese Entwicklung als das wichtigste Mittel des Kindes, zu einer Lösung der Konflikt-Konstellation zu gelangen, die er »ödipal« nannte. Durch die Errichtung des Über-Ichs verinnerlicht der kleine Junge die Autorität des Vaters. Hauptquelle seiner Selbstachtung sind nun nicht mehr die realen Eltern, sondern die verinnerlichte Autorität.
Sandler diskutiert in diesem Zusammenhang den Begriff der »Introjektion«, der erklären soll, wie es dazu kommt, daß sich durch die Entstehung des Über-Ichs das Interesse an den Eltern und die Abhängigkeit von ihnen abschwächt. Er schlägt vor, die Introjektion der elterlichen Autorität als den dafür entscheidenden Vorgang, das Über-Ich als ein Introjekt aufzufassen.

»Was das Introjekt von dem älteren Schema unterscheidet, ist seine Eignung, das wirkliche Objekt als Quelle narzißtischer Befriedigung ganz oder teilweise zu ersetzen. Dies bedeutet, daß das Introjekt sich irgendwie aus dem Schema herausentwickelt, sich innerhalb des Ichs kristallisiert und strukturiert haben muß, so daß ihm die Fähigkeit, Befriedigung herbeizuführen, übertragen werden kann und das Ich es als befriedigenden Ersatz für die Objekte anzunehmen vermag.« (Sandler, a.a.O., S. 739)

Dieser Erklärungsversuch ist nicht sehr befriedigend. Der Begriff der Introjektion erhellt nicht die Vorgänge, die sich hier abspielen, wenn die elterliche Autorität durch das Über-Ich ersetzt wird. Der Begriff verdeckt nämlich den Entwicklungszusammenhang, der zwischen der neuen psychischen Struktur und dem schon vorhandenen vor-autonomen System besteht. Das Kind wird ja zur Konfliktbewältigung auf das schon Vorhandene zurückgreifen; und es fragt sich, wo es darin etwas findet, das ihm zur Konflikt-

bewältigung dienlich sein kann und das in der Entwicklungskonsequenz strukturbildend ist.
Ich will einen Aspekt dieses Entwicklungszusammenhanges verdeutlichen, den wir aus den vorangegangenen Überlegungen zum prä-autonomen System ableiten können. Das Kind (der Junge) kann die von Freud »ödipal« genannte Konfliktlage in seiner Phantasie so erleben, daß es der Schauplatz einer kränkenden Zurückweisung durch die Mutter und einer Bedrohung (seiner psychischen Integrität) durch den Vater ist. Davon zieht es sich zurück. Es übernimmt die Position, die in seinem Wissen mit der Regulierung seines Selbstwertgefühls verbunden ist – die interaktive Position der gefürchteten und bewunderten elterlichen Autorität.
Dies bedeutet zwar den Untergang der eigenen Sexualität; aber es ist zugleich auch ein narzißtischer Gewinn. Das Kind nimmt damit das System der Handlungskontrolle in eigene Regie. Es verlagert das System in sich selbst hinein. Das von der infantilen Entwicklungsstufe stammende Wissen, das mit den Techniken des Gehorsams und der Identifizierung verbunden ist und den entsprechenden Elternbildern zugrundeliegt, bleibt bewahrt, ebenso die handlungsorientierende Funktion dieses Wissens.
Der wichtige Entwicklungsschritt besteht hier darin, daß diese Handlungsorientierung nun nach innen verlagert wird. Das Kontrollsystem des Handelns wird zu einem Teil der Innenwelt. Die Prozesse, die zuvor im Zusammenhang von elterlichen Geboten und Verboten an bestimmte Handlungssituationen gebunden waren, laufen nun im Kind selbst ab. Dazu gehört, daß die Androhung elterlicher Mißbilligung, die zuvor Angst auslöste, nun in Schuldgefühl verwandelt wird. – Eine wichtige Voraussetzung dieser Entwicklung ist, daß das prä-autonome System stabil war, daß es tatsächlich das Selbstwertgefühl regulieren konnte. Darauf gehe ich hier aber nicht weiter ein.
Diese Überlegung kann ein weiteres wichtiges Moment des psychoanalytischen Entwicklungsbegriffs verdeutlichen. Zur psychischen Strukturbildung kommt es in der kindlichen Entwicklung vor allem dadurch, daß seitens des Kindes in seiner Beziehung zu den Liebesobjekten Konflikte entstehen, die es nicht durch das Handeln bewältigen kann. Mit den ihm zur Verfügung stehenden Handlungsmöglichkeiten kann das Kind die »ödipale« Konfliktlage nicht bewältigen. Sie muß in einer anderen

Weise bewältigt werden. Den Weg dazu findet das Kind in dem Wissen, das es mit der Entwicklung des vor-autonomen Über-Ichs erworben hat.
Der Vorteil, der damit hinsichtlich der Regulierung des Selbstwertgefühls gewonnen wird, ist offenkundig. Während früher das Gefühl des von den Beziehungspersonen Geliebt-Werdens davon abhing, wie diese auf das Handeln reagierten, entsteht dieses Gefühl jetzt unabhängig davon; es ist an die Wertschätzung durch das Über-Ich gebunden.
Diese Konfliktbewältigungsform hat aber auch für das Subjekt einige Nachteile, die bemerkenswert sind.
Mit dieser Verlagerung des Kontrollsystems nach innen hat das Kind in einem bestimmten Sinn das Gegenteil von dem erreicht, was erreicht werden sollte. Im prä-autonomen Stadium der Entwicklung kontrollierten die Eltern lediglich seine Handlungen im Ausführungsstadium. Die Angst, die elterliche Liebe zu verlieren, verschwand, wenn das Kind auf die verbotene Handlung und Triebbefriedigung verzichtete.
Durch die Verlagerung dieses Systems nach innen entzieht sich das Kind zwar dem Kontrollfeld der Eltern, erweitert damit aber zugleich den Kontrollbereich dieses Systems, weil nun ihre Position in seiner Innenwelt etabliert ist und daher bereits in der Vorphase einer Handlung, vor ihrer eigentlichen Ausführung, wirksam werden kann. Jetzt reicht das bloße Vorhanden-Sein eines Impulses oder Wunsches aus, um die Reaktion einer Mißbilligung und möglicherweise die Forderung nach Bestrafung hervorzurufen. In dieser Hinsicht ist die Sanktionsmacht der inneren Autorität größer als die, welche die Eltern zuvor hatten.
Dies ist offenbar ein Aspekt der »ausgiebigen Kommunikation« des Über-Ichs mit den unbewußten Triebregungen, den Freud betont hat. Ein weiterer Aspekt hängt mit der Abwehrform der »Projektion« zusammen. Auf der infantilen Stufe hatte das Kind die aggressiven Elemente seines Selbst, die es nicht ertragen konnte, den Eltern zugeordnet; in seiner Phantasie waren diese böse, nicht es selbst. Da das Über-Ich auf dem Wissen aufbaut, das in der frühen Entwicklungsstufe erworben wurde, wird auch dieser Mechanismus erhalten bleiben. Was dem Selbst an Wut und Aggressivität unerträglich wird, nimmt nun unter bestimmten Bedingungen das Über-Ich auf. Der innere Protest gegen die Ein-

schränkungen, die das Über-Ich auferlegt, wird dann zur Strenge des Gewissens.

Unter den Bedingungen des Über-Ichs entlastet dieser Mechanismus nicht mehr unbedingt; er kann das Gegenteil bewirken. Mit zunehmender Strenge des Gewissens kann sich dann auch der innere Protest gegen sie steigern.

Bewahrt bleiben auch die besonderen Eigenschaften des Wissens über elterliche Verbote und Gebote, die ich oben beschrieben habe – das Nicht-Verstandene bzw. das Nicht-Wissen, das mit ihnen verbunden ist, sowie ihr obligatorischer Charakter. Die strukturelle Unmöglichkeit einer Reflexion war konstitutiv für den kindlichen Gehorsam auf der infantilen Stufe; für den Gehorsam gegenüber der Autorität, deren Position in der Innenwelt errichtet wurde, gilt dasselbe. Auch dies wird dazu beitragen, daß das Über-Ich weitgehend unbewußt bleibt.

Nach meinem Vorschlag zur Rekonstruktion bestimmter Aspekte der Über-Ich-Entwicklung verlegt das Subjekt die beiden Funktionen, die zuvor für das Kontrollsystem des Handelns grundlegend gewesen sind, nun nach innen: die Funktion der Billigung und Mißbilligung seines Handelns seitens der gefürchteten und bewunderten Autorität, und die der Handlungsorientierung seines Wissens, das dazu anleitet, wie man der Bestrafung bzw. dem Verlust der Zuneigung entgeht, wie man diese Zuneigung wieder gewinnen, und wie man sich mit dem bewunderten Aspekt der Autorität gleich fühlen kann. So bleibt das Primitive – die infantile Stufe der Gewissensbildung – neben dem daraus Umgewandelten erhalten.

Von daher hat die Metaphorik, die das Über-Ich mit persönlichen Eigenschaften (der Strenge, der Unerbittlichkeit usw.) ausstattet, einen prägnanten sachlichen Kern. Bewahrt bleiben ja auch die inneren Elternbilder, die entsprechende Eigenschaften festhalten; sie werden bei einem Konflikt mit dem Über-Ich wiederbelebt.

Sandler hat auf der Grundlage seiner theoretischen Überlegungen Deutungskategorien für die Untersuchung klinischen Materials entwickelt.[1] Diese Kategorien, die zur Bestimmung von »Kennzeichen« des Über-Ichs entwickelt wurden und erfolgreich auf die Daten angewendet wurden, sind auch unter theoretischen Gesichtspunkten von Interesse; sie setzen nämlich implizit die ge-

1 Hampstead-Index; die Patienten sind überwiegend Jugendliche und junge Patienten; vgl. Sandler, a.a.O., S. 813 f.

nannten Funktionen (und die durch sie aufgebaute innere Organisation der Wissensform) voraus.
»Bestechlich« (es gibt Mittel und Wege, bei einer Handlung, die eigentlich zu mißbilligen wäre, die Autorität dazu zu bewegen, auf die Sanktionshandlung zu verzichten); »lässig« – »streng« (der Gesichtspunkt, ob die innere Autorität auf eine Verbotsverletzung strikt mißbilligend oder tolerant reagiert); »unvorhersehbar«, »inkonsequent« (die Reaktionen auf ein und denselben Triebimpuls oder auf dieselbe Handlung sind verschieden); »ungleich« (auf unterschiedliche Triebimpulse erfolgen verschiedenartige Reaktionen, Billigungen und Mißbilligungen der inneren Autorität folgen keinem einheitlichen Muster).
Andere Kategorien, die zur Kennzeichnung des Über-Ichs verwendet wurden, beziehen sich darauf, ob die Regulierung des Selbstwertgefühls befriedigend ist oder nicht. »Tragend und angemessen« (das Über-Ich liefert ein ausreichendes Maß an Wohlbefinden und Sicherheit); »fordernd« (die innere Autorität verlangt zuviel, so daß bestimmte Handlungen, bei denen das Gefühl eintritt, sie nicht vollkommen zu beherrschen, ganz unterlassen werden).[2]

6.2. Über-Ich, Handlungsmaximen und soziale Institutionen

Die Identifizierung mit der väterlichen Autorität hat für die Beschaffenheit des praktischen Wissens, das das Subjekt im Verlauf der Entwicklung von Handlungsformen erworben hat, eine Konsequenz, die die Eröffnung sozialer Handlungsräume betrifft. Wenn das Subjekt in der »ödipalen« Konfliktlage die Nicht-Möglichkeit der Handlungswege akzeptiert, die zur Mutter als dem sexuellen Objekt führen, und sich mit dem Vater identifiziert, verändern sich rückwirkend alle bislang möglichen Wege und die mit ihnen gemachten Erfahrungen. Die Formen des Handelns, in die bislang die Mutter immer involviert war, bewahren zwar ihr körperliches Substrat, sie verlieren aber ihre sinnliche Qualität. Der

2 Die Deutungskategorien verbotener Wunschregungen und Handlungen umfassen: »Scoptophile Impulse«, »Rivalität«, »ödipale Wünsche«, »Wissen über sexuelle Dinge«, »Lust und Erfolg« und »Onanie« (vgl. Sandler, a.a.O., S. 813-815).

Schritt von der Mutter zum Vater ist auch ein Schritt vom Sinnlichen zum Geistigen.
Die Positionen in den Interaktionsabläufen, die bislang die Mutter (oder eine der Mutter äquivalente Bezugsperson) innehatte, werden nun frei für andere Interaktanten. Damit eröffnet sich für das Subjekt der Zugang zu sozialen Interaktionen mit anderen und zu Handlungsprozessen in Institutionen.
Wenn wir die Entwicklung des Über-Ichs im Zusammenhang von Wissen und Handeln rekonstruieren, können wir eine Entdekkung Freuds, die er in seinen kulturkritischen Schriften dargelegt hat, auf einen inneren Widerspruch sozialer Institutionen beziehen, den er zwar nicht analysiert, aber gleichwohl angedeutet hat. Für die von ihm entdeckte Rolle, die das Über-Ich bei der Bildung von »Massen« spielt, ist ein Vorgang entscheidend, der gewöhnlich als »Externalisierung« bezeichnet wird. Ein übermächtiges Objekt – für Freud erfüllten diese Bedingung typischerweise »vorbildliche Individuen«, »große Männer« – tritt an die Stelle des eigenen Über-Ichs (Ich-Ideals) (vgl. Dahmer, 1982).
Der Begriff der Externalisierung ist, soweit mit ihm Prozesse in sozialen Institutionen und nicht die psychische Dynamik von Massenbewegungen erfaßt werden sollen, theoretisch unbefriedigend. Er stellt strikt die psychische Innenwelt einer Außenwelt gegenüber und blendet die Möglichkeit aus, daß in der »Außenwelt« strukturelle Verhältnisse gegeben sein können, die Mechanismen und Strukturen des Unbewußten entgegenkommen und diese ergänzen. Damit verdeckt dieser Begriff auch, daß es sich hier um einen weiteren Entwicklungsschritt des Über-Ichs handelt, der das Subjekt in die Gesellschaft und in ihre sozialen Institutionen einbindet.
Das Über-Ich hat in der inneren Autorität eine System-Stelle, die offen dafür ist, daß soziale Institutionen (durch ihre Vertreter) dieses System für ihre Zwecke in Dienst nehmen. Freud umschreibt dies in folgender Weise:

»Im weiteren Verlauf der Entwicklung haben Lehrer und Autoritäten die Vaterrolle fortgeführt; deren Gebote und Verbote sind im Ideal-Ich mächtig geblieben und üben jetzt als Gewissen die moralische Zensur aus. Die Spannung zwischen den Ansprüchen des Gewissens und den Leistungen des Ichs wird als Schuldgefühl empfunden. Die sozialen Gefühle beruhen auf Identifizierung mit anderen auf Grund des gleichen Ichideals.« (Freud, G. W., Bd. XIII, S. 265)

Freuds Erklärung unterscheidet nicht zwischen dem Über-Ich (im engeren Sinne) und dem Ich-Ideal. Lampl de Groot (1962, dt. 1963) hat vorgeschlagen, den Begriff des Ich-Ideals für die seelische Struktur zu reservieren, die dem Selbst die idealisierten Aspekte von Allmacht als Wunscherfüllung zuschreibt, die in der Phantasie des Kindes die Eltern besitzen, wenn es seine eigenen Allmachtsphantasien aufgeben muß. Freud gebraucht diesen Begriff in der Schrift »Massenpsychologie und Ich-Analyse« in beiden Bedeutungen, in der des Über-Ichs als die »Summe aller Einschränkungen« (Freud, a.a.O., S. 147) und der des Ich-Ideals als die »Vollkommenheiten, die man fürs eigene Ich angestrebt hat« (Freud, a.a.O., S. 124).

Mit seiner »Formel für die libidinöse Konstitution einer Masse« (a.a.O., S. 128) – eine Anzahl von Individuen hat ein und dasselbe Objekt an die Stelle ihres Ich-Ideals gesetzt, so daß sie sich in ihrem Ich miteinander identifizieren – bezieht Freud sich auf die narzißtische Struktur des Ich-Ideals und damit auf den Zustand der verliebten Hörigkeit, Unterwerfung und Kritiklosigkeit, wie er für die Hypnose, aber eben auch für das Verhalten von »Massenindividuen« charakteristisch ist, die sich blind einem Führer ergeben (Freud, a.a.O., S. 127).

Freud setzt aber auch implizit voraus, daß Institutionen das Über-Ich für ihre Zwecke in Dienst nehmen, seine innere Organisation mit der Organisation ihres eigenen Handlungszusammenhangs gleichsam verlöten können. Das bedeutet aber, daß die Form der Konfliktbearbeitung, die als psychische Strukturbildung, als Errichtung eines psychischen Teil-Systems ihren Endpunkt in der subjektiven Entwicklung gefunden hat, nun in den Institutionen eine Fortsetzung findet, die diese Form vergesellschaftet.

Das setzt voraus, daß Institutionen selbst der Symptom-Struktur des Über-Ichs gleichsam entgegenkommen, daß sie Arbeitsverhältnisse herstellen, die den ungelösten Konflikt reproduzieren, der zwischen dem Bedürfnis nach Autonomie und der gleichzeitigen Erfahrung von Abhängigkeit und Mißerfolg immer wieder entsteht.

Ich will an dieser Stelle nicht näher auf die verschiedenen Ansätze einer analytischen Sozialpsychologie eingehen; ebenso nicht auf die Einzelarbeiten, die soziale Institutionen unter psychoanalytischen Aspekten interpretieren, wie dies z. B. Fürstenau (1964) exemplarisch für die Schule getan hat. Diese Arbeiten machen

plausibel, daß sich die Aufrechterhaltung von Institutionen nicht nur durch die formellen und informellen Regeln und Mechanismen vollzieht, die ihre Handlungsabläufe definieren und gestalten; sondern auch durch »(...) die Zähigkeit der verdrängten, unbewußten Bedeutungen und Prozesse, die jedes soziale Subjekt an die vorgegebenen Dimensionen des öffentlichen Bereichs binden« (Lichtman, S. 230).
Analysen dieser unbewußten Dimension sozialer Wirklichkeit müssen dem Umstand Rechnung tragen, daß unbewußte Vorstellungen und Mechanismen keine direkte Entsprechung haben zu Arbeitsabläufen und Ordnungsstrukturen von Institutionen. Wenn unter bestimmten Aspekten solche Entsprechungen dennoch plausibel erscheinen, muß dies gut begründet werden. Die psychische Realität und die äußere Wirklichkeit stehen in einem komplex vermittelten Verhältnis zueinander. Wird dieses Verhältnis nicht reflektiert, besteht die Gefahr, daß in diesen Analysen die psychische Realität von Subjekten in eine ungewisse soziale Faktizität umschlägt.
Der Handlungsprozeß ist eine dieser Vermittlungen, vielleicht sogar die wichtigste. Mit der Aufschlüsselung verzerrter Strukturen des institutionellen Handelns finden wir einen Zugang zu dieser unbewußten Dimension.
Bevor ich dies am Beispiel des Über-Ichs verdeutliche, möchte ich kurz erläutern, was Freud unter der »Diagnose von Gemeinschaftsneurosen« verstand, und worin er die größte Schwierigkeit einer solchen Diagnose sah. Seine Überlegungen hierzu sind sehr aufschlußreich. Weil er nämlich die von ihm entwickelte Methode der Analyse des unbewußten Sinns neurotischer Symptome nur begrenzt reflektieren konnte und er der Überzeugung war, sich dabei der Beobachtung zu bedienen, mußte er hier zu Auffassungen gelangen, die im Widerspruch standen zu der Methode, die er praktisch anwandte.
Er erläutert in der Schrift »Das Unbehagen in der Kultur« die besondere Schwierigkeit einer solchen Diagnose folgendermaßen.

»Bei der Einzelneurose dient uns als nächster Anhalt der Kontrast, in dem sich der Kranke von seiner als ›normal‹ angenommenen Umgebung abhebt. Ein solcher Hintergrund entfällt bei einer gleichartig affizierten Masse, er müßte anderswoher geholt werden.« (Freud, G. W., Bd. XIV, S. 505)

Zur Diagnose neurotischer Symptome – wie z. B. der in Kap. 2.6. untersuchten Zwangshandlung – diente, wenn ich Freuds Untersuchungsmethode zutreffend rekonstruiert habe, der Kontrast zu einer »normalen« Umgebung aber gar nicht als ein wichtiger Anhaltspunkt. Anhaltspunkte waren hingegen das subjektive Leiden des Betreffenden (also der Ehefrau, die an die Ausführung ihrer Handlung wie gefesselt war) und eine eigentümliche Brechung der Form des Handelns (also in diesem Fall eine Handlung, die, wenn man das Wissen über kollektive Formen des Handelns konsultierte, zwecklos war, die aber zugleich einen subjektiven Zweck erfüllte, der verborgen blieb, und den es zu ermitteln galt).
Diese Verbindung von Interpretation (Hermeneutik) und Handlungsanalyse ist, unter bestimmten Voraussetzungen, auch auf soziale Institutionen anwendbar; denn auch dort können wir systematisch verzerrte Handlungsstrukturen analysieren. Ein wichtiger Unterschied besteht allerdings darin, daß in Institutionen typischerweise nicht eine einzelne Handlungsform, sondern der gesamte Handlungszusammenhang, dessen Organisation auf den Zweck einer Institution bezogen ist, systematisch verzerrt ist. Einzelne Formen des Handelns, von denen eine Institution Gebrauch macht, scheinen »sachlicher« und weiter entfernt zu sein von Befriedigungsmustern der Kindheit, als dies bei einem neurotischen Symptom der Fall ist.
Dieser Unterschied wird jedoch weniger gravierend, wenn wir Freuds Konzept der Triebsublimierung heranziehen. Er sah einen besonders hervorstechenden Zug der Kulturentwicklung darin, daß ein ursprünglich sexuelles Ziel des Handelns auf ein anderes, nicht mehr sexuelles, aber psychisch mit ihm verwandtes, verschoben wird (Freud, G. W., Bd. VII, S. 150). Er nahm also an, daß Befriedigungsmuster der Kindheit zu kollektiven Formen des Handelns transformiert werden können, die, sozial hoch bewertet, keinen erkennbaren Bezug mehr zur Sexualität haben und dennoch aus ihr die Kraft und einen Teil der Befriedigung ziehen.
Eine zweite Schwierigkeit bei einer Diagnose von Gemeinschaftsneurosen sah er in dem Analogieverfahren, dessen sich nach seiner Auffassung der Untersuchende dabei bedienen muß. Freud ging nämlich davon aus, daß dabei in jedem Fall nur eine Anwendung von Psychoanalyse stattfindet, daß also Erkenntnisse, die in der klinischen Praxis gewonnen wurden, auf die Gesellschaft übertragen werden.

»Ich könnte nicht sagen, daß ein solcher Versuch zur Übertragung der Psychoanalyse auf die Kulturgemeinschaft unsinnig oder zur Unfruchtbarkeit verurteilt wäre. Aber man müßte sehr vorsichtig sein, nicht vergessen, daß es sich doch nur um Analogien handelt, und daß es nicht nur bei Menschen, sondern auch bei Begriffen gefährlich ist, sie aus der Sphäre zu reißen, in der sie entstanden und entwickelt worden sind.« (Freud, G. W., Bd. XIV, S. 504 f)

Sicher ist eine Analogie von Strukturen individueller Subjektivität und Strukturzusammenhängen von Institutionen problematisch. Aber in seiner Überlegung geht Freud auch hier von einer Methode der Untersuchung aus, die nicht der entspricht, die er selbst in der Schrift »Massenpsychologie und Ich-Analyse« angewandt hatte. Darin hatte er nicht eine Analogie von subjektiven Strukturen und gesellschaftlichen Phänomenen der »Massenbildung« vorgenommen; er ging davon aus, daß die Subjekte selbst eine solche Analogie herstellen, indem sie gegenüber einem Führer, einem »großen Mann« die Beziehung zu einem übermächtigen Objekt entwickeln und dieses an die Stelle ihres Ich-Ideals setzen. Zu erklären ist dann, warum sie dies tun.
Adornos (1951, dt. 1972) Interpretation, daß Freud mit dieser Schrift das Heraufkommen und die innere Struktur faschistischer Massenbewegungen klar vorausgesehen habe, bezieht sich nur auf die Erklärung der von Freud »primär« genannten Masse, die einen Führer hat. Für die psychische Bindung der Mitglieder der hochorganisierten Massen, für die Freud als Beispiele das Heer und die (katholische) Kirche anführt, sieht er die Illusion als maßgeblich an, daß alle Einzelnen der Masse von dem jeweiligen Oberhaupt die gleiche (väterliche) Liebe empfangen.
Die Bedeutung des Ich-Ideals als Über-Ich zieht Freud zur Erklärung der Bindungen von Mitgliedern einer Institution also nur unter dem Aspekt der väterlichen Liebe heran. Obwohl er das Ich-Ideal auch als die »Summe aller Einschränkungen« versteht, und obwohl er (in der Schrift »Die Zukunft einer Illusion«, Freud, G. W., Bd. XIV) betont hat, daß »jede Kultur auf Arbeitszwang und Triebverzicht beruht« (S. 331), geht Freud nicht weiter der Frage nach, wie das Über-Ich, das ja diesen Arbeitszwang fordert und ihn aufrechterhält, damit zur Aufrechterhaltung von Institutionen beiträgt. Er ging aber, wie erwähnt, davon aus, daß in der Entwicklung des Kindes ein Institutionsvertreter (ein Erzieher oder eine Autorität) die Stelle der inneren Autorität einnimmt.

Aufgrund des strukturellen Unterschieds von Ich-Ideal und Über-Ich werden unterschiedliche, ja gegenläufige Prozesse in Gang gesetzt, wenn ein übermächtiges Objekt an die eine oder an die andere Stelle gesetzt wird. In Massenbewegungen kommt der Einzelne, der den Suggestionen des Führers erliegt, unter Bedingungen, die sein Gewissen außer Kraft setzen und es ihm gestatten, die Verdrängungen seiner unbewußten Triebregungen abzuwerfen; nimmt hingegen eine Institution das Über-Ich in Dienst, ist zu erwarten, daß damit auch vorhandene Abwehrformen (selektiv) bekräftigt werden.
Ich will jetzt die kommunikativen Aspekte der Über-Ich-Entwicklung und die Bestimmung der Symptom-Struktur wieder aufgreifen. Wir können vor diesem Hintergrund etwas deutlicher machen, wie das Über-Ich als Wissensform mit dem institutionellen Handeln verbunden sein kann.
Ich habe schon erwähnt, daß der Prozeß, den Freud als gegeben ansieht (daß die Position der inneren Autorität durch eine soziale Autoritätsfigur bezogen wird) erklärungsbedürftig ist. Bestimmte strukturelle Verhältnisse des Handelns in Institutionen müssen diesem Prozeß entgegenkommen, indem sie Bedingungen des inneren Kontrollsystems institutionell gleichsam verlängern.
Dies kann dadurch geschehen, daß eine Diskrepanz besteht zwischen den Anforderungen an Leistungsbereitschaft, Arbeitsdisziplin usw., die an Mitglieder einer Institution gestellt werden, und den Möglichkeiten der Einzelnen, diesen Anforderungen zu entsprechen. Institutionen verlangen dann ein Maß an Triebverzicht, das zu hoch ist, und sie geben nicht hinreichend Möglichkeiten, diese Einschränkungen durch die Befriedigung narzißtischer Bedürfnisse, z. B. durch Arbeitserfolge, auszugleichen.
Es fragt sich, ob dies nicht ein (latentes) Organisationsprinzip des Handlungszusammenhangs bestimmter Institutionen ist. So legen z. B. die institutionskritischen Untersuchungen von Ehlich/Rehbein (1986) zur schulischen Kommunikation den Schluß nahe, daß diese Institution ihren Handlungszusammenhang und dessen konzeptuelle Grundlage in der Weise organisiert, daß der offiziell propagierte Zweck immer wieder ganz oder teilweise verfehlt wird, und zwar genau dadurch, daß versucht wird, ihn zu erfüllen. Als Konsequenz davon treten immer wieder Störungen und Überbelastungen institutioneller Abläufe auf, die im Schulunterricht ihrerseits bewältigt werden müssen.

Wenn diese Sozialdiagnose für Institutionen verallgemeinert werden kann, wäre auch verständlich, warum das Über-Ich von Institutionen in Dienst genommen werden kann, welche psychosozialen Prozesse die Institutionen zu »Gehäusen der Hörigkeit« (Max Weber) macht. Die im Über-Ich bewahrte und unaufgelöste Konfliktstruktur – der Widerspruch zwischen dem Wunsch nach Autonomie und die zugleich vorhandene und verstärkte Abhängigkeit von der Autoritätsfigur, von der man sich ablösen wollte – ist dann auch eine Konfliktstruktur von Institutionen. Wenn eine Institution das Über-Ich der Einzelnen in Dienst nimmt, setzt sich der Konfliktbewältigungsversuch, der in der Entwicklung des Subjekts in der Errichtung des Über-Ichs eine strukturbildende Form gefunden hat, nun innerhalb der Institution fort. Diese übernimmt ihn gewissermaßen und bearbeitet ihn weiter mit eigenen Mitteln.

Wenn die Wissensform des Über-Ichs und seine interne Organisation als System der Handlungskontrolle in den Handlungszusammenhang einer Institution aufgenommen und darin abgewandelt bzw. weiterentwickelt werden, kommen auch die von Sandler beschriebenen Techniken von Gehorsam und Identifikation zur Geltung. Bewahrt bleiben auch die Eigenarten dieses Wissens, die ich analysiert habe – das mit den Geboten und Verboten verbundene Nicht-Wissen und ihr obligatorischer Charakter, der sie unantastbar macht.

Die Undurchsichtigkeit vieler Vorgänge und Bestimmungen in Institutionen widerspricht ihnen nicht, sondern ergänzt sie strukturell. Denn ähnlich unverständlich hatte das Subjekt in Erziehungssituationen auch die elterlichen Gebote erlebt.

Wenn Institutionen in dieser Weise das Über-Ich für sich funktionalisieren, wird es für die beteiligten Subjekte sehr schwierig, wenn nicht gar strukturell unmöglich, aus den sich immer wiederholenden Mißerfolgen in den Arbeitsabläufen Lehren zu ziehen, die auf eine grundlegende Veränderung der jeweiligen Institution gerichtet sind. Denn die Lehren, die sie tatsächlich daraus ziehen, werden vom Über-Ich präformiert sein. Dies wird verständlich, wenn wir das Kontrollsystem des Über-Ichs mit der Funktionsweise der Handlungsmaximen vergleichen.

Ehlich/Rehbein (1977) sehen die Funktionsweise von Handlungsmaximen in einem bestimmten Lernprinzip begründet, nämlich der Einsicht eines Handlungssubjekts, daß die Zurückstellung der

Befriedigung seiner kurzfristigen Interessen zugunsten einer ferner liegenden Befriedigung, die einem allgemeinen Interesse dient, auch selbst von Vorteil ist. Dies scheint ein wichtiges Prinzip für die Ausbildung des Maximenwissens zu sein. Als Lehren, die der Handelnde aus vergangenen Erfahrungen gezogen hat, entstehen diese Maximen in der Weise, daß aus vergangenen Handlungen Konsequenzen abgeleitet werden für ähnliche Handlungen desselben Typs. Dazu sind bestimmte, an Sprache gebundene Abstraktionsleistungen erforderlich. Zufällige, situationsspezifische Eigenschaften der Handlungen müssen eliminiert werden, um das Handlungstypische herauszubilden und die Konsequenzen klar zu fassen.
Die Handlungsfunktion der Maximen besteht darin, daß sie es ermöglichen, bei unterschiedlichen Zielen oder bei unterschiedlichen Wegen zur Erreichung eines Ziels eine Entscheidung herbeizuführen. In der Reflexion über Vor- und Nachteile von Handlungskonsequenzen wird mit Hilfe der Maximen unter mehreren möglichen Handlungen eine als »nützlich« ausgewählt, d. h. »empfohlen«. Im Idealfall sind in den Handlungsmaximen Erfahrungen destilliert, die den Handelnden dazu anleiten, ein partielles Interesse (einen naheliegenden Nutzen) zurückzustellen zugunsten eines allgemeinen, ferner liegenden Nutzen. Soweit diese Maximen einen überindividuellen Charakter haben, können sie auch in sprachlicher Form wiedergegeben werden.
In Institutionen gibt es zweifellos Handlungen, für die solche Nützlichkeitserwägungen eine Rolle spielen. Wenn wir von diesem Maximenbegriff ausgehen, dann ist das psychoanalytische Über-Ich ein defizienter Modus des Maximenwissens. Defizient deshalb, weil im Über-Ich weder die Möglichkeit zur Reflexion besteht, noch Handlungen oder Handlungspläne empfohlen werden. Sie sind vorab festgelegt und werden befohlen.
Hinter den Maximen, die aus Erfahrungen gewonnen wurden, bleibt das Über-Ich aber als ein im Inneren wirksames Kontrollsystem bestehen. Wenn die moralischen Wertmaßstäben und Idealvorstellungen der Eltern Handlungspräsuppositionen geworden sind, ist es fraglich, ob das Subjekt bei auftretenden Konflikten Erfahrungen macht, aus denen Lehren gezogen werden könnten, die diese Wertmaßstäbe revidieren. Eher wird die Neigung bestehen, an diesen Handlungspräsuppositionen festzuhalten. Inwieweit ein solcher Lernprozeß, in dem Maximen gewonnen werden,

durch das Über-Ich präformiert ist, kann das Subjekt in jedem Fall nur schwer selbst erkennen.

Das Maximenwissen wird vor allem dann in sich widersprüchlich sein, wenn eine Institution, die das Über-Ich in Dienst nimmt, auch dessen Sanktionsmacht innehat. Dem Handlungssubjekt bleibt dann oft nur als Ausweg die uneingeschränkte Identifizierung mit der Institution oder die Auflehnung gegen die als Zumutung erlebten Anforderungen. In beiden Fällen stellt sich die Kindheitssituation wieder her, in der ein praktisches Wissen entwickelt wurde, das zugleich das Nicht-Verstandene in sich birgt. Damit wird es strukturell unmöglich, an den immer wieder auftretenden Mißerfolgen beruflicher Arbeitsabläufe das Verallgemeinerbare so herauszuarbeiten, daß der Zusammenhang mit den inneren Widersprüchen der jeweiligen Institution offenkundig wird. Mißerfolge werden dann vielmehr einzelnen Personen angelastet, oder es werden Methoden entwickelt, mit denen institutionelle Probleme als »Störungen« beseitigt werden sollen. Die Eigenschaft des Über-Ichs, Nicht-Wissen zu reproduzieren, wird institutionalisiert.

Relativiert werden kann die innere Macht des Über-Ichs nur in dem Maße, als die Erkenntnis erarbeitet werden kann, daß diese Macht eine Funktion narzißtischer Bedürfnisse ist, daß die Omnipotenz der Elternfiguren den eigenen Bedürfnissen entspricht und ihre Schutzfunktion eine Illusion ist.

7. Handlungsbezüge der zweiten Angsttheorie Freuds

In der Schrift »Hemmung, Symptom und Angst« (Freud, G. W., Bd. XIV) wird der für die sog. zweite Angsttheorie Freuds zentrale Gedanke entwickelt, daß Angst eine bestimmte, der Selbsterhaltung dienende Leistung des »Ichs« ist. Mit der Produktion eines Angstaffekts gibt das »Ich« sich selbst ein Signal, das auf eine drohende Gefahrsituation aufmerksam macht, so daß Schutzmaßnahmen gegen die Gefahr ergriffen werden können.

Freud führt den Begriff des Angstsignals in einer Weise ein, die den Schluß nahelegt, daß er in dieser Schrift mehr als nur eine neue Funktion der Angst herausgestellt hat, »die eine Abwehrfunktion des Ichs aus ihr macht« (Laplanche/Pontalis, 1973, S. 69). Er stellt nämlich den Begriff des Angstsignals in zwei theoretische Zusammenhänge, die – wenn auch nur angedeutet – Handlungszusammenhänge sind: in den Zusammenhang einer funktionalen Erklärung der Angst im Handlungsprozeß und in den Zusammenhang einer ontogenetischen Erklärung der Entwicklung des Angstsignals aus einer ursprünglich automatischen Reaktion auf eine traumatische Situation der Hilflosigkeit.

Der Erklärungsansatz zur Ontogenese dieses Affekts wird verständlich vor dem Hintergrund einer kleinen Untersuchung, die Freud an anderer Stelle unternommen hat – der Untersuchung des berühmt gewordenen »Fort-Da«-Spiels eines kleinen Kindes in »Jenseits des Lustprinzips« (Freud, G. W., Bd. XIII).

7.1. Das Angstsignal und das »Fort-Da«-Spiel im theoretischen Zusammenhang der Aneignung eines Handlungskonzepts

In der Überarbeitung der ersten Version seiner Angsttheorie, die diesen Affekt als das Ergebnis einer vom »Ich« nicht zu bewältigenden Energiequantität zu erklären versuchte, gelangt Freud zu einigen Kennzeichen der Angst, die deren funktionale Bedeutung für den Handlungsprozeß genauer bestimmbar machen.

Als ein Kennzeichen sowohl von neurotischer Angst als auch von Realangst betont Freud zunächst den antizipatorischen Charakter; er ist verbunden mit einer Unbestimmtheit dessen, was als Gefahr droht.

»Die Angst hat eine unverkennbare Beziehung zur Erwartung; sie ist Angst vor etwas. Es haftet ihr ein Charakter von Unbestimmtheit und Objektlosigkeit an; der korrekte Sprachgebrauch ändert selbst ihren Namen, wenn sie ein Objekt gefunden hat, und ersetzt ihn dann durch Furcht.« (Freud, G. W., Bd. XIV, S. 197f)

Mit der Einführung des Begriffs der »Gefahrsituation« wird sodann die Verbindung dieses Affekts mit einem Strukturtyp von Handlungswissen – der Einschätzung – und mit dem Gedächtnis verdeutlicht. Auf der Grundlage der Unterscheidung von Realangst (als einer Angst vor einer realen Gefahr, die wir kennen) und der neurotischen Angst (als einer Angst vor einer Triebgefahr, die wir nicht kennen) führt Freud hierzu aus:

»Was ist der Kern, die Bedeutung der Gefahrsituation? Offenbar die Einschätzung unserer Stärke im Vergleich zu ihrer Größe, das Zugeständnis unserer Hilflosigkeit gegen sie, der materiellen Hilflosigkeit im Falle der Realgefahr, der psychischen Hilflosigkeit im Falle der Triebgefahr. Unser Urteil wird dabei von wirklich gemachten Erfahrungen geleitet werden; ob es sich in seiner Einschätzung irrt, ist für den Erfolg gleichgiltig.« (Freud, a.a.O., S. 199)

Der Signalcharakter der Angst wird von ihrer Funktion her bestimmt, eine innere Warnung zu geben. Das »Ich« bedient sich des Angstaffekts »(...) als Warnung vor der Gefahr und als Mittel, das Eingreifen des Lust-Unlustmechanismus wachzurufen« (Freud, a.a.O., S. 195).
Die Funktion der inneren Warnung setzt voraus, daß das »Ich« den selbst produzierten Angstaffekt in seiner Intensität bis zu einem gewissen Umfang auch selbst kontrollieren kann. Um dies zu verdeutlichen, gebraucht Freud einen medizinischen Vergleich. Mit einem selbst produzierten Angstaffekt unterzieht sich

»(...) das Ich der Angst gleichsam wie einer Impfung, um durch einen abgeschwächten Krankheitsausbruch einem ungeschwächten Anfall zu entgehen. Es stellte sich gleichsam die Gefahrsituation lebhaft vor, bei unverkennbarer Tendenz, dies peinliche Erleben auf eine Andeutung, ein Signal zu beschränken.« (Freud, a.a.O., S. 195)

Im Zusammenhang der Unterscheidung von Realangst und neurotischer Angst können wir diesen Vergleich – und damit das »Eingreifen des Lust-Unlustmechanismus« – differenzieren. Im Falle der Angst vor einer Triebgefahr kann das »Ich« mit diesem Affekt einer Triebregung wirkungsvoll entgegentreten, weil dem Lust verheißenden Versuch, dieser Regung zu folgen, die größere Unlust gegenübergestellt wird, die sich aus diesem Versuch ergeben würde. Im Falle der Realangst sorgt die gemilderte Unlust dieses Affekts dafür, daß die innere Warnung für den Betreffenden unüberhörbar wird.

In der Phase eines Handlungsprozesses, in der die Realangst typischerweise auftritt und in der sie ihre Funktion hat – der Phase der Orientierung –, gewährleistet dieser Affekt, daß das Befragen des Könnens im Hinblick auf die Bewältigung der als »gefährlich« identifizierten Situation ein besonderes Gewicht erhält. Der Unlust-Charakter der Antizipation dessen, was drohen könnte, wenn eine bestimmte Handlung ausgeführt oder eine schon begonnene fortgesetzt wird, gebietet ein Abwägen von Für und Wider hinsichtlich der Handlungsentscheidung, ein Durchspielen von Handlungsalternativen, das ohne Angst nicht erfolgen würde.

Damit im Falle der Realangst der Angstaffekt als ein inneres Warnsignal in der Handlungsorientierung funktioniert, ist es plausibel, daß folgende Voraussetzungen gegeben sein müssen:

- Der Angstaffekt ist hinsichtlich seiner Produktion *verallgemeinerbar* (d. h. er tritt nicht nur in einigen, sondern in prinzipiell allen als gefährlich eingeschätzten Situationen auf).
- Der Affekt ist in seiner Intensität (in einem gewissen Umfang) *kontrollierbar*.
- Die Angst ist in Verbindung mit den Bedingungen der Gefahr *analysierbar* (d. h. als inneres Warnsignal ist sie verbunden mit der Einschätzung der Situation und dem Befragen des Könnens).

Es läge nun nahe, den Unterschied von Realangst und neurotischer Angst in der Weise zu bestimmen, daß für letztere diese Voraussetzungen nicht, oder nur sehr eingeschränkt, gegeben sind. Diese Art der Unterscheidung bliebe aber an der Oberfläche des Phänomens. Das Verhältnis von neurotischer Angst und Realangst ist in der zweiten Angsttheorie komplexer analysiert. Aufschlußreicher ist Freuds Gedanke, daß sich das Angstsignal

ontogenetisch aus einer ursprünglichen Reaktion auf eine traumatische Situation der Hilflosigkeit entwickelt. Welcher inneren Logik diese Entwicklung folgt, ist genauer zu klären.
Daß für Freud der Begriff des Angstsignals – neben anderen Aspekten – eine handlungsfunktionale Bedeutung hat, ist der zweiten Version seiner Angsttheorie unschwer zu entnehmen. Weniger deutlich ist, daß sein Versuch, die Ausbildung der Angst als ein Warnsignal ontogenetisch zu erklären, ebenfalls in einem handlungstheoretisch systematisierbaren Zusammenhang steht.
Freud erläutert, nachdem er die Gefahrsituation, in der das Angstsignal auftritt, von der traumatischen Situation unterschieden hat, in der vollkommene Hilflosigkeit erlebt wird, den Prozeß der Ausbildung des Angstsignals folgendermaßen:

»Es ist nun ein wichtiger Fortschritt in unserer Selbstbewahrung, wenn eine solche traumatische Situation von Hilflosigkeit nicht abgewartet, sondern vorhergesehen, erwartet, wird. Die Situation, in der die Bedingung für solche Erwartung enthalten ist, heiße die Gefahrsituation, in ihr wird das Angstsignal gegeben. Dies will besagen: ich erwarte, daß sich eine Situation von Hilflosigkeit ergeben wird, oder die gegenwärtige Situation erinnert mich an eines der früher erfahrenen traumatischen Erlebnisse. Daher antizipiere ich dieses Trauma, will mich benehmen, als ob es schon da wäre, solange noch Zeit ist, es abzuwenden. Die Angst ist also einerseits Erwartung des Traumas, andererseits eine gemilderte Wiederholung desselben. Die beiden Charaktere, die uns an der Angst aufgefallen sind, haben also verschiedenen Ursprung. Ihre Beziehung zur Erwartung gehört zur Gefahrsituation, ihre Unbestimmtheit und Objektlosigkeit zur traumatischen Situation der Hilflosigkeit, die in der Gefahrsituation antizipiert wird. (...) Die Angst ist die ursprüngliche Reaktion auf die Hilflosigkeit im Trauma, die dann später in der Gefahrsituation als Hilfssignal reproduziert wird. Das Ich, welches das Trauma passiv erlebt hat, wiederholt nun aktiv eine abgeschwächte Reproduktion desselben, in der Hoffnung, deren Ablauf selbsttätig leiten zu können. Wir wissen, das Kind benimmt sich ebenso gegen alle ihm peinlichen Eindrücke, indem es sie im Spiel reproduziert; durch diese Art, von der Passivität zur Aktivität überzugehen, sucht es seine Lebenseindrücke psychisch zu bewältigen.« (Freud, a.a.O., S. 199 f)

Was es mit der »Reproduktion« peinlicher Eindrücke auf sich hat, können wir an Freuds Interpretation des »Fort-Da«-Spiels klären, auf das er hier offenbar Bezug nimmt. Er hat dieses Spiel selbst als ein Beispiel für die »Art, von der Passivität zur Aktivität überzugehen« (s. o.) analysiert.

Über dieses Spiel eines 1 1/2 Jahre alten Kindes, dessen »guten Rapport« mit seinen Eltern und dem einzigen Dienstmädchen er betont, führt Freud aus:

»Dieses brave Kind zeigte nun die gelegentlich störende Gewohnheit, alle kleinen Gegenstände, deren es habhaft wurde, weit weg von sich in eine Zimmerecke, unter ein Bett usw. zu schleudern, so daß das Zusammensuchen seines Spielzeuges oft keine leichte Arbeit war. Dabei brachte es mit dem Ausdruck von Interesse und Befriedigung ein lautes, langgezogenes o-o-o-o hervor, das nach dem übereinstimmenden Urteil der Mutter und des Beobachters keine Interjektion war, sondern ›Fort‹ bedeutete. Ich merkte endlich, daß das ein Spiel sei, und daß das Kind alle seine Spielsachen nur dazu benütze, mit ihnen ›fortsein‹ zu spielen. Eines Tages machte ich dann die Beobachtung, die meine Auffassung bestätigte. Das Kind hatte eine Holzspule, die mit einem Bindfaden umwickelt war. Es fiel ihm nie ein, sie zum Beispiel am Boden hinter sich herzuziehen, also Wagen mit ihr zu spielen, sondern es warf die am Faden gehaltene Spule mit großem Geschick über den Rand seines verhängten Bettchens, so daß sie darin verschwand, sagte dazu sein bedeutungsvolles o-o-o-o und zog dann die Spule am Faden wieder aus dem Bett heraus, begrüßte aber deren Erscheinen jetzt mit einem freudigen »Da«. Das war also das komplette Spiel, Verschwinden und Wiederkommen, wovon man zumeist nur den ersten Akt zu sehen bekam, und dieser wurde für sich allein unermüdlich als Spiel wiederholt, obwohl die größere Lust unzweifelhaft dem zweiten Akt anhing.« (Freud, G. W., Bd. XIII, S. 12 f)

Freud bleibt zwischen den beiden Interpretationen dieses Spiels, die er als möglich ansieht, unentschieden. Die erste Interpretation, die er erwägt, sieht das Wegwerfen des Gegenstandes, der in der Vorstellung des Kindes für die Mutter steht, als Befriedigung eines gegen sie gerichteten Racheimpulses, der sonst unterdrückt werden mußte. Die zweite Interpretation legt dem Spiel des Kindes dessen Bestreben zugrunde, sich aus der passiven Rolle eines von einem unlustvollen Erlebnis Betroffenen in eine aktive Rolle zu bringen – ein Bestreben, das man einem »Bemächtigungstrieb« zurechnen könnte, und das jedenfalls ein Drang des Kindes ist, »(...) etwas Eindrucksvolles psychisch zu verarbeiten, sich seiner voll zu bemächtigen (...)« (Freud, a.a.O., S. 14).
Wenn wir das in diesem Zusammenhang mißverständliche Begriffspaar »aktiv« und »passiv« fallenlassen; und wenn wir von einem Gefühl der Hilflosigkeit und Abhängigkeit des Kindes ausgehen, das immer wieder entsteht, weil es das mit Unlust verbundene Sich-Entfernen der Mutter nicht verhindern kann, gelangen

wir zu einer Auffassung dieses Spiels, die die Erhaltung des Selbstwertgefühls in den Mittelpunkt stellt.

Das Wesentliche an diesem Spiel ist dann, daß das Kind mit ihm sein bisheriges Erlebnis der Abhängigkeit und Hilflosigkeit in dem Ablauf von Weggehen der Mutter und ihr Wiederkommen in ein Gefühl der Macht umwandeln kann, weil es nun selbst diesen Ablauf herbeiführt und kontrolliert. Es kann im Spiel selbst die Mutter verschwinden lassen und ihr Wiederkommen auch selbst herbeiführen. – Diesem Können, das der erlebten Einbuße des Selbstwertgefühls Abhilfe verschaffen soll, haftet allerdings ein innerer Widerspruch an, auf den ich später noch eingehen werde.

Ich möchte zunächst verdeutlichen, warum dieses »Fort-Da«-Spiel für eine psychoanalytische Erklärung der Aneignung sprachlicher Handlungsmuster – und damit auch für eine psychoanalytische Theorie der Sprachentwicklung des Kindes – einen besonderen Stellenwert hat.

Unter dem Aspekt der Veränderung eines realen Sachverhalts sind beide Akte dieses Spiels aufeinanderfolgende Phasen ein und derselben Handlung. Der als unlustvoll erlebte Zustand der Abwesenheit der Mutter wird durch Herbeiführung ihres Wiederkommens umgewandelt in einen Zustand, der im Gedächtnis als lustvoll gespeichert ist. Das Kind macht in diesem Spiel eine Erfahrung, die für Handeln überhaupt wesentlich ist: durch ein Eingreifen in die Wirklichkeit einen Zustand der Insuffizienz in einen der Suffizienz zu verwandeln.

Mit dem Inventar seines Spiels hat es alles, was es für diese Erfahrung braucht. Der Rand des verhängten Bettchens markiert den Realitätsausschnitt der äußeren Wirklichkeit, der für die Sachverhaltsveränderung bedeutsam ist. Das zweite für die Handlungserfahrung wesentliche Moment – das der Kooperativität – stiftet im Spiel der Bindfaden, an den die Spule geknüpft ist. Durch ihn wird im Spiel die Kooperativität gleichsam erzwungen.

Da der Ablauf wiederholbar ist, kann die Herbeiführung des Wiederkommens zunehmend auch gezielt erfolgen, d. h. die Möglichkeit, den Zustand des Mangels aufheben zu können, ist in diesem Zustand selbst schon angelegt.

Auch wenn wir über den Prozeß der Aneignung sprachlicher Handlungsmuster immer noch recht wenig wissen: Mit der Wiederholbarkeit des Spiels, der skizzierten Struktur allgemeiner Handlungserfahrung und der Regularität der sprachlichen Lautgebung: »o-o-o-o« und »da« weist dieses Spiel Eigenschaften auf, die darauf hindeuten, daß sich das Kind in ihm Ansätze für die Möglichkeit sprachlichen Handelns überhaupt aneignet – genauer: für die Konzept-Grundlage sprachlicher Handlungsmuster.

Unter der Konzept-Grundlage einer Handlung verstehe ich im folgenden das »Gewußt, wie« einer Handlung, die Beherrschung der Fähigkeit zu ihrer Realisierung. In bezug auf die Realisierung einer sprachlichen Handlungsform gewährleistet dieses Können, daß u. a. die folgenden dafür notwendigen drei Voraussetzungen gegeben sind: die Verallgemeinerbarkeit (d. h. die Möglichkeit, die Handlungsform auf neue Situationen anzuwenden); ihre Wiederholbarkeit; und ihre Analysierbarkeit (im Sinne einer alltagspraktischen Analyse des Prozesses).

Die Leistung der Sprache, die für dieses Können wesentlich ist, finden wir im »Fort-Da«-Spiel in Rudimenten schon angelegt. Ich will meine Überlegung hierzu kurz skizzieren.

Bestimmte sprachliche Produktionen des Kindes haben in dem Lebensalter von 1 1/2 Jahren möglicherweise schon die Bedeutung sprachlicher Symbole; d. h. das Kind kann im Medium von Sprachformen etwas in seiner Wahrnehmungssituation Abwesendes in seiner Vorstellung repräsentieren. Gewiß handelt es sich hier aber um kontextabhängige Vokalisationen, die den zwei Phasen des Spiels eindeutig zugeordnet sind. Jede lautliche Äußerung ist Bestandteil einer bestimmten Phase und markiert den Unterschied zur jeweils anderen.

Das Kind benennt mit seiner Lautgebung die jeweilige Situation – die des Weg-Seins und die des Wieder-da-Seins des Gegenstandes.

Die Lautgebung »o-o-o-o« hat darüber hinaus als Interjektion eine kommunikative Funktion, die Freud (und der Mutter des Kindes) entgangen ist, weil sich beide, so vermute ich, von einer common sense-Vorstellung über Interjektionen leiten ließen, die diese Funktion nicht kennt.

Nach dieser Vorstellung ist eine Interjektion eine reine Expression von Gefühlen. Und da die Mutter und der Beobachter (Freud) an dieser Lautgebung eine bestimmte Bedeutung erkannt hatten, zogen sie den Schluß, daß diese Lautgebung keine Interjektion sein konnte.

Wie Ehlich (1986) gezeigt hat, kommt den verschiedenen Interjektionen (im Deutschen z. B. OH, AH, IH, AU) eine gemeinsame kommunikative Funktion zu. Sie stellen zwischen Sprecher und Hörer eine unmittelbare Beziehung her, die eine interaktionale Übereinstimmung gewährleisten kann. Diese Übereinstimmung kann sich auf den Kontakt überhaupt beziehen, auf die emotionale Befindlichkeit, auf Formen der Wissensverarbeitung und auf den weiteren Handlungsverlauf. Aufgrund dieser kommunikativen Lenkungsfunktion der Interjektionen schlägt Ehlich vor, diese als »expeditive« sprachliche Erscheinungen zu bezeichnen. Sie sind unmittelbar in das sprachliche Handeln eingebunden und bilden darin das expeditive Verfahren, das, ebenfalls wie das Verfahren des sprachlichen Zeigens (Deixis), unmittelbar von der Sprechsituation abhängt.

Das Oh kann im Deutschen, abhängig von der tonalen Struktur und der Länge dieser Form, Betroffenheit (bis hin zum Klagen), aber auch Verblüffung ausdrücken. Hinsichtlich der Intonation dieses »o-o-o-o« im kindlichen Spiel erfahren wir von Freud nichts Näheres. Auch die familiäre Herkunft dieser Vokalisation bleibt unbestimmt; möglicherweise hat das Kind für sein Spiel von einer lautlichen Form Gebrauch gemacht, die es in einer ähnlichen Situation bei den Eltern erfahren hat.

Das Nicht-vorhandenen-Sein der Holzspule (der Mutter) führt zu einer Vokalisation, die das Kind als Ausdruck der Betroffenheit wahrscheinlich kannte. Wenn es diese Lautgebung auf sich selbst gerichtet hat, kann es sich damit auch wieder zum Handeln anregen. Denn das OH fordert als expeditives Element einen Hörer als Handelnden. Diesen Part übernimmt das Kind selbst; es sorgt selbst dafür, daß die Holzspule (die Mutter) wieder erscheint, deren Verschwinden im Gedächtnis mit Unlust und Kränkung verbunden ist.

Zusammen mit dem »Da«, einem Mittel der lokalen Deixis, wendet das Kind im Spiel also zwei verschiedene sprachliche Verfahren an: ein deiktisches und ein expeditives Verfahren. Es bezeichnet damit auch zugeich die beiden gegensätzlichen Situationen.

Das Kind wird in der praktischen Analyse noch gar nicht einzelne sprachliche Akte erfaßt haben und insofern auch nicht die daraus konstituierte Handlungseinheit. Redder (1987) vertritt die plausible These, daß in der Entwicklung der Sprechhandlung der Aufforderung die sprachliche Kommunikation auf der Ebene von Verfahren abläuft, d. h. unterhalb der Ebene von Akten und

Handlungen. Hier spielen das deiktische Verfahren und das operative Verfahren (bei dem es um die Verarbeitung des sprachlichen Geschehens unter inhaltlichen Aspekten geht) eine besondere Rolle.[1]
Wie an dieser Entwicklung auch Interjektionen beteiligt sein können, zeigt das Spiel mit der Holzspule. Denn das Kind, das im Spiel in seinen eigenen Handlungszusammenhang eingreift, fordert einen Handelnden, zu dem es einen direkten Kontakt herstellt, und der in die Kooperation eingespannt werden soll. Insofern kann das »o-o-o-o« des Kindes eine rudimentäre Entwicklungsform einer Aufforderung sein.
Ich bin auf die sprachlichen Zusammenhänge dieses Spiels ausführlicher eingegangen, um deutlich zu machen, wie das Kind in diesem Spiel einen Ansatz für die Möglichkeit findet, einen Handlungsweg, zu dem der Gebrauch von Sprache gehört, mit einem Ziel zu verbinden. Und die Sprache ist dabei behilflich, diese Verbindung herzustellen.
Die Erfahrung des zielgerichteten Handelns, die das Kind in diesem Spiel macht, kann, weil sie mit Sprache verknüpft ist, für das sprachliche Handeln verallgemeinert werden.
Die Kooperation (mit der Mutter) ist in diesem Spiel nur vorgestellt, sie ist nicht real. Alle Tätigkeiten des Ablaufs werden vom Kind übernommen. Der Faden, der im Spiel die Handlungsbeteiligung des Co-Aktanten erzwingt, kann allerdings immer mehr durch eine reale Kooperation im Handeln ersetzt werden, je weiter das Kind in der Ausbildung von Handlungswissen fortschreitet.
Diesem Fortschritt in der Entwicklung des »Ichs« (als dem psychischen Ort, an dem Handlungswissen angeeignet und aktualisiert wird) haftet ein innerer Widerspruch an, den ich schon erwähnt habe (Kap. 4.):

»Die Entwicklung des Ichs besteht in einer Entfernung vom primären Narzißmus und erzeugt ein intensives Streben, diesen wieder zu gewinnen.« (Freud, G. W., Bd. x., S. 167f)

Das »Fort-Da«-Spiel steht exemplarisch dafür, daß dieser Entwicklungswiderspruch in der »Logik« dieser Entwicklung selbst liegt. Denn der Versuch, auf dem Wege der Aneignung eines Kön-

1 Die Systematik der sprachlichen Prozeduren erläutert Ehlich (1979, 1991).

nens die immer wieder auftretende Hilflosigkeit zu bewältigen, verfehlt eben das, was auf diesem Weg wiederhergestellt werden sollte: die Möglichkeit, in der Phantasie mit der Mutter eine Einheit bzw. Verschmelzung wiederzufinden. Das »Ich«, das sich ein solches Können angeeignet hat, ist nicht mehr dasselbe »Ich«, das die Stätte der erlebten Hilflosigkeit, aber auch der lustvollen Verschmelzungserlebnisse war.

Freuds Interpretation dieses Spiels als die »Reproduktion« eines unlustvollen Erlebnisses betont einseitig den Wiederholungs-Aspekt. Wenn wir das Spiel des Kindes als eine Form analysieren, in der es eine narzißtische Einbuße durch das Aneignen eines Könnens zu bewältigen versucht, dann verändert die Reproduktion des unlustvoll erlebten Ablaufs sowohl den Charakter dessen, was reproduziert wird, als auch die psychische Stätte, an der sie geschieht.

Ohne das Bestreben, das wiederholte Erlebnis von Abhängigkeit und Hilflosigkeit zu bewältigen und den Zustand des »primären Narzißmus« wiederherzustellen, würde das Kind wahrscheinlich nicht den Weg der Beherrschung des unlustvoll erlebten Ablaufs einschlagen. Auf diesem Weg findet es zwar einerseits für sich selbst den Ansatzpunkt zur Ausbildung neuer Kommunikationsmöglichkeiten mit seinen Beziehungspersonen; andererseits bleibt von jetzt an eine schmerzhafte Differenz der in den neuen Handlungsformen möglichen Befriedigungen zu den im Gedächtnis bewahrten Sedimenten grandioser Einheitserlebnisse.

7.2. Die neurotische Angst und der epistemische Widerspruch ihrer Vorstellungsinhalte

Der Prozeß, den Freud die »Bewältigung peinlicher Eindrücke« auf dem Wege ihrer »Reproduktion« nennt, verläuft im »Fort-Da«-Spiel (nach meiner Interpretation) in der Form der spielerischen Aneignung eines Handlungs-Konzepts. Inwiefern kann, wie Freud es nahelegt, die ontogenetische Entwicklung der traumatischen Angstreaktion zu einem Angstsignal, das eine handlungsfunktionale Bedeutung hat, analog dazu begriffen werden?

Diese Analogie wird plausibel, wenn wir berücksichtigen, daß die Entwicklung des Angstsignals mit der Ausbildung eines Handlungspotentials zur Bewältigung von Gefahr zusammenhängt. »Bewältigung« ist dabei in einem weiten Sinne zu verstehen und schließt Handlungen der Flucht und andere Schutzvorkehrungen ebenso ein wie Handlungen, die ein Hindernis überwinden. Die mentalen Prozesse des Antizipierens und Einschätzens, die Freud erwähnt, gehören ebenfalls zu diesem Handlungspotential.

Für die Konzept-Grundlage dieser Handlungsformen – für das Können – ist es notwendig, daß Angst als ein inneres Warnsignal zur Verfügung steht. Dafür müssen die Voraussetzungen gegeben sein, die ich oben (für den Fall der Realangst) genannt habe: die Verallgemeinerbarkeit hinsichtlich der Produktion dieses Affekts; die relative Kontrollierbarkeit seiner Intensität; und die Analysierbarkeit der mit ihm verbundenen Vorstellungen.

An der antizipatorischen Leistung der Angstvorstellungen haftet dabei noch ein Moment des genetischen Ursprungs dieses Affekts: die Erinnerung an die traumatischen Erlebnisse der Hilflosigkeit, aus denen heraus das Angstsignal entwickelt wurde. Die »Unbestimmtheit« und »Objektlosigkeit« der Angst wird vor diesem Hintergrund verständlich.

In welchem Verhältnis steht nun die neurotische Angst zur Realangst? Das wesentliche Kennzeichen der neurotischen Angst ist der Umstand, daß der Betreffende an »verjährte Angstbedingungen (...) der Kindheit gebunden« bleibt, die er nicht überwinden konnte. (Freud, G. W., Bd. XIV., S. 180). Damit verbunden ist eine Blockierung des Entwicklungsprozesses in diesem Bereich, der aus dem traumatischen Angstaffekt ein handlungsfunktionales Angstsignal macht. Das Bestreben des »Ichs« mißlingt, den »Ablauf des Angstaffekts selbsttätig« zu leiten (Freud. a.a.O., S. 200) und ihn »dem normalen seelischen Betrieb unterwerfen« zu können (Freud, a.a.O., S. 181).

Diese Betrachtungsweise betont an der neurotischen Angst das Fehlfunktionieren des Affektablaufs; sie klärt nicht die Frage, warum der Betreffende eine Triebregung als gefährlich erlebt, und was »gefährlich« in diesem Zusammenhang bedeutet.

Freud führt hierzu aus:

»Wir haben (...) die Überzeugung gewonnen, daß der Triebanspruch oft nur darum zur (inneren) Gefahr wird, weil seine Befriedigung eine äußere Gefahr herbeiführen würde, also weil diese innere Gefahr eine äußere repräsentiert.« (Freud, a.a.O., S. 200f)

Das Verhältnis von Triebgefahr und äußerer Gefahr diskutiert Freud, indem er sich auf seine frühere Untersuchung der Phobie des kleinen Hans bezieht.

»Ich habe früher einmal der Phobie den Charakter einer Projektion zugeschrieben, indem sie eine innere Triebgefahr durch eine äußere Wahrnehmungsgefahr ersetzt. Das bringt den Vorteil, daß man sich gegen die äußere Gefahr durch Flucht und Vermeidung der Wahrnehmung schützen kann, während gegen die Gefahr von innen keine Flucht nützt. Meine Bemerkung ist nicht unrichtig, aber sie bleibt an der Oberfläche. Der Triebanspruch ist ja nicht an sich eine Gefahr, sondern nur darum, weil er eine richtige äußere Gefahr, die der Kastration, mit sich bringt. So ist im Grunde bei der Phobie doch nur eine äußere Gefahr durch eine andere ersetzt. Daß das Ich sich bei der Phobie durch eine Vermeidung oder ein Hemmungssymptom der Angst entziehen kann, stimmt sehr gut zur Auffassung, diese Angst sei nur ein Affektsignal (...)«. (Freud, a.a.O., S. 156f)

Nun ist aber eine Gefahrsituation, die sich durch die Befriedigung eines Triebanspruchs ergeben würde, nicht von sich aus schon bedrohlich. Ihre Gefährlichkeit im Zusammenhang mit einem Triebanspruch ist vielmehr das Ergebnis von Erfahrungen, die das Subjekt in bestimmter Weise bearbeitet hat. Die für das »Ich« unbestimmbare innere Gefahr der psychischen Hilflosigkeit wurde so bearbeitet, daß sie zu einer bestimmten Gefahr wurde.

Eine dieser Bearbeitungsleistungen ist die Metaphorisierung der Gefahr. Die (von Freud interpretierte) Angstvorstellung des kleinen Hans, vom Vater als Vergeltung für seine aggressiven Regungen gegen ihn »kastriert« zu werden, ist ein Beispiel dafür. Diese bildhafte Vorstellung dessen, was dem Hans vom Vater droht, wenn er den eigenen aggressiven Regungen folgt, ist das Ergebnis einer Umsetzung des Phallischen ins Körperlich-Organische; die drohende Verletzung der Integrität des ersteren wird – u. a. durch die Aufnahme von Wahrnehmungen, daß einem kleinen Mädchen der Penis fehlt – in die drohende Verletzung oder gar den Verlust des Penis umgesetzt. Die Gefahr, die vom Vater droht, wird zu einer konkreten Gefahr.

Ein Beispiel für eine weitere Leistung des Subjekts in diesem Zusammenhang ist die Angstvorstellung des kleinen Hans, vom Pferd gebissen zu werden. Freuds Bemerkung, daß sich das »Ich« mit diesem Symptom der Angst entziehen kann (indem z. B. zukünftig das Spielen auf der Straße vermieden wird), wirft ein Licht darauf, daß auch die neurotische Angst – wie die Realangst – im

Handlungsprozeß die Funktion eines Warnsignals hat. Es gilt aber, genauer herauszuarbeiten, daß (und warum) diese Funktion epistemisch widersprüchlich ist.

Den Vorteil, den die Bildung der Angstvorstellung, vom Pferd gebissen zu werden, dem kleinen Hans bietet, erläutert Freud folgendermaßen:

»Die Ersatzbildung hat zwei offenkundige Vorteile, erstens, daß sie einem Ambivalenzkonflikt ausweicht, denn der Vater ist ein gleichzeitig geliebtes Objekt, und zweitens, daß sie dem Ich gestattet, die Angstentwicklung einzustellen. Die Angst der Phobie ist nämlich eine fakultative, sie tritt nur auf, wenn ihr Objekt Gegenstand der Wahrnehmung ist. Das ist ganz korrekt; nur dann ist nämlich die Gefahrsituation vorhanden. Von einem abwesenden Vater braucht man auch die Kastration nicht zu befürchten. Nun kann man den Vater nicht wegschaffen, er zeigt sich immer, wann er will. Ist er aber durch das Tier ersetzt, so braucht man nur den Anblick, d.h. die Gegenwart des Tieres zu vermeiden, um frei von Gefahr und Angst zu sein. Der kleine Hans legt seinem Ich also eine Einschränkung auf, er produziert die Hemmung nicht auszugehen, um nicht mit Pferden zusammenzutreffen.« (Freud, a.a.O., S. 156)

In der Angstvorstellung des kleinen Hans haben wir also mehr als nur »den entstellten Ausdruck« seiner Kastrationsangst (Freud, a.a.O., S. 156) vorliegen. In dem zweiten Vorteil dieser Angst, den Freud erwähnt, ist angedeutet, daß diese Angstvorstellung das Resultat einer Bearbeitung der Gefahr der »Kastration« durch den Vater ist. Diese Gefahr wurde in eine Gefahrsituation umgewandelt, deren Auftreten antizipiert werden konnte, weil die Gefahrsituation in der äußeren Wirklichkeit lokalisiert war.

Ich hatte weiter oben (Kap. 4.3.) dargelegt, daß für den kleinen Hans der Wunsch, der Vater möge sich verletzen, und die Erfüllung dieses Wunsches in der Wahrnehmung zusammenfielen. Das mußte bei ihm eine starke Angst vor der Vergeltung seitens des Vaters auslösen.

Der große Vorteil dieser Bearbeitung der Gefahr bestand für ihn darin, daß nun gegenüber dieser Gefahr, die genau bestimmbar war, sein Handlungspotential zur Bewältigung von Gefahr anwendbar wurde. Er konnte z. B. die Gefahrsituation antizipieren und eine schon geplante Handlung unterlassen, oder die Flucht antreten, wenn er ein Pferd auf der Straße sah. Damit war zwar einerseits eine Einschränkung seines Handlungsbereichs verbunden – er ging nun seltener als früher auf die Straße –, andererseits hatte er auf diese Weise eine Form der Bewältigung der Gefahr gefunden, die deren Entstehen von seinem Handeln abhängig machte. Mit anderen Worten: Er hatte sich gegenüber der Gefahr einen Spielraum der Handlungsentscheidung geschaffen, den er zuvor nicht hatte.

Mit der Veränderung des Angstinhalts wird die Bedingung der Gefahr – seine feindselige Regung gegenüber dem Vater –, in eine Bedingung seines Handelns umgewandelt. Die Gefahr wird im Handeln antizipierbar – und genau deshalb wird sie hinsichtlich ihrer Entstehungsbedingungen verkannt. Der neu gebildete Angstinhalt ist epistemisch widersprüchlich. Als Warnsignal bietet die Angst, vom Pferde gebissen zu werden, dem kleinen Hans eine Orientierungsgrundlage für sein Handeln gegenüber einer Gefahr, deren Entstehungsbedingungen gar nicht in seinem Handeln liegen.

Der kleine Hans hat seinen »ödipalen« Konflikt mit dem Vater auf Wegen zu bewältigen versucht, die im Ergebnis zur Bildung seiner Phobie geführt haben. Mittels der »Verdrängung« (und wohl auch der Projektion) hat er seine Triebregungen abgewehrt; mit der Umbildung des Angstinhalts – der Lokalisierung des Gefährlichen in der Form bestimmter Pferde auf der Straße, die ihn beißen wollen – hat er die Gefahr der »Kastration« in eine Gefahrsituation umgewandelt, die im Handeln antizipierbar ist.

Ähnlich widersprüchliche Orientierungsleistungen sind in bestimmten sprachlichen Bildern dokumentiert, die Patienten in der psychoanalytischen Therapie gebrauchen, um sich ein regelmäßig wiederkehrendes Angsterlebnis verständlich zu machen, dessen Entstehungsbedingung sich dem Begreifen entzieht. Drei dieser sprachlichen Bilder sollen im folgenden genauer untersucht werden.

Die Metaphorisierung von Gefahr, die in ihnen dokumentiert ist, läßt sich weder mit Freuds Konzept der Sprache als einem Assoziationsapparat, noch mit seiner Theorie der Symbolik befriedigend erklären.

7.3. Sprachliche Bilder über die Entstehung von Angst

Zum besseren Verständnis der nachfolgenden Untersuchung eine Hintergrundinformation über den Patienten. An späterer Stelle (Kap. 8) werde ich auf die neurotische Symptomstruktur und ihren biographischen Hintergrund ausführlicher eingehen.

Er entschloß sich zu einer psychoanalytischen Therapie aufgrund einer homosexuellen Problematik; im Verlauf der Analyse wurde u. a. deutlich, daß er in einer für seine psychosexuelle Entwicklung sehr ungünstigen Familienkonstellation aufgewachsen ist. Ein schwacher und zumeist abwesender Vater begünstigte die Identifizierung mit der dominanten Mutter in der »ödipalen« Phase; in Zusammenhang mit der triebfeindlichen Haltung der Mutter, die phallisch-männliche Regungen ihres Lieblingssohnes heftig ablehnte, muß der Patient in seiner Kindheit traumatische Erlebnisse gehabt haben.

Die sprachlichen Bilder wurden von dem Patienten in zwei aufeinanderfolgenden Therapiesitzungen gebraucht; sie stehen im Zusammenhang seiner Berichte und Erzählungen darüber, daß er im Zusammensein mit Frauen, die er sexuell attraktiv findet, immer wieder dieselbe Schwierigkeit erlebt. Er kann die »Sexphantasien« die er »im Kopf« hat, nicht in ein sexuelles Handeln »umsetzen«.

a) Zum Gesprächskontext: Der Patient hat, als Beispiel für die genannte Schwierigkeit, davon erzählt, daß er in einer solchen Situation in Anwesenheit einer Frau einmal eingeschlafen ist. Darauf fragt der Analytiker:

A: Haben Sie Angst, das Gespräch darauf zu bringen? (15).

P: ((vernehmliches Ausatmen)) Wenn's nur das *Gespräch* wäre. Irgendwie ((vernehmliches Ausatmen)) muß man ja auch 'was *tun*. ((angedeutetes leises Lachen))

A: Zum Beispiel?

P: (Na) Hand packen, oder wie. , weiß der Himmel, 'was so in die Gestik 'reinbringen, persönlicher werden.

A: (ls-) hmhm (-ls) (7)

P: Und das kommt mir immer, (s-) das is' hier ja schon häufig bered't worden (-s), wie so'n *Sprung* vor, wie so'n *Graben*, den ich nich' schaffe. (13)

b) Zum Gesprächskontext: der Patient berichtet in dieser Sitzung wieder davon, was er erlebt, wenn er mit einer Frau sexuell intim werden möchte. Er fühlt die »Ansprüche« der Frau sehr deutlich; er erlebt den »Sex« wie einen »Sog zum Anderen hin«, und er kann sich im Bett nicht mehr »nur aufspielen«.

P: (8) Vielleicht gibt es ja Männer, die sich im Bett so selber produzieren können. Das kann ich nicht. Haben wir schon häufig drüber geredet. Da hab ich eher das Gefühl, nun werden mir die Masten abgerissen, oder. so was.

c) (unmittelbar im Anschluß daran, nach einer Pause:)

P: (22) Also mein Bild in punkto Sex, finde ich, is'. immer ganz deutlich. Eigentlich fängt's an. damit, daß ich. so hinter einer Mauer stehe, oder von Panzern umgeben, und dann etwas mit den Scharnieren knarre und das vielleicht irgendwer lustig findet. Und urplötzlich kommt dann sozusagen. ((lacht leise)) he der Sex auf die ganze Bühne, und die Rüstung fällt ab ((lacht leise)) he. Und dann muß man sehen, wie man damit fertig wird. ((kurzes Ausatmen)) (13) Mir kommt es immer als das *Gleiche* vor, daß ich da so plötzlich *schutzlos* werde... un' mir das nicht zutraue.

Die Bedeutung dieser sprachlichen Bilder ist sehr komplex, insbesondere die Bedeutung der Bilderfolge (c). Meine Untersuchung beansprucht nicht, die volle Bedeutung der jeweiligen Bilder zu erfassen; ich konzentriere mich auf die Frage, inwieweit diese Bilder eine für den Handelnden widersprüchliche Orientierungsleistung dokumentieren.

Der Patient macht deutlich, daß er das Erlebnis, das mit dem in dem jeweiligen Bild dargestellten Geschehen verbunden ist, nicht gelegentlich, sondern regelmäßig hat. In den Bildern (a) und (c) macht er dies sprachlich explizit – »das kommt mir immer so vor«; »mir kommt es immer als das Gleiche vor«. Im Zusammenhang von Bild (b) ist diese Regelmäßigkeit implizit in seinen Äußerungen enthalten: »Das kann ich nicht. Haben wir schon häufig drüber geredet. Da hab ich eher das Gefühl (...)«. Mit der Äußerung: »Das kann ich nicht« drückt er ein bestimmtes Wissen von sich selbst aus, das er auf der Grundlage wiederholter Erfahrungen gebildet und verallgemeinert hat.

Das Geschehen selbst benennt der Patient nicht. Wenn er sich in seinen Äußerungen darauf bezieht, bleibt der Sachverhalt, auf den er Bezug nimmt, unbestimmt: »Das kommt mir immer so vor (...)« (a); »Eigentlich fängt's an damit (...)« (c).

Aus dieser sprachlichen Unbestimmtheit des Sachverhalts (wie auch aus den therapeutischen Hintergrundinformationen) können wir schließen, daß das Geschehen, in dem seine Angst entsteht, sich dem Begreifen entzieht. Die sprachlichen Bilder wurden offenbar von ihm für den Zweck entwickelt, sich dieses Geschehen wenigstens annähernd begreiflich zu machen.

Der Gehalt dieser Bilder ist unter diesem Gesichtspunkt als ein komplexes Verhältnis von Wirklichkeit, Wissen und Sprache genauer zu analysieren. Was von dem Patienten als Regelmäßigkeit seines Erlebens in Verbindung mit einem Geschehen gewußt wird, ist das komplexe Resultat seines Versuches, sich von einem Geschehen, das sein Handeln in einer bestimmten Situation unmittelbar tangiert, sich aber dem Begreifen entzieht, gleichwohl ein Wissen zu verschaffen.

Für diesen Versuch hat der Prozeß der Metaphorisierung offenbar einen besonderen Stellenwert. Auch in anderen Zusammenhängen dient dieser Prozeß dazu, vorhandenes Wissen für die Repräsentation eines Geschehens anwendbar zu machen, für dessen spezifische Kennzeichen noch kein Wissen vorhanden ist.[2] Für die Produktion seiner Bilder hat der Patient zunächst das Alltagskonzept von »Handeln« in unterschiedlichen Aspekten fruchtbar gemacht. In allen drei Bildern wird ein Ablauf repräsentiert, der die für das Alltagskonzept des Handelns wesentlichen Momente aufweist: die Zielorientiertheit des Prozesses; und die Angewiesenheit auf bestimmte Mittel zur Erreichung des jeweiligen Ziels.

Bild (a) setzt das Handeln mit dem »Gehen« gleich; Bild (b) identifiziert den Handelnden mit einem Schiff, das auf hoher See unterwegs ist. Die Bilderfolge (c) transponiert das Handeln in die Welt des Theaters und setzt es mit dem Spielen einer Rolle gleich.

Die für die Metaphorisierung der Gefahr zentrale Kategorie, die der Analysand seinem Handlungswissen entnommen hat, ist die des Handlungshindernisses, das in einer Handlungssituation auftritt. Die Metaphorisierung hat diese Kategorie in unterschiedliche Arten eines solchen Hindernisses umgesetzt.

2 Ich verzichte darauf, die komplexe Diskussion über die Beschaffenheit und die Funktionen der Metaphorisierung darzustellen. Einen informativen Überblick gibt Haverkamp (1983). Was die Analyse sprachlicher Bedeutungsstrukturen betrifft, so hat meine nachfolgende Untersuchung Aspekte der Ansätze von Black (1954) und von Weinrich (1967) aufgenommen.

In Bild (a) ist dies ein »Graben«, dem sich der Betreffende konfrontiert sieht, während er seinen Weg geht. In Bild (b) identifiziert sich der Patient mit einem Segelschiff, das sich auf See befindet; durch den Verlust der Masten wird es daran gehindert, seine Fahrt fortzusetzen, es ist selbst vom Untergang bedroht. Wenn, wie in der Bildsequenz (c), einem Darsteller auf der Bühne, der einen Ritter spielt, die »Rüstung« abfällt, ist der Fortgang seines Rollen-Spiels in Frage gestellt.

Die sprachlichen Bilder repräsentieren, in unterschiedlicher Weise, das unvorhergesehene Auftreten eines Handlungshindernisses, das im Verhältnis zur tatsächlichen Realität des Handelns irreal ist. Im Zusammensein mit einer Frau, die ihn sexuell anzieht, entsteht im Patienten nämlich gerade dann die Angst, wenn die Frau ihm zeigt, daß sie durchaus interessiert ist, oder sie von ihm so erlebt wird, daß sie »Ansprüche« an ihn stellt. (Dies wird aus den weiteren Berichten des Patienten deutlich). Die Angst, die ihn regelmäßig, wenn auch unterschiedlich intensiv, in einer solchen Situation befällt, ist eine neurotische Angst.

Die Bilder haben gleichwohl eine funktionale Bedeutung. Durch die Metaphorisierung des Geschehens, das mit Angst verbunden ist, wird das Gefährliche dieses Geschehens etwas faßbarer: nämlich als das, was einem Handlungssubjekt droht, wenn es bei dem Versuch, ein Hindernis zu überwinden, scheitert. Die Metaphorisierung gleicht das Geschehen an Bedingungen an, unter denen ein Handelnder im Alltag auf eine Gefahr aufmerksam wird; sie ermöglicht die Identifizierung einer Handlungssituation als »gefährlich« (Bild b) oder als »erwartbar gefährlich« (Bild a und c).

Für das Handeln in der genannten Situation ermöglichen diese Bilder damit auch die Anwendung von Leistungen, die mit Handlungskonzepten zur Bewältigung von Gefahr gegeben sind: die Antizipation der Gefahrsituation, die Einschätzung der Gefahr in Verbindung mit dem Betragen des Könnens, das Abrufen von Erinnerungen, und die Entscheidung über den weiteren Handlungs ablauf. In den Bildern ist dieser Prozeß, sich mit der Gefahrsituation auseinanderzusetzen, in unterschiedlichen Ergebnissen repräsentiert.

In dem Bild von dem »Graben« ist die Einschätzung repräsentiert, daß das Hindernis nicht zu bewältigen ist – »den ich nicht schaffe.« Die praktische Konsequenz ist die Entscheidung, besser keinen Versuch zu unternehmen, das Hindernis zu überwinden.

Das Bild von dem Schiff (Handelnden), dem »die Masten abgerissen werden«, hält das Ergebnis des Versuches fest, »sich im Bett zu produzieren« – eben das Scheitern. Die hier drohende Gefahr – das Ausgeliefert-Sein eines Schiffes gegenüber einer Naturgewalt – ist das Ergebnis der metaphorischen Umsetzung eines Handlungselements in den Bereich der Seefahrt: des Verlustes der Kontrolle der Handlung bei der Verfolgung eines Ziels. Grundlage für dieses Bild ist die kindliche Denkform, die zwischen einem Schiffsmast und dem Phallus eine Bedeutungsgleichheit herstellt.

In der Bilderfolge von der »Bühne« sind Prozesse, die zu verschiedenen subjektiven Dimensionen des Handelns gehören, miteinander verbunden.

Der Patient ist auf einer Bühne und spielt dort eine Rolle. Er erwartet eine aggressive Auseinandersetzung, für die er sich mit einer »Rüstung« gewappnet hat.

In der Metaphorik der »Bühne« ist das Erleben festgehalten, vor den kritischen Blicken einer Öffentlichkeit zu handeln – »kritisch« in dem Sinne, daß der Patient erwartet, daß sein sexuelles Tun nach dem Wertmaßstab einer guten »performance« beurteilt wird. Damit ist wieder die Frage des Könnens impliziert. Diese Frage wird negativ beantwortet, da mit dem Abfallen der »Rüstung« ein notwendiges Requisit für sein Rollen-Spiel verloren geht.

Dieses Bühnen-Bild hat noch eine weitere Bedeutungsebene. Es stellt den Metaphorisierungsprozeß selbst als Metapher dar. Auf der Bühne präsentiert man sich in einer Rolle, d. h. als jemand anderen. In ähnlicher Weise steht auch das sprachliche Bild für etwas anderes. Das Abfallen der Rüstung ist daher auch die Rückkehr zur wahren Gestalt. Es symbolisiert das Aufgeben der Verstellung. Aber diese wahre Gestalt bleibt – auf der Bühne wie in der Metaphorisierung – unkenntlich.

Sie tritt, als die eigene Sexualität, in einer allegorischen Darstellung in Erscheinung, als eine zweite Figur im Bühnenstück. Die eigene Sexualität wird als ein Abstraktum bezeichnet und personifiziert. In dem »Sex, der urplötzlich auf die ganze Bühne kommt«, ist die Erfahrung repräsentiert, daß es die sexuellen Wünsche sind, die ihn hilflos machen; offen bleibt, ob es seine Wünsche sind oder die der Frau.

Das Bild stellt die Subjekt-Spaltung in einer prägnanten Weise dar.

Dem Patienten tritt die abgewehrte eigene Sexualität als etwas Fremdes und Unbestimmbares gegenüber und übt auf ihn eine übermächtige Wirkung aus.
Unter dem handlungspraktischen Gesichtspunkt verliert der Patient mit dem Abfallen der Rüstung auch den Schutz, den er in Erwartung einer aggressiven Auseinandersetzung angelegt hat. Dieses Bild hält also auch die Basis für die Entscheidung fest, keinen Versuch zur Fortsetzung der Handlung zu unternehmen: «Ich trau mich nicht.«
Die »Mauer«, der »Panzer« und die »Rüstung« können als Ergebnis der Metaphorisierung einer Handlungsmaxime verstanden werden, die als Lehre aus den Erfahrungen in intimen Situationen mit Frauen gezogen wurde: »Schütz Dich, wenn Du mit einer Frau intim werden willst!«
Damit verbunden ist das Element einer Reflexion dieser Schutzmaßnahme, das andeutet, daß diese Maßnahme aber auch als eine Last erlebt wird. Er »knarrt mit den Scharnieren«, bewegt sich also in der Rüstung, »und irgendwer findet das lustig.«
Alle drei Bilder zeigen Hilflosigkeit als drohende Gefahr an. Wir können im Rahmen der Angsttheorie Freuds annehmen, daß diese Angstvorstellungen abgeschwächte Wiederholungen der ursprünglich traumatischen Erlebnisse der Kindheit des Patienten sind.
An den Bildern läßt sich auch eine entwicklungsgeschichtliche Folge dieser traumatischen Erlebnisse erkennen: das Nichtvorhandensein eines Handlungswissens für den sexuellen Kontakt mit Frauen. Der Patient deutet dies selbst in den Äußerungen an, die Bild (a) vorausgehen. Er sagt, daß er nicht recht weiß, was zu tun ist, wenn er sexuelle Wünsche einer Frau gegenüber verwirklichen will: »(Na) Hand packen, oder wie... weiß der Himmel...«. Als ein Substitut für die fehlende Erfahrung können wir das Bildelement des »Grabens« auffassen. Mit ihm wird in einem Rückgriff auf kindliche Phantasien an dem weiblichen Genitale das daran Gefährliche repräsentiert.
Das Nicht-Können ist in allen drei Bildern dargestellt. Als die handlungspraktische Folge einer »Lücke« im Handlungswissen des Patienten ist dieses Nicht-Können und Nicht-Wissen die lebensgeschichtliche Wahrheit, die in diesen Bildern enthalten ist.
Die Auseinandersetzung hiermit erklärt auch, warum in den Bil-

dern ein Partner nicht dargestellt wird. Der »Sprung« (in Bild a) ist eine Form der Fortbewegung, die eine große körperliche Anstrengung und eine Konzentration des Handelnden auf sich selbst verlangt. Er steht in Opposition zu Handlungsschritten, die »wie von selbst« erfolgen, da die Beteiligten sie gemeinsam tun. Diese Handlungsform ist dem Betreffenden nicht verfügbar, weil ihm das Wissen fehlt, das die sexuelle Erfahrung als eine gemeinsame Erfahrung mit einer Frau repräsentiert. Einige schon genannte Aspekte in Bild (c) – wie z. B. die Vorstellung von einer »performance« – sind in diesem Zusammenhang zu analysieren (vgl. Kap. 8.).

Die rekonstruierten Entwicklungsstufen der Angst und die wichtigsten Formen ihrer Bearbeitung sollen zusammenfassend dargestellt werden.

1.) Quelle der Angst:
traumatische Erlebnisse der Kindheit
2.) Gedächtnis
3.) Ausbildung von Angst als Verbindung von Angstaffekt und Vorstellungsbildern, produziert aus:
a) den im Gedächtnis gespeicherten Formen
b) dem Handlungswissen über Gefahrsituationen
4.) Bearbeitungsformen der Angst in Gefahrsituationen:
– Antizipation und Einschätzung der Gefahr
– Handlungsentscheidung
– Vermeidung einer Handlung

Im Falle der neurotischen Angst leistet die Metaphorisierung der Gefahr, deren tatsächliche Bedingungen nicht bekannt sind, eine Anbindung des ursprünglich – als traumatisches Erlebnis – vom Handeln abgetrennten Geschehens. Der Versuch, sich durch die Produktion solcher Bilder die Entstehung der Angst begreifbar zu machen, stößt allerdings an eine Grenze, die in der Eigenschaft dieser Bilder selbst begründet ist.

Die Entstehungsbedingungen der neurotischen Angst sind ja im Gedächtnis des Betreffenden vorhanden. Seine praktische Analyse der Entstehung seiner Angst könnte erfolgreich sein, wenn sie der Frage nachginge, warum er seine Vorstellungsbilder entwickelt. Diese Frage läßt sich in den Bildern selbst jedoch nicht stellen.

Als ein Versuch, die traumatischen Erlebnisse, die in abgeschwächter Form wiederholt werden, in den Handlungsprozeß

hineinzunehmen und sie so bearbeitbar zu machen, haben die Angstbilder eine orientierende Funktion.
Das Wissen des Patienten von sich selbst reicht nicht aus, um den mit Angst verbundenen Vorgang zu begreifen, den er immer wieder in einer bestimmten Handlungssituation erlebt. Das kennzeichnet seine Angst als eine neurotische Angst. Die Metaphorisierung dient ihm dazu, auf ein anderes vorhandenes Wissen zurückzugreifen: sein Handlungswissen über Gefahrsituationen. Auf der Grundlage dieses Wissens kann er Vorstellungsbilder entwickeln, die den mit Angst verbundenen Vorgang an sein Handeln knüpfen und eine gewisse Orientierung über die Situation als eine Gefahrsituation leisten.
Zugleich führt die so gewonnene Orientierung ihn epistemisch in die Irre, und zwar notwendig. Sie lokalisiert die Angstbedingungen in der vorgestellten äußeren Wirklichkeit, während diese Bedingungen allein in seinem Unbewußten, der fortlaufenden Auseinandersetzung mit dem Anderen, gegeben sind. Die im Gedächtnis gespeicherten Formen traumatischer Erlebnisse, die mit einer Verletzung seiner phallischen Integrität in der Kindheit zusammenhängen, werden in der Auseinandersetzung mit dem Anderen (der Mutter) immer wieder reproduziert.
Das Gefühl des Nicht-Könnens, das in den Bildern deutlich wird, ist als eine Form der Reproduktion dieser Verletzung analysierbar. Es steht in einem Zusammenhang mit der systematischen Verzerrung seines Handelns, der für den Patienten nicht durchschaubar ist.
Wie der Analytiker versucht, ihm bestimmte Aspekte dieses Zusammenhangs bewußt zu machen, soll im folgenden untersucht werden. Dazu ist es nötig, sich zunächst kritisch mit Freuds Vorstellung über die Rolle der Sprache im psychoanalytischen Prozeß auseinanderzusetzen.

8. Sprache und die Bewußtmachung des Unbewußten

Die Frage, wie Verdrängtes wieder bewußt gemacht werden kann, hat Freud bekanntlich in einer Weise zu klären versucht, die der Sprache eine entscheidende Rolle in diesem Prozeß zuwies. Die Leistung der Sprache, Unbewußtes (wieder) bewußt zu machen, ist für die von ihm entwickelte Therapiemethode grundlegend. Sie setzt diese Sprachleistung ja voraus und nimmt sie praktisch in Anspruch.

Allerdings können die Konzepte, auf die sich Freud in diesem Zusammenhang stützt, nicht erklären, warum der Prozeß des Bewußtmachens (eines Erlebnisses oder einer Gefühlsbeziehung) notwendig an Sprache gebunden ist. So einleuchtend diese These auch ist – theoretisch begründen konnte Freud sie nicht.

Auch hier treffen wir auf die Asymmetrie von genialer Intuition und wissenschaftlicher Erklärungsmöglichkeit des intuitiv Erfaßten, die wir in anderen Zusammenhängen gefunden hatten. Freud hat die Leistung der Sprache für die Organisation von Bewußtseinsstrukturen im Zusammenhang emotionaler Erfahrungen entdeckt; aber die Theoriemodelle, die ihm für seinen Erklärungsversuch zur Verfügung standen, können diesen Zusammenhang gar nicht erfassen. Hierauf ist in der Diskussion dieses Erklärungsversuchs auch mehrfach hingewiesen worden (vgl. Jappe, 1971).

Ich möchte seine Problematik in den wesentlichen Aspekten kurz erläutern und deutlich machen, inwiefern eine handlungstheoretische Auffassung von Sprache einen tragfähigeren Ansatz zur Erklärung bietet, wie das Bewußtmachen des Unbewußten möglich ist. Hierzu greife ich zurück auf die Untersuchung zum unbewußten »Sinn« eines psychoneurotischen Symptoms, den wir als die individuelle Systematik des Bruchs einer Form des Handelns analysieren konnten (Kap. 2.6.). An einem kurzen Ausschnitt eines psychoanalytischen Behandlungsgesprächs möchte ich dann beispielhaft zeigen, wie eine solche Systematik im psychoanalytisch-therapeutischen Prozeß erkennbar wird. Dabei erhebe ich nicht den Anspruch, vollständig die einzelnen Untersuchungsschritte zu rekonstruieren, die der Analytiker in diesem

Beispielfall vollzogen hat, um auf der Grundlage der Kommunikation mit dem Patienten die individuelle Systematik zu erkennen.

Genauer werde ich dann den Gesprächsausschnitt daraufhin untersuchen, wie der Analytiker im Behandlungsgespräch den Patienten dazu anleitet, gemeinsam mit ihm einen bestimmten Strukturzusammenhang seines alltäglichen Handelns zu analysieren, den der Patient (vor sich und vor anderen) verdeckt.

Wir wissen immer noch wenig darüber, *wie* die psychoanalytische Behandlungsmethode bestimmte Sprachfunktionen in Anspruch nimmt, welchen Gebrauch sie von alltäglichen Formen der Kommunikation macht und wie sie die Kommunikationsbedingungen herstellt, die für die psychoanalytisch-therapeutische Arbeit unerläßlich sind. In einer früheren Arbeit (Flader et al., 1982) sind entsprechende Untersuchungen zu dieser Fragestellung vorgelegt worden. Meine Untersuchung des ausgewählten Gesprächausschnitts knüpft daran an. Ich möchte damit exemplarisch zeigen, daß der psychoanalytische Prozeß – neben anderen, ebenfalls grundlegenden psychodynamischen Vorgängen – auch als eine Handlungsanalyse verläuft.

8.1. Kritik des Freudschen Theoriemodells

Freud stellt seinen Erklärungsversuch, der das Bewußtmachen des Verdrängten eng an die Sprache knüpft, folgendermaßen dar. Zunächst weist er auf seine Voraussetzung hin, daß eine »bewußte Objektvorstellung« aus einer Verbindung von »Wortvorstellung« und »Sachvorstellung« besteht; und er führt dann aus:

»(...) die bewußte Vorstellung umfaßt die Sachvorstellung plus der zugehörigen Wortvorstellung, die unbewußte ist die Sachvorstellung allein. Das System Ubw enthält die Sachbesetzungen der Objekte, die ersten und eigentlichen Objektbesetzungen; das System Vbw entsteht, indem diese Sachvorstellung durch die Verknüpfung mit den ihr entsprechenden Wortvorstellungen überbesetzt wird. Solche Überbesetzungen, können wir vermuten, sind es, welche eine höhere psychische Organisation herbeiführen und die Ablösung des Primärvorganges durch den im Vbw herrschenden Sekundärvorgang ermöglichen. Wir können jetzt auch präzise ausdrücken, was die Verdrängung bei den Übertragungsneurosen der zurückgewiesenen Vorstellung verweigert: die Übersetzung in Worte, welche mit dem Objekt verknüpft bleiben sollen. Die nicht in Worte gefaßte Vorstellung oder der nicht überbesetzte psychische Akt bleiben dann im Ubw als verdrängt zurück.« (Freud, »Das Unbewußte«, G. W., Bd. x, S. 300)

Warum für den Prozeß des Bewußtwerdens des Verdrängten die Wortvorstellungen eine zentrale Rolle spielen, erklärt sich aus ihrem Wahrnehmungs-Charakter.

»Diese Wortvorstellungen sind Erinnerungsreste, sie waren einmal Wahrnehmungen und können wie alle Erinnerungsreste wieder bewußt werden. (...) bewußt werden kann nur das, was schon einmal bw Wahrnehmung war, und was außer Gefühlen von innen her bewußt werden will, muß versuchen, sich in äußere Wahrnehmungen umzusetzen. Dies wird mittels der Erinnerungsspuren möglich.« (Freud, »Das Ich und das Es«, G. W., Bd. xiii, S. 247)

Vor dem Hintergrund der assoziationspsychologischen Sprachauffassung und einem sensualistischen Konzept von Bewußtsein und von Wahrnehmung erscheint Freuds theoretische Überlegung durchaus plausibel. Er verbindet diese Sprachauffassung und sein Bewußtseinskonzept nämlich so miteinander, daß sinnfällig wird, warum den Wortvorstellungen im Prozeß der Bewußtwerdung des Verdrängten eine entscheidende Bedeutung zukommt. Bewußtsein war für ihn nicht primär bestimmt durch die Art und Weise, in der das Subjekt sich zu seiner sozialen Umgebung (und zu sich selbst) in Beziehung setzt. Vielmehr war für Freud Bewußtsein eng mit der Wahrnehmung verknüpft, und er sah dessen besondere Leistung darin, Qualitäten unterscheiden zu können.
So definierte er (in der »Traumdeutung«) Bewußtsein als »Sinnesorgan für die Auffassung psychischer Qualitäten«, das (im Zustand des Wachseins) von zwei Seiten her erregbar ist und rezipierend tätig wird: von der Seite der Sinnes-Wahrnehmungen her und von der Seite vorbewußter Denkvorgänge. Letztere waren für ihn, von begleitenden Lust- und Unlusterregungen abgesehen, qualitätslos; eine Qualität erhielten sie erst dadurch, daß sie mit Worterinnerungen assoziiert wurden (Freud, G. W., Bd. ii u. iii, S. 579 f u. S. 622).
Diese Überlegung wird später – in der von mir oben zitierten Darstellung, die das Konzept der »Besetzung« hinzuzieht – modifiziert. Denn nun werden die Denkvorgänge, die durch die Verbindung mit Wortvorstellungen überbesetzt (und so bewußtseinsfähig) sind, gänzlich den äußeren Wahrnehmungen gleichge-

stellt (Freud, G. W., Bd. XIII, S. 250). Aber die Grundauffassung bleibt dieselbe; und Freud hing ihr, wie Laplanche/Pontalis (a.a.O., S. 99) bemerken, zeitlebens an. Die assoziative Verbindung mit Wortvorstellungen (Wortresten) macht die Denkvorgänge deshalb bewußt, weil die in den Wortvorstellungen festgehaltenen und aktualisierten Wahrnehmungen den mit ihnen assoziierten Gedanken (Vorstellungen) eine Wahrnehmungs-Qualität verleihen. Diese ist es, die das Bewußtsein auf sie lenkt.

Daß es gerade die von akustischen Wahrnehmungen abstammenden Wortreste sind, die Freud hier in den Mittelpunkt stellt – »Das Wort ist doch eigentlich der Erinnerungsrest des gehörten Wortes« (Freud, a.a.O., S. 248) –, legt sein Konzept der Wortbedeutung nahe, das er früh in seinen Aphasieschriften (Freud, 1891, 1893) entwickelt hatte. Diesem Konzept zufolge erlangt ein Wort erst dadurch Bedeutung, daß es vom Klangbild her mit einer Objektvorstellung assoziativ verknüpft wird. Unter den verschiedenen Komponenten, aus denen eine Wortvorstellung in der assoziationspsychologischen Sprachauffassung zusammengesetzt ist (Bewegungsbild, Lesebild, Schriftbild und Klangbild), nahm für Freud das Klangbild eines Wortes also früh eine bevorzugte Stellung ein.

Die Rolle, die in Freuds Erklärungsversuch den Wortbedeutungen im Prozeß des Bewußtwerdens zugeschrieben wird, muß uns heute paradox erscheinen. Wortbedeutungen sind für diesen Prozeß nämlich nicht funktional wesentlich. Weder wird vorausgesetzt, daß ein Subjekt schon über Wortbedeutungen verfügt; noch wird das Bewußtwerden von etwas Verdrängtem als durch Wortbedeutungen vermittelt gesehen. Die »vbw Mittelglieder«, von denen Freud sagt, daß sie durch die analytische Arbeit für den Patienten hergestellt werden, um das Verdrängte bewußtseinsfähig zu machen (Freud, G. W., Bd. XIII, S. 249), sind reproduzierte Wort-Klangbilder, wiederbelebte Erinnerungen an einmal schon gehörte Worte. Wortbedeutungen entstehen so erst am Ende desselben Prozesses, und gleichsam als sein Nebeneffekt, der unbewußte Vorstellungen bewußtseinsfähig macht. Sie entstehen erst durch deren assoziative Verknüpfung mit Wortvorstellungen.

Freuds Versuch, den Prozeß der Bewußtmachung des Unbewußten – und damit den Kernprozeß der psychoanalytisch-therapeutischen Arbeit – theoretisch zu klären, weist der Sprache nur scheinbar eine dafür zentrale Rolle zu. Tatsächlich wird Sprache marginalisiert. Keine ihrer Funktionen wird in Freuds Erklärungsversuch für ein besseres Verständnis dieses Prozesses wirklich in Anspruch genommen.

Daß sein Erklärungsversuch die Rolle der Sprache marginalisiert, konnte Freud nicht reflektieren. Einer solchen Reflexion stand seine subjektivistische Auffassung der Wortbedeutungen und sein sensualistisches Bewußtseins-Konzept entgegen. Ich will diesen Zusammenhang kurz erläutern.

Freuds Sprachauffassung zufolge repräsentieren Wortbedeutungen nicht kollektives Wissen. Was ein Wort bedeutet, hängt vielmehr davon ab, welche Objektvorstellung vom Klangbild des Wortes her mit ihm assoziativ verknüpft wird. Eine Wortbedeutung kommt somit in subjektiver Weise zustande. Sprache ist nicht ein Träger kollektiven Wissens; sie ist ein Assoziationsapparat, durch den das Subjekt selbst Bedeutungen herstellt. Ich habe weiter oben – im Zusammenhang der Untersuchung zum Begriff des latenten Sinns – darauf hingewiesen, daß diese subjektivistische Sprachauffassung für Freud wahrscheinlich heuristisch fruchtbar war, um Sinn-Phänomene aufzudecken, die sich sprachlichen Gesetzmäßigkeiten und den Regeln der Logik entziehen, die aber unter bestimmten Bedingungen dennoch sinnvoll sind.

Für eine theoretische Erklärung, wie Verdrängtes bewußtseinsfähig werden kann, erweist sich diese Sprachauffassung als unbrauchbar. In ihr kann der dafür notwendige Begriff der Sprache als ein Kommunikationsmittel nicht entwickelt werden. Einer subjektivistischen Sprachauffassung muß ein Rätsel bleiben, wie eigentlich in Sprache Verständigung möglich ist.

Freuds Sprachauffassung verkennt, daß das Subjekt selbst auf das Vorhandensein kollektiver Wortbedeutungen angewiesen ist, um sich verständlich machen zu können. Auf diese Vermittlungsleistung der Sprache ist der psychoanalytisch-therapeutische Prozeß in besonderem Maße angewiesen. Denn dieser Prozeß ist ja auch dadurch charakterisiert, daß etwas, das in der Kindheit des Patienten nicht kommunizierbar war, nun zum ersten Mal in die Sprachkommunikation aufgenommen werden kann. Wie dies möglich ist, muß Freuds Erklärungsversuch offenlassen.

Es ist leicht zu erkennen, daß Freuds Bewußtseins-Konzept entscheidend dazu beiträgt, daß in seinem Theoriemodell die Rolle der Sprache marginal wird. Denn darin ist das Bewußtsein nur insofern auf Sprache angewiesen, als über ein Wort-Klangbild ein

Gedankengang zu etwas Wahrnehmbarem gemacht, ihm eine akustische Qualität verliehen wird, damit die Aufmerksamkeit des Bewußtseins auf ihn gelenkt werden kann. Freuds Annahme, daß Gedanken, wenn sie bewußt werden, Gegenstand einer Wahrnehmung sind, ist für uns heute schwer nachzuvollziehen. Aber da für ihn Bewußtsein kein relationaler Prozeß war und er das bestimmte Verhältnis, in dem ein Subjekt zu seiner sozialen Umgebung steht, nicht als eine Bedeutungsstruktur erkannte, stellte sich ihm die Frage gar nicht, wie diese Bedeutungssstruktur sich entwickelt und welchen Anteil die Sprache daran hat.[1]

Bei genauerer Betrachtung gelangen wir so zu dem Ergebnis, daß Freuds Theoriemodell, das scheinbar der Sprache eine zentrale Stellung im Prozeß des Bewußtwerdens des Verdrängten zuweist, diesen Prozeß letztlich als einen außersprachlichen Vorgang konzeptualisiert.[2]

Die Bedeutungsstruktur von Bewußtsein, die Freuds Theoriemodell ausblendet, weil Bewußtsein darin einfach ein rezeptives Organ bzw. eine durch »Überbesetzung« erreichte Leistung des psychischen Apparates ist, setzt die psychoanalytische Therapiemethode aber gerade voraus. Und die therapeutische Arbeit ist wesentlich ein Prozeß, der sich an diese Bedeutungsstruktur richtet, um sie zu verändern.

Ein Patient hat ja (als Handlungssubjekt) ein handlungsrelevantes Wissen über die Wirklichkeit (einschließlich von Vorgängen, die sich an ihm selbst abspielen). Auf der Grundlage dieses Wissens tragen Personen, Handlungen, Gegenstände usw. konstant eine bestimmte Bedeutung. Und ebendiese Bedeutung strukturiert das jeweilige Bewußtsein, das das Subjekt von den jeweiligen Personen, Handlungen, Gegenständen und von sich selbst entwickelt hat. Das »Ich« des Patienten, an das sich der Psychoanalytiker im Verlauf des therapeutischen Prozesses richtet, ist wesentlich charakterisiert durch die jeweilige Bedeutungsstruktur des Bewußt-

1 Auf Wygotskis (1956, dt. 1987) interessante Untersuchungen zu diesem Zusammenhang habe ich in der Diskussion von Freuds Fallstudie zum »kleinen Hans« hingewiesen.

2 Auf eine weitere Problematik dieses Modells – die Annahme nämlich, daß bereits einmal eine Wortvorstellung vorhanden gewesen ist und durch die Abwehrmaßnahme der Verdrängung von der Objektvorstellung wieder abgetrennt wurde – bin ich schon weiter oben (Kap. 5.) eingegangen.

seins des Patienten. Da das zugrundeliegende Handlungswissen sprachlich organisiert ist, spielt in diesem Prozeß Sprache eine entscheidende Rolle bei der Vermittlung dieses Wissens. Auf die Vermittlung dieses Wissens ist der Analytiker – neben anderem – angewiesen; er kann so die Bruchstellen und Verzerrungen erkennen, die sich in diesem Wissen niedergeschlagen haben und auf den unbewußten Sinn eines jeweiligen neurotischen Symptoms verweisen.

Die entscheidende Frage lautet: Wie kann dieser unbewußte Sinn dem Patienten bewußt werden?

In den »Vorlesungen« erörtert Freud die Frage, ob die therapeutische Wirkung der Psychoanalyse, Unbewußtes in Bewußtes zu verwandeln, dadurch erreicht werden kann, daß dem Patienten der unbewußte Sinn seines neurotischen Symptoms vom Analytiker mitgeteilt wird. Er führt hierzu aus:

»Wenn der Arzt sein Wissen durch Mitteilung auf den Kranken überträgt, so hat dies keinen Erfolg. Nein, es wäre unrichtig, es so zu sagen. Es hat nicht den Erfolg, die Symptome aufzuheben, sondern den anderen, die Analyse in Gang zu bringen, wovon Äußerungen des Widerspruches oft die ersten Anzeichen sind. Der Kranke weiß dann etwas, was er bisher nicht gewußt hat, den Sinn seines Symptoms, und er weiß ihn doch ebensowenig wie vorhin. Wir erfahren so, es gibt mehr als eine Art von Unwissenheit. Es wird eine gewisse Vertiefung unserer psychologischen Kenntnisse dazugehören, um uns zu zeigen, worin die Unterschiede bestehen. Aber unser Satz, daß die Symptome mit dem Wissen um ihren Sinn vergehen, bleibt darum doch richtig. Es kommt nur dazu, daß das Wissen auf einer inneren Veränderung im Kranken beruhen muß, wie sie nur durch eine psychische Arbeit mit bestimmtem Ziel hervorgerufen werden kann.« (Freud, G. W., Bd. XI, S. 291)

Die klinische Erfahrung zeigt, daß für den Prozeß des Bewußtmachens des Verdrängten wenig gewonnen ist, wenn der Analytiker dem Patienten den Sinn seines neurotischen Symptoms mitteilt. Freuds Theoriemodell kann diesen klinisch gesicherten Tatbestand aber nicht erklären. Diesem Modell zufolge müßte eine geeignete Wortvorstellung, die der Analytiker vermittelt, von dem Patienten mit einer unbewußten Objektvorstellung (die dem Analytiker bekannt ist) assoziativ verknüpft werden können, so daß letztere »überbesetzt« und damit auch bewußtseinsfähig wird.

Dieses Theoriemodell kann noch geltend machen, daß eben oft eine »Gegenbesetzung« vorhanden ist, die vom »Ich« ausgeht und

die Verdrängung aufrechterhält. Bewußtwerden kann eine unbewußte Vorstellung daher nur, wenn die Kraft dieser »Gegenbesetzung« verringert wird.
Aber das Bewußtwerden des Verdrängten wird sich nicht außerhalb des Handlungszusammenhangs abspielen, den der »Sinn« eines neurotischen Symptoms hat. Dieser Handlungszusammenhang muß daher auch theoretisch berücksichtigt werden. Das jedoch kann Freuds Theoriemodell nicht leisten. Wir können Handlungsstrukturen nicht mit Kategorien erklären, die sich auf Vorgänge der Verteilung seelischer Energie beziehen. Hier wird deutlich, warum dieses Theoriemodell so wenig tragfähig ist. Es abstrahiert vom Handlungsprozeß. Weder der Abwehrvorgang der Verdrängung noch das Rückgängig-Machen dieses Vorgangs war für Freud ja in irgendeiner Weise mit dem Handeln verbunden. Erst wenn wir davon ausgehen, daß im Abwehrvorgang der Verdrängung sich das Subjekt selbst als Handlungssubjekt negiert, weil es einen eigenen Wunsch nicht akzeptiert und das Bedürfnis des Anderen an dessen Stelle setzt, wird deutlich, daß dieser Abwehrvorgang eine Dissoziierung konstituiert, die das Subjekt insgesamt betrifft.
In dieser theoretischen Perspektive ist besser zu verstehen, warum das Wissen um den Sinn eines neurotischen Symptoms auf »inneren Veränderungen« beruhen muß, wie Freud betont, damit das Bewußtmachen des bis dahin Unbewußten eine therapeutische Wirkung erzielen kann. Den unbewußten Sinn eines neurotischen Symptoms konnten wir als die besondere Systematik einer Brechung der inneren Struktur des Handelns analysieren. Eine solche Systematik hat das Subjekt im Prozeß der Auseinandersetzung mit dem Anderen selbst hervorgebracht. Es kann sie daher auch nur selbst verändern. Eine Mitteilung des jeweiligen Sinns eines neurotischen Symptoms (also der Systematik des Bruches) durch den Analytiker kann hier nicht unmittelbar therapeutisch wirken, weil eine solche Mitteilung sich ja an den Patienten als Handlungssubjekt richten würde. Als Handlungssubjekt nimmt der Patient kooperativ im therapeutischen »Arbeitsbündnis« am Behandlungsgespräch teil. Er könnte aber eine Mitteilung über die konflikthafte Systematik seines Handelns nicht auf sich beziehen, weil er sich darin als Subjekt ja negiert hat. Er würde diese Mitteilung natürlich kognitiv verstehen; er würde sie aber nicht als Subjekt auf sich anwenden können.

Eine notwendige Bedingung dafür, daß das Verdrängte bewußtseinsfähig werden kann, ist in der psychoanalytischen Behandlungssituation gegeben.
Diese Situation trennt künstlich die Vorgänge, die sich in den subjektiven Dimensionen des Handelns abspielen, von dem Ausführungsprozeß einer Handlung, indem sie für den Patienten die Möglichkeiten einer Handlungsausführung stark einschränkt und die Vorgänge in den subjektiven Dimensionen um so mehr anregt. Sie ermöglicht damit, daß der alltägliche Handlungsprozeß und die in ihm strukturell verankerte Wiederholung einer subjektiven Auseinandersetzung mit dem Anderen getrennt werden. Die sonst stets vorhandene Gleichzeitigkeit des strukturell Ungleichzeitigen macht für das Handlungssubjekt im Alltag die Erkenntnis der Wiederholung unmöglich.
Eine weitere Bedingung ist die Doppelposition, die der Analytiker im Behandlungsgespräch in der Beziehung zum Patienten einnimmt. Er nimmt einerseits (in der gebrochenen inneren Handlungsstruktur des Patienten) die darin vorhandene Position des Anderen ein. Die subjektive Auseinandersetzung mit dem Anderen wiederholt sich nun am Analytiker. Es werden Vorstellungsbilder, Gefühle und andere Aspekte der Konfliktsituation wiederbelebt, die der lebensgeschichtliche Anfangspunkt des Bearbeitungsprozesses ist, an dessen Ende die jeweilige systematisch gebrochene Form des Handelns steht.
Ein Patient, der den Analytiker unter Aspekten eines Vater- oder Mutter-Bildes erlebt, kann nicht gleichzeitig auch erkennen, daß er eine Gefühlsbeziehung der Kindheit wiederholt. Das Wissen, das in dieser Weise reaktualisiert wird, hat (wie schon mehrfach erwähnt) Eigenschaften, die dessen Reflexion im Prozeß der Aktualisierung ausschließen.
Als Folge des Abwehrvorgangs der Verdrängung und der »primären Identifizierung« wurden bestimmte Wisseneinheiten so gebildet, daß in ihnen nicht zwischen dem Subjekt des Wissens und dem Thema (dem Anderen) unterschieden wird; beide fallen vielmehr zusammen. Der Patient erlebt den Analytiker in einem Vorstellungsbild, das sich der Erkenntnis verschließt, daß es einmal von der primären Beziehungsperson übernommen wurde, die darin seine Wünsche negiert hatte. Da Bedürfnisse und andere interaktive Aspekte des Anderen an die Stelle eigener Wünsche gesetzt wurden, kann der Patient an den Prozessen, die er nun am

Analytiker reaktualisiert, auch nicht seine Subjekt-Position erkennen.

Andere Wissenseinheiten werden in dem Gewußten frühe Erlebnisse von Verletzung, Versagung und Angst festhalten, aber in einer Form des Unbegriffenen, die diese Erlebnisse unmittelbar mit einer konkreten Situation verknüpft, die für das Subjekt nicht durchschaubar war, und die nun ebenfalls als etwas Unbegriffenes wiederbelebt wird.

Reflektierbar ist dieses Wissen offenbar nur von einer Position aus, die sich gleichsam an der Grenze der psychischen Wirklichkeit befindet, die durch dieses Wissen konstituiert wird, und die die reale Wirklichkeit zur Geltung bringt. Genau diese Position bezieht der Analytiker ebenfalls.

Angeregt wird der Prozeß, durch den die Wissensstrukturen des Unbewußten reflektiert bzw. verändert werden, u. a. durch die »triebfreundliche Atmosphäre« der psychoanalytischen Behandlungssituation. Der Patient macht die Erfahrung, daß bestimmte Wünsche und Phantasien, die in der Kindheit verpönt und »unmöglich« waren, vom Analytiker akzeptiert werden, daß sie also doch »möglich« sind. Dabei wird seinem Wunsch, etwas, das bis dahin nicht in die Kommunikation und in das Handeln einbezogen werden konnte, nun doch entsprechend zu gestalten, seine aus der Kindheit stammende Angst vor dieser Gestaltung gegenüberstehen.

Von der Funktion der Sprache, kollektives Wissen zu organisieren, macht der psychoanalytische Prozeß im Zusammenhang der »Übertragung« vermutlich in vielfacher Weise Gebrauch. – Leider sind (wie schon gesagt) diese Zusammenhänge bislang nicht umfassend untersucht worden. Ich kann daher nur einige Aspekte umreißen, die mir plausibel erscheinen.

So werden z. B. die Verallgemeinerungen, die als Begriffe in der Sprache festgehalten sind, eine wichtige Rolle spielen, wenn die subjektiven Bedeutungen, die der Patient mit dem Anderen verbindet und die er auf den Analytiker anwendet, interpretiert und relativiert werden. – In den Protokollnotizen zweier psychoanalytischer Sitzungen, die ich in Kap. 5. unter Gesichtspunkten der Abwehrmaßnahmen untersucht habe, ist dieser sprachliche Aspekt angedeutet.

Wir können die Besonderheiten, die diese subjektiven Bedeutungen im Vergleich zu kollektiven Bedeutungen aufweisen, genauer charakterisieren, wenn wir die Art der Konfliktsituation berücksichtigen, mit er sie einmal in der Kindheit verbunden waren, und in der das Kind zu der Abwehrmaßnahme der Verdrängung greifen mußte. Wie ich am Beispiel des kleinen Hans gezeigt habe (Kap. 4.), gerät dabei das Kind u. a. in eine interaktive Notsituation. Es kann die jeweiligen, von der Ablehnung durch die Beziehungsperson betroffenen Wünsche oder Vorstellungen nicht in die Sprache als eine gemeinsam mit anderen realisierte Tätigkeit integrieren. Die Mitteilungsfunktion der Sprache wird für diesen Erlebnisbereich eingeschränkt oder ganz unterbunden. Damit kann es auch die entsprechenden Aspekte seines Selbst-Bildes und seines Bildes von der Beziehungsperson nicht in den Sinnzusammenhang aufnehmen, der mit Hilfe der Sprache gegliedert ist, den es mit anderen teilen kann, und der die Bindung des Kindes an konkrete Situationen auflöst.

Wir können – wenn wir Wygotskis Untersuchungen zur Entwicklung der Denk- und Bewußtseinstätigkeit des Kindes zugrundelegen – annehmen, daß die Bedeutungen, die in diesem Zusammenhang gebildet wurden, das Erleben eng mit konkreten Aspekten einer Situation verbinden, die nur lebensgeschichtlich verständlich sind. Ihre Wahrnehmung wird eine gewisse Unmittelbarkeit besitzen, in der das Denken vor allem ein Versuch ist, sich in Gefühlsbeziehungen zurecht zu finden.

Diese vorbegrifflichen Bedeutungen trägt für den Patienten die Person des Analytikers, wenn dieser die Position des Anderen einnimmt. An dem einmal vergeblichen Versuch des Patienten, sich in Gefühlsbeziehungen zurechtzufinden, kann der Analytiker anknüpfen und hier eine sinnstrukturierende Hilfe geben. Er kann auch – mittels der sprachlichen Verallgemeinerungen – dem Patienten helfen, die Geschlossenheit und Absolutheit vorsprachlicher Bedeutungen aufzulösen zugunsten einer differenzierteren Wahrnehmung.

Der Andere wird aber, wie schon erwähnt, vor allem subjektive Bedeutungen tragen, die durch die Anwendung kindlicher Denkformen bzw. durch die Verschiebung und Verdichtung des Wirklichkeitsbezugs von Wissen zustandekommen. Die Strukturen dieses Wissens setzen Sprache voraus. Aber mit dieser Umbildung des Wissens veränderte sich in dem davon betroffenen Erfahrungsbereich auch der Handlungs-Charakter der Sprache. Sie wurde umgewandelt zu einem Zusammenhang von Zeichen; sie hat in bezug auf die entsprechenden Wissenselemente ihre kommunikative Funktion verloren.

Diese besonderen Kennzeichen der Bedeutungskonstitution schließen den allgemeinen Konstitutionsprozeß von Bedeutungen nicht aus; sie haben diesen vielmehr (im Zusammenhang der Symptombildung bzw. bei der Wiederkehr des Verdrängten) zur Voraussetzung (vgl. Kap. 2.6.). Deshalb konnte Zoë/Gradiva in ihrer therapeutischen Redeweise den Doppelsinn entwickeln und fruchtbar machen, auf den Freud uns aufmerksam macht (vgl. Kap. 3.2.). Sie konnte einerseits an Inhalte des Wahns in der Weise anknüpfen, daß sie in der Position verblieb, die ihr darin zugewiesen war; andererseits regte sie das latent vorhandene Wissen des jungen Mannes an, daß Gradiva und Zoë identisch sind.

Ein Analytiker, der in seiner therapeutischen Arbeit in ähnlicher Weise vorgeht, bezieht eine soziale Position, die in der Konfliktsituation, die der Patient in seiner Kindheit erlebt hat und die er weder durch Sprache noch im Handeln bewältigen konnte, gerade nicht vorhanden war: die soziale Position des Dritten, also typischerweise die des Vaters. Diese Position ist (vereinfacht gesagt) dadurch charakterisiert, daß sie die bis dahin enge Verbindung der emotionalen Beziehung zwischen dem Kind und der Mutter teilweise auflöst. Damit können auch die Bedeutungen, die in dieser Beziehung entstanden sind, relativiert werden.[3]

In dem aufgezeichneten und transkribierten psychoanalytischen Therapiegespräch, das nachfolgend in einem Ausschnitt wiedergegeben wird, manifestiert sich nicht der Prozeß der »Übertragung«. Wir können an diesem Gesprächsausschnitt daher auch nichts weiteres über die sprachlichen Zusammenhänge dieses Prozesses lernen.

Dieser Gesprächsausschnitt dokumentiert vielmehr einen anderen Aspekt des psychoanalytisch-therapeutischen Prozesses. Der Patient wird hier von dem Analytiker dazu angeleitet, eine bestimmte Auffälligkeit, die in seinem alltäglichen Handeln immer wieder in einer bestimmten Situation auftritt, als eine für ihn

3 Eine der psychoanalytischen Kommunikationsformen, die hier eine Rolle spielen – die »Übertragungsdeutung« – wurde in einer früheren Arbeit (Flader/Grodzicki, 1982 b) untersucht. Darin wurde eine solche »Deutung« als Modifkation des alltäglichen Handlungsmusters von Frage und Antwort analysiert.

funktionale Maßnahme zu analysieren, zu der er greift, um seine Angst zu bewältigen. Diese Aufälligkeit soll als eine Abwehrmaßnahme aufgedeckt werden.[4]

Ich möchte zeigen, wie hier der Prozeß der Aufdeckung dieser Abwehrmaßnahme als eine Handlungsanalyse verläuft, die der Analytiker gemeinsam mit dem Patient durchführt. Dabei ist auch interessant zu wissen, welcher Mittel sich diese Handlungsanalyse bedient.

Dieser Gesprächsausschnitt ist aber auch unter dem theroretischen Gesichtspunkt aufschlußreich, den ich im Zusammenhang mit der Rolle der Sprache bereits genannt habe. Es wird darin nämlich deutlich, daß eine systematisch gebrochene Form des Handelns für den Analytiker nicht nur von ihrem lebensgeschichtlichen Ausgangspunkt her (in der »Übertragung«) zum Gegenstand der Erkenntnis werden kann. Sie wird auch in der Art und Weise, in der sie das alltägliche Handeln des Patienten bestimmt und dessen Leiden verursacht, der Erkenntnis zugänglich. Der therapeutische Gesprächstext zeigt uns exemplarisch, daß dies in zweierlei Weise sprachlich vermittelt sein kann:

– durch die entsprechenden Berichte und Erzählungen des Patienten, auf deren Grundlage der Analytiker sich ein Bild von dem rekurrenten Ablauf des Handelns machen kann;
– durch das unmittelbar sprachliche Nach-außen-Setzen (Exothetisieren) von mentalen Prozessen, die zur Handlungsorientierung des Patienten gehören.

In den Bruchlinien dieser Verbalisierung bzw. Problemdarstellung reproduzieren sich Aspekte der gebrochenen inneren Struktur der betreffenden Handlung; sie geben so einen Aufschluß über diese Struktur (vgl. Flader/Grodzicki, 1982b). Es ist eines der Grundprinzipien der psychoanalytischen Interpretationsmethode, daß ein Patient in der sprachlichen Darstellung seiner Problematik auch die Struktur dieser Problematik (oder Aspekte davon) reproduziert.

4 Es handelt sich um denselben Patienten, dessen Angst-Metaphern ich in dem vorangegangenen Kapitel untersucht habe. Der Gesprächsausschnitt gehört zu derselben Therapie-Aufzeichnung, aus der auch die Metaphern stammen.

8.2. Eine systematisch gebrochene Form des Handelns als Gegenstand der psychoanalytisch-therapeutischen Arbeit[5]

(1) P: (27) Heute abend gehe ich mit 'ner Kollegin ins Kino, einer, die hier noch *nicht* aufgetaucht ist.

A: hmhm

P: Aber auch das ist 'ne Verabredung von vor zwei Wochen. In dieser Woche hätt' ich das überhaupt nich' mehr gemacht ((schnieft)). Ich hätte mich nach *Ruhe* gesehnt... Ich hab' irgendwie auch Schiß vor diesem Kino-Geh'n heute abend ((vernehmliches Einatmen)),. was ich da mit der machen soll. Vielleicht langweilt die mich ganz ganz fürchterlich, un' vielleicht werd' ich ganz fürchterlich müde. Denn ich werd' ja immer müde... in dummen Situationen.

(2) A: Wenn eigentlich 'was passieren müßte.=

(3) P: =hmhm... Also 'n großen Teil meiner Schwierigkeiten kann man beschreiben als ein Kampf gegen die Müdigkeit. Wenn ich früher arbeiten mußte, zum Beispiel ((schnieft)), (s-) war es so: entweder hatte ich Angst davor, (ls-) das haben wir hier vielfältig beschrieben, (-ls,-s) ((vernehmliches Einatmen)) oder, wenn ich sie nich' hatte, bin ich müde geworden,. habe Unmengen von Kaffee getrunken, um mit dieser Müdigkeit fertig zu werden,... und tu' das eigentlich heute auch noch... Es kommt mir manchmal so vor, als seien da. sehr viele und bedeutsame Gefühle im Spiel... und die kommen auf irgendeinc dumme Weise nich' raus. Und dann penn' ich ungefähr da ein. Dann weiß ich überhaupt nich' mehr, was ich da machen soll.

5 Der nachfolgende Ausschnitt eines Behandlungsgesprächs dokumentiert den Beginn der ersten der insgesamt vier aufgezeichneten und aufeinander folgenden Behandlungssitzungen. Zum Zeitpunkt dieser Aufzeichnung lief diese psychoanalytische Behandlung schon längere Zeit.

(4) A: »Müde sein« heißt also: Angst vor Gefühlen,. bestimmten Gefühlen.=
(5) P: =Kann man vielleicht so sagen, ja...
(6) A: Was für Gefühle haben Sie in Verdacht? ((Räuspern))...
(7) P: (ls-) Alle möglichen.(-ls) Also bei dem Cousin war das ja offenbar wirklich irgend 'ne Art von Wut oder Aggressivität, die das Ganze da. etwas doof gemacht hat... Bei den Frauen is' das natürlich irgendwelche vorher gefaßten erotischen Phantasien, die sich ja alle gar nicht umsetzen lassen...
(8) A: Zum Beispiel...
(9) P: Na ja, ich. denk' z.B. über die heute abend andauernd nach... Wie krieg' ich die in mein Bett. Ich kenn' die gar nicht. (ls-) Is' glaub' ich 'ne/ irgendwie 'ne verrückte Idee (-ls). Aber es spielt 'ne Rolle... Oder krieg' ich überhaupt irgendwie ((zweimal vernehmliches Ausatmen)) 'was... sagen wir 'mal Warmherziges mit der zustande. Na, un' dann, kann ich mir vorstellen, wird es wieder ganz konventionell. Und je konventioneller es wird, desto weniger Kraft hab' ich, dagegen anzugehen. (9)
(10) A: *Sie* machen's konventionell.
(11) P: (ls-) Ich denk' mir das so. (-ls).
A: (ls-) hm (-ls)
P: 's ist mir ja da im Sommer mit dieser Gisela aufgefallen, wo ich im Kopf wirklich *wüsteste* Sexphantasien hatte und mit 'm Mund irgendwie so über. ((vernehmliches Ausatmen, in leicht spöttelnder Art)) weiß der Himmel, Wein und Pizza oder so 'was sprach... und mir das völlig abstrus vorkam, daß das, was ich im Kopf hatte, gar nich' im Mund angekommen is'. Dann bin ich wirklich eingepennt ((lacht leise)) he he. (ls-) In der Tat (-ls).
(12) A: Sonst hätten Sie ihr davon erzählen müssen. (7)
(13) P: hmhm. (Aber so)
(14) A: Haben Sie Angst, das Gespräch darauf zu bringen?
(15) P: ((vernehmliches Ausatmen)) Wenn's nur das *Ge-*

		spräch wäre. Irgendwie ((vernehmliches Ausatmen)) muß man ja auch 'was *tun* ((angedeutetes leises Lachen))...
(16)	A:	Zum Beispiel
(17)	P:	(Na) Hand packen, oder wie weiß der Himmel 'was so in die Gestik reinbringen, persönlicher werden.
	A:	(ls-) hmhm (-ls) (7)
	P:	Und das kommt mir immer, (s-) das is' hier ja schon häufig bered't worden (-s), wie so'n *Sprung* vor,. wie so'n *Graben*, den ich nich' schaffe. (13)

Ich will zunächst der Frage nachgehen, welchen Aufschluß dieser Gesprächsausschnitt über den »Sinn« des neurotischen Symptoms gibt, unter dem dieser Patient (neben anderen Problemen, die hier nicht zur Sprache kommen) leidet.

Das Symptom selbst wird deutlich als eine gebrochene Form des Handelns dargestellt. Der Patient leidet im Kontakt zu einer Frau unter einem Nicht-Können, das im Widerspruch steht zu seinem sexuellen Verlangen, seinen Wunschphantasien.

Dieser Widerspruch bestimmt den Ablauf seines Handelns. Da er immer wieder auftritt, ist auch dieser Ablauf rekurrent. Einige Wahrnehmungen, die der Patient bei diesem Ablauf macht, und die er kategorial verarbeitet hat, teilt er dem Analytiker mit (Redebeitrag 3). Diesen Bericht konkretisiert er durch eine kurze Erzählung, die ein entsprechendes Erlebnis mit Gisela im vergangenen Sommer zum Inhalt hat (Redebeitrag 11). Schließlich teilt er eine Reflexion seiner Problematik mit (d. h. so, wie diese sich ihm darstellt): Er weiß nicht, was er tun soll, damit sich eine intime Beziehung entwickelt. Vielmehr tut sich dann, wenn er etwas Sexuelles tun möchte, ein »Graben« auf, über den er nicht springen kann (Redebeitrag 17).

Diese Reflexion wie auch die Antizipation, die er (in Redebeitrag 9) exothetisiert, geben einen Aufschluß über Aspekte der inneren Struktur seines Handelns. Der Patient verlegt ja auf diese Weise Prozesse, die zu seiner Handlungsorientierung gehören, und die sonst im Alltag ablaufen, in die psychoanalytische Behandlungssituation und verbalisiert sie. Dem Analytiker bietet sich damit die Möglichkeit, an diesen Verbalisierungen die vom Patienten reproduzierten Bruchlinien in der inneren Struktur seines Handelns zu erkennen.

Eine dieser Bruchlinien bemerkt der Patient andeutungsweise selbst. Sie betrifft die interaktive Dimension seines Handelns, seine innere Repräsentation der Frau. Er kennt die Bekannte (eine Arbeitskollegin), mit der er abends in Kino gehen will, persönlich noch gar nicht. Dennoch überlegt er: »Wie krieg ich die in mein Bett?« Er bemerkt selbst, daß dies »vielleicht »'ne verrückte Idee« ist (Redebeitrag 9); aber er stellt diese Überlegung dennoch an. Darin bleibt die Kollegin als Frau abstrakt (und ebenso er selbst als Mann). Sie hat ja in seiner Vorstellung nicht bestimmte individuelle Eigenschaften und Erwartungen, die auf ihn persönlich bezogen sind, noch bezieht er selbst sich in einer persönlichen Weise auf sie.

Wenn er eine Frau persönlich kennt, wie z. B. die Gisela, dann kann er nicht seine sexuellen Phantasien mit dem (sprachlichen oder nichtsprachlichen) Handeln verbinden. Er erzählt ja, daß das, was er damals »im Kopf hatte, gar nicht im Mund angekommen ist« (Redebeitrag 11). Diese Hinweise legen den allgemeinen Schluß nahe, daß in der interaktiven Dimension seines Handelns keine Repräsentationen vorhanden sind, die eine Frau als Partnerin mit seinen sexuellen Wunschvorstellungen in Zusammenhang bringen.

Eine weitere, damit eng zusammenhängende Bruchlinie wurde in der Reflexion in den Redebeiträgen 9 und 17 erkennbar. Der Patient teilt seine Unsicherheit hinsichtlich des Könnens mit und deutet eine Handlungsplanung an, die den Widerspruch zwischem dem Wollen und dem Nicht-Können technisch lösen soll. Er fragt sich, wie er »'was Warmherziges zustandebringt«, und stellt fest, daß man z. B. auch »'was so in die Gestik reinbringen muß«.

Er entwirft so gleichsam Elemente eines technischen Rohgerüsts für den Ablauf dieses Handelns. Er konzipiert seine Beteiligung am interaktiven Handeln als einen instrumentell-technischen Vorgang. Diese Konzeption seines Handelns hat in der individuellen Systematik der Bruchlinien ihren Stellenwert; sie ist darin verständlich. Denn wenn er (bislang) die Wechselseitigkeit der Gefühlsbeziehung zu einer Frau nicht erfahren hat, dann legt ihm das Grundproblem seines Handelns – die Unsicherheit hinsichtlich der Verfügbarkeit der Mittel – nahe, daß diese Wechselseitigkeit etwas ist, daß man herstellen muß.

Dieser Bewältigungsversuch stellt aber das Problem, das er meistern soll, auch selbst wieder her. Denn mit ihm ist der Patient wieder allein auf sich konzentriert; die Frau wird als Partnerin, die auf ihn persönlich bezogen ist, auf diese Weise wieder ausgeblendet.

Der weitere Verlauf dieses Therapiegesprächs (in den darauffolgenden Behandlungsstunden) brachte weiteren Aufschluß über den »Sinn« dieses Symptoms; vor allem wurde deutlich, welche Situation der Kindheit des Patienten damit verbunden ist. Ich fasse das dafür Wesentliche zusammen.

In der nächsten Behandlungsstunde erzählt der Patient u. a., wie das Treffen mit seiner Kollegin am Abend verlaufen ist; dabei kommt auch wieder der immer gleiche Ablauf seines Handelns zur Sprache, den er in dem obigen Gesprächsausschnitt dargestellt hat. Er macht nun deutlich, daß nach seiner Wahrnehmung dieser Ablauf sich nicht auf den Kontakt mit einer Frau beschränkt. Es ist (seiner Selbstbeobachtung zufolge) auch die Form, nach der seine persönlichen Beziehungen zu Frauen allgemein und auch seine Unternehmungen im Berufsleben ablaufen. In seinem Erleben ist dies die Abfolge eines stürmischen Beginnens und eines darauffolgenden Gefühls des Nicht-Könnens, mit dem Resultat des »Abschlaffens«. Er drückt dies so aus:

»Also diese Vorstellung, am Anfang ist es toll, und hinterher schlafft es ab, läßt sich sozusagen, glaub' ich, auch auf so längere Verhaltensdimensionen anwenden. Am Anfang hab' ich mit der Ilse 'rumgeturtelt und alles mögliche gemacht, und hinterher wurd's dann so nichts Halbes und nichts Ganzes, so'n richtig lahmarschiges Verhältnis.(25) Das ist überhaupt auch jenseits von Frauen immer so. Am Anfang geht's toll los, und dann irgendwann hört's auf.« Der Analytiker bemerkt hierzu: »Das ist ja eigentlich auch der Ablauf Ihrer Mutterberziehung.« Der Patient stimmt dem zu.

Angemerkt sei hier, daß in theoretischer Hinsicht diese vom Patienten reflektierte Expansion seiner sexuellen Problematik auf andere soziale Handlungsbereiche sehr interessant ist. Eine der zentralen Entdeckungen Freuds, daß die Sexualität eines Individuums ein Grundmodell für sein soziales Handeln liefert, findet in dieser Reflexion eine konkrete Bestätigung.

Im Verlauf der darauffolgenden Behandlungsstunde wird der Zusammenhang zwischen diesem rekurrenten Ablauf und bestimmten Erlebnissen aus der frühen Kindheit des Patienten, soweit er diese erinnern kann, in einigen wichtigen Aspekten herausgearbeitet. Vor diesem lebensgeschichtlichen Hintergrund wird auch besser verständlich, warum die Angstvorstellungen, die in Kap. 7. analysiert wurden, um das Gefühl des Nicht-Könnens zentriert sind.

Die dominierende Mutter hatte sich zwischen ihn und den oft abwesenden Vater gestellt. Er war Mutters Lieblingskind, sie bevorzugte ihn gegenüber seinem Bruder. Aber sie erschwerte es ihm, sexuelle Bedürfnisse und Gefühle von Männlichkeit zu entwickeln. Sie regte diese Bedürfnisse und Gefühle zwar einerseits in ihm an, weil er der Bevorzugte war. Andererseits war sie als Liebesobjekt für ihn unerreichbar, weil er erlebte, daß sie mit dem oft abwesenden, und dann gänzlich von ihr getrennt lebenden Ehemann doch emotional verbunden blieb, und sie über diese unglückliche Beziehung oft weinte, ohne daß er in dieser Hinsicht ihr hätte helfen können. Dieses Erlebnis versetzte ihn immer wieder in eine Situation der Hilflosigkeit. Er hatte das Gefühl, der Mutter nicht so viel geben zu können, daß sie sich wohlgefühlt hätte. Dieses Gefühl hat sich im Patienten tief eingeprägt. Eine seine Grundvorstellungen von sich selbst ist, daß er eine Frau nicht wirklich befriedigen kann.

Im Fortgang der Behandlung erhält der Analytiker weitere Hinweise darauf, daß der Patient in der Entwicklung seiner Männlichkeit als Kind in eine Sackgasse geraten ist. Von der Mutter, die gegenüber ihrem Gatten hochambivalent war, wurde ihm früh vermittelt, daß der Vater nichts taugt. Um sich vor der Mutter (d. h. vor ihrer Feindseligkeit gegen das Männliche) zu schützen, durfte er nicht wie Vater sein; er konnte auch nicht wie Vater sein, da dieser zumeist abwesend war und nicht zeigte, wie der kleine Junge sich vor der Mutter und ihren Ansprüchen zur Wehr setzen konnte. Er fand keine Möglichkeit, die phallische Potenz des Vaters zu verinnerlichen und entsprechende Handlungsformen zu entwickeln. Vielmehr entwickelte er Abhängigkeitsphantasien von der Mutter, die er als übermächtig erlebte.

Warum die Frau in der interaktiven Dimension seines sexuellen Handelns so eigentümlich abstrakt bleibt, wird nun lebensgeschichtlich besser verständlich. Er kann sich in einer Interaktion mit einer Frau nicht selbst so erleben, daß die Frau ihn als ein Mann, der sie befriedigen kann, akzeptiert. Im Ablauf seines Handelns (seines neurotischen Symptoms) setzt sich die konflikthafte Auseinandersetzung mit der Mutter fort, sie ist darin verdeckt immer gegenwärtig. In der gebrochenen Form, in der dieses Handeln verläuft, wird die ursprünglich in der Kindheit erlebte Situation der Hilflosigkeit immer wieder neu erlebt. Der Patient ist an diese Situation gefesselt. Der von ihm erlebte Widerspruch zwischen dem Wollen und dem Nicht-Können reproduziert diesen Konflikt, den er in der Kindheit in der Beziehung zur Mutter nicht lösen konnte.

Das Gefühl der Hilflosigkeit entstand ja aus dem erwähnten Widerspruch in der emotionalen Beziehung zur Mutter. Sie kam ihm, weil der Vater fehlte, gewissermaßen zu nahe und überforderte ihn emotional, weil sie Wünsche eines ausschließlichen Besitzes in ihm weckte, deren Erfüllung zugleich auch wieder versagt wurde. Die regelmäßig eintretende Müdigkeit, das »Abschlaffen« des Patienten ist in diesem Zusammenhang funktional. Er kann sich so beidem entziehen: der emotionalen Überforderung durch die Mutter wie auch der Angst, die im Zusammenhang ihrer Feindseligkeit gegenüber dem Vater entsteht.

Daß er in seinem Handeln eine Konfliktsituation immer wieder herstellt, die er einmal in der Kindheit mit seiner Mutter erlebt hat, ist dem Patienten zu dem Zeitpunkt, da in seiner psychoanalytisch-therapeutischen Behandlung das oben abgedruckte Gespräch aufgezeichnet wurde, nicht bewußt. Auch die Art, in der er seine Müdigkeit kategorisiert – »Vielleicht langweilt die mich ganz fürchterlich, und vielleicht werd' ich ganz fürchterlich müde. Denn ich werd' ja immer müde in dummen Situationen« (Redebeitrag 1), verdeckt anfänglich diese funktionale Bedeutung seiner Müdigkeit.

Ich möchte nun der Frage nachgehen, wie im Ablauf der therapeutischen Arbeit, die in dem oben wiedergegebenen Gesprächsausschnitt dokumentiert ist, diese funktionale Bedeutung der Müdigkeit annähernd aufgedeckt wurde. Hierauf konzentriert sich die psychoanalytisch-therapeutische Arbeit in dem obigen Gesprächsausschnitt. Da die Müdigkeit des Patienten mit einer Handlungsproblematik zusammenhängt, ist zu erwarten, daß ihre Untersuchung der Methodik einer Handlungsanalyse gefolgt ist. Dies war auch, wie ich zeigen möchte, der Fall.

Die Bedeutung der Müdigkeit, die im Verlauf der Handlungsanalyse annähernd geklärt wird, unterscheidet sich, wie schon erwähnt, von der Bedeutung, die die Müdigkeit anfänglich in der Darstellung des Patienten hatte. Im Verlauf der Handlungsanalyse verändert der Patient seine anfängliche Kategorisierung zugunsten

einer anderen, die an der Müdigkeit eine Zweck-Mittel-Relation erfaßt.
Diese Veränderung geschah nicht in der Weise, daß der Analytiker dem Patienten die funktionale Bedeutung mitteilte, und der Patient den Inhalt dieser Mitteilung akzeptierte. Die Veränderung vollzog sich vielmehr – wie ich ebenfalls zeigen möchte – schrittweise im Gang der gemeinsamen Untersuchung. In ihr wurde der Patient vom Analytiker dazu angeleitet, diese funktionale Bedeutung seiner Müdigkeit selbst zu erkennen, sich deren Problematik selbst zu erarbeiten.
An dem hier ausgewählten Therapieausschnitt läßt sich daher auch im Detail studieren, wie ein wichtiges Prinzip der psychoanalytischen Behandlungsmethode wirksam werden kann – ich meine das Prinzip, daß ein Erkenntnisfortschritt des Patienten nur von diesem selbst geleistet werden kann, und daß der Analytiker hieran lediglich unterstützend beteiligt ist.
An dem obigen Gesprächsausschnitt ist gut zu erkennen, daß der anfänglichen Kategorisierung der Müdigkeit, die deren funktionale Bedeutung verdeckt, vom Analytiker nicht offen widersprochen wird. Vielmehr wird sie gleichsam von innen heraus aufgebrochen, und es werden sukzessiv im Ablauf der Handlungsanalyse Voraussetzungen für eine angemessenere Kategorisierung geschaffen. Die einzelnen Schritte, in der dieser Prozeß verlaufen ist, will ich nun rekonstruieren.
Die Handlungsanalyse, die der Analytiker mit dem Patienten gemeinsam durchführt, knüpft an den allgemeinen Erfahrungssatz an, den der Patient in dem ersten Redebeitrag äußert: »(...) ich werd' ja immer müde. .. in dummen Situationen«.
Dieser Erfahrungssatz – er enthält die generelle Proposition: Immer wenn A, dann B – ist das Ergebnis der Verarbeitung von Wahrnehmungen, die der Patient im Ablauf seiner Handlung immer wieder gemacht hat. Eine bestimmte Art von Situation, die er als »dumm« bezeichnet, ist fest verknüpft mit dem Eintreten seiner Müdigkeit.[6]
Der allgemeine Erfahrungssatz kategorisiert die Handlungserfah-

6 Das »Ja« in seiner Äußerung lenkt das Verstehen des Hörers (des Analytikers) in der Weise, daß diese Erfahrung des Patienten als ein gemeinsames Wissen charakterisiert wird, das der Analytiker nun aktualisieren soll (vgl. Redder, 1989).

rung, die in der Vergangenheit immer wieder gemacht wurde, als eine Erfahrung, die auch zukünftig erwartbar ist. In der Antizipation, die den Erfahrungssatz zur Grundlage nimmt, wird das Treffen am Abend so zu einem weiteren Fall des schon bekannten Ablaufs. Er sagt: »Vielleicht langweilt die mich ganz fürchterlich, un' vielleicht werd' ich ganz fürchterlich müde.« Es ist also die Frau, die die Situation zu einer »dummen« macht.

Mit dieser Kategorisierung wird die Müdigkeit zu einem Vorgang, der durch die Langeweile herbeigeführt wird, die der Patient im Zusammensein mit der Frau erlebt. Für die Müdigkeit wird so das Bestehen eines Kausalzusammenhanges angedeutet, der ihr Eintreten erklären kann: Sie ist die quasi-natürliche Wirkung einer Langeweile, die die Frau in dieser Situation verbreitet.

Als eine Art von Lehre, dic er aus dem rekurrenten Ablauf gezogen hat, ist diese Erfahrung Bestandteil seines Selbst-Bildes. Die angedeutete Kausalerklärung seiner Müdigkeit schließt an diesem Selbst-Bild eine Mitwirkung an der »dummen« Situation aus. Mit dieser Erklärung nimmt der Patient ja ohne sein Zutun an einer Handlungsentwicklung teil, für deren ermüdende Wirkung eine langweilige Frau verantwortlich ist.

Die Kausalerklärung nimmt der Patient nicht nur (andeutungsweise) im Zusammenhang seiner Antizipation in Anspruch. Die Erzählungen und Berichte, die er im weiteren Gesprächsverlauf abgibt, lassen vielmehr den Schluß zu, daß er allgemein zu dieser Erklärung seiner Müdigkeit neigt und sein Selbst-Bild entsprechend faßt.

Aber sein Selbst-Bild ist nicht einheitlich. Er deutet nämlich in demselben Redebeitrag einen Aspekt an, unter dem die »dumme« Situation ganz anders zu kategorisieren ist, als dies seine Kausalerklärung nahelegt. Er hat »(...) Schiß vor diesem Kino-Geh'n heute abend (...)«, er weiß nicht, was er »(...) da mit der machen soll.«

Es ist also auch ein Gefühl der Hilflosigkeit vorhanden; und »dumm« ist diese Art von Situation, die in seinem allgemeinen Erfahrungssatz festgehalten wird, dann deshalb, weil in ihr eine Hilflosigkeit entsteht, die mit ihm selbst zu tun hat, weil immer wieder seine Unsicherheit hinsichtlich des »Machens« auftritt.

Unter diesem Gesichtspunkt hätte seine Müdigkeit auch eine andere Bedeutung als die einer quasi-natürlichen Reaktion auf eine langweilige Frau.

Gegenstand der Untersuchung, zu der der Patient nun angeleitet wird, ist die Art des Zusammenhanges, der zwischen dieser Situation und seiner Müdigkeit besteht. Aus dem angedeuteten Aspekt der Hilflosigkeit und anderen Hinweisen (in Verbindung mit dem theoretischen Konzept der Abwehrmaßnahme) hält der Analytiker an dieser Stelle im Gesprächsablauf bereits eine funktionale Erklärung der Müdigkeit für plausibel, d. h. er hat sie (für sich) – neben anderem – als ein Mittel des Patienten analysiert, sich einer angstmachenden Situation zu entziehen.

Er leitet diesen nun dazu an, sich diese funktionale Bedeutung seiner Müdigkeit zu erarbeiten. Damit verbunden ist eine Veränderung des Selbst-Bildes. Denn wenn an der Müdigkeit diese Zweck-Mittel-Relation aufgedeckt wird, werden auch die damit verbundenen Selbst-Wahrnehmungen deutlich, die das Selbst-Bild eines durch Langeweile Ermüdeten verdeckt.

Für den Patienten ist die Analyse dieser Zweck-Mittel-Relation eine Arbeit an seinem Handlungswissen. Diese Relation und die mit ihr verbundenen Wahrnehmungen sind ja in seinem Handlungswissen enthalten. Deren Aufdeckung realisiert sich für ihn als ein Bewußtmachen eines spezifischen Wissens. Dieses Wissen ist aber eng mit Erlebnissen der Angst und der Hilflosigkeit verbunden.

Dem Analytiker stellt sich von daher das Problem, wie er ein entsprechendes Bewußtwerden anregen kann, ohne zugleich diese Angst im Patienten so zu verstärken, daß dieser zu einem darauf gerichteten Bewältigungsversuch greifen muß, der diese Aufdekkung (zunächst) wieder verhindert. Die kleinen Schritte, in denen die Analyse dieses Zusammenhangs von Müdigkeit und »dummen Situationen« erfolgt ist, sind wesentlich bestimmt von dem Versuch des Analytikers, dieses Problem zu lösen.

Im ersten Schritt dieser Analyse kontrastiert der Analytiker das Müde-Werden des Patienten mit dem, was in dem Kontext seiner Handlung zu erwarten wäre, dort aber nicht eintritt. Er setzt den Erfahrungssatz des Patienten mit den Worten fort:

(2) A: Wenn eigentlich 'was passieren müßte.

Die Verdeutlichung dieses Kontrasts leistet vor allem der Gebrauch des Modalverbs »müssen« (in der grammatischen Form von Konjunktiv II). Zu paraphrasieren wäre: »Wenn eigentlich etwas passieren müßte, werden Sie müde«. In Anlehnung an Redder (1984) will ich kurz die besondere Leistung des Modalverbs,

von der hier für den Zweck einer Handlungsanalyse im psychoanalytischen Gespräch Gebrauch gemacht wurde, verdeutlichen.
Die Bedeutung der Modalverben (im Deutschen also »möchten«, »wollen«, »sollen«, »können«, »müssen« und »dürfen«) läßt sich handlungstheoretisch so bestimmen, daß in ihnen eine jeweilige Kategorie der Modalität zum Ausdruck kommt, die eine Handlungsbedingung eines Aktanten betrifft. Mit den Modalverben nehmen Sprecher (Handelnde) eine umgangssprachliche Analyse von Sachverhalten vor, die für das Zustandekommen von Handlungen grundlegend sind.
Die zielbezogenen Modalverben (»möchten«, »wollen« und »sollen«) bringen eine Zielorientierung des Aktanten zum Ausdruck. Dabei wird mit ihnen z. B. die Unterscheidung getroffen, ob ein fremdes Wollen in das Wissenssystem eines Aktanten aufgenommen wurde und dessen Handlungsziel bestimmt (»sollen«), oder ob eine eigene Absichtsbildung eines Aktanten – womöglich auf der Basis eines Bedürfnisses (»möchten«) – vorliegt bzw. angenommen wird.
Die Gruppe der möglichkeitsbezogenen Modalverben (»können«, »müssen«, »dürfen«) kennzeichnet das Ergebnis einer Einschätzung gegebener Handlungsmöglichkeiten.
Dieses sprachlichen Inventars von Mitteln einer alltagspraktischen Handlungsanalyse bedient sich der Analytiker in seiner obigen Äußerung. Für den Gebrauch von »müssen« im Konjunktiv II scheinen (im Deutschen) handlungstheoretisch folgende Momente wichtig zu sein: Der Sprecher nimmt eine Einschätzung von alternativen Handlungsmöglichkeiten vor und grenzt eine einzige ein. Diese Konzentration auf eine Alternative (»müssen«) wird nicht durch ein Expertenwissen gestützt, aber dennoch aufrechterhalten. Dieser Widerspruch lenkt das Verstehen des Hörers in der Weise, daß die Sicherheit dieser Einschätzung auf dem Alltagswissen des Sprechers basiert, also entsprechend eingeschränkt ist. Der Konjunktiv macht die Rückbindung dieser Einschätzung an das Sprecher-Wissen für den Hörer explizit.
Die Alternative, auf die sich der Analytiker in seiner Äußerung konzentriert, basiert auf einer Art von Alltagstheorie über die Entwicklung intimer Situationen des Zusammenseins von Mann und Frau. In solchen Situationen »müßte etwas passieren«. Seine Äußerung knüpft an den allgemeinen Erfahrungssatz des Patienten also nicht in der Form einer Analyse an, die ein Expertenwis-

sen über solche Situationen zum Ausdruck bringt. Der Analytiker vermittelt eine Sachverhaltsanalyse aus der Sicht eines im Alltag Handelnden. Er übernimmt damit die Perspektive des Patienten. Zugleich deutet seine Äußerung aber auch an, daß der allgemeine Erfahrungssatz etwas Erklärungsbedürftiges beinhaltet, ohne dies als solches zu kennzeichnen. Die Sachverhaltsanalyse, mit der der Erfahrungssatz des Patienten ergänzt wird, macht ja darauf aufmerksam, daß dessen Müdigkeit im Widerspruch steht zu der Alternative, die zu erwarten wäre. Der reguläre Zusammenhang – immer wenn A, dann B – erhält so das Kennzeichen des Auffälligen.
Damit wird implizit der Stellenwert der Kausalerklärung der Müdigkeit in Frage gestellt. Der Analytiker deutet an, daß für eine angemessene Erklärung die Frage relevant ist, warum die zu erwartende Alternative nicht eintritt.

Im nachfolgenden Redebeitrag (3) verdeutlicht der Patient, was aus seiner Sicht ein zentrales Problem seines Alltags ist: Das ist der Kampf gegen die Müdigkeit. Der Patient folgt damit der vom Analytiker angedeuteten Richtung einer angemessenen Erklärung insofern, als er deutlich macht, daß die Müdigkeit tatsächlich sein Problem ist – zunächst von ihm selbst begrenzt auf Arbeitssituationen. Da er im Kontext von Arbeit versucht, dieses Problem mit »einer Unmenge von Kaffee« zu bewältigen, kategorisiert er die Müdigkeit aber als einen rein körperlichen Vorgang, den er willentlich nicht beeinflussen kann. Es ist also zwar sein Problem, aber er kategorisiert es so, daß er selbst daran nur in der Weise beteiligt ist, als dieser Vorgang ihn bei der Arbeit stört.

Er differenziert aber diese Kategorisierung, wenn er in demselben Redebeitrag seine Müdigkeit als den Endzustand eines Vorgangs beschreibt, der in ihm selbst abläuft.

(3) P: (ff) Es kommt mir manchmal so vor, als seien da. sehr viele und bedeutsame Gefühle im Spiel. . . und die kommen auf irgendeine dumme Weise nich' raus. Und dann penn' ich ungefähr da ein« (ff).

Der Patient hat nun den Zusammenhang, in dem seine Müdigkeit als Problem auftritt, im Vergleich zum ersten Redebeitrag anders kategorisiert. War es dort eine soziale Situation, in der er diesen Vorgang lokalisierte (dieser war dann als eine quasi-natürliche Reaktion auf eine langweilige Frau erklärbar), so ist es nun ein innerer Kontext, in dem dieser Vorgang in einer regelmäßigen Abfolge mit seelischen Vorgängen auftritt.

Die Weise, in der sich der Patient an der Durchführung der Handlungsanalyse in ihrem zweiten Schritt beteiligt, ist in mehrfacher Hinsicht produktiv. Er akzeptiert die Müdigkeit als sein Problem (zunächst begrenzt auf den Kontext von Arbeit); er gibt eine Beschreibung von Selbst-Wahrnehmungen und liefert so Daten, die für die weitere Analyse relevant sind; er lokalisiert die Müdigkeit sachlich angemessener, d. h. dort, wo sie tatsächlich eintritt; und er erweitert den Gegenstandsbereich der Analyse: Er weiß nicht, warum an einer bestimmten Stelle seine Gefühle »nicht rauskommen«. Im nächsten Schritt der Handlungsanalyse hält der Analytiker fest, welche Bedeutung der Müdigkeit aus den vorangegangenen Wahrnehmungsbeschreibungen des Patienten erschlossen werden kann.

(4) A: »Müde sein« heißt also: Angst vor Gefühlen; bestimmten Gefühlen.

Er bekräftigt damit die neue Lokalisierung der Müdigkeit, die der Patient vorgenommen hat – sein Müde-Sein wird durch einen inneren Kontext bestimmt; und er stellt fest, daß auf der Basis der Beschreibungen des Patienten dieser innere Kontext als »Angst vor Gefühlen« charakterisiert werden kann. Der Patient stimmt dem zu.

Im Gang der Handlungsanalyse, die darauf abzielt, die Bedeutung der Müdigkeit zu klären, ist damit ein erstes, vorläufig noch recht ungenaues Ergebnis erreicht.

Zu dieser ersten Bedeutungs-Klärung konnte der Analytiker aber nicht allein mit Hilfe der Beschreibungen des Patienten gelangen. Diese Bedeutungs-Klärung ist vielmehr das Resultat bestimmter theoriegeleiteter Analyseverfahren, die der Analytiker (zunächst für sich selbst) durchgeführt hat und ohne die er zu dieser Klärung nicht gelangt wäre.

Der Patient hatte in der Beschreibung seines »Kampfes gegen die Müdigkeit« (in dem unmittelbar vorangegangenen Redebeitrag) zwei Vorgänge voneinander getrennt: Entweder hatte er Angst vor der Arbeit, oder er wurde müde. Die Bedeutungs-Klärung des Analytikers verbindet beide Vorgänge miteinander. Beide Vorgänge gehören zu demselben rekurrenten Ablauf. Außerdem wird der Bezug der Angst zu den Gefühlen hergestellt, die nach der Wahrnehmung des Patienten in solchen Situationen »nicht 'rauskommen«.

Der Herstellung dieser Verbindung liegt die schon erwähnte funktionale Erklärung der Müdigkeit zugrunde, die von dem Analytiker schon recht früh als Annahme entwickelt wurde. Aber er macht diese Erklärung nicht explizit; er verwendet sie (in diesem Schritt der Handlungsanalyse) in der Weise, daß er für den Patienten eine Verknüpfung der von ihm getrennt dargestellten Vorgänge herstellt und so die gemeinsame Analyse vorantreibt.

Darüber hinaus liegt der Bedeutungs-Klärung eine analogisierende Verallgemeinerung zugrunde. Der Patient hatte das Akzeptieren der Müdigkeit als sein Problem und seine entsprechenden Wahrnehmungsbeschreibungen ja auf den Kontext von Arbeit eingegrenzt. Der Analytiker bezieht den Zusammenhang von Müdigkeit und der Angst vor Gefühlen implizit aber auch auf Situationen, in denen der Patient mit einer Frau zusammen ist. Denn er spricht ja von »Müdigkeit« ganz allgemein. Dem liegt die Annahme zugrunde, daß der rekurrente Ablauf das Handelns in Arbeitssituationen strukturell analog ist zu dem Handlungsablauf, in den eine Frau involviert ist.

Der Zustimmung des Patienten folgt die Frage:

(6) A: Was für Gefühle haben Sie in Verdacht? ((Räuspern))

Mit dieser Frage präsupponiert der Analytiker, daß der Patient bereits bestimmte Gefühle »in Verdacht« habe, also selbst schon entsprechene Nachforschungen vorgenommen hat. Er fordert ihn auf, deren (vorläufiges) Ergebnis nun mitzuteilen. Damit bekräftigt er die Position, die der Patient in der gemeinsamen Handlungsanalyse einnimmt, als der eines selbständiges Beobachters, der hinsichtlich seiner Wahrnehmungen und seines Wissens bereits bestimmte Untersuchungen vorgenommen hat. Zugleich bestätigt er aber mit der Wortwahl des »Verdachts«, daß der Gegenstand dieser Nachforschung etwas ist, das der Patient als etwas Befremdliches oder gar Gefährliches erlebt.

Der Patient folgt der Anregung, diese mitzuteilen, in den nachfolgenden Redebeiträgen (7) und (9). Dabei exothetisiert er auch Vorgänge, die zu der Orientierungsphase dieser Handlung gehören. Wie er damit dem Analytiker weitere Rückschlüsse bezüglich des »Sinns« seines neurotischen Symptoms ermöglicht, habe ich oben erläutert. Der Analytiker setzt im Anschluß daran den Gang der gemeinsamen Handlungsanalyse fort. Er nimmt dazu die Kategorisierung auf, die der Patient in der Antizipation des Treffens mit der Kollegin verwendet – »(ff) es wird wieder ganz konventionell« –, und er stellt fest:

(10) A: *Sie* machen's konventionell.

Der Patient stimmt dem zu. Er selbst ist der Urheber des Widerspruchs, den er zuvor angedeutet hat – des Widerspruchs zwischen seinem Wollen (den »zuvor gefaßten erotischen Phantasien«) und dem enttäuschenden Ablauf des Handelns. Damit wird aber die Frage nahegelegt, deren Klärung auch ein Beitrag zur Erklärung dieses Widerspruchs ist: warum er ein solches Gespräch mit der Frau »konventionell« macht.

In dem nächsten Schritt erzählt der Patient von einer Kontrast-Erfahrung des eigenen Handelns, von dem Kontrast zwischen seinen sexuellen Gedanken und seinen nicht-sexuellen Äußerungen (bei einem Zusammensein mit der Gisela). Er sagt am Ende dieser Erzählung:

(11) P: (ff) dann bin ich wirklich eingepennt ((lacht leise)) hehe... (ls-) In der Tat (-ls).

(12) A: Sonst hätten Sie ihr davon erzählen müssen.

Der Analytiker deutet hier den Zweckbezug dieses Einschlafens (und allgemeiner: des Auftretens der Müdigkeit) an. Er tut dies (etwas verkürzt dargestellt) in folgender Weise.

Er gebraucht wieder das Modalverb »müssen« für den Zweck einer Sachverhaltsanalyse. Eine bestimmte Alternative – Gisela von den Phantasien zu erzählen – wäre zu erwarten gewesen. Daß diese Alternative nicht eintrat, wird dem Patienten als Ziel seines Handelns in einem praktischen Schluß nahegelegt, den der Patient leicht für sich vollziehen kann, wenn er dazu die Feststellung des Analytikers als eine Prämisse und das Einschlafen als eine Handlung versteht, für den der praktische Schluß die Begründung liefert. Dieser Schluß hat die folgende Struktur:

Wenn Sie nicht eingeschlafen wären, hätten Sie von ihren Phantasien erzählen müssen.

Sie wollten nicht davon erzählen.

– Also sind Sie lieber eingeschlafen.

Die wichtige Voraussetzung in diesem Schluß ist, daß dieses Einschlafen eine Handlung und nicht bloß ein körperlicher Vorgang gewesen ist, den der Patient willentlich nicht beeinflussen konnte.

Der Patient gibt keine direkte Zustimmung. Und der Analytiker fragt nach:

(14) A: Haben Sie Angst, das Gespräch darauf zu bringen?

Der Analytiker spricht nun direkt die Angst an, die im Patienten

immer wieder in diesen Situationen entsteht, und die er nicht anders als durch Müdigkeit bewältigen kann. In Verbindung mit den schon vorhandenen Teil-Ergebnissen der Handlungsanalyse wird ihm die Erkenntnis nahegelegt, daß er selbst eine sexuelle Handlungsentwicklung verhindert, weil diese in ihm Angst auslöst.
Wir können seinen unmittelbar nachfolgenden Äußerungen nicht entnehmen, daß er diesen letzten Analyse-Schritt für sich selbst auch ganz vollzogen hat. Aber er bestätigt ihn indirekt (und kommt ihm nahe), wenn er im Anschluß an die Frage des Analytikers sagt: »Wenn's nur das *Gespräch* wäre. (ff)«
Ich möchte zum Abschluß dieser Untersuchung den Zusammenhang von Sprache und Bewußtmachung des Unbewußten unter einem Aspekt diskutieren, der durch die Ergebnisse dieser Untersuchung erhellt wird.
Exemplarisch habe ich an diesem kurzen Auschnitt eines psychoanalytischen Gesprächs gezeigt, wie die therapeutische Arbeit der Aufdeckung einer psychischen Abwehrmaßnahme als eine Handlungsanalyse erfolgen kann. Weitere Untersuchungen müßten klären, inwieweit die psychoanalytisch-therapeutische Aufdeckung einer Abwehrmaßnahme allgemein dieser Form einer Handlungsanalyse folgt, und welche Modifikationen festzustellen sind.
Es fragt sich nun, was eine solche Handlungsanalyse für den Prozeß des Bewußtwerden des Unbewußten leistet.
Für den Patienten ist dieser Analyseprozeß ein Sich-Vergegenwärtigen eines spezifischen Wissens. Ich gehe davon aus (vgl. Kap. 5.), daß eine solche Abwehrmaßnahme zum Handlungswissen des Betreffenden gehört, der von ihr Gebrauch macht. Das spezifische Wissen ist unbewußt, weil sein Gebrauch der Reflexion entzogen wird. Dieser Reflexion steht vor allem die Angst entgegen, deren Bewältigung eine seelische Abwehrmaßnahme dient.
Die Aufdeckung der funktionalen Bedeutung der Müdigkeit ist in dem obigen Beispiel für den Patienten ein Prozeß, der ihn schrittweise mit seinem Wissen über die Zweck-Mittel-Relation seiner Müdigkeit konfrontiert. Der Analytiker leitet ihn dazu an, die Aktualisierung dieses spezifischen Wissens zuzulassen.
Mit diesem spezifischen Wissen ist aber auch das Bedrohliche verbunden, das er in der Situation der Angst immer wieder erlebt. Ebenso das für ihn Unverständliche, das zur Systematik seiner gebrochenen Handlungsform gehört.
Bei der gemeinsam mit dem Analytiker durchgeführten Hand-

lungsanalyse bezieht der Patient in dem obigen Beispiel vor allem die Position der Selbst-Wahrnehmung und der Reflexion. Der Analytiker stellt ihm Mittel zur Verfügung, die den Fortgang der Analyse befördern, weil sie geeignet sind, schrittweise die anfänglich verdeckte Zweck-Mittel-Relation aufzudecken. Wenn einzelne Teil-Ergebnisse dieser Analyse eine Entsprechung im Wissen des Patienten finden, und die Angst dem nicht entgegensteht, wird dieser Wissens-Aspekt vom Patienten aktualisiert; der Patient stimmt dann zu. Er findet in dem jeweiligen Teil-Ergebnis etwas wieder, das er weiß.

Die Mittel, deren sich in dem obigen Beispiel der Analytiker hierzu bedient hat, lassen sich in zwei Gruppen einteilen. Zur ersten Gruppe gehören die umgangssprachlich fixierten Mittel, die im Alltag für Zwecke einer Handlungsanalyse verwendet werden – also z. B. praktische Schlüsse, eine Alltagstheorie und die mit einem Modalverb vorgenommene praktische Sachverhaltsanalyse. Diese Mittel gebrauchte der Analytiker explizit. Es sind die sprachlichen Mittel, die der Patient auch im Alltag gebraucht, um das Handeln anderer zu analysieren. Diese Mittel wendet er nun auf sein eigenes Handeln an, unterstützt durch den Analytiker.

Die zweite Gruppe bilden psychoanalytische Theorie-Elemente. Von ihnen machte der Analytiker implizit Gebrauch. Die analytische Kraft dieser Theorieelemente geht über die der umgangssprachlichen Analyse-Mittel hinaus (so daß z. B. Müdigkeit die funktionale Bedeutung einer Abwehrmaßnahme haben kann). Ihr impliziter Gebrauch seitens des Analytikers erleichtert es dem Patienten, die Selbständigkeit seiner Position in der gemeinsamen Analyse zu wahren. Aber die analytische Kraft der umgangssprachlichen Mittel seiner Handlungsanalyse wird in der Form alltäglicher Kommunikation zwanglos verstärkt durch die Leistung der psychoanalytischen Mittel.

Daß die Anregung der Reflexion des Wissens den Weg einer Handlungsanalyse genommen hat, ist aus dem besonderen Charakter dieses Wissens erklärbar. Dessen Verbindung mit der Angst macht den unmittelbaren Zugriff darauf, die unmittelbare Reflexion unmöglich. Der Weg über die gemeinsame Untersuchung des Handlungszusammenhangs, auf das sich dieses Wissen bezieht, macht es dem Patienten vermutlich leichter, sich dieses Wissen zu vergegenwärtigen.

Dieser Prozeß scheint einem besonderen, im psychoanalytischen

Behandlungsgespräch spezifisch entwickelten Prinzip zu folgen: In einzelnen Schritten werden aus der Außen-Perspektive einer gemeinsam von Analytiker und Patient durchgeführten Untersuchung einzelne Aspekte des zu erklärenden Phänomens (Problems) sukzessive erarbeitet, wobei der Patient für sich jeweils in einem solchen Aspekt ein jeweiliges Wissenselement wiedererkennt und es sich so vergegenwärtigt.
Die Form der Handlungsanalyse kann es ihm erleichtern, sich sein Wissen über seine Abwehrmaßnahme zu vergegenwärtigen, weil sie die vorhandene Angstbereitschaft nicht unmittelbar berührt. Er kann sich dem, was in ihm immer wieder abläuft und bei ihm Angst auslöst, auf dem Wege einer Sachverhaltsanalyse nähern, die er auch im Alltag unternimmt, wenn er an einem anderen Aktanten etwas Auffälliges bemerkt. An dem Sachverhalt, der zunächst in der aktionalen Sphäre des Handelns lokalisiert wird, deckt die gemeinsame Untersuchung dann Schritt für Schritt Vorgänge auf, die zu den subjektiven Dimensionen des Handelns gehören. Da in ihnen die funktionale Bedeutung der Müdigkeit begründet ist, wird der Patient mit der Teilnahme an der Handlungsanalyse auch dazu angeleitet, sich diese Bedeutung zu vergegenwärtigen.

9. Über den Gegensinn der Urworte und die in Wortbedeutungen bewahrten kindlichen Denkformen

Der archäologische Blick, mit dem Freud Handlungsformen des Alltags musterte, um an ihnen Spuren ihrer konflikthaften individuellen Entwicklungsgeschichte zu entdecken, richtete sich auch auf einfache Wörter der Umgangssprache. In der berühmten Schrift: »Über den Gegensinn der Urworte« (Freud, G.W., Bd. VIII) sind es die in Sprache festgehaltenen Denkformen einer frühen Entwicklung, die sein psychoanalytisches Interesse geweckt haben.

Angeregt wurde sein Interesse bekanntlich durch die Arbeit des Sprachforschers Abel, der im Wortschatz der altägyptischen Sprache (aber auch im Wortschatz indoeuropäischer Sprachen) zahlreiche Ausdrucksmittel fand, die eine antithetische Bedeutung aufweisen. In dem Doppelsinn eines solchen Wortes (»stark« z.B. konnte zugleich auch »schwach« bedeuten) und in Komposita von Wörtern mit gegensätzlicher Bedeutung (wie »altjung« und »fernnah«) sah Abel die frühesten Anfänge der Sprach- und Begriffsentwicklung bewahrt.

Als Ausdrücke der ältesten und einfachsten Begriffe waren für Abel diese Wörter geprägt durch die früheste Stufe der Entstehungsgeschichte dieser Begriffe. Er nahm nämlich an, daß eine Sprachgemeinschaft in ihrer gedanklichen Bemühung, einen bestimmten Gegensatz zu bilden, anfänglich in der Weise verfuhr, daß die Gegensatzbeziehung selbst zum Kern des Begriffs und das gegensätzliche Begriffs-Paar noch nicht voneinander getrennt wurde. Der Doppelsinn dieser Wörter hält diesen Anfang der Begriffsentwicklung fest.

Diese in der Sprache vorhandenen »Spuren alter Denkmühen« sind es, die Freud interessierten. Er bemerkt, daß ihm die Lektüre der Arbeit von Abel für seine Traumforschung das Verständnis der Eigentümlichkeit der Traumarbeit erleichtert hatte, durch ein und dasselbe Darstellungsmittel Gegensätzliches auszudrücken; und er wertet die Übereinstimmung zwischen diesem Merkmal der Traumarbeit und den von Abel untersuchten Urworten als Bestätigung seiner Auffassung vom regressiven, archaischen Charakter des Gedankenausdrucks im Traums.

Benveniste (1956) hat gezeigt, daß Abels Untersuchungsmethode problematisch ist. Abels Sprachforschung hat weder die unterschiedliche innere Systematik der von ihm verglichenen Sprachen noch den jeweiligen Bedeutungswandel der von ihm als Beleg für seine These angeführten Wörter hinreichend berücksichtigt. Gegenüber Abels Annahme, daß in diesen doppeldeutigen Wörtern sich eine Urtendenz menschlicher Sprache erhalten habe, erhebt Benveniste aus der Sicht der strukturellen Linguistik einen prinzipiellen Einwand. Diese angenommenen »Urworte« würden dem System-Charakter von Sprache widersprechen, der Wortbedeutungen in Oppositionsbeziehungen fundiert. Wörter mit strikt gegensätzlichen Bedeutungen würden aus dem semantischen System einer Sprache herausfallen; sie wären sinnlos.

Aber Freuds Perspektive, an der Sprache nach Spuren alter Denkmühen zu suchen, bleibt interessant, wenn wir sie von dem vermeintlichen Ursprung der Sprache ablösen und auf Kindheitserfahrungen beziehen.

Freuds Triebtheorie konnten wir Anhaltspunkte dafür entnehmen, daß die Bildung triebbestimmter Handlungsformen immer konflikthaft verläuft. Die Erfahrungen, die in diesem Bildungsprozeß gemacht werden, weisen neben individuellen Besonderheiten auch überindividuell vergleichbare Züge auf, insofern aufgrund des Wertsystems der Eltern, ihrer Erziehungspraktiken usw. dieser Bildungsprozeß in einer Gesellschaft (oder einer gesellschaftlichen Epoche) immer auch unter ähnlichen Bedingungen verläuft.

Unter dieser Voraussetzung der Verallgemeinerung werden die entsprechenden Erfahrungen auch zu Bestandteilen des kollektiven Wissens, das in Sprache fixiert ist. Sie werden auch in vielfältiger Weise im Wortschatz einer Sprache repräsentiert sein.

Aber mit den Verallgemeinerungen werden (als Aspekt des Gedächtnisses) auch kindliche Vorstellungsformen und etwas im Kern Nicht-Begriffenes verbunden bleiben, wenn die Konflikte, die diesen Erfahrungen zugrundeliegen, weder in der frühen Zeit ihrer Entstehung noch auch in der weiteren Entwicklung gelöst werden konnten.

Der Wortschatz einer Sprache hält dann in diesem Bereich emotionaler Erfahrungen nicht nur abgekürzte kollektive Erkenntnisresultate (Begriffe) fest. Er fixiert mit der Verallgemeinerung auch das Nicht-Begriffene. In Verbindung mit kindlichen Denkformen können dann in der Sprache neurotische Erlebnismuster repräsentiert sein, die in einer Gesellschaft weit verbreitet sind – und mit ihnen die einst vergeblichen kindlichen Erkenntnisanstrengungen, die (wie Freud es ausdrückt) »Spuren alter Denkmühen«.

Daß hier die Metaphern einer Sprache eine wichtige Rolle spielen, habe ich im Zusammenhang meiner Untersuchung der zweiten Angsttheorie Freuds gezeigt. Jetzt möchte ich der Frage nachgehen, wie einzelne Wörter, die Ausdrucksmittel für Alltagskonzepte oder soziale Kategorien sind, einen Bedeutungshintergrund haben können, der Irrationales in der Form des kollektiv Selbstverständlichen festhält.

Wie können wir einen solchen Strukturzusammenhang an einzelnen Wörtern überhaupt aufdecken?

Einen sehr ergiebigen Zugang bieten uns psychoanalytische Therapiegespräche. Patienten haben die verschiedenen Aspekte ihrer spezifischen Problematik, derentwegen sie eine psychoanalytische Behandlung aufsuchen, ja oft selbst schon mit bestimmten Alltagskonzepten oder sozialen Kategorien zu fassen versucht, die sie in der Sprache vorfinden. Damit wird es ihnen wenigstens annähernd möglich, dem Analytiker ihr Leiden verständlich zu machen. Unter Umständen können diese Wortbedeutungen aber auch einen Aufschluß über Aspekte des gesellschaftlichen Leidens geben. Das Nicht-Begriffene, das dann hinter der Verallgemeinerung dieser Wortbedeutungen steht, weist in diesen Fällen gewisse Entsprechungen auf zu dem Nicht-Begriffenen, das mit der individuellen Problematik des Patienten zusammenhängt.

Um dies exemplarisch zu verdeutlichen, beziehe ich mich erneut auf den Patienten, dessen Angst-Metaphern ich in Kap. 7. analysiert habe.

Im Verlauf der (insgesamt vier) Therapiesitzungen, die aufgezeichnet wurden, stellt sich der Patient selbst als ein nahezu vollkommener Versager dar. Er hat in seiner beruflichen Entwicklung versagt; und er versagt im sexuellen Kontakt zu Frauen. Rückblickend auf seine Beziehungen zu Frauen stellt er fest, daß diese nach ein und demselben Muster abgelaufen sind: »Am Anfang fangen sie ganz toll an, und dann schlafft es ab«; und er kommt sich am Ende ganz unfähig vor, überhaupt eine Gefühlsbeziehung zu einer Frau einzugehen.

Vor dem Hintergrund der gemeinsam in der Therapie schon erarbeiteten Kenntnis der besonderen familiären Konstellation und der psychischen Problematik, die sich in der Kindheit in der Beziehung des Patienten zu seiner Mutter entwickelt hatte, macht der Analytiker ihn darauf aufmerksam: »Das ist ja eigentlich auch der Verlauf Ihrer Mutterbeziehung.« (Der Patient stimmt dem zu.)

Interessant ist in diesem Zusammenhang, daß der Gebrauch dieser Kategorie des Versagers seitens des Patienten uns auch einen Aufschluß über ihren gesellschaftlichen Gehalt ermöglicht. Er faßt sein Selbstbild ja sprachlich mit einer Kategorie, die im (kollektiven) Handlungswissen zur Verfügung steht; sie ist auf andere anwendbar (über die ein entsprechendes Bild hergestellt wird), oder sie kann für die Herstellung eines Selbstbildes zentral sein. Welche Aspekte von Irrationalität, die zu dem gesellschaftlichen Gehalt dieser Kategorie gehören, lassen sich aus den Äußerungen dieses Patienten erschließen?

Zunächst fällt auf, daß der Patient sich in seinen Berichten und Erläuterungen an einer extremen Gegenposition orientiert, einem Wunschbild überragenden Erfolgs. Im Vergleich, den er dazu zieht, schneidet er hoffnungslos schlecht ab. So stellt er fest, daß er sich zwar als ein Frauenheld präsentieren kann; aber auch einer zu sein, ist ihm schier unmöglich. Er vergleicht sich in einer anderen Phase des Therapiegesprächs mit Richard Wagner, über den er in einer Biographie gelesen hat, daß dieser in seinem Alter an einer Revolution in Dresden teilgenommen hatte; auch hier zieht er einen Vergleich mit dem für ihn niederschmetternden Ergebnis: »Er macht 'ne Revolution, und ich lieg auf der Couch.«

Der extreme Gegensatz von Selbstbild und Wunschbild macht verständlich, daß letzteres durch eigene Anstrengungen kaum erreichbar ist. Der Weg, von dem der Patient berichtet, wie er sich während seines Studiums die Verwirklichung vorstellte, war der, von einem Professor »entdeckt« zu werden. Also nicht durch zielgerichtetes Handeln, sondern durch passives Warten auf jemanden, der seine vielversprechenden Möglichkeiten entdeckt, sollte das Wunschbild verwirklicht werden.

Eine solche Warte-Position zu beziehen, steht (in unserer Gesellschaft) der weiblichen Erlebniswelt näher als der männlichen. Die Bildung dieser Vorstellung hatte einen bestimmten Stellenwert in der psychischen Entwicklung des Patienten; sie war für ihn charakteristisch. Aber er wählte damit individuell eine allgemeine, in der Kategorie des Versagers verankerte Bedeutungsstruktur. Diese Kategorie sieht für den, der sie auf sich oder einen anderen anwendet, keine individuelle Entwicklung in der Zeit vor. Versager haben keine Karriere hinter sich, noch haben sie eine vor sich. Die einzig denkbare Form der Veränderung ist die Verwandlung ins Gegenteil, die sich gleichsam außerhalb der Zeit vollzieht, wie ein Wunder.

Dasselbe gilt für die Kategorien der Gegenposition, die sprachlich mit »Überflieger«, »Siegertyp« u. ä. ausgedrückt werden. Auch diese sind so gefaßt, daß man nicht danach fragt, welche Entwicklung eine Person genommen hat, daß als deren Ergebnis sich ein überragender Erfolg eingestellt hat. Es gilt hier offenbar das Prinzip von Entweder-Oder.

Mit diesen Kategorien (Versager und Überflieger) beziehen Personen (Handelnde) Positionen, die einen extremen Gegensatz bilden; der eine kann nichts, der andere alles. Und beide Kategorien sind auch nicht graduierbar; man kann nicht ein bißchen Versager und ein wenig ein Überflieger sein.

Diese Kategorien sind nicht so gefaßt, daß mit ihnen wiederholte Erfahrungen verallgemeinert werden. Mit ihnen werden nicht Erfahrungen als Wissen sedimentiert. Diese Kategorien sind vielmehr selbst-explikativ, d. h. sie machen ihre Anwendung selbst dadurch plausibel, daß Handlungen des Betreffenden (von ihm selbst oder von anderen) in der Weise interpretiert werden, daß ihm eben nichts – oder eben alles – gelingt.

Dies macht auch der Patient deutlich. Auf den Hinweis des Analytikers, daß man vielleicht auch etwas tun müsse, um entdeckt zu werden, bemerkt er, daß er eben immer irgendwie das Falsche getan hat.

Die Gegenpositionen sind durch eine Dynamik von einseitiger Anziehung und Abstoßung aufeinander bezogen. Der Versager nimmt seine Gegenposition zum Vergleichsmaßstab; er möchte z. B. (wie der Patient) ein Frauenheld oder wie Richard Wagner sein. Der Überflieger will auf keinen Fall ein Versager sein; er hat nicht Angst, in einem Wettbewerb zu verlieren, sondern zu versagen.

Der Patient vermittelt in seinen Berichten den Eindruck, daß er sich aber mit diesem Selbstbild, das er anderen vermittelt, durchaus auch wohl fühlt. Dieser Eindruck wird verständlich, wenn man den Nutzen berücksichtigt, den der Patient daraus ziehen kann, daß er die Kategorie des Versagers auf sich anwendet. Er kann so die für ihn bedrohliche Konkurrenz mit anderen vermeiden. Er bedient sich ja einer Eigenschaft dieser Kategorie, die diese u. a. von der des Verlierers unterscheidet. Letzterer tritt in einem Wettbewerb wieder an; der Versager nicht. Denn dieser ist von vornherein aus jedem Wettbewerb ausgeschieden und gleichsam jenseits aller Leistungsbewertungen, die in Wettbewerben vollzogen werden.

Die Konkurrenzvermeidung – dies ist im Verlauf des psychoanalytischen Therapiegesprächs mit dem Patienten deutlich geworden – ist für ihn auch eine wichtige Schutzfunktion in seiner Kindheit gewesen. Es war zugleich auch ein Schutz vor seiner dominierenden Mutter, die ihn in seiner Männlichkeit nicht anerkannt hat. Darüber hinaus war damit ein Hilfs-Appell an den schwachen, oft abwesenden Vater verbunden, ihm gegenüber der Mutter beizustehen.

Die Bedeutungsstrukturen, die ich hier ansatzweise analysiert habe, erscheinen uns wie selbstverständlich. Sie sind Bestandteil des Alltagswissens. In Freuds Untersuchungsperspektive verliert ein solcher Bestandteil des Alltagswissens seinen Charakter des Selbstverständlichen. Es wird ja mit dieser Perspektive der theoretische Versuch unternommen, begriffliche Eigenarten, die in bestimmten Ausdrucksmitteln einer Sprache festgehalten sind, als »Spuren alter Denkmühen« zu erklären.

Dabei wird – wie oben erläutert – davon ausgegangen, daß die jeweiligen begrifflichen Eigenarten (als eine spezifische Form des Alltagswissens) das Ergebnis einer überindividuellen, für eine Gesellschaft charakteristischen Anstrengung sind, bestimmte entwicklungsspezifische Prozesse und Zusammenhänge der Kindheit mit früh- und vorbegrifflichen Mitteln zu durchdringen. Reste dieser kindlichen Denkweise sowie die Vergeblichkeit dieser Anstrengung bleiben in den jeweiligen Formen des Alltagswissens bewahrt.

Damit dieser Erklärungsversuch an konkreten Beispielen durchgeführt werden kann, müssen bestimmte Voraussetzungen erfüllt sein. So muß jeweils geklärt sein, welcher Art diese entwicklungsspezifischen Prozesse und Zusammenhänge sind, auf die sich die begrifflichen Anstrengungen jeweils richten. Und weiterhin muß erklärt werden, warum gerade in bezug auf diese Prozesse und

Zusammenhänge gesellschaftlich an kindlichen Denkweisen festgehalten wird, warum das Unbegriffene möglicherweise sogar eine gesellschaftlich notwendige Qualität gerade dieses Wissens ist.

Wie könnte ein solcher Erklärungsversuch am Beispiel der besonderen Eigenschaften der Kategorien des Versagers und des Überfliegers unternommen werden?

Es ist in psychoanalytischer Perspektive plausibel, daß der entwicklungsspezifische Bedeutungshintergrund dieser Kategorien in der phallischen Phase der psychischen Entwicklung zu suchen ist. Weniger klar ist, welche Vorgänge und psychische Konstellationen hier eine überindividuelle Verarbeitungsform gefunden haben.

Um einige Anhaltspunkte zu gewinnen, werde ich mich auf die Arbeit von Grunberger (1963/64) beziehen. Grunbergers Überlegungen gehen davon aus, daß die Vorstellung vom Phallus die narzißtische Integrität in all ihren Formen darstellt und daß die von Freud »Kastration« genannte Verletzung dieser Integrität jede Art von Schwierigkeit repräsentiert, sich hinsichtlich dieser Integrität als intakt zu erleben. Er betont außerdem, daß im Unbewußten der Phallus in gegensätzlicher Weise vorgestellt sein kann: als intakt oder als zerstört, verstümmelt oder verloren.

Für das Kind (den kleinen Jungen) ist der Phallus der Träger der väterlichen Macht. Er wird, wenn das Kind ihn »introjiziert«, zum wesentlichen Teil seines Selbstbildes.

Offen bleibt, wie diese Vorstellungen und Phantasien zu erklären sind, und wie der als »Introjektion« bezeichnete Vorgang beschaffen ist. Grunberger berücksichtigt nicht hinreichend – wie auch schon Freuds Theorie der sexuellen Entwicklung – den strukturellen Zusammenhang, der zwischen diesen Vorstellungen des Kindes und den besonderen Bedingungen seines Handelns besteht. Ich habe auf dieses Theoriedefizit bereits oben (Kap. 4.) hingewiesen.

Die Dualität des Phallischen, die im Unbewußten bewahrt bleibt, wird einmal im Erleben des Kindes eine Rolle gespielt haben. Dieses Erleben wird in einer Weise, die genauer zu klären ist, verbunden sein mit der psychischen Entwicklung des Kindes als Handlungssubjekt.

Die phallische Entwicklungsphase ist dadurch charakterisiert, daß es hier zur Ausbildung von Formen des zielorientierten Handelns kommt. Ziel des kleinen Jungen ist (vereinfacht gesagt) der Besitz der Mutter. Damit sich diese »ödipale« Beziehung überhaupt herstellen kann, muß das Kind sich den väterlichen Phallus aneignen, ihn »introjizieren«. Andernfalls könnte es gar nicht die Rivalität mit dem als mächtig erlebten Vater aufnehmen.

In den Handlungswünschen des Kindes verbindet sich dann der Triebaspekt (alles mit der Mutter machen zu können, was der Vater macht) mit dem narzißtischen Aspekt (die Vorstellung von Großartigkeit bzw. Allmacht).

Dies scheint eine wichtige psychische Entwicklungsbedingung dafür zu sein, daß sich Formen des zielorientierten Handelns überhaupt ausbilden können, und daß sie in der weiteren Entwicklung auch über die ursprünglich sexuellen Ziele hinaus differenziert werden. Zielorientiertes Handeln, zumal wenn es, wie in unserer Gesellschaft, mit einer Art von Machbarkeitswahn verbunden ist, setzt Größenphantasien voraus. Anders kann ein weit gestecktes Ziel, dessen konkrete Realisierungsschritte oft gar nicht überschaubar sind, nicht als ein erreichbares vorgestellt werden. Auch in der weiteren Entwicklung zu Formen des sozialen Handelns bleibt diese kindliche Vorstellung des Phallischen bewahrt.

Die besondere Handlungssituation, in der sich das Kind zu Beginn der »ödipalen« Phase befindet, kann die Dualität des Phallischen verständlich machen, die Grunberger betont. Es gibt hier für das Kind nur ein Entweder-Oder, weil die Bedingung seines Handelns an den väterlichen Phallus geknüpft ist. Entweder ist das Kind in seinem Selbstbild »großartig« (dann kann sich z. B. der kleine Junge vorstellen, etwas mit der Mutter zu tun), oder es ist »zu klein« (nicht intakt, verkürzt), dann kann es in seiner Vorstellung nichts tun.

Auf die verschiedenen Konstellationen, die hier im Verhältnis zu Vater und Mutter für das Kind möglich sind, will ich nicht im einzelnen eingehen. Wichtig ist in diesem Zusammenhang, daß wir in den besonderen Eigenschaften der oben analysierten Kategorien einen Niederschlag von Bewältigungsformen der psychischen Prozesse, die für die Ausbildung des zielorientierten Handelns wesentlich sind, finden können.

In der Kategorie des Versagers scheint die Position festgehalten zu sein, in der nicht nur auf das »Machen« (den Triebaspekt) verzichtet wird, sondern darüberhinaus die »Kastration« akzeptiert wird (als Schutz vor einer noch größeren Gefahr).

Die Kategorie des »Helden« oder »Überfliegers« hält eine Form fest, wie ein permanenter Zweifel an der eigenen Intaktheit bewältigt werden kann.

Interessant ist außerdem die Dimension der Zeitvorstellung, die Grunberger erwähnt. Die »Introjektion« genannte Aneignung des väterlichen Phallus geschieht ihm zufolge außerhalb der Zeit. Der Bedeutungsaspekt der Entwicklungsindifferenz, den ich oben erwähnt habe, und die wie ein Wunder vorgestellte Umwandlung der Versager-Position in das Gegenteil scheinen diese Dimension festzuhalten.

So scheinen diese Kategorien mit den besonderen psychischen Entstehungsbedingungen des zielorientierten Handelns auch das ursprünglich Nicht-Begreifbare festzuhalten, das zu diesen Bedingungen gehört – vor allem die mit dem väterlichen Phallus verbundenen Allmachtsphantasien.

Der Charakter des Selbstverständlichen, den die Bedeutung dieser Kategorien hat, verdeckt, daß in ihnen eine kindliche »Logik« bewahrt geblieben ist.

Ein solcher Zusammenhang, wie hier angedeutet, wäre allerdings zu präzisieren. Eine psychoanalytische Entwicklungstheorie des Subjekts müßte klären, mit Hilfe welcher Denkformen das Kind versucht, entwicklungsspezifische Problemkonstellationen in der Interaktion mit den Beziehungspersonen zu bewältigen. Diese Entwicklungstheorie zeichnet sich aber bislang kaum in Umrissen ab.

Andererseits geben Formen einer kindlichen Logik, die im Wortschatz festgehalten sind, auch Aufschluß über die Gesellschaft, deren kollektives Wissen das einmal in der Kindheit Unbegreifbare bewahrt. An diesem Beispiel wäre es eine irrationale Dimension des zielorientierten bzw. zweckorientierten Handelns, dessen herausragende Stellung in der Entwicklung der abendländischen Kultur Max Weber untersucht hat. Eine psychoanalytische Gesellschaftstheorie müßte der Frage nachgehen, wie diese irrationale Dimension zusammenhängt mit dem historischen Erfolg dieses Handlungsmodells, aber auch mit seinen inneren Widersprüchen.

Für eine psychoanalytische Gesellschaftskritik ist auch der Ausgrenzungsmechanismus von Interesse, der mit dem Gebrauch der genannten Kategorien verbunden ist. Er ist auch politisch hochaktuell.

Die Bedeutungsstruktur der Kategorien könnte ein Beitrag zur Erklärung des Phänomens sein, warum es den großen Teilen der Bevölkerung, die kontinuierlich arbeitslos sind, psychisch so schwierig ist, ihre soziale Problemlage auf dem Wege politischen Handelns zu bewältigen. Wenn dem Einzelnen die Kategorie des Versagers gesellschaftlich nahegelegt wird und er ein entsprechendes Selbstbild herstellt, ist die gesellschaftliche Ausgrenzung schon vollzogen. Der einzige Weg, der dann noch offen bleibt, um die unbefriedigende Wirklichkeit zu verändern, ist deren wundersame Umwandlung in der Imagination, die von der Unterhaltungsindustrie immer wieder neu ausgemalt wird.

Der psychische Schutz, den diese Position einmal in der Kindheit bot (z. B. vor der bedrohlichen Konkurrenz mit dem Vater) wird nun unter den Bedingungen politischen Handelns disfunktional. Sie kehrt sich um in eine gesellschaftliche Benachteiligung gegenüber anderen sozialen Gruppen, die sich im Verteilungskampf besser behaupten können. Und was einmal ein Hilfsappell an den abwesenden, passiven Vater gewesen ist, gegenüber der als bedrohlich erlebten Mutter zu helfen, verhallt in dem von Interessengruppen besetzen Raum politischer Öffentlichkeit ungehört.

Der subjektive Protest gegen die fortschreitende Ausdehnung des Modells zweckrationalen Handelns auf immer mehr Lebensbereiche unserer Gesellschaft ist vielleicht der zentrale Gehalt der kulturkritischen Schriften Freuds. Der Begriff der Subjektivität, der diesen Schriften zugrunde liegt, mag heute »veraltet« erscheinen. Und auch die seelischen Formen des Protests haben sich seit Freuds Zeiten ebenso gewandelt wie tendenziell die Struktur individueller Subjektivität.

Aber Freuds Entdeckung, daß in Formen des interaktiven Handelns die ungelösten Konflikte ihrer genetischen Entwicklung fortbestehen, ist weder kulturspezifisch, noch ist sie an eine bestimmte historische Epoche gebunden. Diese Entdeckung ist folgenreich für das bessere Verständnis der sozialen Prozesse, die in diesen Handlungsformen ablaufen.

Gesellschaft stützt sich in diesem Zusammenhang auf ein »Ich», das zutreffender durch verschiedene Arten der Selbsttäuschung denn durch Erkenntnisfortschritte zu charakterisieren ist. In Freuds Konzepten der Wiederkehr des Verdrängten, der Abwehrmechanismen, des Über-Ichs und der neurotischen Angst ist dieser Zusammenhang angedeutet.

Eine psychoanalytische Gesellschaftskritik findet ihre theoretische Grundlegung daher gar nicht primär in den kulturkritischen Schriften, sondern in dem Strukturmodell der Metapsychologie. Dessen handlungstheoretische Interpretation eröffnet die Möglichkeit, Freuds Entdeckungen, die erkenntnispraktisch an die besonderen Bedingungen des psychoanalytischen Gesprächs gebunden sind, als Erkenntnisse über den konflikthaften Prozeß der Subjektbildung im Zusammenhang von Sprache, Handlung und Wissen zu verallgemeinern.

Anhang
Ist die Neurose Folge einer defizienten Rede?
Kritische Bemerkungen zu der These von Jürgen Habermas, daß seine Theorie des kommunikativen Handelns einen Bezugsrahmen zur Umformulierung des Freudschen Strukturmodells biete[1]

Die These, daß seine Theorie des kommunikativen Handelns einen Rahmen biete, in dem das Strukturmodell von Ich, Es und Über-Ich reformuliert werden kann (Habermas, 1981, Bd. 2, S. 570), hat Habermas bereits sehr detailliert in »Erkenntnis und Interesse« (1968) zu begründen versucht; die Kerngedanken dieser These hat er in dem Aufsatz »Der Universalitätsanspruch der Hermeneutik« (1970) wie folgt dargelegt:

»Die Konstruktionen des ›Ich‹ und des ›Es‹ interpretieren Erfahrungen des Analytikers mit dem *Widerstand* des Patienten. ›Ich‹ ist die Instanz, die die Aufgabe der Realitätsprüfung und der Triebzensur erfüllt. ›Es‹ ist der Name für die vom Ich isolierten Teile des Selbst, deren Repräsentanz im Zusammenhang mit den Abwehrvorgängen zugänglich wird. Das ›Es‹ ist mittelbar repräsentiert durch die Symptome, die die durch Desymbolisierung entstandenen Lücken im normalen Sprachgebrauch schließen; und unmittelbar ist das ›Es‹ repräsentiert durch die wahnhaft paläosymbolischen Elemente, welche durch Projektion und Verleugnung in die Sprache eingeschleppt werden. Nun zeigt dieselbe klinische Erfahrung des ›Widerstandes‹, die zur Konstruktion von Ich- und Es-Instanz nötigt, auch, daß die Tätigkeit der abwehrenden Instanz meistens unbewußt verläuft. Darum führt Freud die Kategorie des ›Über-Ich‹ ein: eine ichfremde Abwehrinstanz, die aus aufgelassenen Identifikationen mit den Erwartungen primärer Bezugspersonen gebildet wird. Alle drei Kategorien, Ich, Es und Über-Ich, sind mithin an den spezifischen Sinn einer systematisch verzerrten Kommunikation gebunden, in die Arzt und Patient mit dem Ziel eintreten, einen dialogischen Aufklärungsprozeß in Gang zu setzen und den Kranken zur Selbstreflexion anzuleiten. Die Metapsychologie kann nur als Metahermeneutik begründet werden. Das Instanzmodell (d. h. das Modell der psychischen Instanzen; D. F.) stützt sich unausdrücklich auf ein Modell der Deformation umgangssprachlicher Intersubjektivität: die

1 Diese Kritik wurde bereits veröffentlicht in: Psyche 45 (1991), S. 590–611.

Dimensionen, die Es und Über-Ich für die Persönlichkeitsstruktur festlegen, entsprechen eindeutig den Dimensionen der Verformung der in zwangloser Kommunikation gegebenen Intersubjektivitätsstruktur. Das Strukturmodell, das Freud als kategorialen Rahmen der Metapsychologie eingeführt hat, kann also auf eine Theorie der Abweichungen kommunikativer Kompetenz zurückgeführt werden.« (Habermas, a.a.O., S. 95)

Meine Auffassung, daß in der Tat bestimmte (keineswegs alle) psychoanalytische Konzepte eine kommunikative Systematik haben (d. h. daß der Gehalt dieser Konzepte wesentlich durch Erfahrungen des Analytikers mit bestimmten Kommunikationsformen strukturiert ist), hat mich dazu geführt, die – wesentlich stärkere – These von Habermas genauer zu untersuchen. Die entscheidende Frage dabei ist, ob die von Habermas vorgeschlagene Umformulierung des Freudschen Strukturmodells nicht notwendig zur Konsequenz hat, daß wesentliche psychoanalytische Erkenntnisse preisgegeben werden müssen, weil sie in die von Habermas entwickelte allgemeine Kommunikationstheorie (die genaugenommen eine Metatheorie der Kommunikation ist) gar nicht integriert werden können. Diese Frage ist – soweit ich sehe – von psychoanalytischer Seite bislang nicht genauer untersucht worden. Kritische Einwände wurden hier vor allem gegen den Vorschlag von Habermas vorgebracht, die Metapsychologie als Metahermeneutik zu begründen. Diese eher wissenschaftstheoretisch orientierte kritische Auseinandersetzung wurde von zwei ganz unterschiedlichen Positionen her geführt.
Thomä/Kächele (1973) setzen sich eingehend mit der Ebene psychoanalytischer Erkenntnisbildung auseinander, die Habermas die Ebene der »allgemeinen« Interpretationen nennt (d. h. die systematisch verallgemeinerte Geschichte der frühkindlichen Entwicklung als Erzählfolie individueller Lebensgeschichten); weil für die Autoren aber »(...) weite Bereiche der Metapsychologie zum empirisch-klinisch kaum prüfbaren spekulativen Überbau der Psychoanalyse gehören« (Thomä/Kächele, 1973, S. 310), befassen sie sich nicht weiter mit dem epistemologischen Aspekt der These von Habermas, wonach diese Interpretationen, die das Resultat wiederholter klinischer Erfahrungen sind, nur deshalb verallgemeinert werden können, weil ihnen theoretische Annahmen über die Beschaffenheit und die Entstehungsbedingungen verzerrter Kommunikation zugrundegelegt werden (vgl. Habermas, 1968, S. 316).

Lorenzer (1974) hat die wohl differenzierteste psychoanalytische Kritik an den Überlegungen von Habermas formuliert. Er konzentiert seine Kritik auf die methodologische Bestimmung der Psychoanalyse als eine »Reflexionswissenschaft« und weist darauf hin, daß die zentrale Stellung des Begriffs der Selbstreflexion in dem Modell der verzerrten Kommunikation für den »(...) idealistischen Grundzug der Habermasschen Argumentation (...)« verantwortlich ist (Lorenzer, 1974, S. 72). Die Schwächen, die er im einzelnen an dem Modell von Habermas herausarbeitet –, daß z. B. darin nicht mehr nach der Konstitution der Subjektivität gefragt werden könne und von einer empirisch gehaltvollen psychoanalytischen Theorie insgesamt nur noch Bruchstücke bleiben – werden von Lorenzer nicht systematisch mit dem allgemeinen Kommunikationsmodell von Habermas in Verbindung gebracht, das dieser in doppelter Weise verwendet; es dient ihm nämlich als Hintergrundfolie für seine Freud-Interpretation und als theoretischer Konstruktionszusammenhang seiner These, daß das Freudsche Strukturmodell sich »unausdrückliich« auf ein Modell verzerrter Kommunikation stütze.
Auf der Grundlage der oben wiedergegebenen Darstellung dieser These will ich zunächst deren Struktur transparent machen. Diese ist in den Formulierungen, die Habermas gebraucht, und in der Argumentation, die er entwickelt, gar nicht so leicht zu erkennen. Mit der Struktur der These meine ich die theoretischen Entscheidungen (und Vorentscheidungen), die Habermas getroffen hat, sowie die Konsequenzen, die sich jeweils daraus ergeben. Einige dieser Entscheidungen werden von ihm expliziert und näher begründet, andere nicht. Mit dem Hinweis auf die jeweiligen theoretischen Konsequenzen seiner These werde ich auch den Ansatzpunkt meiner Kritik verdeutlichen.

Die Struktur der These

I

Habermas ist der Auffassung, daß der wissenschaftliche Erklärungsanspruch des Strukturmodells – als wesentliches Element der Metapsychologie Freuds – grundsätzlich in Zweifel zu ziehen ist. Für ihn haben die pronominalen Metaphern des Strukturmodells lediglich den Stellenwert von Deutungskategorien des Analytikers Freud, die dessen Erfahrungen mit der »verzerrten Kommunikation« seiner Patienten festgehalten haben. Nun hat Freud dieses Strukturmodell entwickelt, um sich Strukturzusammenhänge der innerpsychischen Realität verständlich zu machen und um die darin enthaltenen Konfliktdimensionen zu bestimmen. Wenn Habermas die Strukturbegriffe als bloße Chiffren der psychoanalytischen Erfahrung mit verzerrter Kommunikation auffaßt, geht er (wenigstens) zwei theoretische Verpflichtungen ein. Er muß erstens den Nachweis führen, daß Freuds Metapsychologie nicht eine Lösung für die von Freud selbst gestellten Erklärungsprobleme bietet. – Dies versucht Habermas im Hinblick auf das »szientistische Selbstmißverständnis« der Metapsychologie zu begründen (Habermas, 1968, S. 300f). Er muß zweitens plausibel machen, warum sein eigenes Kommunikationsmodell eine bessere Lösung dieser Probleme verspricht. Er muß also zeigen, was er theoretisch an die Stelle des Strukturmodells setzen will. Dies unternimmt er, indem er die drei Instanzen des Strukturmodells mit Hilfe seines Kommunikationsmodells neu konzipiert. Knapp zusammengefaßt (auf die Details gehe ich später ein) kommt diese Neukonzeption zu folgenden Ergebnissen:

Das Ich bestimmt Habermas als die Instanz, deren psychoanalytisch-therapeutisch entscheidende (und durch Sprache konstituierte) Leistung die der Selbstreflexion ist. Die psychische Abwehr wird als Negativ dieser Leistung aufgefaßt, und die Abwehrform der Verdrängung wird durch ein Modell der Exkommunikation erklärt (ebd., S. 295f). Das Über-Ich ist die Instanz, die die repressiven Forderungen der Gesellschaft gegenüber Triebansprüchen in der Persönlichkeitsstruktur verankert (ebd., S. 297); in der »Theorie des kommunikativen Handelns« (Habermas, 1981, Bd. 2, S. 152) wird das Über-Ich in Beziehung gesetzt zum »Me« des Identitäts-Modells von G. H. Mead. Um erklären zu können, wie das Verdrängte verhaltenswirksam wird und Formen »verzerrter Kommunikation« hervorbringt, stützt sich Habermas auf ein entwicklungspsychologisches Konzept Arietis (Habermas, 1970, S. 90f).

II

Die Auffassung, daß die Konstruktionen des Strukturmodells Erfahrungen des Analytikers mit dem Widerstand des Patienten interpretieren, hat einen erkenntnistheoretischen Stellenwert. Habermas geht nämlich davon aus, daß die Klärung der Frage, wie der Psychoanalytiker den Gegenstand seiner Erkenntnis gewinnt, analog zur Klärung dieses Problems in der sozialwissenschaftlichen Forschung erfolgen muß. Deren Methodologie begreift soziologische Daten als doppelt konstituiert – einerseits durch die vorgängige Strukturierung der Forschungsobjekte und andererseits durch das Erkenntnisziel und den theoretischen Rahmen der Forschungssubjekte.

Das Erkenntnisproblem der Psychoanalyse als eines auf Verformung der Intersubjektivität gerichteten Untersuchungsverfahrens sieht Habermas analog zu dieser sozialwissenschaftlichen Problemstellung. Demzufolge sind die »Verformungen« der Intersubjektivität zwar in der Persönlichkeitsstruktur eines Patienten vorstrukturiert; zum Gegenstand psychoanalytischer Erkenntnis werden sie aber erst dadurch, daß der Analytiker einen – wenngleich theoretisch nicht explizierten – Vorbegriff unverzerrter Kommunikation anwendet. Indem – Habermas zufolge – das psychoanalytische Therapiegespräch Selbstreflexion zur Richtschnur des Dialogs nimmt, wird dieser Vorbegriff des Analytikers auch praktisch wirksam. Die »Verformungen« des Patienten werden dadurch überhaupt erst als Gegenstand der psychoanalytischen Methode konstituiert.

Im philosophischen Sprachgebrauch ist damit eine Art Apriori (der Möglichkeit psychoanalytischer Erfahrung) gesetzt. Die These von Habermas impliziert, daß der Vorbegriff von unverzerrter umgangssprachlicher Kommunikation das entscheidende und (zusammen mit anderen davon abgeleiteten theoretischen Annahmen) auch das einzige Apriori des Psychoanalytikers ist. Andere Qualifikationselemente – wie z. B. die Empathiefähigkeit – werden von vornherein als für die psychoanalytischen Erkenntnisse nicht relevant ausgeschlossen. Begründet wird diese theoretische Entscheidung nicht.

III

Habermas sieht in dem Selbstbewußtsein die entscheidende Leistung, die mit der Intersubjektivität des Sprachgebrauchs gewährleistet wird. Dies ist eine notwendige Voraussetzung seiner These, daß die Strukturbegriffe Freuds Deutungskategorien für die psychoanalytische Erfahrung mit verzerrter Kommunikation bzw. verformter Intersubjektivität sind. Nur unter dieser Voraussetzung ist plausibel, das »Es« als Namen für die vom Ich isolierten Teile des Selbst und das »Über-Ich« als eine ichfremde Abwehrinstanz aufzufassen, insofern sich diese Deutungskategorien ja auf Verlustformen von Selbstbewußtsein beziehen sollen, die kommunikationsstörend wirksam werden.

Er unterstellt damit Freud bzw. jedem Analytiker, er würde den neurotischen Prozeß, unter dem ein Patient leidet, einfach von der Tatsache her aufschlüsseln, daß der Patient keine Auskünfte über den Hintergrund seiner jeweiligen Symptomatik geben kann, seine Symptomatik spezifisch unverständlich ist. Diese Sichtweise ist kongruent mit der zentralen These von Habermas, daß der psychoanalytische Therapieprozeß die Selbstreflexion des Patienten sowohl zum Motor der Aufklärung als auch zum Maßstab ihres Gelingens macht. Da Selbstbewußtsein (bzw. Ich-Identität im Sinne Meads) aber ein Leistungsbegriff ist, unterstellt er, daß der Analytiker den Patienten selbst unter dieses Leistungskriterium stellen muß, um die neurotische Symptomatik aufschlüsseln zu können.

Durchaus konsequent behauptet er daher:

»(...) explanatorisches Verstehen im Sinne der tiefenhermeneutischen Entschlüsselung spezifisch unzulänglicher Lebensäußerungen setzt nicht nur, wie das einfache hermeneutische Verstehen, die geübte Anwendung natürlich erworbener kommunikativer Kompetenz, sondern eine Theorie der kommunikativen Kompetenz voraus. Diese erstreckt sich auf die Formen der Intersubjektivität von Sprache und auf die Entstehung ihrer Deformationen.« (Habermas, 1970, S. 96)

Diesem Gedanken liegt eine weitere theoretische Entscheidung zugrunde. Habermas setzt nämlich an die Stelle des psychoanalytischen Konzepts von Subjektivität den Begriff der Ich-Identität (bzw. des Selbstbewußtseins) von G. H. Mead (1968). Habermas wechselt damit, um das Freudsche Strukturmodell zu reformulieren, zu einem sozialphilosophischen Handlungsmodell. Begründet wird dieser Wechsel nicht. Eine Begründung wäre um so notwendiger, als nicht zu sehen ist, wie das Modell von Mead, das die soziale Genese und die soziale Struktur von Selbstbewußtsein analysiert, so unvermittelt als Entsprechung zum Strukturmodell Freuds verwendet werden kann.

Das »Selbst« ist bei Mead durch die Fähigkeit charakterisiert, reflexiv eigene Handlungen an den Erwartungen und den Interessen der Co-Aktanten orientieren zu können. Das Kind erwirbt – verkürzt gesagt – diese Fähigkeit dadurch, daß es in praktischer Erfahrung lernt, einen für die anderen verstehbaren Beitrag zu einem Handlungsprozeß zu leisten, der auf ein gemeinsames Ziel ausgerichtet ist. Die notwendige Voraussetzung dafür liegt darin, die Reaktionen der anderen auf den beabsichtigten eigenen Handlungsbeitrag antizipieren, d.h. ihre »Rolle« in der gemeinsamen Handlung übernehmen zu können.

Als Niederschlag der Übernahme der Perspektiven, unter denen die anderen gemeinsame Handlungsziele verfolgen und sich ihrerseits auf sein Handeln beziehen, gewinnt das Selbst eine Mehrzahl von »Me's«, d.h. innerlich repräsentierte Reaktionen der anderen auf sich. Wenn es gelingt, diese inneren Repräsentationen zu einem konsistenten Selbstbild zu synthetisieren, dann entsteht die »Ich-Identität« im Sinne Meads: die (stufenweise für immer mehr Handlungspartner) offene und flexible Selbstbewertung und Handlungsorientierung (vgl. Joas, 1980).

An dieser Stelle sei betont, daß der Begriff der Intersubjektivität in diesem Zusammenhang nicht einfach im Sinne von interpersonaler Beziehung oder gar Objektbeziehung (im psychoanalytischen Sinne) verstanden werden darf. Gemeint ist vielmehr das Miteinander von Handelnden, deren Wahrnehmungen, Denkprozesse und Handlungsbeteiligungen strukturiert sind durch die Bereitschaft, auf sich selbst in der Perspektive des anderen zu reagieren, sowie durch die Bereitschaft, auf den anderen als auf jemanden sich zu beziehen, der dem eigenen Ich gleicht. Daß diese Struktur von Gleichheit und Wechselseitigkeit auf Sprache angewiesen ist, leuchtet ein. Einleuchtend ist auch der Versuch, bestimmte Formen, in denen neurotische Störungen sich im sozialen Handeln manifestieren können, mit einer Einschränkung (oder einem partiellen Verlust) dieser Leistung der reflexiven Orientierung in Verbindung zu bringen.

Aber das neurotische Erleben des Betreffenden wird damit ebensowenig erfaßt wie der ungelöste Konflikt, der dem Bewußtsein entzogen ist, und der diesem Erleben zugrunde liegt. Indem Habermas unterstellt, die Erkenntnisanstrengung des Psychoanalytikers richte sich auf Formen deformierter Intersubjektivität (in dem von mir erläuterten Sinn), verlagert er den Erfahrungs- bzw. Realitätsbereich der Psychoanalyse von der intrapychischen Realität zu dem Realitätsausschnitt, in dem wichtige Elemente der Sprach- und Handlungsfähigkeit sich entwickeln.

Konsequent auf dieser Linie weiterdenkend, skizziert Habermas das Theorieprogramm, das mit seiner These von der Reformulierung des Freudschen Strukturmodells noch zu realisieren ist:

»An die Stelle einer Triebtheorie, die das Verhältnis von Ich und innerer Natur in bewußtseinsphilosophischen Grundbegriffen nach dem Modell der Beziehungen zwischen Subjekt und Objekt vorstellt, tritt dann eine Sozialisationstheorie, die Freud mit Mead verbindet, die Strukturen der Intersubjektivität zu ihrem Recht bringt und Hypothesen über Triebschicksale durch Annahmen über Interaktionsgeschichte und Identitätsbildung ersetzt.« (Habermas 1981, Bd. 2, S. 570f)

Wenn die Aufgabe der Wissenschaft darin besteht, das Konkrete im Begriff zu rekonstruieren, dann ist, wenn ich recht sehe, Freuds Metapsychologie der Versuch, eben dieser Aufgabe gerecht zu werden. Denn an dem Beurteilungskriterium, an dem der wissenschaftliche Wert einer solchen Rekonstruktion zu bemessen ist, war offenbar auch die Metapsychologie orientiert: die innere Systematik der Phänomene aufschlüsseln zu können, die ihnen zugrunde liegt (unabhängig davon, ob Freud sich selbst darüber immer im klaren war oder nicht). Jedenfalls gibt die Metapsychologie die Dimensionen an, in denen die innere Systematik eines neurotischen Konflikts rekonstruiert werden kann (also seine Struktur, seine Dynamik, die ihn speisenden körperlichen Kräfte und seine Geschichte).

Mit *diesem* Theorieprogramm setzt sich Habermas im Sinne einer wissenschaftlich-immanenten Kritik gar nicht auseinander. Er unterläuft es. Er beurteilt nämlich die wissenschaftliche Erklärungskraft des Freudschen Strukturmodells nicht danach, was es zur Rekonstruktion der Systematik eines neurotischen Konflikts beitragen kann; er bemißt das Strukturmodell (und die anderen metapsychologischen Dimensionen) daran, wie gut sie die Phänomene aufschlüsseln können, die er selbst zum zentralen Erkenntnisgegenstand der Psychoanalyse macht: Formen verzerrter Kommunikation bzw. eingeschränkten Selbstbewußtseins.

Die Behauptung eines methodologischen Irrwegs Freuds (der nicht erkannt habe, daß die Grundkategorien seiner Metapsychologie sich auf Erfahrungsdaten beziehen, die erst durch einen Vorbegriff unverzerrter Kommunikation und durch die praktische Anleitung des Patienten zur Selbstreflexion konstituiert werden) kann Habermas nur deshalb aufstellen, weil er zuvor selbst der Psychoanalyse dieses Apriori unterstellt hat (vgl. Habermas, 1968, S. 299 und S. 307). – Auf die scharfsinnige Kritik, die Grünbaum (1987) an Habermas hinsichtlich des Vorwurfs eines »szientistischen Selbstmißverständnisses der Metapsychologie« geübt hat, will ich hier nicht eingehen.[2]

Ich habe die Struktur der zentralen These von Habermas verdeutlicht, um auf die theoretischen Entscheidungen (und Vorentscheidungen) aufmerksam zu machen, die bereits dadurch getroffen sind, daß Habermas sein allgemeines Kommunikationsmodell als Interpretationsfolie der Psychoanalyse verwendet. In *Erkenntnis und Interesse* war es das Modell »reinen kommunikativen Handelns«, das diese Folie abgab; dieses Modell wurde in theoretischen Entwicklungsstufen, die ich hier vernachlässige, ausgebaut zu einer *Theorie des kommunikativen Handelns*.

In diesem Werk hat Habermas (1981) konsequent daran festgehalten, daß es Formen deformierter Intersubjektivität des Sprachgebrauchs sind, auf die sich die Erkenntnisanstrengung des Psychoanalytikers richte; im Rahmen seiner Theorie des kommunikativen Handelns bestimmt er die spezifischen Kommunikationsformen, die für die psychoanalytisch-theapeutische Arbeit relevant sind, als »dramaturgische Handlungen«:

2 Ich halte, um dies hier kurz zu sagen, die Ausführungen von Grünbaum zu den wissenschaftlichen Grundlagen der Psychoanalyse immer dann für einleuchtend, wenn er den Vertretern der hermeneutischen Position nachweist, daß sie bei ihrem Versuch, die Psychoanalyse von den Naturwissenschaften abzugrenzen, diesen einen Begriff von Kausalität unterstellen, der in den modernen Naturwissenschaften keine Rolle spielt. Für problematisch halte ich die Auffassung von Grünbaum, der wissenschaftliche Erklärungswert der Psychoanalyse müsse sich daran erweisen, ob sie die Entdeckungen Freuds in der Form der Kausalanalyse nachvollziehbar machen kann.

»Dramaturgische Handlungen verkörpern ein Wissen von der jeweils eigenen Subjektivität des Handelnden. Diese Äußerungen können als unwahrhaftig kritisiert, d. h. als Täuschungen oder Selbsttäuschungen zurückgewiesen werden. Selbsttäuschungen können in therapeutischen Gesprächen mit argumentativen Mitteln aufgelöst werden.« (Habermas 1981, Bd. 1, S. 447f)

Die vorgeschlagene Umformulierung des Freudschen Strukturmodells, für die Habermas seinem allgemeinen Kommunikationsmodell die entsprechenden Konstruktionsmittel entnimmt, ist von ihm in den schon genannten früheren Arbeiten präzisiert worden – in *Erkenntnis und Interesse* und ergänzend in dem Aufsatz »Der Universalitätsanspruch der Hermeneutik«. Meine nachfolgende Untersuchung der Frage, zu welchen Konsequenzen die Neukonzipierung führt, konzentriert sich auf diese beiden Arbeiten

Wie schon oben angedeutet, ist zu erwarten, daß Habermas' Vorschlag wichtige Elemente des psychoanalytischen Erkenntnisbestands gar nicht aufnimmt. Für das Theorieprogramm einer kommunikativen Rationalität, das Habermas zu verwirklichen sucht, ist der Nachweis, daß dieses Theorieprogramm nur in sehr begrenztem Maße auf den Erfahrungsbereich der Psychoanalyse anwendbar ist, recht aufschlußreich. Offenbar findet das zentrale theoretische Motiv, das Habermas' Ausarbeitung einer Metatheorie der Kommunikation geleitet hat, an den Freudschen Erkenntnissen einen Widerstand – ich meine das Motiv, den theoretischen Nachweis für die Behauptung zu führen, mit der kommunikativen Kompetenz sei die notwendige und hinreichende Bedingung dafür gegeben, daß der Mensch zur Mündigkeit (und damit zur Vernünftigkeit) fähig ist.

Das Abwehrkonzept der »Exkommunikation«

Mit der Auffassung der Abwehrform der Verdrängung als einer »Exkommunikation« verändert Habermas das Konzept der »Desymbolisierung« von Lorenzer (1970) in einem entscheidenden Punkt. Während für Lorenzer der Abwehrmechanismus der Verdrängung als eine Verstoßung aus Sprache insgesamt funktioniert, sieht Habermas diesen Vorgang als eine Aussperrung der Interpretationen von Handlungsmotiven (Bedürfnissen) aus der öffentlichen Sprache in einen Bereich »privatsprachlicher« Bedeutungen.

»Die Abwehr richtet sich nämlich unmittelbar gegen die Interpretationen von Handlungsmotiven. Diese werden dadurch unschädlich gemacht, daß die Symbole, an die die Bedürfnisdispositionen gebunden sind, aus der öffentlichen Kommunikation verschwinden.« (Habermas 1968, S. 275)

Plausibel wird dieser Gedanke nur, wenn man stillschweigend den Verständigungskonflikt als die für das Errichten einer Abwehr entscheidende Bedingung ansieht. Das Kind, das einen bestimmten Wunsch hat und diesen seinen elterlichen Beziehungspersonen auch verständlich machen will, bearbeitet den aus einer Ablehnung entstehenden Konflikt mit den Beziehungspersonen in der Weise, daß es diesem Wunsch ein für allemal den Zugang zum Medium seiner öffentlichen Darstellung – eben der Umgangssprache – versperrt. Der für die Errichtung der Abwehrform der Verdrängung zentrale Konflikt zwischen dem Kind und seinen Beziehungspersonen wird also – Habermas zufolge – so bearbeitet, daß das Kind ein vorhandenes Bedürfnis anderen nicht mehr verständlich macht.

Als eine notwendige Folge dieses Vorgangs der »Exkommunikation« errichtet das Kind eine Kommunikationssperre in sich selbst: Das Kind kann sich in dem von der Verdrängung betroffenen Bereich seiner Wünsche auch selbst nicht mehr verstehen, weil es sich die für dieses Verstehen notwendige Voraussetzung – die Interpretation dieser Wünsche im Medium der Sprache – selbst entzogen hat.

Dieses Abwehrkonzept sieht das Ich in seiner Funktion, Abwehrvorgänge herzustellen und aufrechtzuerhalten, in der Rolle eines Textproduzenten. Die Abwehrform der Verdrängung erfüllt für das Ich den Zweck, zu gewährleisten, daß das Ich nur solche Texte – als Objektivationen subjektiver Bedürfnisse – von sich gibt, deren Lesarten mit den Forderungen der öffentlichen Moral übereinstimmen.

Warum sich die Verdrängung gegen »Bedürfnisinterpretationen« richtet, wird so begründet:

»Auf anthropologischer Ebene sind die Triebansprüche durch Interpretationen, nämlich durch halluzinatorische Wunschbefriedigungen repräsentiert.« (Habermas 1968, S. 293)

Diese Gleichsetzung von halluzinatorischen Wunscherfüllungen und Bedürfnisinterpretationen ist fragwürdig, weil in dem theoretischen Kontext, in dem Habermas argumentiert, solche »Interpretationen« von vornherein als sprachgebundene intersubjektive Prozesse verstanden werden. Für Habermas sind die Wunschphantasien, in denen sich Triebansprüche geltend machen, stets so an das Medium der Sprache gebunden, daß sie prinzipiell verbalisierbar und damit auch intersubjektiv verständlich sind.

Das Abwehrkonzept der Exkommunikation sieht damit von einer Eigenschaft kindlicher Wunschvorstellungen ab, die unter psychoanalytischen Gesichtspunkten gerade wesentlich ist: daß die Wunschphantasien des Kindes nicht restlos in den Bedeutungen der Umgangssprache aufgehen. Überdies wird auf seiten des Kindes etwas als gegeben vorausgesetzt, was in der Konfliktsituation, in der das Kind zur Errichtung der Abwehr genötigt ist, uneingeschränkt gerade nicht erreicht wird: die Intersubjektivität der Bedeutung seiner Wunschphantasie.

Die Kommunikationsformen, in denen das Kind einen Wunsch oder ein Gefühl verständlich macht, würden im Rahmen der *Theorie des kommunikativen Handelns* dem Handlungstyp des »dramaturgischen Handelns« (Habermas, 1981, Bd. 1, S. 447) zugeordnet werden – d. h. der Selbstdarstellung eines Handelnden gegenüber einem Publikum. Der Abwehrmechanismus der Verdrängung hätte dann zur Folge, daß sich das »expressive Wissen« – als ein Wissen von der jeweils eigenen Subjektivität, das in Handlungen verkörpert ist, – nicht ausbilden kann; dieses Wissen bleibt verzerrt.

In diesem theoretischen Rahmen ist der Grundkonflikt, der für die Errichtung der Abwehr verantwortlich ist, derselbe wie in dem Argumentationszusammenhang von *Erkenntnis und Interesse*: Das Kind, das einen Wunsch kundtut, wird mit Handlungen der Beziehungspersonen konfrontiert, in denen eine Ablehnung hinsichtlich der Darstellung dieses Wunsches dokumentiert ist.

Nach dem, was wir aus psychoanalytischen Untersuchungen (vgl. Sandler, 1964) über diese Vorgänge wissen, wäre aber eine andere Art von Konfliktsituation des Kindes anzunehmen: ein innerseelischer Konflikt des Kindes, das einerseits sein Streben nicht einfach aufgeben will, einen lustvollen Zustand herzustellen, andererseits aber auch nicht die Zuneigung der elterlichen Beziehungspersonen verlieren will, auf die sein Selbstgefühl angewiesen ist.

Das Modell der Exkommunikation verändert diesen Konflikt. Es macht aus einem innerseelischen einen sozialen Konflikt. Die Abwehrmaßnahmen des kindlichen Ichs werden begriffen als heikle Kommunikationsaufgaben eines Textproduzenten bzw. »dramaturgisch« Handelnen, der durch die Ablehnung seiner Wünsche und Gefühle mit dem Konflikt konfrontiert ist, einerseits die für ihn wichtigen Aspekte seiner Subjektivität auch kommunizieren zu wollen, andererseits aber den Anschluß an die öffentliche Kommunikation mit seinen Beziehungspersonen nicht zu verlieren, auf den es angewiesen ist.

Dieser Auffassung – die, soweit ich sehe, auch mit Mead gut vereinbar ist – entspricht durchaus, daß Habermas die Errichtung von seelischer Abwehr als Ergebnis einer kommunikativen Kosten-Nutzen-Rechnung auffaßt:

»Es verhält sich gerade so, daß der Neurotiker auch unter Bedingungen der Repression für die Aufrechterhaltung der Intersubjektivität der alltäglichen Verständigung sorgt und den sanktionierten Erwartungen folgt. Für die ungestörte Kommunikation unter diesen Umständen der Versagung entrichtet er dann den Preis der Kommunikationsstörung in sich selber.« (Habermas 1968, S. 279)

Auch wenn Habermas auf die Erlebniswelt des Kindes im Zusammenhang des Exkommunikationsmodells kaum Bezug nimmt, so muß sich dieses Modell doch daran messen lassen, ob es den empirischen Bedingungen entspricht, unter denen im psychoanalytischen Sinne Abwehrmaßnahmen getroffen werden. Die wesentliche Bedingung hierfür ist aber der genannte innerseelische Konflikt des Kindes. Der Ort, an dem dieser Konflikt vor allem ausgetragen wird, ist der Körper des Kindes, und nicht eine Situation von Selbstdarstellung.

Ich vermute, daß die Dichotomie von instrumentellem und kommunikativem bzw. »dramaturgischem« Handeln, die in seinem Kommunikationsmodell fest verankert ist, Habermas zu der Auffassung bringt, daß sich die psychische Abwehr der Verdrängung auf das Verständlich-Machen eines Wunsches richtet und nicht auf den – mehr oder weniger zielgerichteten – Versuch des Kindes, einen lustvollen Zustand herzustellen.

Sein Modell »reinen kommunikativen Handelns« bzw. »normaler« umgangssprachlicher Kommunikation begreift Handeln (Interaktion), soweit der Vorgang von dem kommunikativen Sprachgebrauch bestimmt ist, nicht als einen kooperativen Prozeß der Sachverhaltsänderung. Das Ziel kommunikativen Handelns ist allein, einen Konsensus der Beteiligten zu erreichen. Das Ziel, Unlust zu beseitigen und – kooperativ mit einem anderen – lustvoll zu interagieren, kann in seinem Modell nicht mit sprachlichem Handeln in Verbindung gebracht werden; es wird gleichsam exkommuniziert.

Ich halte es für plausibler, die Verdrängung als einen Vorgang aufzufassen, bei dem das Kind sich selbst den Zwang auferlegt, bestimmte Wünsche nicht mehr zu akzeptieren. Als Folge davon ist diesen Wünschen dann der Weg versperrt, zu einem praktischen Handlungswissen strukturiert zu werden, weil die dafür notwendige Voraussetzung fehlt: die entsprechenden Kooperationserfahrungen mit den elterlichen Beziehungspersonen.

Das Modell der Exkommunikation sieht die Verarmung des Ichs, die eine Folge der psychischen Abwehr ist, allein in der Einschränkung des Selbstverständnisses bzw. der Selbstwahrnehmung und spart die vom Ich selbst herbeigeführte Einschränkung von Handlungs- und Kooperationsmöglichkeiten aus.

Auch läßt sich im Modell der Exkommunikation nicht mehr die familiale Herkunft der verschiedenen Abwehrmaßnahmen rekonstruieren, die für eine Person charakteristisch sind – z. B. bestimmte, für die kindliche Entwicklung problematische Handlungseigentümlichkeiten einer elterlichen Beziehungsperson. Als Text-Operationen bzw. Interpretationstilgungen sind die Abwehrmaßnahmen unabhängig von den jeweiligen Handlungserfahrungen, die ein Kind mit den elterlichen Beziehungspersonen gemacht hat; und auch diese Beziehungspersonen treten in dem Modell von Habermas nicht als Aktanten in Erscheinung, deren Handeln mehr oder weniger von ungelösten neurotischen Konflikten affiziert ist; sie handeln als Vertreter einer sozialen Öffentlichkeit: der öffentlichen Kommunikationsgemeinschaft.

Das Über-Ich – gebildet durch die Internalisierung sozialer Erwartungen?

Aufschlußreich ist, wie Habermas das »Über-Ich«-Konzept interpretiert. Er führt dazu aus:

»Die Niederschläge aufgegebener Objektwahlen lassen die Gewissensinstanz entstehen, die die repressiven Forderungen der Gesellschaft gegen die ›überschießenden‹, darum konfliktträchtigen und als ›gefährlich‹ identifizierten Triebansprüche in der Persönlichkeitsstruktur selbst verankern. Das Über-Ich ist die intrapsychisch verlängerte gesellschaftliche Autorität.« (Habermas 1968, S. 297)

Für Freud war das Über-Ich keineswegs einfach eine »verlängerte gesellschaftliche Autorität«. Er betonte, daß »(...) das Über-Ich eigentlich nicht nach dem Vorbild der Eltern, sondern des elterlichen Über-Ichs aufgebaut (...)« wird und damit eine Tradition im Bereich sozialer Werte und Normen herstellt, die diese dem Bewußtsein weitgehend entzieht:

»Die Menschheit lebt nie ganz in der Gegenwart, in den Ideologien des Über-Ichs lebt die Vergangenheit, die Tradition der Rasse und des Volkes fort, die den Einflüssen der Gegenwart, neuen Veränderungen, nur langsam weicht (...).« (Freud, G. W., XV, S. 73)

Daß mit der Errichtung des Über-Ichs es dem Ich gerade auch erschwert wird, in bezug auf die Normen und Werte der Gesellschaft Lernprozesse in Gang zu setzen, hat damit zu tun, daß das Über-Ich die emotionalen Bedingungen des kindlichen Gehorsams gegenüber Moralanforderungen konserviert:

»Es ist das Denkmal der einstigen Schwäche und Abhängigkeit und setzt seine Herrschaft auch über das reife Ich fort. Wie das Kind unter dem Zwange stand, seinen Eltern zu gehorchen, so unterwirft sich das Ich dem kategorischen Imperativ seines Über-Ichs.« (Freud, G. W., XIII, S. 277 f)

Damit hat das Über-Ich für die seelische Entwicklung des Kindes eine paradoxe Wirkung: Einerseits ist es – als Erbe des Ödipuskomplexes – die Voraussetzung dafür, daß auf die inzestuösen Liebesobjekte verzichtet werden kann; andererseits wird mit der introjizierten Autorität der Eltern, gegenüber denen das Kind nach außen Unabhängigkeit gewinnt, nach innen das Gegenteil erreicht, nämlich die lebenslange Abhängigkeit von dieser Autorität (vgl. Lincke, 1970).

In der soziologischen Rezeption des Freudschen Über-Ich-Konzepts wird dieser widersprüchliche Charakter der »Gewissensinstanz« oft übersehen. Parsons (1964) z. B. begreift das Über-Ich einfach als eine Instanz der Persönlichkeit, die durch die Internalisierung allgemeiner moralischer Standards ausgezeichnet ist.
Ich halte es auch für problematisch, wenn Habermas in den Meadschen Begriffen »I« und »Me« Entsprechungen sieht zu den Instanzen des »Es« und des »Über-Ich« im Freudschen Strukturmodell (Habermas 1981, Bd. 2, S. 66 und 152). Auch die eher naheliegende Interpretation dieses Verhältnisses – daß nämlich das Über-Ich ein Kennzeichen dafür ist, wie der bei Mead freie Dialog von Triebimpulsen (»I«) und gesellschaftlichen Erwartungen deformiert sein kann (z. B. durch verzerrte Vorstellungen von dem Bild, das andere von mir haben) – entspricht nicht dem Freudschen Über-Ich- Konzept.
Nach Freud »erbt« das Über-Ich als Reaktionsbildung Objektbesetzungen des Es, die für das Ich konflikthaft waren. Diese frühen Konflikte können mit der Über-Ich-Bildung fortgesetzt werden, weil das Über-Ich mit den unbewußten Triebregungen eine »ausgiebige Kommunikation« führt (Freud, G. W., XIII, S. 267). Da das Verdrängungskonzept der Psychoanalyse nicht einfach in das Modell von Mead integriert werden kann, bleibt auch die Auffassung, das Über-Ich sei eine Zerrform des »Me«, problematisch.
Habermas hat in *Erkenntnis und Interesse* zwar die oben erwähnte Blockierungsmacht des Über-Ichs gegenüber kollektiven Lernprozessen angedeutet, wenn er zur Über-Ich-Bildung bemerkt:

»Anscheinend kommt eine Art Sakralisierung bestimmter Sätze durch die Verknüpfüng mit verdrängten libidinösen Handlungsmotiven zustande. So werden die Symbole, welche die Über-Ich-Gebote zum Ausdruck bringen, nicht etwa der öffentlichen Kommmunikation schlechthin unzugänglich, aber sie sind als libidinös gebundene Fundamentalsätze doch gegen kritische Einwendungen immunisiert.« (Habermas 1968, S. 298 f)

Er schwächt jedoch die Blockierungsmacht des Über-Ichs gegenüber kollektiven Lernprozessen (im Bereich moralischer Normen und Werte) wieder ab, da er das Ich und das Über-Ich »(...) auf der Basis einer gemeinsamen, nicht verstümmelten Sprache verbunden (...)« sieht (a.a.O., S. 299). Denn in der Konsequenz des

Freudschen Über-Ich-Konzepts läge die Annahme, daß die mit der Verinnerlichung der elterlichen Autorität gleichsam konservierten elterlichen Gebote und Verbote sich in einer Form der inneren Sprache artikulieren, für die der Verlust der Sprachleistungen charakteristisch ist, die das Ich für Problemlösungen braucht.
Dieser Funktionsverlust von Sprache, der ja mehr als nur eine Selbsttäuschung eines Subjekts bewirkt, ist für das allgemeine Kommunikationsmodell von Habermas offenbar ein schwer integrierbares Moment verzerrter Kommunikation.

Die Paläosymbolik des Es

Dem Modell der verzerrten Kommunikation zufolge ist das »Es« zunächst deshalb ein »inneres Ausland«, weil sich dort die Psyche in einer Sprache artikuliert, die für die öffentliche Kommunikationsgemeinschaft – und damit auch für das Ich als Teil dieser Gemeinschaft – eine Fremdsprache ist. Es existiert dort ein »privatsprachlicher Dialekt«
Nun ist der Ausdruck »privatsprachlich«, der hier ja anders als im Sinne des Privatsprachen-Begriffs von Wittgenstein (1967) gebraucht wird, ebenso erklärungsbedürftig wie der Zusammenhang von Sprachdeformation und neurotischer Störung. Wenn durch die Exkommunikation Teile des semantischen Gehalts der öffentlichen Sprache privatisiert werden, ist dadurch unmittelbar nur das Selbstverständnis des davon Betroffenen verzerrt. Wie soll man sich das Wirken der Kräfte vorstellen, die dafür verantwortlich sind, daß im Falle einer Kommunikationsverzerrung auch das Erleben und das Handeln des Betreffenden partiell gestört sind? Was sind in diesem Zusammenhang »privatsprachliche Bedeutungen«?
Habermas entwickelt zu dieser Frage in *Erkenntnis und Interesse* eine Erklärungsstrategie, die sich von der unterscheidet, die er in dem Aufsatz »Der Universalitätsanspruch der Hermeneutik« vorträgt. Ich konzentriere mich auf letztere, die das Konzept der Paläosymbole von Arieti (1974, 1976) für sich nutzbar zu machen sucht.
Habermas ist der Meinung, daß der Psychoanalytiker für die Entschlüsselung eines neurotischen Symptoms auf die Organisation

der Paläosymbole als eine theoretische Konstruktion angewiesen ist:

»Die psychoanalytische Entschlüsselung systematisch verzerrter Kommunikation setzt (...) eine solche Konstruktion voraus, weil die Tiefenhermeneutik Verwirrungen der normalen Rede entweder als eine erzwungene Regression auf ältere Stufen der Kommunikation oder aber als einen Einbruch der älteren Kommunikationsform in die Sprache begreift. (...) Die Annahme, daß das neurotische Verhalten paläosymbolisch gesteuert und durch eine sprachliche Darstellung erst nachträglich rationalisiert wird, bietet auch eine Erklärung für die Charakteristika dieser Verhaltensform: für pseudokommunikativen Stellenwert, Stereotypie und Zwangshaftigkeit, für emotionale Besetzung, expressiven Gehalt und starre Situationsbindung.« (Habermas 1970)

Wenn wir die Eigenschaften, die Habermas dieser – der sprachlichen Symbolorganisation genetisch vorausgehenden – Organisation der Paläosymbole zuschreibt, genauer untersuchen und mit denen vergleichen, die Arieti für charakteristisch ansieht, dann stellen wir einen wesentlichen Unterschied fest. Habermas vermischt nämlich zwei Konzepte, die Arieti klar voneinander trennt: das des Paläosymbols und das des paläologischen Denkens. Ich will dies kurz erläutern.

Arieti versteht unter einem Paläosymbol die für eine frühe kognitive Entwicklung des Kindes charakteristische Einheit der inneren Realität, die aus Wahrnehmung, Bildern und Emotionen geformt ist. Diese Einheit steht für etwas, das in der externen Realität gegeben ist und mit ihr substituiert werden kann: ein Gegenstand, eine Geste oder ein Laut. Welche Externalisierung eines vorhandenen emotionalen Bildes ein Individuum konkret auswählt, wird nur von ihm selbst bestimmt – daher der private Charakter des symbolischen Wertes eines so ausgewählten Lautes oder Gegenstandes. Dieser symbolische Wert kann mit niemandem geteilt werden – es sei denn, er wird in andere Formen höherer kognitiver Organisation übersetzt (vgl. Arieti, 1974, S. 342; 1976, S. 68f).

Das paläologische Denken macht zwar auch Gebrauch von Paläosymbolen, aber es gehört zu einer höher entwickelten Stufe der kognitiven Entwicklung des Kindes, da es schon Klassen bildet. Nach Arieti haben Kinder noch bis zum Alter von 3 1/2 bis 4 Jahren einen Hang, dieser Denkweise zu folgen. Im Gegensatz zu Habermas, der die Eigenschaften dieses Denkens in den Bereich der Kommunikations- und Denkstörungen der Psychotiker verbannt, betont Arieti ausdrücklich, daß diese Denkweise in massiver Form zwar im Krankheitsbild der Schizophrenie auftritt, aber dennoch, in mehr oder weniger kontrollierter Weise, sowohl in der normalen Entwicklung des Kindes als auch im Alltagsleben der Erwachsenen eine wichtige Rolle spielt.

Die Denkweise, die Arieti paläologisch nennt, manifestiert sich in einer Konfusion von Ähnlichkeit und Identität. Sie folgt einem Prinzip, das – unter einem formalen Blickwinkel – den Mechanismen von Verschiebung und Verdichtung zugrunde liegt, die Freud in seinen Analysen des Traums, der Psychopathologie des Alltags, des Witzes usw. entdeckt hat. In Anlehnung an Freuds Begriff des »Primärprozesses« nennt Arieti die nach diesem Prinzip gebildeten kognitiven Klassen »Primärklassen«, d.h. eine Verbindung von Objekten, die allein aufgrund einer ihnen gemeinsamen Eigenschaft miteinander identifiziert werden, wobei eines dieser Objekte mit der Klasse selbst gleichgesetzt werden kann und die Mitglieder der Primärklasse untereinander frei ausgetauscht werden können. Arieti weist darauf hin, daß diese Denkweise auch für Träume charakteristisch ist (vgl. Arieti, 1976, S. 112). Habermas ordnet hingegen diese Denkweise und die damit gebildeten animistischen Weltbilder der Paläosymbolik unter (vgl. Habermas 1970, S. 92).

Was das Konzept des paläologischen Denkens linguistisch interessant macht, erklärt auch seine Relevanz für die therapeutische Arbeit des Psychoanalytikers: der Umstand, daß diese Denkform im Verlauf der weiteren Entwicklung des Kindes nicht einfach überwunden wird; sie bleibt auch in späteren Jahren, durch das logische Denken mehr oder weniger kontrolliert, im Alltag präsent und drückt sich in verschiedenen sprachlichen Phänomenen (Metaphern, Witze, Neologismen, Formen des Sich-Versprechens usw.) mit oft bewundernswerter Subtilität aus.

Warum diese Denkweise strikt von der »normalen« umgangssprachlichen Kommunikation zu trennen ist, macht Habermas dadurch plausibel, daß er diese Denkweise theoretisch der Paläosymbolik unterordnet. Deren Privatcharakter macht diese Dichotomie einleuchtend.

Damit werden aber in der mentalen Dimension der Sprache auch die Denkformen theoretisch ausgeblendet, auf die die Erkenntnisanstrengungen des Psychoanalytikers in besonderer Weise ausgerichtet sind. Argelander (1987) nennt diese Denkformen die »(...) psychische Organisation (...), die primär aus der Frühphase der menschlichen Entwicklung (...)« stammt und die in der psychoanalytischen Therapie aktualisiert wird (S. 1). Es ist sicher eine der sprachbezogenen Aufgaben des Analytikers, diese Formen richtig erfassen zu können.

Mit der eigenwilligen Interpretation des Konzepts der Paläosymbolik gelingt Habermas die theoretische Verbannung des kindlichen, »irrationalen« Denkens aus der Sprache. Diese Verbannung hängt, so vermute ich, mit der Zweckbestimmung zusammen, die er der Sprache gibt. Im »verständigungsorientierten Handeln«, das auf das Erreichen eines Einverständnisses abzielt, findet nämlich – Habermas zufolge – Sprache die Verwendung, für die sie »von Haus aus gemacht ist« (vgl. McCarthy, 1980, S. 326). Diese Verwendung würde gefährdet werden, wenn in Sprache auch irrationale Denkweisen ihren Ausdruck finden. Außerdem wäre dann die Frage schwer abweisbar, ob in Sprache nicht auch neurotische Erfahrungen kollektiver Art repräsentiert sein können – Erfahrungen, die mit bestimmten neurotischen Konflikten zusammenhängen, die in einer Gesellschaft weit verbreitet sind, weil sie z. B. durch bestimmte Erziehungspraktiken in der Sozialisation immer wieder erzeugt werden. Das Konstrukt der Kommunikationsgemeinschaft als Verkörperung der Idee einer uneingeschränkten Verständigung aller Gesellschaftsmitglieder, das für die Kommunikationstheorie von Habermas zentral ist – und das auch seinem Modell der verzerrten Kommunikation zugrundeliegt –, könnte dann fragwürdig werden.

Der Erklärungsversuch, den Habermas unternimmt, um die Charakteristika neurotischen Verhaltens von dem Umstand abzuleiten, daß es paläosymbolisch gesteuert sei, findet bei Arieti keine Stütze. Zwar begreift dieser den Stimulus, der im Falle einer Phobie eine Angstreaktion auslöst (z. B. ein Pferd), in der Tat als ein Paläosymbol; aber z. B. basieren nach ihm hysterische Symptome und auch das Übertragungsgeschehen im psychoanalytischen Prozeß auf paläologischen Formen (vgl. Arieti, 1976, S. 305 f).

Für die Klärung der Frage, warum in Fällen gestörter Selbstverständigung (für das Modell der verzerrten Kommunikation ist dies ja das zentrale Merkmal neurotischer Störungen) eine emotionale Fixiertheit einhergeht mit rigiden, zwangshaften Verhaltensweisen, die soziale Erwartungen verfehlen, erweist sich das

Konzept der Paläosymbolik als wenig brauchbar. Wenn Habermas einerseits den privaten (autistischen) Charakter der Paläosymbole betont, andererseits aber in ihnen eine »(...) vorsprachliche Grundlage der Intersubjektivität des Zusammenlebens und Miteinanderhandelns« (...) erkennen will (vgl. 1970, S. 91), dann wird damit ein Widerspruch deutlich, der vermuten läßt, daß hier ein Artefakt der theroretischen Konstruktion von Habermas vorliegt. Offenbar läßt sich die neurotische Störung theoretisch nicht angemessen als eine fehlerhafte Organisation der »normalen Rede« erfassen.

Für Habermas ist das Es unmittelbar repräsentiert durch die wahnhaften paläosymbolischen Elemente, die durch Projektion und Verleugnung in die Sprache »eingeschleppt« werden. Für Freud war das Es bekanntlich vor allem ein Reservoir der »Libido«, der Triebpol der Persönlichkeit. Um dem Drängen dieser Kraft Ausdruck zu verleihen, hat er als Bezeichnung von Groddeck (1923) die pronominale Metapher des »Es« übernommen (Freud, G. W., XIII, S. 251).

Die unbewußten Wunschregungen eines Patienten werden sich im Verlauf einer psychoanalytischen Therapie in vielfältiger Weise bemerkbar machen – in den Träumen, die er mitteilt; in seinem Agieren; in seiner Übertragung kindlicher Phantasien auf die Person des Analytikers usw.

Habermas hat mit seinem Modell der verzerrten Kommunikation den theoretischen Zugang zu diesen Prozessen von vorneherein dadurch versperrt, daß er die notwendige und hinreichende Bedingung psychoanalytischer Erkenntnis in dem Vorbegriff unverzerrter Kommunikation gegeben sieht (s. o.). Für ihn ist die Konstruktion des »Es« daher erkenntnislogisch an die Erfahrung des Analytikers mit dem Widerstand seines Patienten gebunden. Und da in seinem Modell – ganz konsequent – die Abwehr der Verdrängung nicht gegen die Bestrebung gerichtet ist, einen lustvollen Zustand (wieder)herzustellen, sondern vielmehr gegen die Interpretation von Wunschregungen, kann er die Inhalte des Es theoretisch nur von den Defiziten bestimmter Ich-Leistungen her bestimmen.

Das Es entsteht aus seiner Sicht vor allem als Folge der vom Ich herbeigeführten Einschränkung des Selbstverständnisses eigener Handlungsmotive:

»Freud hat den Abwehrvorgang als die Umkehrung der Reflexion begriffen, nämlich als den fluchtanalogen Vorgang, durch den das Ich sich vor sich selbst verhüllt. ›Es‹ ist dann der Name für den durch Abwehr externalisierten Teil des Selbst, während ›Ich‹ die Instanz ist, die die Aufgabe der Realitätsprüfung und der Triebzensur erfüllt.« (Habermas 1968, S. 296)

Freud sah die Beziehung, die zwischen Ich und Es besteht, anders.

»Das Ich ist vom Es nicht scharf getrennt, es fließt nach unten hin mit ihm zusammen. Aber auch das Verdrängte fließt mit dem Es zusammen, ist nur ein Teil von ihm. Das Verdrängte ist nur vom Ich durch die Verdrängungswiderstände scharf geschieden, durch das Es kann es mit ihm kommunizieren.« (Freud, G. W., XIII, S. 251 f)

Auch wenn man die sog. ökonomische Hypothese Freuds nicht teilt, die seelische Vorgänge mit Energie-Quantitäten in Zusammenhang zu bringen versucht, so macht der Gedanke, daß das Es zum Ich mancherlei Verbindungen hat und nicht mit dem Verdrängten gleichzusetzen ist, psychoanalytisch dennoch einen guten Sinn. Für Freud ist bekanntlich der Ausgangspunkt der subjektiven Entwicklung das Es – »(...) sein Inhalt ist alles, was ererbt, bei Geburt mitgebracht, konstitutionell festgelegt ist, vor allem also die aus der Körperorganisation stammenden Triebe (...)« (Freud, G. W., XVII, S. 67f.).
Im Verlauf der Auseinandersetzung des Es mit der realen Außenwelt stellt sich – Freud zufolge – dann die besondere Organisation des Ichs her, die durch Vermittlungsaufgaben geprägt ist – zunächst die Aufgabe der Vermittlung zwischen den Triebansprüchen des Es und den Forderungen der Außenwelt; im weiteren Verlauf der seelischen Entwicklung kommt die Aufgabe hinzu, auch dem Über-Ich gerecht zu werden – »(...) eine dritte Macht, der das Ich Rechnung tragen muß« (Freud, a.a.O., S. 69).
Die Neukonzipierung des Strukturmodells, die Habermas vorschlägt, blendet die Vermittlungsbeziehungen, die zwischen dem Ich und dem Es bestehen, aus. Das von Freud konzipierte Spannungsverhältnis zwischen Ich und Es wird in eine bloße Oppositionsbeziehung umgewandelt. Damit wird eine – besonders für Freuds kulturkritische Schriften – wesentliche Einsicht der Psychoanalyse preisgegeben, die für ihre materialistische Sicht der kulturell hoch bewerteten »geistigen« Leistungen des Ichs entscheidend ist, nämlich die Einsicht,

»(...) daß der Mensch als ein empfindendes, erlebendes, erfahrendes Wesen (...) wesentlich Leib ist. Alle seine Erfahrungen, auch die spirituellsten, tragen diesen Charakter des Leibhaften, der Leibnähe im Sinn von Lust- und Unlustprinzip in sich.« (Adorno, 1974, S. 177)

So kann z. B. die Frage, wie aus den Erlebnissen sexueller Lust das Kind Erfahrungskategorien bildet, die in seine (sprachlich vermittelten) Wahrnehmungs- und Handlungsmuster integriert sind, in dem Modell der verzerrten Kommunikation von Habermas gar nicht mehr sinnvoll gestellt werden.

Habermas nimmt das Meadsche Konzept der Ich-Identität als Bezugsrahmen, um die psychoanalytisch relevanten Störungen des Sozialisationsprozesses genauer zu fassen. Was in diesem Bezugsrahmen als psychischer Prozeß faßbar wird, beschränkt sich im wesentlichen auf sozial-kognitive Leistungen sowie auf die Erlebnisinhalte des Kindes, die durch diese Leistungen zu Erfahrungen werden. Die Eigengesetzmäßigkeit kindlicher Wunschvorstellungen, die gerade im Widerspruch zu einer sozialen Orientierung steht – z. B. ihre Maßlosigkeit und ihr Bezug auf einen früher erlebten Zustand uneingeschränkter Befriedigung –, kann dieses Modell nicht erfassen – es sei denn als »Störung« in einem als »normal« konstruierten Sozialisationsverlauf. Auch wären die Beziehungsformen, die das Kind in Anlehnung an außersprachliche Vorgänge entwickelt – wie z. B. die primäre Identifikation nach dem Vorbild des Handlungsmodus des Einverleibens, – nur unter der Voraussetzung als (sprachlich vermittelte) Intersubjektivitätsstrukturen zu analysieren, daß man diesen Begriff sinnentleert.

Das »Selbst« ist bei Mead durch die Kompetenz der sozial-kognitiven Orientierung bestimmt. Auch wenn Freud dieses »Selbst« nicht untersucht hat – in sein Strukturmodell wäre diese Kompetenz als eine Leistung des Ichs integrierbar.

Die Interpretation des Freudschen Strukturmodells auf der Folie der sozialen Struktur des Selbstbewußseins, die Habermas vorschlägt, stellt das Freudsche Strukturmodell auf den Kopf. Nicht die – mehr oder weniger glückende – Vermittlung von Triebansprüchen mit den Forderungen des Über-Ichs und den Bedingungen gesellschaftlicher Existenz ist die Hauptaufgabe des Ichs; diese besteht nun vielmehr darin, daß das Ich, allein gestützt auf seine Sprachkompetenz, die Einheit von Sprechen, Erleben und Handeln dadurch erlangt, daß es mit anderen ein Einverständnis über die eigenen Handlungsmotive erzielen kann.

Die Freudsche Vorstellung vom Subjekt, die dessen psychische Differenzierungen und Widersprüche durchgängig in der Auseinandersetzung zwischen (innerer) »Natur« und »Kultur« (Gesellschaft) begründet sieht, wird ersetzt durch die Konstruktion eines homo communicativus, der, abgeschnitten von den schöpferischen Kräften des Es, nun allein kraft seiner Sprachfähigkeit die Integration der widersprüchlichen Seelenanteile und die Ganzheit ihrer Äußerungen bewerkstelligen muß.
Freud wäre im Hinblick auf die Realisierungschancen dieses Modells in der gesellschaftlichen Praxis wahrscheinlich skeptisch gewesen.

Von der Freudschen Psychoanalyse zur Kommunikationstheorie des Selbstbewußtseins

Freud hatte sich nicht von einem normativen Begriff von seelischer »Gesundheit« leiten lassen, um Abweichungen von diesem Begriff als »Störungen« zu bestimmen. Er ging genau den umgekehrten Weg, indem er aus den Erfahrungen der Behandlung neurotisch Erkrankter auf die vielfältigen konflikthaften Interaktionserfahrungen der frühen Kindheit, die Wunschphantasien und Ängste dieser Lebensepoche, als allgemein geltende Prozeßelemente psychischer Entwicklung geschlossen hat. Da für ihn galt, daß »(...) die Neurosen keinen ihnen eigentümlichen psychischen Inhalt haben, der nicht auch beim Gesunden zu finden wäre« (Freud, G. W., VIII, S. 54), sah er die Festlegung psychischer Normalität als eine Angelegenheit bloßer gesellschaftlicher Konvention.
Im Gegensatz dazu steht die These von Habermas, daß der Vorbegriff unverzerrter Kommunikation die entscheidende Bedingung der Möglichkeit psychoanalytischer Erkenntnis sei. Die strikte begriffliche Trennung der neurotischen Störung von der Normalität ist darin begründet, daß sich sein Modell gar nicht mit dem neurotischen Erleben befaßt, sondern allein mit der Einschränkung einer ganz speziellen Ich-Leistung, die er im Rahmen seiner Kommunikationstheorie genauer bestimmt.
Die nach Maßgabe dieser Theorie kommunikativ »Kompetenten« könnten im Idealfall uneingeschränkt ihre Handlungsmotive verständlich machen und ihr expressives Wissen ausbilden; neue

Freiräume des Handelns würden sie damit aber nicht gewinnen. Denn mit dem Kommunikationsbegriff, den Habermas dem Abwehrkonzept zugrunde legt, können nicht die Störungen und Blockierungen der kindlichen Entwicklungen erfaßt werden, die die Aneingung von Handlungswissen des Kindes auf der Matrix seiner Beziehungen betreffen (d. h. ein Wissen, in dem sich Erfahrungen des Miteinanders bei der gemeinsam herbeigeführten Veränderung von Realität niedergeschlagen haben.)

Die gerade handlungstheoretisch interessanten Fragen – wie z. B. die Aneignung neuer Handlungsformen durch das Streben des Kindes geprägt ist, in ihnen einen früheren Zustand uneingeschränkter Lust wiederherzustellen; welche Rolle die Sprache dabei spielt; wie die psychoanalytische Therapie Formen sozialisatorischer Handlungen für ihre Zwecke umwandelt – können in der allgemeinen Kommunikationstheorie von Habermas nicht mehr sinnvoll behandelt werden.

Transkriptionssystem

Mit der Verschriftung der Sprache im psychoanalytischen Prozeß geht von ihrem Charakter des Mündlichen viel verloren. Mit diesem aber ist für den behandelnden Psychoanalytiker die Erinnerung an eine vergangene Therapiestunde eng verbunden. So machte W.-D. Grodzicki mehrmals darauf aufmerksam, daß sein Therapiegespräch in verschrifteter Form ihm teilweise fremd erschien. Andererseits ist es evident, daß Mikroanalysen des psychoanalytischen Gesprächs nicht aus der Erinnerung erfolgen können. Das Transkriptionssystem sollte Eigenheiten der gesprochenen Sprache dokumentieren und zugleich im Ergebnis leicht lesbar sein.

Die tatsächlichen Personennamen sind selbstverständlich durch andere ausgewechselt. Zur Transkription der Tonbandaufzeichnungen wurden die folgenden Zeichen verwendet:

Sprecher:
  A(nalytiker): xxx
  P(atient): xxx
Pause:
  xxx. xxx (kurze Pause, ca. 1 Sekunde); (8): (8 Sekunden)
Akzentuierung:
  xxx
Sprechtempo erhöht:
  (s-) xxx (-s)
Lautstärke leiser:
  ls-) xxx (-ls)
Akustisch schwer verständlich, Vermutung des Transkribenten:
  (xxx)
Unmittelbarer Anschluß des nachfolgenden Redebeitrags:
  =
Redebegleitende akustische Daten:
  z. B. ((lacht leise))
Selbstkorrekturen:
  xxx/xxx (z. B. hat/habe ich)
Simultanes Sprechen:
  [——

Literatur

Freuds Schriften werden, soweit sie darin enthalten sind, nach den Gesammelten Werken, London: Imago, zitiert.

Abraham, K. (1924): »Versuch einer Entwicklungsgeschichte der Libido auf Grund der Psychoanalyse seelischer Störungen«. In: K. Abraham: *Psychoanalytische Studien zur Charakterbildung und andere Schriften*. Hg. und eingeleitet von J. Cremerius. Stuttgart: S. Fischer 1969, S. 113-164

Adorno, Th. W. (1951): »Freudian Theory and the Pattern of Fascist Propaganda«. In: Th. W. Adorno: *Kritik. Kleine Schriften zur Gesellschaft*. Frankfurt/M.: Suhrkamp 1971, S. 34-66

– (1974): *Philosophische Terminologie Bd. II*. Frankfurt/M.: Suhrkamp

Anzieu, D. et al. (1977): *Psychanalyse et langage. Du corps à la parole*. Paderborn: Junfermann 1982

Argelander, H. (1987): »Die Textverknüpfungsstruktur«. In: J. Dyck/W. Jens/G. Ueding (Hg.): *Rhetorik. Ein internationales Jahrbuch*. Tübingen: Niemeyer, S. 1-16

Arieti, S. (1955): *Interpretation of Schizophrenia*. New York: Basic Books

– (1976): *The Intrapsychic Self. Feeling and Cognition in Health and Mental Illness*. New York: Basic Books

Berg, Th. (1988): *Die Abbildung des Sprachproduktionsprozesses in einem Aktivationsflußmodell*. Niemeyer: Tübingen

Benveniste, E. (1956): »Remarques sur la fonction du langage dans la découverte freudienne«. In: *La Psychanalyse, 1*; wiederabgedruckt in: E. Benveniste: *Problèmes de linguistique générale*. Paris: Gallimard 1966, S. 75-87

Bierwisch, M. (1970): »Fehlerlinguistik«. In: *ASG-Bericht*, Nr. 5, Berlin, S. 15-38

Black, M. (1954): »Metaphor«. In: *Proceedings of the Aristotelian Society 55*, S. 273-294

Boesch, E. E. (1976): *Psychopathologie des Alltags*. Berlin, Stuttgart, Wien: Hans Huber

Budilowa, J. A. (1972, dt. 1975): *Philosophische Probleme in der sowjetischen Psychologie*. Berlin: VEB Deutscher Verlag der Wissenschaften

Chasseguet-Smirgel, J. (1984): *Creativity and Perversion*. Frankfurt/M.: Nexus 1986

Dahmer, H. (1982): *Libido und Gesellschaft*. Frankfurt/M.: Suhrkamp (zweite, erweiterte Aufl.)

Edelson, M. (1975): *Language and Interpretation in Psychoanalysis*. New Haven and London: Yale Univ. Press

Ehlert, M. (1985): »Handlungssprache und Metapsychologie. Überlegungen zu R. Schafers ›neuer Sprache‹ für die Psychoanalyse«. In: *Psyche 39*, S. 981-1020

Ehlich, K. (1979): *Verwendungen der Deixis beim sprachlichen Handeln.* 2 Bde. Frankfurt etc.: Lang
– (1986): *Interjektionen.* Tübingen: Niemeyer
– (1991): »Funktional-pragmatische Kommunikationsanalyse«. In: D. Flader (Hg.): *Verbale Interaktion.* Stuttgart: Metzler, S. 127-143
–/Rehbein, J. (1972): »Einige Interrelationen von Modalverben«. In: D. Wunderlich (Hg.): *Linguistische Pragmatik.* Frankfurt/M.: Athenäum, S. 318-340
– (1977): »Wissen, kommunikatives Handeln und die Schule«. In: H. Goeppert (Hg.): *Sprachverhalten im Unterricht.* München: Fink, S. 36-114
– (1979): »Sprachliche Handlungsmuster«. In: H.-G. Soeffner (Hg.): *Interpretative Verfahren in den Sozial- und Textwissenschaften.* Stuttgart: Metzler, S. 243-274
– (1986): *Muster und Institution.* Tübingen: Narr
Ellis, A. W. (1980): »On The Freudian Theory of Speech Errors«. In: V. A. Fromkin (ed.): *Errors in Linguistic Performance. Slips of the Tongue, Ear, Pen, and Hand.* New York etc.: Academic Press, S. 122-131
Erikson, E. H. (1950): *Childhood and Society.* Stuttgart: Klett 1968
Flader, D. (Hg.) (1991): *Verbale Interaktion.* Stuttgart: Metzler
– (1994): »Handlungstheoretische Rekonstruktion des Unbewußten – Exemplarische Analyse zweier psychoanalytischer Diskurse zu Antizipation und Traum«. In: A. Redder/I. Wiese (Hg.): *Medizinische Kommunikation.* Opladen: Westdeutscher Verlag, S. 277-288
–/Grodzicki, W.-D./Schröter, K. (Hg.)(1982): *Psychoanalyse als Gespräch.* Frankfurt/M.: Suhrkamp
–/Grodzicki, W.-D. (1982a): »Hypothesen zur Wirkungsweise der psychoanalytischen Grundregel«. In: D. Flader u. a. (Hg.): *Psychoanalyse als Gespräch,* a.a.O., S. 41-95
– (1982b): »Die psychoanalytische Deutung – eine diskursanalytische Fallstudie«. In: D. Flader u. a. (Hg.): *Psychoanalyse als Gespräch,* a.a.O., S. 138-193
– (1987): »Die psychoanalytische Deutung und ihre Beziehung zur Alltagskommunikation«. In: *OBST 37,* S. 39-57
-/Bartholomew, U./Bublitz, U. (1993): »Patienten-Idiolekte – eine Untersuchung sprachlicher Daten, die mit dem Role-Repertory-Grid gewonnen werden«. In: P. Löning/J. Rehbein (Hg.): *Arzt-Patienten-Kommunikation.* Berlin, New York: de Gruyter, S. 91-113
Freud, A. (1936): *Das Ich und die Abwehrmechanismen.* München: Kindler, o. J.
Freud, S. (1891): *Zur Auffassung der Aphasien.* Leipzig, Wien: Deuticke. Wieder abgedruckt und hg. von P. Vogel (mit einer Einleitung von W. Leuschner und bearbeitet von I. Meyer-Palmedo) Frankfurt/M.: Fischer 1992

Fürstenau. P. (1964): »Zur Psychoanalyse der Schule als Institution«. In: *Das Argument 29*, S. 65-78
Furth, H. G. (1987): *Knowledge as Desire. An Essay on Freud and Piaget*; dt.: *Wissen als Leidenschaft. Eine Untersuchung über Freud und Piaget*. Frankfurt/M.: Suhrkamp 1990
Geulen, D. (1977): *Das vergesellschaftete Subjekt*. Frankfurt/M.: Suhrkamp
Goeppert, S./Goeppert, H. C. (1973): *Sprache und Psychoanalyse*. Reinbek bei Hamburg: Rowohlt
– (1975): *Redeverhalten und Neurose*. Reinbek bei Hamburg: Rowohlt
Groddeck, G. (1923): *Das Buch vom Es*. Frankfurt/M.: Fischer
Grunberger, B. (1963/64): »Über das Phallische«. In: *Psyche 17*, S. 604-620
Grünbaum, A. (1984): *The Foundations of Psychoanalysis. A Philosophical Critique*. Stuttgart: Reclam 1988
– (1987): *Psychoanalyse in wissenschaftstheoretischer Sicht. Zum Werk Sigmund Freuds und seiner Rezeption*. Konstanz (Universitätsverlag).
Habermas, J. (1968): *Erkenntnis und Interesse*. Frankfurt/M.: Suhrkamp
– (1970): »Der Universalitätsanspruch der Hermeneutik«. In: R. Bubner/K. Cramer/R. Wiehl (Hg.): *Hermeneutik und Dialektik, Aufsätze I*. Tübingen: Mohr, S. 73-103
– (1981): *Theorie des kommunikativen Handelns*, 2 Bde. Frankfurt/M.: Suhrkamp.
Hahn, A. (1994): *Erfahrung und Begriff*. Frankfurt/M.: Suhrkamp
Haverkamp, A. (1983): »Einleitung in die *Theorie der Metapher*«. In: A. Haverkamp (Hg.): *Theorie der Metapher*. Darmstadt: Wissenschaftliche Buchgesellschaft, S. 1-27
Heeschen, C. (1972): *Grundfragen der Linguistik*. Stuttgart etc.: Kohlhammer
Heim, R. (1993): *Die Rationalität der Psychoanalyse*. Frankfurt/M.: Nexus
Jacobson, E. (1964): *The Self and the Object World*. Frankfurt/M.: Suhrkamp
Jakobson, R. (1960): »Der Doppelcharakter der Sprache. Die Polarität zwischen Metaphorik und Metonymie«. In: R. Jakobson: *Zwei Seiten der Sprache und zwei Typen aphatischer Störungen* (= Teil II von R. Jakobson/M. Halle: *Grundlagen der Sprache)*. Berlin: Akademie-Verlag, S. 51-70
Jappe, G. (1971): *Über Wort und Sprache in der Psychoanalyse*. Frankfurt/M.: Fischer
Joas, H. (1980): *Praktische Intersubjektivität. Die Entwicklung des Werkes von G. H. Mead*. Frankfurt/M.: Suhrkamp
Jones, E. (1953-57): *The Life and Work of Sigmund Freud*. Bd. I-III. Bern: Huber 1960-62
Kirsch, G./Mackscheidt, K. (1985): *Staatsmann, Dämagoge, Amtsinhaber*. Göttingen: Vandenhoeck & Ruprecht

Kohlberg, L. (1969): »Stage and Sequence: The Cognitive Developmental Approach to Socialization«. In: L. Kohlberg (1974): *Zur kognitiven Entwicklung des Kindes*. Frankfurt/M.: Suhrkamp, S. 7-255

Krappmann, L. (1985): »Mead und die Sozialisationsforschung«. In: H. Joas (Hg.): *Das Problem der Intersubjektivität*. Frankfurt/M.: Suhrkamp, S. 156-178

Lacan, J. (1966): *Écrits*; dt.: *Schriften* I-III Olten: Walter 1973-1980

Lampl-de-Groot, J. (1962): »Ego-Ideal and Super-Ego«. In: *Psychoanalytic Study of the Child* 17, S. 94-106; *Psyche 17* (1963), S. 321-332

Lang, H. (1973): *Die Sprache und das Unbewußte. Jaques Lacans Grundlegung der Pychoanalyse*. Frankfurt/M.: Suhrkamp

Laplanche, J./Pontalis, J.-B. (1964): *Vocabulaire de la Psychoanalyse*. 2 Bde dt.: *Das Vokabular der Psychoanalyse*, Frankfurt/M.: Suhrkamp 1973

Lichtenberg, J. D. (1983): *Psychoanalysis and Infant Research*. Berlin etc.: Springer 1990

Lichtman, R. (1986): *The Production of Desire. The Integration of Psychoanalysis into Marxist Theory*. Hamburg, Berlin: Argument-Verlag 1990

Lincke H. (1970): »Das Überich – eine gefährliche Krankheit?« In: *Psyche 14*, S. 375-402

Löhr, G. (1985): »Bemerkungen zu Roy Schafers Handlungssprache (orientiert an Kap. 6 von ›Eine neue Sprache...‹)«. In: *Psyche 39*, S. 1021-1030

Löw-Beer, M. (1990): *Selbsttäuschung. Philosophische Analyse eines psychischen Phänomens*. Freiburg, München: Alber

Lorenzer, A. (1970): *Kritik des psychoanalytischen Symbolbegriffs*. Frankfurt/M.: Suhrkamp

– (1973 a): *Über den Gegenstand der Psychoanalyse oder: Sprache und Interaktion*. Frankfurt/M.: Suhrkamp

– (1973 b): *Sprachzerstörung und Rekonstruktion. Vorarbeiten zu einer Metatheorie der Psychoanalyse*. Frankfurt/M.: Suhrkamp

– (1974): *Die Wahrheit der psychoanalytischen Erkenntnis. Ein historisch-materialistischer Entwurf*. Frankfurt/M.: Suhrkamp

McCarthy, T. (1980): *Kritik der Verständigungsverhältnisse. Zur Theorie von Jürgen Habermas*. Frankfurt/M.: Suhrkamp

Mead, G. H. (1934): *Mind, Self and Society From the standpoint of a social behaviorist*. Frankfurt/M.: Suhrkamp 1968

Miller, R./Swanson, G. E. (1960): *Inner Conflict and Defense*. New York: Holt & Co.

Oevermann, U. (1993): »Die objektive Hermeneutik als unverzichtbare methodologische Grundlage für die Analyse von Subjektivität. Zugleich eine Kritik der Tiefenhermeneutik«. In: Jung, Th./Müller-Doohm, S. (Hg.): *»Wirklichkeit« im Deutungsprozeß*. Frankfurt/M.: Suhrkamp, S. 106-189

Parsons, T. (1964): *Social Structure and Personality*. London: Collier-Macmillan

Quasthoff, U. (1973): *Soziales Vorurteil und Kommunikation – eine sprachwissenschaftliche Analyse des Stereotyps*. Frankfurt/M.: Athenäum

Rapaport, D. (1959): *The Structure of Psychoanalytical Theory: A Systematizing Attempt*. Stuttgart: Klett o. J. (Beiheft zu *Psyche*)

Redder, A. (1984): *Modalverben im Unterrichtsdiskurs*. Tübingen: Niemeyer

– (1987): »Modalverben im kindlichen Diskurs – Überlegungen zu ihrer Aneignung«. In: K. R. Wagner (Hg.): *Wortschatzerwerb*. Frankfurt/M. etc.: Lang, S. 30-58

– (1989): »Konjunktionen, Partikeln und Modalverben als Sequenzierungsmittel im Unterrichtsdiskurs«. In: Weigand, E./Hundsnurscher, F. (Hg.): *Dialoganalyse II*. Tübingen: Niemeyer, Bd. 2, S. 393-407

Rehbein, J. (1977): *Komplexes Handeln. Elemente einer Handlungstheorie der Sprache*. Stuttgart: Metzler

Ricœur, P. (1965): *De L'Interpretation. Essai sur Freud*; dt.: *Die Interpretation. Ein Versuch über Freud*. Frankfurt/M.: Suhrkamp 1969

Rosen, V. H. (1969): »Introduction to Panel on Language and Psychoanalysis«. In: *Int. J. Psycho-Anal.* 50, S. 113-116

Rosenbaum, B/Sonne, H. (1986): *The Language of Psychosis*. New York: New York Univ. Press

Sandler, J. (1964): »Zum Begriff des Über-Ichs«. In: *Psyche 18*, Teil I, S. 721-743; Teil II, S. 812-828

de Saussure, F. (1916): *Cours de linguistique générale*. 2. Aufl. Berlin: de Gruyter 1967

Schafer, R. (1976): *A New Language for Psychoanalysis*. Stuttgart: Klett-Cotta 1982 (Auswahl aus dem Original)

Searle, J. R. (1969): *Speech Acts*. Frankfurt/M.: Suhrkamp

– (1984): *Minds, Brains and Science*. Frankfurt/M.: Suhrkamp 1986

Smith, J. H. (Hg.) (1978): *Psychoanalysis and Language*. New Haven and London: Yale Univ. Press

Spitz, R. A. (1965): *The First Year of Life*. Stuttgart: Klett 1967

– (1964): »The Derailment of Dialogue: Stimulus Overload, Action Cycles, and the Completion Gradient«. Dt. Übers. in: *Psyche 28* (1974), S. 135-156

Stephan, A. (1989): *Sinn als Bedeutung. Bedeutungstheoretische Untersuchungen zur Psychoanalyse Sigmunds Freuds*. Berlin, New York: de Gruyter

Suppes, P./Warren, H. (1975): »On the Generation and Classification of Defense Mechanisms«. In: *The Int. J. Psycho-Analysis 56*, S. 405-414

Timpanaro, S. (1974): *Il Lapsus Freudiano*. Engl. Übers.: *The Freudian Slip*. Thetford: Lowe & Brydon 1976

Thomä, H./Kächele, H. (1973): »Wissenschaftstheoretische Probleme der klinisch-psychoanalytischen Forschung, II. Teil«. In: *Psyche 27*, S. 309-355
Waelder, R. (1967): »Inhibitions, Symptoms and Anxiety: Forty Years later«. In: *The Psychoanalytic Quarterly 36*, S. 1-36; in: *Psyche 24* (1970), S. 81-100
Weinrich, H. (1967): »Semantik der Metapher«. In: *Folia Linguistica 1*, S. 3-17
Wittgenstein, L. (1967): *Philosophische Untersuchungen*. Frankfurt/M.: Suhrkamp
Wygotski, L. (1934, dt. 1969): *Denken und Sprechen*. Stuttgart: Fischer
– (1987): *Ausgewählte Schriften*, Bd. 2, Köln: Pahl Rugenstein
Yankelovich, D./Barret, D. (1971): *Ego and Instinct*. New York: Vintage Books

suhrkamp taschenbücher wissenschaft
Psychoanalyse, Psychologie, Sozialpsychologie

Altman: Praxis der Traumdeutung. stw 994

Bareuther. u. a. (Hg.): Forschen und Heilen. stw 698

Bateson: Geist und Natur. stw 691

– Ökologie des Geistes. stw 571

Bateson u. a.: Schizophrenie und Familie. stw 485

Bauriedl: Beziehungsanalyse. stw 474

Bernfeld/Cassirer Bernfeld: Bausteine der Freud-Biographik. stw 727

Bertram (Hg.): Gesellschaftlicher Zwang und moralische Autonomie. stw 450

Bion: Lernen durch Erfahrung. stw 1021

Bruder: Psychologie ohne Bewußtsein. stw 415

Bude: Bilanz der Nachfolge. stw 1020

Bungard/Lenk (Hg.): Technikbewertung. Philosophische und psychologische Perspektiven. stw 684

Castel: Die psychiatrische Ordnung. stw 451

Chasseguet-Smirgel: Das Ichideal. stw 682

Cremerius: Zur Theorie und Praxis der Psychosomatischen Medizin. stw 255

Cremerius (Hg.): Die Rezeption derPsychoanalyse in derSoziologie, Psychologie und Theologie im deutschsprachigen Raum bis 1940. stw 296

Dahmer: Libido und Gesellschaft. stw 345

Damon: Die soziale Welt des Kindes. stw 884

Deleuze/Guattari: Anti-Ödipus. stw 224

Devereux: Angst und Methode in den Verhaltenswissenschaften. stw 461

– Normal und anormal. stw 395

– Träume in der griechischen Tragödie. stw 536

Dolto: Psychoanalyse und Kinderheilkunde. stw 778

Drews/Brecht: Psychoanalytische Ich-Psychologie. stw 381

Eckstaedt: Nationalsozialismus in der »zweiten Generation«. stw 1026

Eckstaedt/Klüwer (Hg.): Zeit allein heilt keine Wunden. stw 308

Edelstein/Habermas (Hg.): Soziale Interaktion und soziales Verstehen. stw 446

Edelstein/Keller (Hg.): Perspektivität und Interpretation. stw 364

Edelstein/Nunner-Winkler (Hg.): Zur Bestimmung der Moral. stw 628

Edelstein/Nunner-Winkler/Noam (Hg.): Moral und Person. stw 1047

Erdély: Wie sag ich's meiner Mutter. stw 747

Erdheim: Die gesellschaftliche Produktion von Unbewußtheit. stw 465

210/1/8.92

suhrkamp taschenbücher wissenschaft
Psychoanalyse, Psychologie, Sozialpsychologie

– Psychoanalyse und Unbewußtheit in der Kultur. stw 654

Erikson: Dimensionen einer neuen Identität. stw 100

– Gandhis Wahrheit. stw 265

– Identität und Lebenszyklus. stw 16

– Der junge Mann Luther. stw 117

– Der vollständige Lebenszyklus. stw 737

Flader/Grodzicki/Schröter (Hg.): Psychoanalyse als Gespräch. stw 377

Fromm: Die Gesellschaft als Gegenstand der Psychoanalyse. stw 1054

Furth: Intelligenz und Erkennen. Die Grundlagen der genetischen Erkenntnistheorie Piagets. stw 160

Geulen (Hg.): Perspektivenübernahme und soziales Handeln. stw 348

Geuter: Die Professionalisierung der deutschen Psychologie im Nationalsozialismus. stw 701

Goldstein/Freud/Solnit: Diesseits des Kindeswohls. stw 383

– Jenseits des Kindeswohls. stw 906

Goldstein/Freud/Solnit/Goldstein: Das Wohl des Kindes. stw 741

Grunberger: Vom Narzißmus zum Objekt. stw 392

Hausen/Nowotny (Hg.): Wie männlich ist die Wissenschaft? stw 590

Helfer/Kempe (Hg.): Das geschlagene Kind. stw 247

Jacobson: Depression. stw 456

– Das Selbst und die Welt der Objekte. stw 242

Jäger (Hg.): Kriminologie im Strafprozeß. stw 309

Kernberg: Borderline-Störungen und pathologischer Narzißmus. stw 429

Khan: Entfremdung bei Perversionen. stw 775

Kohut: Die Heilung des Selbst. stw 373

– Introspektion, Empathie und Psychoanalyse. stw 207

– Narzißmus. stw 157

– Wie heilt die Psychoanalyse? stw 786

– Die Zukunft der Psychoanalyse. stw 125

Laplanche/Pontalis: Das Vokabular der Psychoanalyse. stw 7

Lenk: Zwischen Sozialpsychologie und Sozialphilosophie. stw 708

de Mause (Hg.): Hört ihr die Kinder weinen. stw 339

McDougall: Plädoyer für eine gewisse Anormalität. stw 844

Menninger: Selbstzerstörung. stw 249

Mentzos: Interpersonale und institutionalisierte Abwehr. stw 709

Oser: Moralisches Urteil in Gruppen. stw 335

Oser/Fatke/Höffe (Hg.): Transformation und Entwicklung. Grundlagen der Moralerziehung. stw 498

210/2/8.92

210/3/8.92